权威·前沿·原创

皮书系列为
"十二五""十三五""十四五"时期国家重点出版物出版专项规划项目

BLUE BOOK

智 库 成 果 出 版 与 传 播 平 台

自主知识体系蓝皮书

BLUE BOOK OF AUTONOMOUS KNOWLEDGE SYSTEM

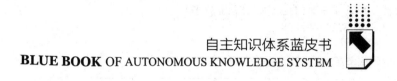

中国哲学社会科学原创学术概念分析报告

（2024）

ANALYSIS REPORT ON ORIGINAL ACADEMIC CONCEPTS
IN CHINESE PHILOSOPHY AND SOCIAL SCIENCES (2024)

主 编／徐拥军 杨红艳 戴鹏杰

社会科学文献出版社
SOCIAL SCIENCES ACADEMIC PRESS (CHINA)

图书在版编目（CIP）数据

中国哲学社会科学原创学术概念分析报告 . 2024 ／
徐拥军，杨红艳，戴鹏杰主编. --北京：社会科学文献
出版社，2025.4. --（自主知识体系蓝皮书）.
ISBN 978-7-5228-4921-8

Ⅰ. C12

中国国家版本馆 CIP 数据核字第 2025Y5K392 号

自主知识体系蓝皮书
中国哲学社会科学原创学术概念分析报告（2024）

主　　编／徐拥军　杨红艳　戴鹏杰

出 版 人／冀祥德
责任编辑／连凌云
文稿编辑／石银凤
责任印制／岳　阳

出　　版／社会科学文献出版社·出版研究院（010）59367235
　　　　　地址：北京市北三环中路甲 29 号院华龙大厦　邮编：100029
　　　　　网址：www. ssap. com. cn
发　　行／社会科学文献出版社（010）59367028
印　　装／天津千鹤文化传播有限公司

规　　格／开本：787mm×1092mm　1/16
　　　　　印 张：27.75　字 数：420 千字
版　　次／2025 年 4 月第 1 版　2025 年 4 月第 1 次印刷
书　　号／ISBN 978-7-5228-4921-8
定　　价／168.00 元

读者服务电话：4008918866

《中国哲学社会科学原创学术概念分析报告（2024）》编委会

主要编撰者简介

徐拥军 管理学博士，中国人民大学信息资源管理学院教授、博士生导师，中国人民大学书报资料中心主任，《档案学通讯》杂志社执行总编辑，教育部高等学校档案学专业教学指导委员会秘书长。主要研究方向为信息资源管理、学术出版与学术评价、档案学基础理论。独立或以第一作者身份出版著作5部；发表文章200余篇，其中被《新华文摘》、《中国社会科学文摘》、人大复印报刊资料等全文转载近30篇；获省部级以上优秀科研成果奖励9项。获"2015年中国人文社科最具影响力青年学者""2016年宝钢优秀教师奖"，2018年入选国家档案局首批"全国档案专家"。

杨红艳 管理学博士，中国人民大学书报资料中心副主任，编审。主要研究方向为学术评价、信息资源管理，主持及参与国家社科基金、国家自科基金、中宣部、国家民委、北京市出版局等项目20余项；出版独著《中国人文社科学术成果评价管理控制机制研究》，参与撰写专著《中国信息资源产业发展与政策》，参编《复印报刊资料转载指数排名研究报告》（2014~2020年）、《中文核心期刊要目总览》（2014版、2017版、2020版）；发表论文50余篇。曾获北京市第十五届哲学社会科学优秀成果奖一等奖、第八届高等学校科学研究优秀成果奖一等奖（人文社会科学）；其中10篇论文被人大复印报刊资料、《高等学校文科学术文摘》、《大数据时代》等转载。

戴鹏杰 统计学博士，中国人民大学书报资料中心评价研究部副主任，副编审，主要研究方向为学术评价、文献计量、数据挖掘等。围绕人文社科学术评价标准、学术评价模式、同行评议规律、跨学科学术期刊与机构评价等论题，在《中国社会科学》《情报资料工作》等国内外核心期刊上发表学术论文14篇（中文9篇，英文5篇），出版译著1部、专著1部。参与国家社科基金重大项目1项、国家自科基金面上项目2项、国家社科基金一般项目1项。

前　言

2022 年 4 月 25 日，习近平总书记在中国人民大学考察调研时，提出了"加快构建中国特色哲学社会科学，归根结底是建构中国自主的知识体系"的重大论断，这是使中国哲学社会科学屹立于世界学术之林的必由之路。此后，中国人民大学以习近平总书记重要讲话精神为根本遵循，深刻理解"中国自主知识体系"的精神实质、科学内涵、根本要求，扎实推进"建构中国自主知识体系"的丰富实践，团结全国高校哲学社会科学工作者，加快构建以中国自主知识体系为内核的、中国特色的哲学社会科学学科体系、学术体系、话语体系。

学术评价在建构中国自主知识体系中发挥着不可或缺的引领和保障作用。学术评价体系是中国自主知识体系的重要组成部分，也是建构中国自主知识体系的一个基础性工程，有利于彰显中国特色哲学社会科学的学术自信和学术责任。通过科学的学术评价引领中国特色哲学社会科学的持续创新，是建构中国自主知识体系的应有之义，关乎中国特色哲学社会科学的发展方向和前进动力。然而，长期以来，中国哲学社会科学学术评价的自主性和主体性还不够，未能充分发挥其应有的、引领本土原创研究的作用。基于对中国道路、中国理论、中国文化、中国历史和中国学术的自信，将马克思主义基本原理与中华优秀传统文化有机结合，构建一套符合中国自主知识体系建构要求的自主学术评价体系，是切实提升中国特色哲学社会科学自主创新水平的必然选择。

构建自主的学术评价体系，必须要开展原创导向的学术评价。原创学术概念是中国特色哲学社会科学大厦的基石，也是中国自主知识体系的基本组成要素。遴选和分析中国哲学社会科学的原创学术概念，对于提升中国知识创新水平和学术国际话语权具有重要意义。从这一角度来讲，对原创学术概念的评价不失为探索原创导向的自主学术评价体系的一个切入点。

课题组以"原创学术概念"为切入点，历时近一年，系统梳理了中国哲学社会科学现有知识体系中的原创成果。从标准、方法、示例三个视角，探讨了中国原创学术概念的基本内涵、主要特征、演进规律和发展趋势，在此基础上提出了独树一帜的原创学术概念评价体系，并通过学术共同体的遴选分析，提出了 10 个原创学术概念示例。2023 年 12 月 17 日，课题组的研究成果在第七届中国学术评价论坛上组织研讨，并在 2024 年 1 月 8 日中国人民大学主办的中国自主的知识体系成果发布会（2023 年度）上正式发布，《标准·方法·示例：中国哲学社会科学原创学术概念分析报告》（以下简称《分析报告》）获评"2023 年中国自主的知识体系年度报告"。本次出版的《中国哲学社会科学原创学术概念分析报告（2024）》，在该《分析报告》的基础上，对研究成果进行了深化，邀请 10 位原创学术概念提出者及其团队，对各概念的提出过程、学理内涵、原创价值等方面进行了全面梳理与阐述。

拥有 66 年历史的中国人民大学书报资料中心，经过多年的探索，形成了"以学术成果为指向，以同行评议为主导，以学术共同体为核心，以价值判断为引领，以数据分析为支撑"的、独树一帜的"人大转载"学术评价理念和体系。此次关于"原创学术概念"的研究，以中国人民大学书报资料中心多年的学术积淀为基础，同时也坚持"人大转载"一直以来的学术评价理念和特色。希望本报告的研究能够破除评价体系中有碍于颠覆性创新和原始性创新的制度樊篱，彰显学术评价的原创性导向，为自主知识体系的建构提供更有价值的参考框架、更丰富的知识素材和更具引领力的学术评价保障。

课题组

2024 年 11 月

摘　要

党的二十届三中全会指出，要"实施哲学社会科学创新工程，构建中国哲学社会科学自主知识体系"。为推动中国哲学社会科学自主知识体系的建构进程，中国人民大学课题组以 1995～2022 年被中国人民大学复印报刊资料转载过的论文为基础，通过文献调研、转载分析、同行评议、案例分析、关键词分析等方法，对中国哲学社会科学原创学术概念的发展情况进行了系统梳理和深入分析，形成《中国哲学社会科学原创学术概念分析报告（2024）》。全书由 1 个总报告和 10 个分报告组成。

总报告在厘清原创学术概念内涵的基础上，创新性地提出判断原创学术概念要重点关注新术语、新内涵、新结论、新优势和新拓展五个特征。在此基础上，提出原创导向的学术概念评价标准和方法，并遴选出反梯度、和合学、致毁知识、天下体系、帝制农商社会、科技审度论、艺术公赏力、跨体系社会、公共阐释、别现代等 10 个具有代表性的中国哲学社会科学原创学术概念示例（按概念提出时间排列）。在遴选过程中我们发现，当前中国哲学社会科学存在论文缺乏知识标引性、相同语义学术概念表述不一、将创新观点提炼为新概念的能力有待加强、用"西式"方式甚至英文为概念命名、社会科学原创学术概念明显少于人文学科等问题。此外，此次遴选出的原创学术概念示例存在明显的跨学科特征且偏重文史哲领域，多数概念经历了多年的积淀，全部概念示例的首发期刊均为中文期刊。10 个分报告分别阐释了 10 个原创学术概念示例的内涵特征、研究综述、原创性贡献、研究展望等，向读者具象化呈现了中国原创学术概念的演变规律、原创特征、意义价

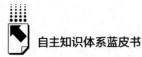
值等重要内容，旨在为推动构建中国哲学社会科学自主知识体系提供学理支撑和实践参考。

关键词： 原始创新　原创学术概念　中国自主知识体系　哲学社会科学　学术评价

目　录 ⤴

Ⅰ　总报告

Ⅱ　分报告

（按照原创学术概念提出时间先后为序）

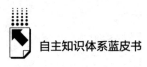

皮书数据库阅读**使用指南**

总 报 告

B.1

中国哲学社会科学原创学术概念
分析报告（2024）

摘　要： 本报告在厘清原创学术概念内涵的基础上，提出判断识别学术理论原创性的五大特征，即新术语、新内涵、新结论、新优势和新拓展。在此基础上，提出原创导向的学术概念评价标准和方法，并遴选出反梯度、和合学、致毁知识、天下体系、帝制农商社会、科技审度论、艺术公赏力、跨体系社会、公共阐释、别现代等10个具有代表性的中国哲学社会科学原创学术概念示例（按概念提出时间排列）。在遴选过程中发现，此次遴选出的原创学术概念示例存在明显的跨学科特征且偏重文史哲领域，多数概念经历了多年的积淀，全部概念示例的首发期刊均为中文期刊。同时还发现，当前中国哲学社会科学存在论文缺乏知识标引性、相同语义学术概念表述不一、将创新观点提炼为新概念的能力有待加强、用"西式"方式甚至英文为概念

---

* 课题组主要成员为徐拥军、李红宇、高自龙、杨红艳、戴鹏杰、杨英伦、李晓彤、王璠、刘萍萍、张文心。

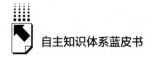

命名、社会科学原创学术概念明显少于人文学科等问题，需要学界进一步关注和重视。

关键词： 原始创新　原创学术概念　学术评价　中国特色哲学社会科学
自主知识体系

一　研究概述：原创学术概念分析的
背景、价值与思路

（一）原创学术概念的研究背景

1. 原创是中国特色哲学社会科学发展的必然要求

2016 年 5 月 17 日，习近平总书记在哲学社会科学工作座谈会上明确指出："我们的哲学社会科学有没有中国特色，归根到底要看有没有主体性、原创性。"同时指出："创新是哲学社会科学发展的永恒主题，也是社会发展、实践深化、历史前进对哲学社会科学的必然要求。如果不能及时研究、提出、运用新思想、新理念、新办法，理论就会苍白无力，哲学社会科学就会'肌无力'。"[①]

改革开放以来，中国式现代化创造了经济快速增长与社会长期稳定两大奇迹，但中国哲学社会科学研究取得的原创性成果远不能与这两大奇迹相媲美，中国哲学社会科学在某种程度上存在主体性不彰、原创性不足等问题。学术界从中国发展经验中提炼出的标识性概念尚不多，打造易为国际社会所理解和接受的新概念、新范畴、新表述的能力也尚不足，对中国式现代化整体在深度和广度上的延展起到的作用与现实需要之间仍存在较大差距，"学术中的中国""理论中的中国""哲学社会科学中的中国"还不足以让世界

[①]　习近平：《在哲学社会科学工作座谈会上的讲话》，《人民日报》2016 年 5 月 19 日。

了解与知悉"发展中的中国""开放中的中国""为人类文明作贡献的中国"。正如习近平总书记所言："我国是哲学社会科学大国，研究队伍、论文数量、政府投入等在世界上都是排在前面的，但目前在学术命题、学术思想、学术观点、学术标准、学术话语上的能力和水平同我国综合国力和国际地位还不太相称。""我国哲学社会科学在国际上的声音还比较小，还处于有理说不出、说了传不开的境地。"

加快构建中国特色哲学社会科学，必须强调研究的原创性。党和政府一直高度重视学术原创性，近年来印发了一系列关于促进中国哲学社会科学发展的文件，对学术原创性提出要求。2022 年《国家"十四五"时期哲学社会科学发展规划》指出，要"以加快构建中国特色哲学社会科学为主题，以提升学术原创能力为主线"；2018 年《关于分类推进人才评价机制改革的指导意见》中强调，要"注重政治标准和学术标准、继承性和民族性、原创性和时代性、系统性和专业性相统一"；2018 年《关于深化项目评审、人才评价、机构评估改革的意见》中要求，在人才评价中要"把学科领域活跃度和影响力、重要学术组织或期刊任职、研发成果原创性、成果转化效益、科技服务满意度等作为重要评价指标"。

评价学术成果的原创性，既需要有科学的理论和标准作为指导，也需要有可行的实施方案与机制。近几年，学术评价改革的焦点是"破五唯""立新标"，这为评价学术成果原创性明确了边界、指出了方向。2020 年 10 月，中共中央、国务院印发的《深化新时代教育评价改革总体方案》，旨在扭转不科学的教育评价导向，克服"唯论文、唯帽子、唯职称、唯学历、唯奖项"的顽瘴痼疾。同年 12 月，教育部印发《关于破除高校哲学社会科学研究评价中"唯论文"不良导向的若干意见》，明确提出了 10 个"不得"的底线要求，并强调正确理解破除"唯论文""破五唯"不是不发论文了，而是要发高质量的论文。在评价学术成果原创性的实践中，普遍提倡和强调"同行专家评议机制"，但依然面临诸多操作性的问题，例如学派相轻问题、主观评价随意性较大问题、人情评价等。所以，科研管理机构与学术评价机构，都在不断探索更加科学的、评价学术成果原创性的理论、标准、机制与方法。

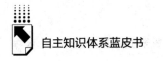

2. 原创学术概念是中国自主知识体系的基本要素

中国自主知识体系是中国特色哲学社会科学学科体系、学术体系和话语体系的核心内涵，是中国学术国际话语权的基础，是中华民族文化价值与内涵的延伸与阐释。建构中国自主知识体系，必须阐明中国式现代化基本特征、本质要求和战略安排背后的原理、哲理和学理，必须总结中国经验、创造中国理论、形成中国思想，从而向全世界讲好中国故事、展现中国道路，增进世界对中国式现代化的了解与理解，为解决人类面临的共同问题或世界上其他国家面临的类似问题提供中国方案。

筑造千层大厦，必先打稳地基。中国自主知识体系的建构，需要有稳固的基本理论、基本方法、基本工具作为基石，而这些基石之下，则是中国自主的原创学术概念与概念体系。概念在人类认知中具有重要的作用，是知识表示的重要方式之一。知识体系是基于概念体系建立起来的知识结构，它是由一系列相互关联的概念和事实构成的有机整体，用于描述和解释某一领域的各种现象和关系。概念之间彼此关联构成了概念体系，概念体系又为知识体系的建构提供了基本的单元和要素。知识体系的建构需要遵循一定的逻辑原则和分类标准，以确保其内部的一致性和完整性，而这是以众多内涵清晰的概念为前提的。概念与知识，概念体系与知识体系，相互依存、相互促进，共同构成了人类认知和思考的重要工具。在建构中国自主知识体系的过程中，不能忽视基础学术概念，尤其是中国原创学术概念的打造。

打造中国原创学术概念的过程离不开学术评价。事实上，在建构中国自主知识体系的过程中，学术评价发挥着不可或缺的引领性作用，也可以说构建自主的学术评价体系是建构中国自主知识体系的一个基础性工程。从这一视角来讲，研究、梳理、鉴别、遴选中国自主的原创学术概念，是推动中国自主知识体系建构进程的必由之路。

（二）原创学术概念分析的理论价值与现实意义

自主与创新是知识体系的灵魂。没有自主性与创新性的知识体系如同无本之木、无源之水，无所依凭、无所遵循。2016 年，习近平总书记在哲学社会科学工作座谈会上的讲话指出："跟在别人后面亦步亦趋，不仅难以形成中国特色哲学社会科学，而且解决不了我国的实际问题。"现阶段，中国式现代化已经走出了一条独立自主、符合中国国情的道路，但我们的哲学社会科学知识体系，从某种意义上讲，还是一种不完全自主的知识体系。

从中国自主的原创学术概念研究入手，能够提纲挈领地了解当前中国哲学社会科学原创成果的现状与趋势，也能够独辟蹊径地为学术评价开辟原创导向的评价视角，从而引导中国哲学社会科学工作者提升原创水平，创造更多的原创性成果。

1. 引领发展，凝练中国自主知识体系的核心价值

自主知识体系是指一个国家或地区基于自身文化、历史和社会背景而形成的独特的知识体系。建构中国自主知识体系的过程，实质上也是凝练和彰显中国哲学社会科学核心价值的过程。这些核心价值既要体现马克思主义的指导地位，又要传承中华优秀传统文化，同时也要借鉴来自国外的学术成果。其中最重要的是要在此基础上提出中国自主的原创学术成果，而原创学术概念正是此类成果的一种重要形式和体现。

对原创学术概念进行遴选和分析，对于在理论上凝练中国自主知识体系的核心价值具有重要意义，主要体现在以下几个方面。

第一，明确哲学社会科学发展对自主性、主体性的关键要求，为引导各学科丰富和发展相关理论、完善中国特色的学科体系提供理论支撑和方向指引。

第二，原创学术概念代表了一个国家或民族在某一领域的独特见解和智慧，遴选和分析原创学术概念有助于更好地理解和把握中国传统文化的精髓，完善有关国家文化软实力和文化自信方面的规律性认识，进而为丰富哲学社会科学学术体系提供指导。

第三，原创学术概念具有鲜明的时代特征和本土特色，遴选和分析原创学术概念有助于为丰富哲学社会科学话语体系奠定知识基础，也有利于在国际学术交流与合作中彰显中国特色。

第四，原创学术概念是对自主知识体系中关键知识的高度凝练与概括，

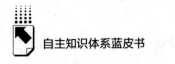

遴选和分析原创学术概念，可以为自主知识体系提供基本的知识框架，在理论上使得自主知识体系更加系统和完备，能够更好地应对外来知识的冲击和影响。

综上所述，在自主知识体系建构背景下，遴选和分析中国哲学社会科学原创学术概念，将着力提炼如上方面的核心价值，使之成为引领自主知识体系建构的实质标准，确保哲学社会科学的发展方向。

2. 推动变革，探索"破五唯"的学术评价理论和方法

构建与中国自主知识体系配套的自主学术评价体系是现阶段哲学社会科学学术评价体系发展的关键。然而，当前的学术评价体系存在的突出问题是过度量化和西化，不够关注学术成果的自主性、主体性和原创性。因此，以"原创学术概念"为切入点开展研究，对于探索中国自主的学术评价理论方法至关重要。

遴选和分析原创学术概念，对于探索中国自主的学术评价理论方法的价值主要体现在如下方面。

第一，有助于增强学术评价的主体意识，帮助学界深刻认识到中国自主知识体系和自主学术评价体系的重要意义与核心特征，引导学术界更加关注学术研究和学术成果自主性和创新性，为开展原创导向的学术评价创造良好的学术氛围。

第二，有利于围绕学术成果的原创性，建立和完善由中国主导的学术评价标准、指标，并在此过程中把建构中国自主知识体系的核心价值内化到评价标准和指标中，凸显学术评价体系的中国特色。

第三，以"原创学术概念"为切入点的评价研究，还可以为针对内容和质量的学术评价提供新的方法和手段，改变传统的学术评价过于注重数量指标，而忽视学术成果质量和深度的状况，提升学术评价的公正性和科学性。

第四，有利于丰富科研人才评价体系的理论和方法，更早发现具有创新能力和学术潜力的优秀人才，使之成为建构中国自主知识体系的核心力量。

综上所述，遴选和分析原创学术概念，是典型的"原创导向"学术评

价活动与实践，有助于以此为切入点创新学术评价模式，为"破五唯""立新标"提供新的维度和路径，进而为构建更加全面和多元的自主学术评价体系作出贡献。

3. 梳理家底，具象化呈现当代中国重要原创学术成果

知识体系是传承、是发扬、是生长，对当代中国学者前赴后继的学术开拓进行充分的分辨、汲取、吸收。建构中国自主知识体系，需要从回顾历史、梳理和盘点家底开始。梳理代表性原创学术概念，旨在厘清哲学社会科学原创概念的发展状况与分布格局，梳理原创概念带来的理论与实践进步，能够为建构自主知识体系提供自主创新的、基础核心的知识成果素材，强化学术界独立思考和开拓创新的意识，从而加速建构的进程。

近几十年来，中国哲学社会科学工作者在各学科发展和理论的创新中作出了积极努力。首先，在文史哲等人文学科领域，中国学者对优秀传统文化成果进行了深入思考和解读，并与当代社会实践相结合，提出了许多具有中国特色的哲学思想。例如，通过对传统儒家、道家等哲学思想的研究，提出了"和谐社会""人本主义""仁爱伦理"等概念，为当代社会的发展和治理提供了新的思路和理论支持。其次，在社会学、经济学、政治学、人类学等社会科学领域，中国学者关注中国社会的转型与发展，研究了社会结构、社会变迁、社会问题等重要议题。他们的研究成果为中国社会的发展和政策制定提供了重要的参考依据。此外，中国学者还通过深入的实地调研和案例研究，在环境保护、教育改革、社会公平等领域，为政府决策和社会问题的解决提供了重要的理论指导。

中国自主原创学术概念遴选与研究，将回顾和盘点当代中国学者提出的如上各类型的哲学社会科学重要创新成果，筛选出有代表性的概念示例并加以呈现，进而为建构中国自主知识体系打下坚实基础。

4. 诊断现状，支撑中国哲学社会科学原创力的提升

建构中国自主知识体系的过程，需要哲学社会科学所有学科领域广泛致力于原创性学术研究。原创性学术研究是一项专业性非常强的活动，需要有针对性地对现有研究原创力进行诊断，明确各学科领域原创活动的优势和不

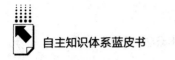

足，为提升中国哲学社会科学原创力提供依据。同时，这也是建构中国哲学社会科学自主知识体系的重要需求之一。梳理出一批有代表性的原创学术概念，则有利于为开展这项诊断工作提供必要的分析素材。

通过原创学术概念的梳理、遴选、分析和研究，有助于从以下三个方面对中国哲学社会科学原创水平进行诊断。

第一，了解哲学社会科学各学科领域原创学术概念的数量、原创程度、研究方向、重点内容等基本情况，从各学科领域的对比分析中发现异同和特征。

第二，梳理哲学社会科学领域原创学术概念提出的主要思路、视角、方法和路径，比如通过对国外哲学社会科学成果的优化改造、源自对中国传统文化经典的传承发展、依托对政治纲要与国家政策文件的解读阐释、根据对社会问题的调研分析与规律总结等。

第三，分析原创学术概念案例及其研究过程中存在的问题，比如对概念的提炼总结方式、论证完备程度、学术影响力、转化应用模式、国内外对比等方面进行深入分析，为后续的学术研究提供借鉴和启示。

中国自主原创学术概念的遴选与研究过程，本身就是一个充满挑战和创新的过程。通过对这一过程的深入研究和数据论证，明确了问题所在与比较差距，能够推动中国学术界的创新和独立思考，引导中国哲学社会科学工作者开展更高效和更高质量的原创性学术研究。

5. 树立标杆，以评价引领哲学社会科学的原创突破

中国自主原创学术概念的遴选与研究，是从原创视角开展学术评价活动的一种崭新尝试，有利于通过"原创导向"的学术评价切实促进中国哲学社会科学的自主创新。然而，"原创"之于中国哲学社会科学发展和中国自主知识体系建构的重要意义，尚未得到学术界的广泛关注和充分重视。

作为学术评价活动的中国自主原创学术概念研究，在促进创新方面的作用主要体现在如下方面。

第一，引发各界对学术原创相关研究的进一步关注和重视，加大对原创性研究和评价活动的投入与支持。对原创学术概念的甄别和认可，也会对学

者产生无形的激励作用，进而激发后辈学者不断尝试一轮又一轮的创新研究。

第二，树立原创标杆，为后续研究加强创新性提供示范。提出原创学术概念是学术原创性的一种重要展现形式，凝结了前辈学者重要的创新性思想和贡献，为后辈学者的原创性研究树立了好榜样，也提供了宝贵的经验。

第三，聚焦中国自主创新成果，以中国自主、中国特色的学术成果提高中国哲学社会科学的国际话语权，推动中国哲学社会科学在国际舞台上发出更加独特和有力的声音，弥补国际学术领域对中国文化、历史和社会的认知和理解的不足。

中国自主原创学术概念的遴选与研究成果，将促进哲学社会科学的全面创新，为中国自主知识体系的建构铺设基石、筑牢根基。

（三）原创导向学术评价"三部曲"的构想与实践

学术概念、学术理论和学术方法相互促进、相互依存，共同构成了学术研究的基本框架。学术理论是学术概念的体系化，学术理论发展与应用可以借助学术方法来实现，而学术方法的创新又需要学术理论的指导。三者之间相互作用、相互促进，共同推动学术研究的深入和发展。学术概念是学术理论和学术方法的基础，没有明确的学术概念，就难以形成系统的学术理论和有效的学术方法。同时，学术理论和学术方法又进一步丰富和发展了学术概念，使其更加完善和深入，更加系统化。学术概念、学术理论和学术方法共同构成了学术研究的基本框架。在这个框架中，学者们通过明确学术概念、构建学术理论、运用学术方法，不断探索和发现新的知识和规律，推动学科知识的进步和发展。

因此，课题组尝试对中国哲学社会科学原创学术概念、学术理论和研究方法进行遴选和评价（即原创导向学术评价"三部曲"），并计划每年发布一份分析报告（《原创学术概念分析报告》已于2024年正式发布），这是一次全新的尝试和大胆的创新，旨在梳理中国特色哲学社会科学学术研究的演

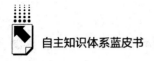

进脉络和发展规律，识别中国哲学社会科学重大原创成果，为中国自主知识体系的构建提供重要参考借鉴。

（四）原创学术概念分析的研究方案

1. 提出研究问题

围绕"中国哲学社会科学原创学术概念分析"这一论题，本报告着重探讨如下问题。

第一，什么是"原创学术概念"？在建构中国哲学社会科学自主知识体系的大背景下，如何鉴别"原创学术概念"？

第二，当代中国已提出了哪些"原创学术概念"？关于"原创学术概念"的提炼和研究取得了哪些成绩、存在哪些问题、呈现怎样的特征？

第三，是否可以以及如何筛选出一些有代表性的"原创学术概念"示例，为哲学社会科学的后续研究树立标杆？

2. 基本分析思路

本报告的基本分析思路如图1所示。

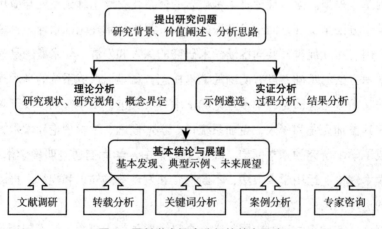

图1　原创学术概念分析的基本思路

中国哲学社会科学原创学术概念分析将遵循"提出研究问题—理论分析与实证分析—形成基本结论与展望"的研究路线展开，具体如下。

（1）提出研究问题

首先在加快构建中国特色哲学社会科学和建构中国哲学社会科学自主知识体系的宏观背景下，对"原创学术概念"的研究价值和意义进行分析，提出研究的视角、方法、路径等基本方案。本报告拟采用文献调研、转载分析、关键词分析、案例分析、专家咨询等研究方法，尝试回答本报告前文所提出的问题。

（2）理论分析

对原创学术概念相关的已有研究成果进行回顾，从概念界定、学术创新、知识体系、学术评价四个视角，对"原创学术概念"相关研究的主要内容和不足进行评述，对已有研究成果与"原创学术概念"研究、与学术评价之间的关系进行梳理，在此基础上，提出本报告所界定的"原创学术概念"定义，并对其核心判断特征和认知难点进行分析，在理论层面形成对"原创学术概念"的基本认识，为进一步的实证分析提供前提。

（3）实证分析

以中国人民大学复印报刊资料转载数据为样本，对其关键词和标题中蕴含的学术概念进行梳理、抽取和分析，从中筛选出当代中国学者提出的、在学术界共识度较高的、影响力较大的哲学社会科学"原创学术概念"示例。通过总结遴选过程中发现的学术概念原创性方面的特征、规律和问题，以及遴选结果，即原创学术概念示例的共性特征，检验理论分析所界定的"原创学术概念"是否合理，同时形成对"原创学术概念"的规律性认识。

（4）基本结论与展望

根据如上三部分的分析，形成对"原创学术概念"这一论题的基本认识。基于研究所得出的基本认识，从"原创学术概念"及其评价的理论和实践两个视角，展望"原创学术概念"未来研究与遴选的发展方向。同时，面向哲学社会科学学者、期刊、科研管理部门和学术评价机构，分别提出围绕"原创学术概念"研究和学术评价方面的启示和建议，引发哲学社会科学工作者对"原创学术概念"的进一步关注、思考和探索，进而提升中国哲学社会科学的原创水平与能力。

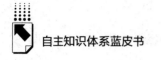

3. 创新点和重点难点

（1）创新点

第一，以原创为导向、以"原创学术概念"为切入点，形成较为科学、合理的评价标准和鉴别方法，将为构建并丰富中国自主的哲学社会科学学术评价体系，以及建构中国哲学社会科学自主知识体系，提供独树一帜的维度、框架和思路。

第二，通过调研掌握我国哲学社会科学"原创学术概念"的基本情况、发展特征与存在问题，有望弥补和深化对哲学社会科学原创水平的客观认识，为加快构建中国特色的哲学社会科学体系提供有价值的、视角独特的参考依据。

第三，以大量哲学社会科学论文为样本，从关键词分析入手对"原创学术概念"进行实证分析，是一种全新的尝试，把学术评价的定性判断与定量数据有机结合起来，将为进一步的相关研究提供宝贵数据并奠定良好基础。

（2）重点难点

第一，关于"自主知识体系建构背景"和"原创导向"的学术评价研究较少，面向"原创学术概念"开展的学术评价理论研究和实践探索更为少见，学术界对研究问题的认识具有多样性，共识之处也尚待探究。因此对"原创学术概念"的内涵和鉴别标准、方法及其规律进行总结和提炼，具有一定理论难度，甚至可以说具有"拓荒性"。

第二，基于大量学术论文开展学术概念关键词的实证分析，需要组织众多研究人员协同工作，具有一定操作难度。同时，关于本论题的调研，对与专家学者沟通深度的要求也较高，很难用问卷形式实现，也很难在较短时间内收集到所需的大量信息，对研究人员的知识储备、研究的效率和质量都提出了较大挑战。

二　理论分析：原创学术概念的研究回顾与概念界定

本部分利用文献调研法，从概念界定、学术创新、知识体系、学术评价四个角度，对与"原创学术概念"相关的研究成果进行了回顾，从中总结出当前学术界对"原创学术概念"内涵、特征和标准的基本认识，进而提出本报告对"原创学术概念"的定义。

（一）原创学术概念的研究回顾

1. 概念界定下的原创学术概念

人们把所感知的事物的共同本质特点抽象出来加以概括，建构具有内涵和外延的概念，成为人类学术知识体系的基本单元[1]。概念也是人的理性认识的逻辑起点，是人类用于思考和对事物进行明确推理的工具与手段[2]。作为话语和知识的基本单位，概念既是判断、推理、论证的基础，也是话语体系、知识体系和理论体系建构的底层逻辑[3]。并且，概念还是学术研究的起点。学术概念是将概念带入学术体系，将事实意义的概念转换为学术意义的概念，从而实现概念的体系化建构。如果学术理论是学术概念之网，学术概念则是学术理论之网上的纽结。

相较于一般学术概念，原创学术概念更加强调"原创性"。没有原创学术概念作为基石，也就很难形成原创的学术理论，往往一个宏大理论都是从一个或几个核心概念搭建起来的[4]。具体地，从"原创性"的基本内涵来看，可以从"新""深""争"三方面进行阐释："新"可以体现为新内容、新方法等；"深"指的是在广度和深度上有所突破；"争"即论争，是质疑、推翻已有结论，提出针锋相对的新结论[5]。张文喜则提出具备"原创性"的论文至少是一篇与现存同类研究论文在方法上有足够大的差异、不会引起混

---

① 徐勇：《将概念带入学术体系：为"概念孤儿"寻家》，《中国社会科学评价》2022年第4期，第4~10页。

② Shea N., "Concept-metacognition," *Mind & Language*, 35 (5), (2020): 565-582.

③ 冯海波：《中国式现代化话语体系的构建原则与创新路径》，《中南民族大学学报》（人文社会科学版）2023年9月16日，第1~7页。

④ 任平：《论涂层概念与原创学术的中国道路》，《江海学刊》2020年第5期，第29~35页。

⑤ 陆敏、胡梅娜：《原创性——学术研究的基本准则》，《政法论坛》2002年第1期，第116~122页。

渐的论文①。此外，Sanchez 等认为，"原创性"难以用准确的定义来描述，但"原创性"能够直观地反映在旁观者的情绪变化上，如兴奋、刺激、惊讶和发人深省等②。从"原创性"的版权保护来看，卢海君认为原创性是作品可版权性的核心要件，其最基本的含义就是作品来源于作者，而非抄袭他人作品的结果③。从科学研究中的"原创性"来看，激发科学研究的原创性是一个具有重要性质的关键变量④。Rodriguez 等认为，"原创性"是开展科学研究的重要目标，拥有原创性的学者通常具备拒绝墨守成规、愿意做出承诺、自信和跨学科等特征⑤。在科研成果的原创性判定上，英国对大学科研成果的原创性提出相对可操作的界定，即"原创性"指的是某个科研成果在多大程度上对某个科研领域的理解和知识作出了创新和重要贡献⑥。

不难发现，识别和判断是否为原创学术概念的主要标准或特征在于是否具备"学术意义"和"原创价值"。只有为实践语汇或包含实际意义的概念赋予更多的学术意义，才能形成学术概念。而原创学术概念中的原创价值需建立在主创意识和质疑精神之上，并且，质疑的对象就包括因借鉴而形成的思维定式，只有打破定式，实现创造性转化或创新型发展，才能获得原创价值⑦。

2. 创新视角下的原创学术概念

创新是学术的生命，没有创新性的成果称不上学术成果。"创新"一词

---

① 张文喜：《哲学社会科学研究的"原创"要求及其概念纹理的经与纬》，《社会科学辑刊》2011 年第 4 期，第 17~20 页。

② Sanchez I. R. , Makkonen T. , Williams A. M. , "Peer Review Assessment of Originality in Tourism Journals: Critical Perspective of Key Gatekeepers," *Annals of Tourism Research*, 77, (2019): 1-11.

③ 卢海君：《论作品的原创性》，《法制与社会发展》2010 年第 2 期，第 78~91 页。

④ Alajami A. , "Beyond Originality in Scientific Research: Considering Relations among Originality, Novelty, and Ecological Thinking," *Thinking Skills and Creativity*, 38, (2020): 100723.

⑤ Rodriguez Sanchez I, Mantecón A, Williams A M, et al. , "Originality: the Holy Grail of Tourism Research," *Journal of Travel research*, 61 (6), (2022): 1219-1232.

⑥ 刘立：《科研评价要突出"唯原创性"标准》，《中国科学报》2019 年 3 月 20 日。

⑦ 韩经太：《中国特色哲学社会科学"三大体系"构建的原创性指向》，《北京大学学报》（哲学社会科学版）2023 年第 5 期，第 18~23 页。

起源于拉丁语，原意包含更新、创造的东西、改变三层含义。换言之，创新指的是利用已有资源打造新事物的手段。美国哈佛大学熊彼特教授在其著作中将创新作为一种理论，认为创新是把一种新的生产要素和生产条件的"新结合"引入生产体系[①]。同时，提出创新在生产过程中是内生的，即经济生活中的创新不由外界强加，而是内部自发。但随着时代进程和技术发展，创新的知识依赖性逐渐明显，实现创新越来越难，变为高知识积累群体才能做到的任务[②]，即创新壁垒性增强。进而，学术研究成为知识创新的主阵地之一，并且在知识创新的过程中，概念建构成为主要手段，建构概念并提出真命题成为知识创新的标志[③]。

　　基于学界从创新视角对原创学术概念的研究，我们首先应对"创新"和"原创"的关系进行辨析。在基本概念上，"原创"与"创新"之间既有联系，又有区别。从二者的联系来看，原创和创新均离不开"新"字，都强调创造力和打破旧思维。从二者的区别来看，原创的本意涉及"源头"，即原创性中包含源头性、引领性和基础性的内涵，强调提出者为相关领域和研究贡献了新颖的、独特的、有意义的新知识，这种新知识通常具有普适意义，能够在一定程度上拓展认知范围，乃至开辟新领域、引领新方向；而创新则更加强调工作本身在当前的使用价值或经济价值，具有时效性，可以是基于现有知识、经验、思维或模式的改进和变革[④]。可以认为，原创通常是一种创新，但创新未必都是原创。在学术研究范畴上，成果创新性可以体现在提出新的或是修正完善目前的理论、观点、阐释，提出新的或是改进运用当前的方法、技术，挖掘发现新的史料、证据、数据，以及对现

① 熊彼特：《增长财富论——创新发展理论》，李默译，陕西师范大学出版社，2007。
② 宋刚、张楠：《创新2.0：知识社会环境下的创新民主化》，《中国软科学》2009年第10期，第60~66页。
③ 郭台辉：《概念建构作为知识创新路径的再思考》，《探索与争鸣》2023年第9期，第44~48页。
④ Baptista A., Frick L., Holley K., et al., "The Doctorate as an Original Contribution to Knowledge: Considering Relationships between Originality, Creativity, and Innovation," *Frontline Learning Research*, 3 (3), (2015): 55-67.

有内容的概括和评析等；而原创性，则要求是高水平的创新，这种创新性通常具有原始、首次、独立、自主、系统等特征，具有原创性的学术成果也能体现出更加广泛和普适的阐释力与说明力，对现实和实践也拥有更加强大和有效的指导力①。

学者们普遍认为，学术研究要有话语创新、概念创新、理论创新。鄢一龙指出，推进中国学术话语创新，不是关起门来搞创新、自说自话，而是要打造"融通中外的新概念、新范畴、新表述"。原创思想是哲学社会科学的皇冠，要推动哲学社会科学更多转向原创性理论的创新②。李永杰、陈世宇和宋林飞等学者探讨和阐述了"中国式现代化"概念的原创性内涵和理论创新贡献③④。田野从国际关系学科概念的角度，发现我国学者已开始梳理和辨析中华经典国际关系概念，基于分析古代亚洲各区域国际体系来生成新概念。通过正本清源、辨异求同、旧瓶新酒、分门别类等方式重新界定既有概念，并利用添加形容词、组合概念等手段创造新概念⑤。在"以人民为中心"发展思想研究中，袁洪亮和杨阳认为，"人民"概念创新是习近平新时代中国特色社会主义思想实现了马克思主义中国化新的飞跃的文本基础和基本线索⑥。

综上所述，原创学术概念是学术创新的一种重要形式，"创新程度"理应作为判断学术概念"原创性"与否的核心且关键特征。然而，对学术概念"原创性"的判断具有民族性、本土性、时代性和相对性，在不同的背

---

① 杨红艳、戴鹏杰、钱蓉等：《立足中国 引领学术 服务社会：中国特色哲学社会科学学术成果评价标准体系初探》，《情报资料工作》2021年第3期，第6~14页。
② 鄢一龙：《创新中国学术概念，向世界阐述中国道理》，《经济导刊》2022年第10期，第48~50页。
③ 李永杰、陈世宇：《"中国式现代化"概念的渊源考释与话语创新》，《福建师范大学学报》（哲学社会科学版）2023年第1期，第1~10页。
④ 宋林飞：《中国式现代化的理论创新视角与标识性概念》，《江海学刊》2023年第5期，第5~17页。
⑤ 田野：《中国国际关系知识体系建构中的概念创新》，《教学与研究》2023年第4期，第29~40页。
⑥ 袁洪亮、杨阳：《论习近平新时代中国特色社会主义思想"人民"概念的创新与发展》，《湖南师范大学社会科学学报》2022年第2期，第28~35页。

景、场景、目的下，其判断依据都可能产生差异。我们还应正确认识概念创新与理论创新的关系：一方面，概念创新可以推进理论创新，但也只是为理论创新提供了一定基础，仅有概念创新是无法实现理论创新的，创造一个新词并不等于构建了一种理论；另一方面，理论创新并非以概念创新为必要条件，即使没有创新概念，既有概念也有助于理论创新。

3. 知识体系下的原创学术概念

知识体系的学理内涵强调，知识是人对自身及主客观世界认识结果的总和，是"被确证的真实的信仰"①，而知识体系是基于一定的逻辑基础，在特定的文化生态中形成，并且具有民族性或地域性的知识总和②。而知识体系的实践意义体现在，知识体系不仅是传承、创新和发展人类文化的重要基础，也是养成和延续文化的核心价值观念体系的直接载体③。

概念是建构知识体系的前提。现阶段，我国在知识体系角度与原创学术概念相关的研究大多同"建构中国自主知识体系"这一时代命题紧密相连。建构中国自主知识体系，既是建设社会主义文化强国和提升国家"软实力"的重要保障，也是实现新时代中国式现代化发展的关键任务，更是中国哲学社会科学发展的方向和路径④。基于此，深度剖析知识体系下的原创学术概念，并辨析原创学术概念在建构中国自主知识体系过程中的地位和作用成为国内学者的研究落脚点。

首先，从知识体系的建构原则来看，学者的研究普遍强调原创性和原创学术概念是发展中国特色哲学社会科学的根本要求。习近平总书记在哲学社会科学工作座谈会上明确指出，"我们的哲学社会科学有没有中国特色，归根到底要看有没有主体性、原创性"。就学界观点而言，郭建宁认为"守正

---

① 柏拉图：《柏拉图全集》（第二卷），人民出版社，2003。
② 翟锦程：《中国当代知识体系构建的基础与途径》，《中国社会科学》2022年第11期，第145～164页。
③ 李凤亮、杨辉：《新时代建构中国自主的知识体系的几点思考》，《中国高校社会科学》2023年第5期，第33～39页。
④ 王浦劬：《在中国式现代化进程中构建中国自主的知识体系》，《中国社会科学报》2023年2月24日。

创新"是习近平新时代中国特色社会主义思想的显著特征和思想精髓，也是建构中国自主知识体系的重要原则之一①。冯果认为建构自主知识体系的根本要求在于原创性，必须摆脱照搬西方学科范式的学徒思维，从而达到中国性和自主性、创新性与创造性相统一的目标②。因此，原创性与原创概念是中国自主知识体系建构过程中不可或缺的关键元素，也是支撑中国自主知识体系这幢高楼的重要基石。具体地，学者们从不同研究视角阐述了学科体系中的原创性建构和贡献。例如，李超群在对习近平法治思想的研究中指出，以人民话语集中表达新时代中国特色社会主义法治话语，是习近平法治思想原创性理论贡献的重要体现③。在中国共产党对马克思主义哲学的原创性贡献研究中，刘同舫和刘田论证了创建"中国原创性马克思主义哲学"的必要性、困难性和可行性，指出创建"中国原创性马克思主义哲学"是立足中国实际的原发性理论创新，但创建之路仍面临中国自主性概念和理论范畴相对欠缺，以及学界已有成果难以达成共识的现实困境④。赵士发认为中国马克思主义哲学作为一种原创性理论，促进了马克思主义哲学理论体系的丰富和发展，以知识体系为基础的中国马克思主义哲学的学科体系、学术体系与话语体系逐步形成⑤。

其次，从知识体系的价值取向来看，打造原创学术概念是立足中国式现代化，实现理论和方法创新的必由之路。翟锦程认为，中国自主的知识体系应当符合中国式现代化的本质特征，并体现中国特色、世界意义的价值取向。中国自主知识体系的建构应当符合促进人的全面发展、人与自然和谐共

① 郭建宁：《守正创新与建设具有主体性原创性的中国哲学社会科学》，《中国高校社会科学》2023年第4期，第42~45页。
② 冯果：《论中国法学自主知识体系之概念体系的建构》，《武汉大学学报》（哲学社会科学版）2023年第6期，第101~111页。
③ 李超群：《习近平法治思想中的原创性人民话语——基于马克思主义经典理论的阐释》，《现代法学》2022年第5期，第37~51页。
④ 刘同舫、刘田：《创建"中国原创性马克思主义哲学"何以可能》，《学术研究》2023年第1期，第17~24页。
⑤ 赵士发：《论中国马克思主义哲学的原创性贡献》，《北京大学学报》（哲学社会科学版）2023年第2期，第14~23页。

生、人类共同追求的价值取向①。郁建兴等指出，从中国自主知识体系的构建范畴来看，包括学科体系、学术体系与话语体系三个维度，其中，构建自主学术体系的关键内容体现在概念、理论和方法的创新②。进一步地，针对中国自主知识体系的实践道路和建构路径等问题，学者们基于不同视角给出了具体回答。杨东和徐信予考虑到学科和学术评价体系的重要意义，提出建构中国自主知识体系的关键范式在于打破西方主导的学科、学术评价体系和话语体系，建立具有中国特色的学科和学术评价体系，切实做到"破五唯"并深化评价体系改革③。杨国荣等从文化基础出发，认为建构中国自主知识体系应当以中华优秀传统文化为宝贵资源，并立足于中国式现代化④。此外，刘曙光强调在学科自觉中构建自主知识，在科技与人文的汇融交叉中建构自主知识体系，在媒体融合中建构中国特色期刊体系和自主知识资源平台，以及在优化学术生态中构建科学评价体系和学术中国共同体⑤。

最后，从知识体系的理论内涵来看，构建原创学术概念体系是打破"西方中心论"，并形成"中国理论"的必要条件。建构中国自主知识体系是时代对于科学理论的呼唤，服务于中华民族伟大复兴战略全局和世界百年未有之大变局，同时也是总结中国特色社会主义成功经验、破解社会主义新征程中的问题，以及提升中国国际话语权的现实所需⑥。并且，建构中国自主知识体系的根本遵循在于把握习近平新时代中国特色社会主义思想理论体系的重要特征，包括理论与实践相统一，批判性和建构性话语相贯通，学术

① 翟锦程：《中国自主知识体系价值取向与构建的实践基础》，《南开学报》（哲学社会科学版）2023 年第 3 期，第 40~49 页。
② 郁建兴、黄飚：《建构中国自主知识体系及其世界意义》，《政治学研究》2023 年第 3 期，第 14~24 页。
③ 杨东、徐信予：《建构中国自主知识体系论纲》，《中国人民大学学报》2022 年第 3 期，第 7~10 页。
④ 杨国荣、吴晓明、翟锦程等：《"如何建构中国自主知识体系"笔谈》，《哲学分析》2023 年第 2 期，第 159~179 页。
⑤ 刘曙光：《中国自主知识体系建构的方法论自觉》，《北京大学学报》（哲学社会科学版）2023 年第 5 期，第 5~17 页。
⑥ 韩喜平：《中国哲学社会科学自主知识体系建构的历史必然与路径探索》，《马克思主义研究》2022 年第 9 期，第 23~32 页。

话语、政治话语和群众话语相融合①。因此，张雷声等认为中国自主知识体系的重要内涵在于打破"西方中心论"，立足我国的独特历史、独特文化和独特国情，自主建设具备中国特色、中国气派和中国风格的中国理论，同时将其应用于中国问题，并指导中国实践和发展②。任平揭示了中国式现代化在不断发展的实践中形成了独特的自主知识体系，包含创新表述和现代化之新，具有本质之新和道路之新③。王亚华和王睿以 21 世纪以来集体行动理论在中国的发展为例，揭示了西方经典理论在中国情境中的适用性与局限性，探讨了国际理论本土化和建构自主知识体系的理论认识、可行路径和经验启示④。

4. 学术评价视野下的原创学术概念

在学术评价视野下，与"原创学术概念"相关的研究聚焦到学术评价的标准和指标方面，并已形成基本共识：国内外已有研究均认为应对学术成果创新性和研究原创性进行评价，强调将创新和原创作为评价标准中的重要组成部分甚至是首要标准。

总体来看，国外学者普遍认可原创性在科学研究中的重要意义，认为科学从根本上致力于产生原创性知识⑤，而原创性又构成了科学的核心价值观之一⑥，并且与关键科学决策相关，包括资金分配、任期评估和科学奖励等⑦⑧。

---

① 张瑞才：《建构中国自主的知识体系：理论思考与路径探索》，《学术探索》2022 年第 9 期，第 1 页。

② 张雷声、韩喜平、肖贵清等：《建构中国特色哲学社会科学自主知识体系》，《马克思主义理论学科研究》2022 年第 7 期，第 4~16 页。

③ 任平：《中国式现代化自主知识体系：创新视域与理论阐释》，《武汉大学学报》（哲学社会科学版）2023 年第 1 期，第 5~14 页。

④ 王亚华、王睿：《建构中国自主知识体系的理论认识和路径思考——以集体行动理论为例》，《上海交通大学学报》（哲学社会科学版）2023 年第 8 期，第 7~20 页。

⑤ Barlösius E., "Concepts of Originality in the Natural Science, Medical, and Engineering Disciplines: An Analysis of Research Proposals," *Science, Technology, & Human Values*, 44 (6), (2019): 915-937.

⑥ Hagstrom W. O., "Competition in Science," *American Sociological Review*, (1974): 1-1.

⑦ Partha D., David P. A., "Toward a New Economics of Science," *Research policy*, 23 (5), (1994): 487-521.

⑧ Stephan P. E., "The Economics of Science," *Journal of Economic Literature*, 34 (3), (1996): 1199-1235.

此外，研究兴趣主要集中在探讨原创性的客观衡量手段和解释方式上。比如，Shibayama 和 Wang 对单个科学论文实施了一种新的原创性衡量标准，即根据论文的参考文献和随后引用它的论文之间的定向引用网络来度量论文的原创性[①]；Clarke 和 Lunt 则通过对博士候选人、考官、导师等群体进行现场观察和访谈，从而了解他们在评估候选人博士考试成绩时对于原创性学术概念的解释方式[②]。国内学者同样认可创新性和原创性在评价标准中的重要地位。丁军强和吴桂鸿将创新性同真理性、逻辑性和效益性置于同一框架下，从而建立社科研究成果的评价标准[③]。类似地，余利川等认为，学术评价应重视学术创新，落实以质量为导向的内涵式评价标准，走出学术评价改革制度自循环困境，平衡学术评价自主与国际开放的张力[④]。杨红艳等指出，创新性理应作为评价学术成果的首要和核心学术标准[⑤]。刘立强调，应逐步转换评价标准和评价思维，淡化影响因子等量化指标，将科研成果的原创性作为最高评价准则。另外，科研评价必须高度重视"首发权"（priority）[⑥]。韩经太认为，无论自然科学还是人文社会科学，所有学术评奖的奖励对象，都应是学术研究者的原创性学术贡献[⑦]。叶祝弟和阮凯提出，学术奖励制度的整体设计必须围绕着发现和鼓励原创性，让学术评奖回归学术原创性，积极发挥学术共同体的重要作用，坚守学术独立品格[⑧]。赵文义指出，学术期刊所传播知识的原创性是学术期刊质量和水平的核心标志，原

---

① Shibayama S., Wang J., "Measuring Originality in Science," *Scientometrics*, 122（1），（2020）：409-427.

② Clarke G., Lunt I., "The Concept of 'Originality' in the Ph. D：How is it Interpreted by Examiners?" *Assessment & Evaluation in Higher Education*, 39（7），（2014）：803-820.

③ 丁军强、吴桂鸿：《试论社会科学研究成果的评价标准》，《科技管理研究》2007 年第 6 期，第 91~92 页。

④ 余利川、李佳源、段鑫星：《大学学术评价的技术治理"失灵"与理性复归》，《西南大学学报》（社会科学版）2022 年第 3 期，第 171~183 页。

⑤ 杨红艳、戴鹏杰、钱蓉等：《立足中国 引领学术 服务社会：中国特色哲学社会科学学术成果评价标准体系初探》，《情报资料工作》2021 年第 3 期，第 5~14 页。

⑥ 刘立：《科研评价要突出"唯原创性"标准》，《中国科学报》2019 年 3 月 2 日。

⑦ 韩经太：《原创性：学术评奖制度的灵魂》，《探索与争鸣》2016 年第 3 期，第 16~18 页。

⑧ 叶祝弟、阮凯：《学术原创、学术评奖与学术共同体建设》，《探索与争鸣》2016 年第 3 期，第 16 页。

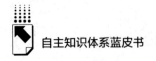

创性始终是学术期刊的终极追求①。

此外，在学术评价实践领域，刘益东提出原创成果展评模板和原创关键词两种评价一流科技人才的创新手段，着重强调原创概念的构成与创新、价值与意义，并认为应以知识点代替论文，成为高质量科研产出的基本单位②。具体到现实评价活动，华东师范大学设立"思勉原创奖"，以弘扬我国现代著名史学大家吕思勉先生的治学精神，并鼓励"文史哲"领域产出更多的原创性研究成果③。《探索与争鸣》编辑部多次举办全国青年理论创新奖征文活动④。董辅礽经济科学发展基金会、中国社会科学院研究生院、北京大学经济研究所、中国人民大学经济研究所、武汉大学经济研究所五家主办单位联合发起并设立"中国经济理论创新奖"，旨在推动经济科学的创新与进步，鼓励原始创新性成果的涌现。由此可见，在原创性和创新性成为学术评价中首要标准的同时，相关实践活动也逐渐增多，在奖项和奖励设计上，也将鼓励原创和发展创新作为关键目的。

5. 原创学术概念相关研究评述

综上所述，国内外学者在原创性的重要意义上形成共识，认可其在科学研究和指导实践中应具有的不可替代的作用。并且，众多学者也基于不同视角对学术原创性和原创学术概念进行深入探究，取得了丰硕的研究成果。

但是我们也应看到，现有研究的同质性较高、缺乏差异化内容，针对原创学术概念的研究仍不多且存在一些未尽之处。一方面，当前围绕原创学术概念的研究大多集中在理论阐释和价值意蕴方面，缺少对于实践路径的探索和构建，即讨论了"是什么"和"为什么"，在"怎么做"部分仍需加强。因此，如何创建中国语境下的原创学术概念及其体系，以及进一步挖掘其中

① 赵文义：《学术期刊高质量发展的内在要求分析》，《出版广角》2021 年第 6 期，第 20～22 页。
② 刘益东：《创新一流科技人才评价方法的建议——以原创成果展评模板与原创关键词为例》，《国家治理》2022 年 12 月 9 日。
③ 《思勉原创奖简介》，《北京大学学报》（哲学社会科学版）2014 年第 2 期，第 161 页。
④ 《〈探索与争鸣〉第四届（2020）全国青年理论创新奖征文公告》，《探索与争鸣》2020 年第 8 期，第 161 页。

的内嵌特征和逻辑规律等问题亟待回答。另一方面，建构中国自主知识体系和原创性的学科体系、学术体系和话语体系的关键环节之一在于建立科学公正的学术评价体系，而学术评价的首要标准在于发现和鼓励原创。为此，如何对学术成果或研究内容的原创性进行客观合理的评价成为研究中的重点和难点，即具象刻画原创性标准，使之成为可测度、可量化、可落地和可操作的评价指标和评价实施方案。

总而言之，在原创学术概念相关研究中融入更多以现实实践和定量考察为载体的研究内容，将成为未来有关此论题研究的主要方向。

（二）原创学术概念的界定与分析

1. 原创学术概念的基本界定

在概念界定下，"学术意义"与"原创价值"是原创学术概念的关键判别标准。一方面，学术是对存在物及其规律的学科化论证，立足于事情和现象本身提炼出的实践语汇是形成学术概念的素材[①]。另一方面，原创学术概念的原创价值是在借鉴的基础上提出疑问，打破定式，实现创造性转化或创新性发展而产生的实际作用，它能够形成深刻的学术影响与实践价值。因此，概念界定下的原创学术概念是指在特定学科领域或跨学科领域中，由研究人员基于自己的思想、创见和研究成果，独立提出或发现的新学术概念，它能够形成新的理论、观点、模型或方法等，在广度和深度上有所突破，得出新结论。它具有独创性、创新性和学术价值，能够推动学科的发展和进步。

在创新视角下，"高创新程度"是判断学术概念"原创性"的核心特征，应把更高水平的创新，即源头性、引领性和基础性作为"原创性"的判别标准。同时，学术概念的"原创性"还具有民族性、本土性、时代性与相对性等判断依据。因此，创新视角下的原创学术概念判别应该在特定的

---

① 朱正威、吴佳：《从实践语汇到学术概念：中国公共管理研究的问题意识与自主性》，《中国行政管理》2020 年第 1 期，第 6~11 页。

历史与时代条件下展开，在特定的范围内判断新思想、新观点、新视野、新方向、新方法、新理论的"原创力度"。换句话说，不能仅仅判断"是否有创新"，更要判断"创新是否为原创"，同时概念的内涵还要彰显出中国特色。

在知识体系下，强调原创性和原创学术概念是发展中国特色哲学社会科学的根本要求。原创学术概念应摆脱"西方中心论"，立足于我国独特的历史、文化和国情，实现中国性和自主性、创新性与创造性相统一的目标，包含创新表述和现代化之新，具有本质之新和道路之新，促进中国特色哲学社会科学学科体系、学术体系与话语体系建设。因此，知识体系下的原创学术概念尤为强调"自主性"，是建立在中国已有的学科知识体系之上，在原有学科的理论框架、范畴、原理等基础上进行新的延伸、补充和突破，并且为丰富世界知识体系作出新贡献。

在学术评价视野下，原创性被普遍认为是学术评价标准中的重要组成部分甚至是首要标准，相关研究涉及质量诊断、原创性衡量标准与手段、评价制度设计与实践、评价影响因素和机制等方面。原创学术概念的评价主要依据其创新性、学术价值和影响力。创新性评价关注提出的观点、理论或方法是否具有独创性、独特性并富有创造性。学术价值评价关注该概念是否能够解决实际问题、推动学科领域的发展，并是否具有可证伪性和可复制性。影响力评价关注该概念对学术界和社会实践的影响程度。因此，学术评价视野下的原创学术概念是具有"首发权"，以质量为导向，能够推动学术创新与进步，具有学术价值与现实意义，可被识别和评价的学术概念。如何鉴别出原创学术概念，是学术评价视野下的研究亟待解决的问题。

综上所述，可在理论上将中国哲学社会科学"原创学术概念"定义为：由中国哲学社会科学研究者基于规范的学术研究过程和方法，首次提出、发现或归纳得出的，具有较高水平自主创新特征且彰显中国特色的，与国内外同类学术研究成果相比作出独特学术贡献的学理性概念。它是对现有知识的创造性提炼和总结，具有独创性与学术价值，能够为学术研究提供新的理论框架或分析视角，开辟新的学科领域和方向，乃至以原创学术概念为中心构建新的理论，促进自主知识体系建构与完善。

2. 原创学术概念的特征

本报告所界定的"原创学术概念"综合体现了"概念界定下""创新视角下""知识体系下""学术评价视野下"对此概念内涵的基本理解和特征概括。但归根结底，"原创学术概念"最为本质的特征在于一个"新"字，其核心要义主要体现在如下五个方面。

（1）新术语

原创学术概念应该提炼新的术语，以表达独特和创新的思想。这些新术语应当符合学术规范，并在学术界产生足够的关注和认可。例如"差序格局"（费孝通）、"情本位"（李泽厚）、"聚集诱导发光"（唐本忠）、"默会知识"（波兰尼）、"路径依赖"（阿瑟）。这要求学者须对创新性的观点进行概念式提炼总结，使其能够精准到位地承载和表现新的知识点。

（2）新内涵

原创学术概念应该给出与已有概念或理论相区别的新的内涵或解释。可以通过对现有概念的重新界定、扩展或修正来提供新的理论框架或分析视角。例如"范式"（库恩）、"乡土中国"（费孝通）。有些术语早已存在，但是在内涵上不清晰，也未被学术界广泛接受，在这种情况下，学者为其赋予新的内涵和阐释，也可使其成为真正的"原创学术概念"。

（3）新结论

原创学术概念应该得出新的研究结论，具有独特的研究发现或实证结果。这些新结论应当通过严谨的研究设计、有效的数据分析和可靠的论证来支撑。新结论也表明概念相关学术研究链条的完整性和规范性。新概念与新结论是配套出现的，提出并研究新概念所得出的新结论包括得以解决的学术难题、突破的研究瓶颈、总结出的新观点与理论等。

（4）新优势

原创学术概念应该具有相对于现有理论的研究优势和创新优势。这些优势可以体现在研究思路的独辟蹊径、研究方法的创新与改进、理论模型的更新或扩展、解释力度的提升、实证效果的增强等方面。在时间维度上，学术

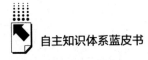

研究和知识创新是个持续不间断的过程，新知识与已有知识之间往往存在千丝万缕的联系。新优势意味着新的研究以已有研究为基础，但与已有研究相比，取得了明显的进步或者形成了更有说服力、解释力或科学性的认识，进一步完善了知识体系。

（5）新拓展

原创学术概念应该拓展新的研究边界，开拓新的研究领域，引领新的学术方向，打造新的科学阵地。可以通过挖掘新问题、提出新议题的方式，为学术界提供新的思考。新拓展往往伴随着认识对象和实践活动的发展变化，引发研究视野、对象与方法的转变与更新，从而总结新规律，形成新认识，甚至有可能形成新的学术流派、开辟新的学科领域。

综上所述，当判断一个学术概念是否具有原创性时，应从五个存在递进关系的特征进行考量（见图2）。是否提炼了新术语、提供了新内涵并得出了新结论，这是判断"原创学术概念"的三个必备条件。如果呈现新优势或新拓展两项特征，则进一步强化其原创性的认定，也说明概念很可能彰显出更大价值。

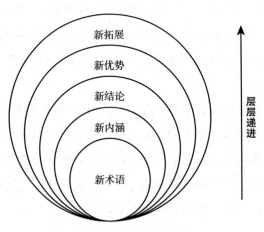

图2 原创学术概念的判断特征

3. 原创学术概念判断的认知难点

尽管我们可以对"原创学术概念"的内涵和特征进行界定，但是依据界定对概念原创性的判断，仍是一个主观的过程。这就导致，在判断某一概念是否为"原创学术概念"时，因场景或主体的不同，很可能得出不一致的结论。从本质上来说，这源于哲学社会科学知识表示的多样化以及评价过程中不可完全规避的语义偏差和主观随时性。具体来讲，原创学术概念判断的难点通常会发生在对以下问题的认知矛盾上。

（1）主观性与客观性的矛盾

在判断学术概念原创性时，很难找到明确的客观依据。即使我们能够找到一些数据作为参考，但判断主体和过程天然具有主观性。抛开判断主体故意而为，给出不真实观点的情况，在其理解判断标准时也很可能会出现偏差。无论是阐述知识的学术语言，还是阐述评价标准的文字，其表现力都有局限性，无法保证所传达的语义完整且准确。此外，原创性是相对于已有研究成果而言的，那么原创程度的判断就依赖于对已有研究的了解。在哲学社会科学领域，对相同知识的阐述可能存在多种不同的表达方法，即使是资深学者，也未必能够完全掌握全貌。

（2）绝对性与相对性的矛盾

原创学术概念是对知识的一种规范性提炼和总结，这一过程的科学性与合理性是可以反复讨论和推理的，但哲学社会科学具有明显的社会性和本土性特征，对其"原创性"的判断难以得出"绝对"正确的结论，而只能退而求其次，得出"相对"正确的结论。这是因为"原创性"必须通过与已有概念的比较来判断其新意，原创性的是与否、大与小，需要在一定范围内来考量，而在不同的语境、时代、地域中，同一个概念的被接受和认可程度可能存在差异。

（3）探索性与完备性的矛盾

学术概念创新特征与"争议"相伴而生，因为原创性研究通常是在尝试前人未做过的事，具有探索性与非共识性的特征，"不完美"是一种符合规律的表现状态。尤其在概念提出之初，对概念的论证尚不完备，在判断"原创性"时，评价主体可能会受到"完备性"标准的干扰，由此产生的否定结论会打击学者的创新积极性。

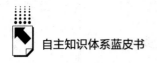

（4）学理深度与影响广度的差异

判断学术概念原创性时，其学理深度的判断较难，除邀请学科领域专家进行主观判断外，我们通常选择"影响广度"方面的文献计量数据和专家调研结果来代替、参考，但仍不可否认，客观真实地找到已经产生显著贡献的学术原创概念，需要以较长的时间成本为代价。但事实上，原创性的影响广度并不等于学理深度，这种替代在一定程度上存在片面性。

三　实证分析：原创学术概念的示例
遴选过程与结果分析

本部分依据第二部分对"原创学术概念"内涵、特征和标准的理论分析，通过关键词分析、转载分析和专家咨询方法，遴选出部分学科的部分原创学术概念示例，期望利用实证结果检验理论分析的科学性；同时，还将以这些示例为案例进行分析，探讨本报告提出的研究问题，着力回答原创学术概念界定、当前原创学术基本情况和现存不足等问题。

（一）原创学术概念示例的遴选

本次遴选，中国人民大学书报资料中心坚持第三方立场的基本原则，以理论分析中对原创学术概念的界定为基础，力求在科学性与可行性之间寻找到一个相对合适的平衡点，形成较为合理科学的遴选方案，进而梳理和筛选出一些原创学术概念示例。

遴选过程主要采用两种方法，即转载分析法与专家评议法，前者根据"人大转载"（中国人民大学复印报刊资料）论文的关键词数据进行原创学术概念的初步筛选，后者则面向"人大转载"各学科的编辑与专家开展深入调研、咨询与评议。

1. 遴选方法

（1）转载分析法

转载分析法是通过一次文献被著名学术文摘或期刊全文转载、摘要、索引的数量和比例等数据，分析特定学科或整体的学术发展分布规律等状况的定量研究方法，实质上是基于同行专家对论文的再次定性评价和转载结果开展的量化分析。

本报告选择在 1995~2022 年，被复印报刊资料转载过的论文，收集这些论文的关键词，并统计学术概念出现在标题或关键词中的频率，作为原创学术概念遴选的量化数据基础。这一数据分析过程，既是对在此期间"人大转载"学术概念的梳理过程，也是在寻找、发现和鉴别具有典型"原创"特征的学术概念。

本次遴选的范围限于"人大转载"成果，且仅面向所选时间区间内"人大转载"论文关键词所涉及的概念，即被复印报刊资料学术专题刊全文转载，且转载关键词涉及同一概念达到或超过 3 篇的，才进入备选范围。

（2）专家评议法

为避免关键词为日常词汇、常用名词、非概念词语、无明显学术含义词语、无明显创新性指引的词语等情况，我们在转载数据分析之后，将备选的词汇提供给学术界同行进行定性评估，凭借同行专家的丰富经验，对词语的原创性、学术性等方面进行把关，以便筛选出符合遴选要求的学术概念。

在评议原则方面，面向建构中国哲学社会科学自主知识体系的目标，设立如下原创学术概念遴选细则，以便使遴选结果更为聚焦。

一是面向中国当代自主创新。面向中国哲学社会科学自主知识体系建构的需要，仅筛选中国当代学者提出的学术概念，国外学者、已去世学者提出的暂不在筛选之列，非学者提出的（由政府文件或企业提出的）以及难以追溯到提出学者的概念也不列入。二是着重原创性鉴别。筛选出的原创概念，着重鉴别其原创性，旨在激励学者的原创积极性，不排除某些概念在学界仍存在一定争议或者有待深入论证的情况。三是学理性提炼。强调对学术概念的内涵、外延进行系统阐述，得出新结论。有些关键词仅对研究对象进行说明，不是对某一现象或规律进行学理性总结，则不对其进行原创性鉴别。四是学术界正向反馈。原创概念提出后，得到学术界的响应与评价，例如其他学者的研究使用与后续研究引用该概念，概念相关成果被二次文献转

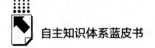

载、获奖、受邀作学术报告、建立特定研究机构等，均是学界正向反馈的表现。五是案例梳理与分析。本次遴选不以"全面""无遗漏"为目标，仅着重筛选出符合如上要求的若干原创概念示例，以期为中国自主知识体系的建构形成示范效应。

在评议方式方面，采用集体评议与逐一咨询相结合的方式，以便充分调研和征询同行专家的意见，确保评议结果的客观性和公正性。本次遴选进行了多轮专家评议，以减少个体主观偏见，提高评议的准确性和可信度，并且在专家评议过程中，相对于"评"，更加注重"议"的过程。

专家的责任包括：一是遴选前，确定概念判断规则、明确判断标准、论证遴选方案。二是遴选中，对定量备选概念进行初步评议与筛选，提出充分的专业阐释，提出增补意见。三是发布前，复审、讨论、修改、优化拟入选清单，再次提出调整意见。

2. 遴选步骤

自 2023 年 4 月中国人民大学书报资料中心启动原创学术概念遴选项目后，经过样本选取、数据整理、初步筛选、查询确认、专家评议、意见征询六个步骤，完成中国自主原创学术概念示例的逐步遴选工作。

（1）样本选取

选取 1995~2022 年度复印报刊资料学术专题刊的全文转载数据，作为此次遴选原创学术概念的基础数据，涉及 157 个复印报刊资料学术专题刊，共收集精选学术论文近 30 万篇。

（2）数据整理

提取所有选取论文的中文关键词，总关键词频次为 113.4 万次，经过初步统计、汇总、核查后，获得 37.4 万个不同的关键词。

（3）初步筛选

第一步，删除出现频率（在关键词和标题中）过少的关键词，保留 3 次及以上的关键词，得到 5.6 万待筛选关键词。第二步，组织研究组成员人工删除常见词语、常用名词，例如"中国""美国""发展""改革""问题""对策""研究""分析"等。第三步，对同义但不同词的情况进行合并归类。为避免筛选过于严格，通过查找近些年相关创新奖项等信息，对关键词进行反向查找与规范，最终剩余 3430 个待筛选的关键词。

（4）查询确认

通过多渠道网络检索，确认该关键词是否为原创学术概念、最早提出者与所属国籍、学术概念相关研究成果、学术概念对学术与社会实践的影响、学术界的反响等基本情况，形成原创概念信息库。根据查询结果梳理出 74 个关键词反映出的学术概念，作为专家进一步研讨并判断其原创性的对象。

（5）专家评议

专家评议共分两轮，第一轮专家小范围讨论，第二轮领域专家确认。在两轮专家评议过程中，均请专家对印象深刻的"潜在原创学术概念"提出增补，并据此反查转载分析数据和组织新一轮专家评议，以免遗漏重要的概念。

第一轮中，组织复印报刊资料学术编辑、相关学科领域专家、学术评价专家共 60 人，小范围内进行讨论与筛选，并组建工作组核实学术概念的相关信息，为研讨判断提供依据。多次研讨后，去掉原创性不足、学理性不够的概念，留下 23 个备选原创学术概念。

第二轮分为逐一咨询与集体评议两部分。在逐一咨询中，将备选原创概念提交相关学科领域专家、编辑，确认原创概念的原创性、长期影响力等情况，剩余 18 个备选原创学术概念。在集体评议中，我们组织、邀请不同学科的知名学者以及学术评价专家近 20 名，复印报刊资料编委会成员与学术编辑数十名，对 18 个备选原创学术概念进行了深度评议，对于所有备选与增补概念进行投票。

值得说明的是，专家推荐的学术概念，依然要符合前文所述的判断原则和关键词频率要求。工作组对于专家提出的肯定或否定意见均在详询理由的基础上进行慎重讨论。

（6）意见征询

根据专家投票结果，对于得票较高的每个原创学术概念，再寻找至少 3 位该学术概念相关学科专家，进行逐一电话讨论与确认，确保最终入选的原创学术概念有较好的学术公信力。

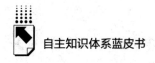

3.遴选结果

最终，综合专家评议结果、专家投票结果、学科专家确认结果、反对票原因查实等信息，研究组再次组织终评会议，讨论得出专家共识性相对较高的10个概念（见表1），作为本次遴选的原创学术概念示例集合（概念详细信息见各分报告）。

表1   10个原创学术概念示例

学术概念 （按提出时间排序）	提出者	所在单位	提出时间
反梯度	郭凡生、曹征海、王志民等	慧聪集团（郭凡生）	1984年
和合学	张立文	中国人民大学哲学院	1989年
致毁知识	刘益东	中国科学院自然科学史研究所	1999年
天下体系	赵汀阳	中国社会科学院哲学研究所	2003年
帝制农商社会	赵轶峰	东北师范大学历史文化学院	2007年
科技审度论	刘大椿	中国人民大学哲学院	2008年
艺术公赏力	王一川	北京师范大学文学院	2009年
跨体系社会	汪晖	清华大学人文与社会科学高等研究所	2010年
公共阐释	张江	中国社会科学院大学阐释学高等研究院	2014年
别现代	王建疆	上海师范大学人文学院	2014年

（二）原创学术概念示例的遴选过程分析

1.原创学术概念遴选过程中的问题解答

（1）关于原创学术概念的界定与判断细节

遴选过程中，"如何界定原创学术概念"是首要问题，也是贯穿始终的问题。然而，界定和评估一个概念的原创性并不是一项容易完成的任务。在评审过程中，绝大部分专家对于新术语、新内涵、新结论等原创学术概念的判断特征均表示了赞同，但在实际操作层面却提出了疑问。

问题1：一个概念以往没有出现过，现在出现了，是原创；但一个概念曾经出现过，现在赋予了完全不同的含义，算不算原创？

回答：我们提出的五个特征中"新内涵"的要求正是属于问题的后者，应属于原创。为了使专家更清晰地理解我们所界定的原创学术概念判断标准和特征，我们在遴选方案中又增加了一些操作细则，并做出了如下增补解释：其一，原创学术概念必须有一定的创新性、启发性，与已有的知识和理论存在显著差异；其二，原创学术概念应该对现有现象、问题有很强的解释力，对未来的发展有拓展性；其三，原创学术概念必须使用学术语言，从学术专业角度出发，彰显概念的学理性；其四，原创学术概念应有系统性论述，成果呈现体系化；其五，原创学术概念能经得住时间的考验，不是昙花一现，有后续的系列研究成果，也引起其他学者关注和探讨。

问题2：原创学术概念与原创学术理论、原创学术方法是否存在区别？

回答：在遴选中，我们专注于对"概念"的筛选，去掉了部分具有原创性的学术理论、学术方法但概念特征不鲜明的关键词，只保留同时具有原创性和学术概念特征的词。

问题3：原创学术概念与目前学术界提出的颠覆性概念、标识性概念、基础概念、核心概念，有哪些异同？如何区分？

回答：这些不同类型的概念是从不同视角来论述学术概念的特征："颠覆性概念"有新意但需要受到较广泛的认可；"标识性概念"和"核心概念"强调对学者、理论、成果的"代表性"和"重要性"；"基础概念"强调在知识体系中的基础地位。此次遴选的原创学术概念，我们着重突出学术概念的"原创性"。

当然，本次遴选是一次相关研究的探索性尝试，而研究过程中暴露出来的问题，值得学术界进行持续而深入的继续讨论，还需要继续探索不同领域、类型原创学术概念的生成过程和评估方法，从而将此项研究推向前进。

（2）关于原创学术概念遴选的范围与学科差异

对于本次原创学术概念示例的遴选，专家提出意见较多的另一个方面是建议进一步扩大备选范围，以及应关注学科差异性。

问题1：入选门槛过高。本次概念示例遴选要求入选概念必须有3篇及以上相关论文被复印报刊资料转载，部分专家认为这样的定量要求有些苛刻。专家建议，"不要局限于复印报刊资料转载，或者放宽条件为 2 篇及以上"。因为在中国哲学社会科学的各学科中，每年公开发表的论文只有约3%被转载，而进一步要求至少转载 3 篇，就会把相当一部分优秀概念拒之门外了。

回答：本次遴选是探索性的研究尝试，并非全面盘点，发布的原创学术概念也是以示例的形式，因此宜采用较高标准以便找出符合要求的原创学术概念示例。

问题 2：学科差异性问题。本次原创学术概念示例遴选覆盖哲学社会科学所有的一级学科，但哲学社会科学具有多样性，不同学科在研究对象、理论基础和方法论上存在差异，有些学科的独特性较强，不宜采用统一的遴选标准与原则。

回答：在遴选过程中，我们发现，许多学术概念是很难界定其学科范畴的，本次所遴选出的多个示例，也体现出明显的跨学科性，其所阐释的原理甚至在多个学科中均对现象和问题解释具有指导意义。而且，从理论上来讲，原创学术概念的本质特征差异不大。所以，我们在遴选时主要以概念的被认可度和共识性作为更重要的参考依据，学科差异将在后续研究中逐步深入和细化。

（3）关于原创学术概念的遴选方式创新与结果呈现

部分专家提出，原创学术概念遴选是学术界有重要意义的学术活动，应该更注意遴选过程本身的创新性，以及遴选结果的动态化管理。

问题 1：应关注遴选过程的创新性，充分利用大数据、人工智能、知识图谱、语义网络等新技术方法，扩大遴选范围、提升筛选精度，在知识图谱的网状结构中，精准查找关键学术概念节点。

回答：在学术评价和知识分析中更多地应用人工智能等新技术是大势所趋，之后的研究和实践中我们会逐步纳入。然而，就现阶段而言，我们通过分析和尝试发现，这些新技术在处理哲学社会科学知识表示多样化难题时仍有明显局限性。已有一些机构尝试使用人工智能建设"知识点数据库"，在自然科学领域能发挥一定作用，但在哲学社会科学领域尚无成熟案例。

问题 2：应扩大遴选参与者的范围，提高各学科专家的参与度，增加学者推荐、海选等环节。

回答：扩大遴选参与者范围、增加多种评议形式，有利于提高原创学术概念遴选结果的准确性与公信力。充分依托学术共同体来发掘原创优秀成果，是我们一直以来坚持的评价原则之一。然而，此次我们向学术同行咨询时着重寻找与概念相关的专家并通过深入沟通采集其意见，是一个耗时耗力的过程，限制了大范围专家征询的可行性，下一步我们会逐步改进并提出更科学可行的方案。

问题3：原创学术概念的遴选成果应是动态呈现的，可增补，可删减。

回答：此次遴选是一次初步尝试，之后我们将在学术共同体的深入参与下，持续开展原创成果的遴选过程，并与学术界进行充分互动交流，把这项工作长期开展下去。

2.原创学术概念遴选中暴露出的学术研究问题

（1）大量关键词缺乏对学术概念的知识标引性

此次遴选我们从关键词分析入手。在筛选论文关键词的过程中我们发现，大量的关键词标引无法正确、恰当地指向学术概念。这种情况也会导致其他学者对研究成果的误解或误用，对学术交流和研究产生负面影响。但此次研究过程表明，多数学术论文的关键词与题名核心词标注过于随意，无法作为论文创新性、论文研究内容等的表征。而经过复印报刊资料转载的论文，质量相对较高却依然存在这样的问题，可以推测就学术论文的全貌而言，问题可能更严重。

其中最显著的问题是，关键词中的日常用语、非学术性用语占比极高。例如"改革""对策""发展""理论""价值""启示""实践"等含义过于宽泛的词语，占据关键词频率的前列。因此，我们在遴选流程中，必须加入人工筛选，所得到的3430个有一定意义的可称之为概念的关键词，仅占关键词总数（约37.4万）的0.92%，占出现3次以上关键词（约5.6万）的6.13%。从关键词出现频次看，3430个初步筛选的概念出现总频次为80313次，只占关键词总频次（113.4万）的7.08%。这些数据表明，超过90%的论文关键词都不够规范，不能恰当抽象提炼出知识点，甚至对文献检

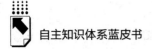

索也无有效的指引性。同样的问题也出现在题名拟制中，相当多的论文题目中的核心词无法表达出成果的原创性。

在学术论文中，关键词与题名核心词标注的规范性相当重要，准确的论文关键词标注至少具有以下好处：其一，提高论文检索效果，帮助研究者更精确地描述论文的主题和内容，从而减少信息的噪音和干扰，便于学术交流；其二，提炼知识点，帮助读者快速浏览论文的主题和研究内容；其三，支撑对论文的研究领域进行分类和组织，帮助读者了解领域的研究热点、趋势和发展方向。

因此，加强学术论文的知识标引性非常紧迫。一方面，需要加强学者和编辑人员的专业培训和标引规范的制定，以确保标引的准确性和一致性。另一方面，借助自然语言处理和机器学习算法，也可以提供更智能化和高效的标引，从而改善学术论文的知识标引性效果。

（2）相同概念表述不一表明概念稳定性和集聚度差

学术概念从诞生起，其名称、内涵都会经历从不稳定到稳定的过程，也是学者自身与学术界在共同探讨、不断反思后的结果。但在原创学术概念的遴选过程中，我们发现两种情况值得注意，即成熟概念的改动与创新概念的变换。

成熟概念的改动主要体现在对于存在时间较长，且在学术界已经有广泛传播性的成熟概念基础上，增加或改动部分字词形成新的关键词或概念。例如，与"全要素"相关的关键词有"全要素投入""全要素生产率""全要素增长率""TFP（全要素生产率）""全要素能源效率""全要素合作"等十余种；与"涂层"相关的关键词有"涂层法""涂层策略""涂层正义""涂层城市""涂层社会""涂层世界""涂层权""涂层博弈"等。这种情况可能是由学者围绕主概念从多视角开展研究所致，但从学术概念的角度，或者说明该概念本身的内涵不稳定，或者说明学者在对其进行研究时对概念的界定过于随意，不够规范。

创新概念的变换主要体现在概念不稳定时期，表述多种但含义相似。例如，与"空巢老人"相似的关键词有"老年空巢""农村空巢老人""空巢老年人"；与"知识经济"相似的关键词有"知识经济时代""知识经济思想""知识经济产出""科学知识经济学（ESK）""数字知识经济"等。在学术领域和社会实践中，当一个新的概念出现时，人们可能会用不同的词语来描述或解释它，以逐渐明确其内涵和外延。这种变换的目的是更好地反映现实情况，并为进一步研究和政策制定提供更准确的描述和参考。而多种相似词语表达的出现，也表明概念本身的集聚度不足、核心内涵不稳定的问题。

然而，这种变化也带来了一定的困惑和混淆，因为不同的表述可能会在语义上稍有差异，从而影响对概念的理解和沟通。因此，在使用创新概念时，我们需要密切关注其变化和演进过程，并在交流中注重准确表述，以确保概念的一致性和有效传播。

（3）中国学者将创新观点提炼为新概念的能力有待加强

将学术结果中的创新点提炼为新的概念，是一种非常有效的创新表达与呈现方式。通过概念的提炼，学者可以将复杂的研究成果简化为易于理解和传播的形式，从而促进学术交流和知识传递。然而，我国多数学者在概念的提炼能力上存在明显的不足。

遴选过程中部分专家认为，有些概念的创新更像是"文字游戏"。文字游戏的本意为"文学作品没有思想、内容，只有文字技巧"。有专家提出，在法学等专业词语特别多的学科，很多概念只是把一个简单的含义、简单的情况用2~4个字总结成新的概念，这种"为了造词而造词"但创新性不足的概念不值得提倡。

部分概念的命名与常识或广泛接受的概念相同，传播将受阻。有些学者有提炼概念的意识，但是所提炼的概念名称与概念的内涵不甚匹配，特别是概念中的部分内容与日常常识或广泛接受的概念相同，例如"广义虚拟经济""两次倒转"等，其真实的内涵与一眼望之的意思有较大差异，虽然经过长期的专业传播，可能也会被学界或大众所接受，但在初期的知识传播过程中会给同行造成误解，使传播效率大打折扣，甚至就此夭折。

这种现象可能是因为学术研究领域涉及的概念复杂多样，需要深入理解和广泛阅读才能掌握，也是哲学社会科学领域相较自然科学领域而言存在的一个明显特征。然而，对学术概念进行提炼和命名是非常重要的，因为它可

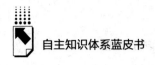

以帮助学者在研究中更清晰地表达自己的观点，并促进学术交流与合作，应引发学者的足够关注。

（4）用"西式"方式甚至英文命名概念凸显自主性弱

在建构哲学社会科学的中国自主知识体系过程中，应该更强调主体性与传统文化的继承，学术概念的创新不应紧跟西方的脚步亦步亦趋。但在提炼学术概念和命名时，有些学者尚未形成这样的自觉。

最明显的表现是，简单地在原概念前冠以"新"，形成新的概念。创新需要更多的思考和深度，而不仅仅是表面的改变。这需要我们挖掘问题的本质，并从根本上重新思考解决方案。很多学科都有在旧概念上加"新"字的传统，例如"自由主义""新自由主义"、"古典经济学""新古典经济学"、"保守主义""新保守主义"等。但过多过滥地使用这种简单的命名方式，并不值得提倡，理由如下：其一，如果新思想、新理论的大部分内容是通过继续旧体系而得，那么只是在旧概念前加"新"字也合理，也说明创新性不足；其二，只在旧概念前加"新"，并不能体现出新思想、新理论的真正新内涵与创新点。学者应该通过深入研究和积极探索发现新的研究视角和可能性，从而创造出真正具有革命性意义的新概念。

另一个常见的现象是，提炼的关键词用英文或中英文混用。部分学者在关键词提炼与选取中，在中文名称后用括号注明英文缩写，或者反过来。例如前文中的"全要素生产率（TFP）"与"科学知识经济学（ESK）"。也有的学者在为概念命名时，用英文单词的首字母来拼词，比如"SERVE 模型""C 理论"等。在建构中国自主知识体系的背景下，这种方式显然是不合适的，我们更提倡用本土语言和文化思维来构思和创造新的概念。

（5）社会科学比人文学科原创学术概念少

在原创学术概念梳理过程中我们发现，在各哲学社会科学的一级学科中，偏重文史哲等人文学科视角的原创学术概念的数量显著多于其他学科。这可以归因于人文学科的特性和研究对象的不同。人文学科以文化、历史和哲学为研究对象。在这些学科中，学者们对传统文化、历史事件及思想体系进行深入研究和解读，从中提炼出独特的学术概念。这些概念往往源于对经典文献的阅读和解析，对历史事件的思考和分析，以及对哲学问题的探讨和反思，提出了许多具有原创性和深度的学术概念。此外，人文学科的研究对象也具有时空跨度大、内容丰富的特点，这为学者提供了广泛的研究空间和素材。历史事件和文化现象的多样性和复杂性，为学者提供了探索和创新的机会，使人文学科在原创学术概念的数量上呈现出优势。

相比人文科学，社会科学在原创学术概念方面的数量相对较少。经济学、社会学、政治学、管理学等学科，学科架构、研究范式以及多数学科的基础概念，西方学者在长期的观察研究中已经完成基础部分，而多数中国学者的工作是在这些学科基础上进行学习、改进和优化，所以缺少了基础性的原创，呈现原创学术概念比较少的特征。例如，"市场经济""技术创新""人工智能""产业结构""人力资本""社会转型""收入分配"等社会科学相关学科的基础高频概念，都来自西方学者。

社会科学研究的核心是对社会现象的深入理解和解释，从而推动学科的发展。社会科学学者通过观察、实证研究和理论构建，不断提出新的概念和理论框架，以解释和解决现实世界中的社会问题。在中国改革开放后，经济社会实现40多年高速的发展，虽然我们的社会科学原创概念尚不多，但相信在这样肥沃的实践土壤中，不远的将来必然会诞生大量描述中国经济社会发展奇迹的原创学术概念。

（三）原创学术概念示例的遴选结果分析

对于最终遴选出来的10个原创学术概念示例，我们对其特征进行初步分析，得到一些新的发现。值得一提的是，不少原创学术概念的研究也形成了原创学术理论。

1. 提出原创学术概念的视角

（1）对同类现象、问题的总结

在10个原创学术概念中，致毁知识、科技审度论、帝制农商社会3个概念，是以对现象、问题的总结作为提炼概念的视角，通过对已有研究和实践经验的总结和归纳，学者能够发现新的模式、规律或趋势，从而提出具有创新性的学术概念。这种视角强调对现有知识的整合和梳理，通过对相关领域研究进行全面总结，掌握其发展趋势和关键问题。学者通过对现象的观察和分析，对问题的深入思考，可以发现新的认识和见解。这些新的认识可以是对已有理论的补充、扩展，也可以是对现有问题的重新界定或解释，还可以开辟新领域、引领新方向。

（2）对已有概念、规律的反思与补充

在10个原创学术概念中，艺术公赏力、公共阐释、别现代、跨体系社会、反梯度5个概念，是从对已有概念、规律的反思与补充的视角提出原创学术概念。学者通过对已有概念和规律的批判性思考和分析，能够发现其中的不足或局限，并提出新的补充或改进。这种视角强调对现有学术理论和观点的审视，通过对其逻辑、前提和适用范围的分析，学者能够识别出可能存在的问题和缺陷。通过对已有概念和规律的反思，学者可以提出新的观点、解释或修正，以填补知识的空白或解决存在的疑难问题。这种反思与补充的过程，与已有研究存在较强的联系，也促使学术界不断追求更加全面、准确和适用的知识体系，为学术界带来新的思路和创新。

（3）传统文化与当代社会融合

在10个原创学术概念中，天下体系、和合学2个概念是从传统文化融合当代社会发展的视角提出新概念的，是从对优秀传统文化挖掘、传承、发展角度，赋予新的内涵与阐释。传统文化是我们宝贵的文化遗产，蕴含着丰富的历史和知识，在当代社会中，我们需要将其与现实情境相结合，创造出具有实践意义的新概念。通过挖掘传统文化中的智慧和经验，并将其与现代科技、商业问题和社会制度相融合，我们可以创造出具有独特竞争力和创新力的文化产品和创新概念，既让大家觉得亲切熟悉，又为社会带来新的价值和贡献。传统文化融合的原创学术概念，强调在传承历史的同时，不断进行创新和改进，通过将传统文化中的观念和理念与现代科学技术和社会发展相结合，我们可以创造出更加适应当代需求的解决方案，并将智慧传承给下一代。

传统文化与当代社会融合的概念创造过程可以促进对传统文化的进一步深挖，在文化自信的基础之上，借鉴传统先贤智慧，拓宽研究视野，激发创新思维。通过传统文化融合的视角，学者能够打破时间的壁垒，贯穿古今的研究，进而带来新的理论视角、新的研究方法和新的实践应用，丰富学术研究的多样性和深度。值得一提的是，在研究过程中，关于和合学是属于"原创学术概念"还是"原创学术理论"，我们一度存疑，但学界同行对此的共识度较高，认为其虽然以"学"命名但其内涵却仍显示出"概念"的特征。

2. 原创学术概念示例的特征分析

（1）多数原创学术概念示例呈现明显的跨学科特征

如表 2 所示，10 个示例原创学术概念中，每个原创学术概念至少涉及 1 个一级学科，而部分概念的内涵与外延可以涉及 4 个一级学科。哲学社会科学研究中，学科相融、跨学科研究的趋势越来越明显，而有解释力、洞察性的学术概念，可以在多个学科中得到采纳与应用，从而推动这些学科的发展，同时也促进了相关学科的研究融合。

表 2　10 个原创学术概念示例的归属与涉及学科①

学术概念（按提出时间排序）	提出者	归属学科门类	涉及一级学科
反梯度	郭凡生、曹征海、王志民等	经济学	理论经济学、应用经济学、工商管理学、社会学
和合学	张立文	哲学	哲学、社会学、政治学
致毁知识	刘益东	哲学	哲学
天下体系	赵汀阳	法学	社会学、政治学、心理学、历史学
帝制农商社会	赵轶峰	历史学	历史学、政治学、社会学
科技审度论	刘大椿	哲学	哲学、公共管理学
艺术公赏力	王一川	艺术学	艺术学、哲学、社会学
跨体系社会	汪晖	哲学	哲学、社会学、历史学
公共阐释	张江	文学	中国语言文学、艺术学、哲学
别现代	王建疆	哲学	哲学、中国语言文学、艺术学、社会学、法学、理论经济学

① 学科门类和一级学科的划分根据 2024 年 3 月教育部发布的《关于公布 2023 年度普通高等学校本科专业备案和审批结果的通知》。

（2）多数原创学术概念是基于人文学科的研究

将入选的 10 个原创学术概念进行初步分类，主要基于哲学学科的是 3 个（科技审度论、致毁知识、和合学），主要基于艺术学（艺术公赏力）、历史学（帝制农商社会）、经济学（反梯度）的各 1 个，而其余 4 个则涉及文史哲即人文学科的多个一级学科（别现代、跨体系社会、公共阐释、天下体系）。这与遴选初期的数据筛选结论一致，人文学科学术概念的创新力相对较高。

（3）多数原创学术概念的提出需要 10 年以上的时间积淀

将概念提出时 10 位原创学术概念提出者的年龄（其中反梯度由 3 人共同提出，以郭凡生年龄为例）进行分析可以发现（详见表 3），提出时作者平均年龄为 49.7 岁。其中，除了反梯度（郭凡生）提出时年龄为 29 岁以外，其余概念提出时均超过 37 岁。在剩余 9 个概念中，致毁知识的提出者刘益东在提出概念时的年龄相对较小，但是也有 38 岁，赵汀阳提出天下体系时为 42 岁，其余学者提出概念时则均超过 50 岁甚至 60 岁。虽然此次的概念只是小样本示例，但也大体反映出，哲学社会科学领域原创学术概念的提出需要较长时间的积淀。同时，多数入选原创学术概念的提出者是单人，只有反梯度概念是多人共同提出，也表明哲学社会科学原创科研的多数依靠个人思考的特征。

表 3　概念提出时学者年龄排序（仅按年粗略统计）

学术概念（按提出时学者年龄排序）	提出者	概念提出时间	作者出生年份	提出时学者年龄
反梯度	郭凡生	1984 年	1955 年	29
致毁知识	刘益东	1999 年	1961 年	38
天下体系	赵汀阳	2003 年	1961 年	42
艺术公赏力	王一川	2009 年	1959 年	50
跨体系社会	汪 晖	2010 年	1959 年	51
和合学	张立文	1989 年	1935 年	54
帝制农商社会	赵轶峰	2007 年	1953 年	54
别现代	王建疆	2014 年	1959 年	55
公共阐释	张 江	2014 年	1954 年	60
科技审度论	刘大椿	2008 年	1944 年	64

（4）全部原创学术概念示例均为中文报刊/出版社首发

在查证入选概念示例相关数据时发现，全部示例概念的首发均为中文报刊/出版社，且发表的载体均有较高的学术声誉（见表4），同时后续研究的主要成果也以中文论文发表为主（具体见各分报告附录）。这一事实表明如下特征。

其一，入选概念示例的提出者普遍具有强烈的国家认同感和对本土学术的坚守。他们选择中文报刊和出版社作为首发载体，积极响应了"把论文写在祖国的大地上"的呼吁。这种行为体现了对祖国学术领域的贡献和忠诚，同时也展现了对本土学术发展的信心。

其二，中文的原创学术概念以中文的方式表述与研究，更能准确传达其原意与内涵。语言是思维的工具，而中文作为入选概念示例提出者的母语，能够更充分地表达他们的研究成果和学术思想。采用中文进行研究和发表论文有助于确保概念的准确性和深入理解，同时也能更好地与中文读者分享和交流。

其三，有相当一部分中文学术报刊/出版社在支撑中国哲学社会科学原创成果发表和传播过程中，发挥了重要作用。

表4　遴选得出的10个原创学术概念示例的首发载体

学术概念（按提出时间排序）	提出者	首次发表载体名称
反梯度	郭凡生、曹征海、王志民等	《科学学与科学技术管理》/《经济日报》
和合学	张立文	《中华文化论坛》
致毁知识	刘益东	《自然辩证法研究》/学苑出版社（论文集）
天下体系	赵汀阳	《世界哲学》
帝制农商社会	赵轶峰	《东北师大学报（哲学社会科学版）》
科技审度论	刘大椿	《教学与研究》/首都师范大学出版社（著作）
艺术公赏力	王一川	《当代文坛》
跨体系社会	汪晖	《新史学》
别现代	王建疆	《探索与争鸣》
公共阐释	张江	《文艺争鸣》

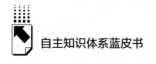

四　未来展望：原创学术概念研究 与学术评价的发展趋势

（一）原创学术概念的未来研究与遴选展望

1. 持续深入开展原创学术概念的学理性研究，优化相应的评价体系

关于原创学术概念及其规律的学理性研究，依然处于起步阶段。持续深入开展此项研究，形成相应的评价体系是推动学术创新发展的重要举措。

其一，原创学术概念的学理性研究需要对原创学术概念的定义、特征和形成机制进行深入剖析，揭示原创学术概念的本质和内在规律，为评价体系的建立提供理论依据。

其二，学理性研究应关注原创学术概念的提炼和发展过程。这包括对学者在研究中如何提出和演化学术概念的认知过程进行深入探究，以及对学术概念的形成和演变机制进行分析。通过对学术概念的提炼过程进行研究，可以揭示学者在创新研究中的思维方式和方法论，为评价体系的建立提供实证支持。

其三，学理性研究应关注原创学术概念的学科交叉和跨界应用。随着学科交叉和跨界研究的增多，原创学术概念的形成和发展也呈现出多元化的趋势。因此，学理性研究应关注不同学科领域原创学术概念的特点和规律，为评价体系的建立提供跨学科的视角和方法。

其四，学理性研究应与实践相结合，注重将研究成果应用于评价实践中。通过与国内外学术评价机构、学者和科研管理机构的合作，将学理性研究的成果转化为可操作的评价指标和流程，以推动评价体系的实施和应用。

2. 逐步完善原创学术成果遴选细节，推动原创导向的学术评价实践

原创学术概念的遴选工作是一项庞大、长期、复杂但非常有意义的学术活动，仅仅依靠中国人民大学书报资料中心的力量是远远不够的。中国人民大学书报资料中心将广泛邀请哲学社会科学机构与专家，扩大参与团队，增加遴选投入，丰富遴选方法与途径，逐步完善原创学术概念及相关成果的遴选工作，推动评价实践的进步。

其一，将加强与学术评价机构、科研管理机构和高校的交流与合作，共同推进原创学术概念研究。通过共享资源、整合专业知识和经验，形成协同创新的态势，扩大原创学术概念遴选的范围和深度，提高遴选工作的准确性和全面性。

其二，将加强专家的参与和引导，邀请具有丰富学术经验和广泛学科背景的专家参与遴选工作，增加小范围会议讨论的频次，提升遴选过程的专业性、深入性和权威性。

其三，将注重遴选工作的透明性和公正性。在遴选过程中，我们将建立严格的评审标准和流程，并确保评审过程的公开和透明。同时，我们将建立互动机制，接受学术界和公众的监督，不断改进遴选工作的质量和效果。

其四，将提高遴选对象丰富性、优化遴选结果呈现方式，并周期性动态更新。通过引入多样化遴选方法、多元评价信息与智能技术手段，强化遴选活动的科学性，提升遴选内容的丰富度。我们还将持续更新和追踪，及时展示优秀的原创学术概念及其他原创学术成果，为建构中国自主知识体系提供支撑。

（二）原创学术概念研究的启示与建议

1. 促使学者关注更多本土问题，提炼更多中国原创概念

学术概念是学术研究的基石，增强研究成果的总结概括能力，特别是原创学术概念的提炼与表述能力，既能促进哲学社会科学研究原创性的提升，也能为中国自主知识体系建构注入更多的养料。中国学者通过增强研究成果的总结概括能力，将更有能力把复杂的理论和观点转化为简洁而有力的概念，为学术界提供更清晰的思维框架。为了提升原创学术概念的质量，学者应该注重对本土问题的深入研究，并结合中国的历史、文化和当前社会发展的大背景进行思考，增强跨学科的合作与交流。学者与不同领域的专家合作，可以汲取其他学科的思维方式和方法论，丰富和拓展研究视野，从而创

造出更有解释力与拓展力的学术概念。此外，学者应积极参加国内外学术交流活动，与国际学术界保持紧密联系，将中国理论与中国实践经验传播出去，推动中国原创学术概念的深入研究和广泛应用。

2. 推动期刊关注原创学术概念表述，促进知识呈现与传播

期刊在接收、审阅、修改学者论文时，不仅应关注论文的整体质量，也应注意论文的概念表述与原创提炼，帮助学者更好地展现原创性成果。

其一，期刊编辑在与作者的密切沟通与论文审阅过程中，应敏锐挖掘并提炼出有价值、有潜质的学术成果，帮助作者更加简捷有效地概括其创新性与独特性，特别是以原创学术概念的方式进行呈现。

其二，增强关键词或题目中核心概念的规范标注与使用。学术期刊编辑应积极引导学者选取准确、具有代表性、彰显中国特色的中文关键词来概括论文的核心内容和创新点，对于广泛流传的概念要注意一致性，对于新创造的学术概念要使用学术语言表述并遵守相应的学术规范。

其三，期刊在论文发表与传播的过程中，应着重对原创学术概念进行提炼，进一步推动其知识内涵、理论价值与意义的展现，吸引读者与学术界的关注，使得原创性研究产生更广泛的影响力并被更多学者认可，促进成果的有效转化。

3. 建议科研管理部门关注成果原创性，提出有针对性的管理要求

科研管理部门在项目管理、评选激励等科研活动中，应当更关注科研成果的原创性，对原创成果的提炼，特别是对原创学术概念的提炼，提出更高的要求。

其一，科研管理部门在科研活动的组织与管理中，应确保科研成果的原创性得到充分重视和认可。在设立评奖条件、晋升要求时，应侧重鼓励学者注重原创性研究，将原创成果作为标志性代表作，培养独立思考和创新思维，以推动科研成果质量和水平的提升。

其二，对于原创成果的呈现与提炼，应当提出更高的要求。这包括对论文、报告和项目申报的撰写规范要求，应引导和帮助学者在表达和阐述自己的研究成果时，更准确、简明地概括和呈现原创学术概念，提升学术成果的

传播效率。

其三，科研主管部门还应加强对原创学术概念相关研究的激励与投入，"破五唯""立新标"，包括且不限于设立国家级相关重大研究项目、交叉科学研究项目，组织国家范围的各学科原创学术概念评选，设置后期资助原创成果项目，宣传和推广原创学术概念在学术研究中的重要性等，鼓励学者在原创学术概念的研究和提炼方面取得突出成果等，以便进一步推动原创性研究的发展。

4.倡议学术评价机构致力于原创导向的学术评价，共同提升自主创新力

建议学术评价机构深入研究学术成果原创性的评价问题，深入研究原创学术概念评价相关的学理问题、评价标准、评价流程、评价机制等，重视并创新学术原创性的评价手段与方式，更准确且多维度地反映学术成果的原创性，发挥学术评价对学术创新的引领作用。

其一，学术评价机构应加强对原创学术概念的理论研究，探讨原创性的内涵和特征，明确什么样的学术成果可以被视为具有原创性。这需要对学术领域的前沿动态进行深入了解，并结合国内外学术发展的实际情况，制定更具体和明确的原创性评价标准。

其二，学术评价机构应建立起科学、公正、透明的，具有原创导向的评价流程和机制，确保评价过程的客观性和公正性。这包括评审专家的选择与培养、评审程序的规范与公开以及评价结果的透明与可追溯。通过建立起基于原创学术概念特殊性的科学评价机制，可以有效解决原创学术概念评价的诸多困难与问题，提高学术评价的可信度和公信力。

其三，学术评价机构还应积极探索和引入多维度的评价手段与方式，提升学术概念的原创性在学术创新性评价中的地位，以便更全面地反映学术成果的原创价值。

结　语

知识体系与学术评价体系的自主性归根结底是要通过原创性来体现。建

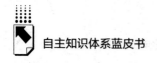

构自主的知识体系，就需要强调哲学社会科学的主体性，学术评价体系作为知识创造与学术发展的导航系统，不能够依赖他国标准与实践。

学术评价应具有自主性，这就要求我们要敢于直面、正视中国哲学社会科学发展中的"真问题"。只有构建具有自主性的学术评价体系，才能够真正挖掘出中国特色哲学社会科学发展中的"真需求"，从而明晰中国自主知识体系的发展方向，准确识别出中国自主原创成果，不断激励学者向原创性、突破性研究转向与投入，形成持续、深耕、钻研的学术生态，进而推动中国特色哲学社会科学繁荣发展，使中国特色哲学社会科学真正屹立于世界学术之林。

本报告深入挖掘了建构中国自主知识体系背景下原创学术概念的研究价值，分析阐述了围绕"原创学术概念"开展研究的理论价值与现实意义。聚焦"什么是原创学术概念""怎样评价原创学术概念"两个问题，报告通过文献调研、转载分析、关键词分析、案例分析、专家咨询等多种研究方法对原创学术概念进行概念界定、理论分析与实证分析，遴选出十个原创学术概念示例，形成了关于中国特色哲学社会科学"原创学术概念"研究和分布情况的基本认识，并对未来理论研究和实践发展提出了展望与建议。

在厘清"原创学术概念"定义的基础上，报告提出判断原创学术概念要重点关注新术语、新内涵、新结论、新优势和新拓展五个特征。此次概念分析过程中我们还发现，当前我国哲学社会科学存在论文缺乏知识标引性、相同语义学术概念表述不一、将创新观点提炼为新概念的能力有待加强、用"西式"方式甚至英文为概念命名、社会科学原创学术概念明显少于人文学科等问题。此次遴选出的原创学术概念示例存在明显的跨学科特征且偏重文史哲领域，多数概念需要多年的积淀，可喜的是这些概念的首发期刊均为中文期刊。相信这样的探索，将会为识别中国原创学术概念、激励中国自主原创研究提供经验，进而为建构中国自主知识体系开辟一条新路径。

值得强调的是，本次遴选不是对原创学术概念的"全面盘点"，而只是"部分示例"的探索。关于"原创导向的学术评价"和"原创学术概念"的研究均处于起步阶段，我们的研究样本范围有待扩大，评价方法有待优化，理论深度有待加强，仅能算作"抛砖引玉"，敬请广大学者提出批评和指正。

此次关于"原创学术概念"的研究，基于中国人民大学书报资料中心在哲学社会科学领域多年的沉淀与积累，我们深刻感受到了推进"原创导向"学术评价和中国哲学社会科学自主知识体系建构的使命感。学术评价要为哲学社会科学的原创服务，及时识别优秀成果，激励作出贡献的学者和研究。希望本报告的研究能够有助于推动"破五唯""立新标"的学术评价改革，切实加强学术评价的原创导向，为中国自主知识体系的建构提供有价值的参考框架、更丰富的知识素材和更具引领力的学术评价保障，也希望本报告能进一步引发哲学社会科学领域对"原创性研究"和"原创导向学术评价"的关注与思考。

分 报 告*

B.2
西部开发：反梯度理论的前生与今世

郭凡生**

摘 要： 反梯度推移理论（以下简称"反梯度理论"）是与梯度推移理论相对的范畴，反梯度理论承认梯度的存在，但认为区域经济发展和技术引进的次序不能完全依照其所处的梯度来推进，低梯度地区根据自己的优势，可以直接引进发展新技术、新产业，而不必被动等待高梯度地区技术转移，从而实现低梯度地区的跨越发展。反梯度理论的原创性意义在于，作为区域经济理论的一个重要分支，它是在总结世界上一些欠发达国家和地区实现反梯度、跨越式发展的实践中，通过纠正梯度推进理论的缺陷而提出的一种解决区域经济发展不平衡问题的经济理论。反梯度理论作为欠发达地区实现跨越式发展，缩小与发达国家或地区间差距的理论，已在不少国家或地区得到验证，后续还将在区域协调发展、"一带一路"建设中发挥更大的理论指导作用。

---

* 原创学术概念示例按学术概念提出时间排列，排名不分先后。原创学术概念示例的信息已经概念提出者本人确认。
** 郭凡生，慧聪网董事局主席，研究方向为区域经济、西部开发、企业制度等。

关键词： 反梯度 跨越式发展 技术转移 区域经济理论

反梯度（Anti-gradient）概念由笔者与曹征海、王志民等学者于 1984 年首次提出。反梯度原本的含义是反对梯度推移理论，其认为技术按梯度转移是国内技术转移的重要方式，但不是唯一方式，条件好的落后地区同样可以成为技术高梯度地区。

一 概念阐释

现代梯度推移理论源于美国哈佛大学教授拉坦·弗农（Ruttan Vernon）等人提出的工业生产的产品生命周期理论。产品生命周期理论认为，工业各部门及各种工业产品，都处于生命周期的不同发展阶段，即经历创新、发展、成熟、衰退等四个阶段。此后，威尔斯和赫希哲等对该理论进行了验证，并作了充实和发展。区域经济学家将这一理论引入区域经济学中，便产生了区域经济技术梯度推移理论。其基本观点为：无论是在世界范围，还是在一国范围内，经济技术的发展是不平衡的，客观上已形成一种经济技术梯度，有梯度就有空间推移。生产力的空间推移，要从梯度的实际情况出发，首先让有条件的高梯度地区，引进并掌握先进技术，然后逐步依次向处于第二梯度、第三梯度的地区推移。随着经济发展，推移速度加快，也就可以逐步缩小地区间的差距，实现经济分布的相对均衡①。

反梯度理论则认为，随着技术革命的深入、工业化速度的加快和对外开放程度的提高，传统的梯度理论已不能适应我国区域经济可持续发展尤其是大力推进循环经济实践的要求。从我国经济建设的实践看，梯度理论不符合中国经济建设的实际。几十年来，随着改革开放的深入，我国次发达的中部地区、不发达的西部地区（第二、三梯度）成功地从国外引进了大量先进

① 牛艳梅：《我国反梯度推移理论研究综述》，《时代金融》2012 年第 8 期，第 23~24 页。

技术，而且取得了较好的效益。这说明技术的跨梯度超越转移是存在的。所以仅讲技术的梯度推移，不讲技术的跨梯度推移，或把梯度推移作为主导国内技术转移的规律来认识，理论上具有较大片面性，在实践中会制约内地和西部地区的合理发展。反梯度理论强调的是，技术推移的遵从效益规律和西部地区依靠自身优势普遍存在的超越发展。

二　研究综述

（一）概念的形成与发展

西部地区包括内蒙古、广西、重庆、四川、贵州、云南、西藏、陕西、甘肃、青海、宁夏和新疆 12 省（区、市）[①]。西部地区土地面积约占全国总面积的 71%[②]，地区生产总值约占国内生产总值的 21.5%[③]。"七五"时期，国家明确将全国划分为东、中、西三大地带，到 20 世纪 90 年代时，中国东、中、西部之间已经在经济总量、经济结构和对外开放程度上客观形成了一种梯度格局，使得中国的地区间经济差距不断扩大[④]。因此，40 年前，三个梯度如何发展，技术如何转移，是举国关心的重大问题，也是涉及整个中国现代化的重大问题，曾引发长期的大讨论。其中一个重要的标识和起点就是梯度理论与反梯度理论的冲突。

1984 年 5 月，内蒙古自治区党委政策研究室战略组在中国未来研究会主办的"新技术革命与我国发展战略"学术讨论会上，提交的题为《新技术革命与经济不发达地区基本对策》论文中，首先明确提出与"国内技术转移的梯度推移规律理论"进行商榷。随后郭凡生撰写了《评国内技术的梯度推移规律——

① 国家统计局"四、统计制度及分类标准（16）"，https：//www. stats. gov. cn/hd/cjwtjd/202302/t20230207_ 1902279. html。
② 新华社：《共和国的足迹——1999 年：西部大开发》，中国政府网，2009 年 10 月 10 日。
③ 国家统计局：《中国统计年鉴（2024）》，中国统计出版社，2024，https：//www. stats. gov. cn/sj/ndsj/2024/indexch. htm。
④ 北京市社会科学院课题组、赵弘：《中国区域经济 40 年的发展成就与展望》，《区域经济评论》2019 年第 6 期，第 23~34 页。

与何钟秀、夏禹龙老师商榷》① 一文，进一步深化了这一主题。围绕这几篇
文章形成了反梯度理论的基本核心框架②。1984 年，在浙江省莫干山召开的
第一次全国中青年经济理论工作者学术讨论会上，郭凡生的题为《评国内技
术的梯度推移规律》一文入选。在开会时，与会者为便于交流研讨，将郭凡
生提出的理论简称为反梯度理论，其原本含义是反对梯度理论的理论③。

1984 年 10 月，反梯度理论在莫干山引发了大讨论，开启了中国西部研
究的"时尚"，产生大量高质量的专著和论文。目前国内不少顶级的知名学
者，比如周其仁、张维迎、李罗力、常修泽、贾康、孙健等均知晓此事。内
蒙古自治区党委政策研究室还出版了《"梯度理论"讨论文集》，收录了 13
篇观点不同的论文（详见分报告 B2 的附录），对研讨产生了重要的支持。
当时国内关于梯度理论展开了大讨论，综述如下。

1982 年 3 月，上海科学研究所副所长夏禹龙等在《科学学与科学技术
管理》第 2 期上，发表了《梯度理论和区域经济》一文，提出了梯度理论
概念④。

同年，天津科委何钟秀参加在墨西哥举行的世界社会学大会，在第二十
三研究委员会上，提交了《论国内技术的梯度转递》⑤ 一文，进一步将梯度
理论概括为梯度发展规律。梯度理论的基本思想是：我国经济发展不平衡的
特点，自然会在国内形成一种经济、技术力量的梯度。内地和边远地区，技
术力量薄弱，资金不足，开发较慢，大片地带仍然处于"传统技术"、经济
落后水平上；此外，大多数地区是"中间技术"、一般水平；还有一些地区
则已具备"先进技术"和雄厚的经济力量。因此，在实行对外开放政策过

---

① 郭凡生：《评国内技术的梯度推移规律——与何钟秀、夏禹龙老师商榷》，《科学学与科学
技术管理》1984 年第 12 期，第 19~22 页。
② 《经济日报》《世界经济导报》等六七家报纸，国内的十几个刊物先后发表和转载。
③ 郭凡生：《何为"反梯度理论"——兼为"反梯度理论"正名》，《开发研究》1986 年第 3
期，第 39~40 页。
④ 夏禹龙、刘吉、冯之浚、张念椿：《梯度理论和区域经济》，《科学学与科学技术管理》
1983 年第 2 期，第 5~6 页。
⑤ 何钟秀：《论国内技术的梯度转递》，《科研管理》1983 年第 1 期，第 18~21 页。

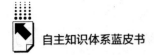

程中，应该由沿海的先进地区首先掌握世界先进技术，然后将这些技术按梯度逐步向"中间技术"地带、"传统技术"地带转递（转移、传递），这样花费少而获利多。这一观点提出后，引起了国内理论界的注意。

姜启渭 1984 年 5 月在《未来与发展》上撰文指出，我国近代经济发展存在从东到西、逐步推进的现象，在一定程度上适用所谓的梯度理论，但这一理论较为简单化①。

童大林提出的把我国经济看成"东靠西移，南北对流"的"十字"模型，显然比梯度理论更为全面、积极。而且他认为系统论中子系统之间流通和交换渠道通畅的开放系统理论，可以更好地说明经济、技术的转移②。

内蒙古自治区党委政策研究室战略组 1984 年 5 月在中国未来研究会主办的"新的技术革命与社会发展"学术讨论会上，提交题为《新技术革命与经济不发达地区基本对策》的论文，第一次明确提出观点与梯度理论商榷。指出：梯度推移理论把现代科技发展中科学技术三个走向之一扩展后，将其定义为指导全国科技发展、经济开发的规律，具有一定片面性。现有生产力水平的梯度，不一定是引进新技术的顺序。新技术革命给了不发达国家超越发展的机会。随着我国继续实施开放政策，国内不发达地区也肯定能够依靠其丰富的资源优势，从国际上引入大量资金、技术和人才，使自身的经济技术产生超越性发展。而不仅仅是对国内开放，接受国内第一、第二梯度转移来的相对比较落后的技术。

1984 年 6 月 18 日，《世界经济导报》以《经济落后地区可以实行超越发展》为题，刊登了内蒙古党委政研室战略组的这篇文章，引起了较大反响。内蒙古党委政研室战略组收到了几十封索取论文的信函。区内外专家、学者和经济理论工作者，纷纷撰文，参加讨论。基本观点大致有以下三种③。

---

① 姜启渭：《略论武汉在我国未来发展中的地位》，《未来与发展》1984 年第 2 期，第 3 页。
② 刘丰泉：《关于"梯度推移"理论讨论情况综述》，《探索与争鸣》1986 年第 2 期，第 60~62 页。
③ 刘丰泉：《关于"梯度推移"理论讨论情况综述》，《探索与争鸣》1986 年第 2 期，第 60~62 页。

第一种观点认为，梯度理论缺乏依据，不能成为规律。

中国城乡建设经济研究所副所长林森木指出，现代技术发展本身带有跳跃性，因此技术转移也必然可以跳跃。梯度理论划分的梯度范围也不尽合理。事实上，许多经济落后地区中也有技术非常先进的地区。例如，"三线"地区许多军工企业技术在国内都可列为第一梯度。

中国未来研究会陶在朴教授从非平衡理论的角度指出，在内地、边远地区经济发展中，突变（或飞跃）模式应该是一般的指导原则，而不是热力学平衡的梯度理论。他认为普利高津对开放系统非平衡研究的许多重要成果，对于选择经济、社会发展的基本路径都是可用的。一种暂时相对"落后"（或信息熵较小，演化分支不充分）的经济地区，当引进强大的负熵流（诸如科技、新的价值体系、良好的协调政策、文化的冲击等）时，可以产生突变，而飞跃到演化分支充分的"先进"系统。同理，一种暂时相对"先进"的经济，很可能由于熵管理不善，而使熵场膨胀，结果系统处于停滞不前状态。内蒙古自治区党委政策研究室战略组郭凡生对技术转移规律作了分析，认为现代技术转移有两个特点：一是按现有生产力水平推移，例如深度加工工业、电子工业等；二是超越现有生产力水平的转移，如冶金、电力、煤炭、石油、森林工业等。这两个转移特点综合起来，抽象其本质中的共性，技术转移规律应表述为遵从效益规律。梯度理论仅反映现代技术转移的一个特点，表述为规律不全面[1]。

内蒙古社会科学院潘照东分析了我国目前经济发展不平衡的特点，认为"梯度差别"是相对的，在同一梯度地区内部，在各省、自治区、直辖市内部，在一定地区的不同行业乃至企业之间，其技术水平都有很大差异。如果采取"梯度推移"对策，其结果不仅不能保证引进技术顺利发挥效益，而且不能保证发达地区获得良好的综合效益，甚至可能加剧不同地区经济发展悬殊的状况，封闭了不发达地区直接引进先进技术，实行超越式发展战略的道路[2]。

---

① 刘丰泉：《关于"梯度推移"理论讨论情况综述》，《探索与争鸣》1986年第2期，第60~62页。

② 潘照东：《论区域经济差异与技术对策——与"梯度转移"论商》，载内蒙古党委政策研究室编《"梯度理论"讨论文集》，《科学管理研究》编辑部，1985，第67~82页。

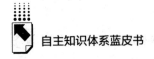

还有些学者对梯度概念提出疑问，认为梯度作为一个物理学概念，在数学上梯度方向是指最速上升方向，因此，借用这一概念，严格讲是不够确切的。

第二种观点认为，梯度推移规律不仅存在，而且起着相当重要的作用。

辽宁社会科学院康荣平等人认为，技术的梯度转移规律是在人类社会中交通、电信等传输能力处于很不发达的经济条件下产生和起作用的，其原型仅存在于古代社会。随着社会的发展，经济条件的变化，信息、运输、政策等因素对梯度规律造成干扰，形成种种变型。这也反映出另一些规律也在起作用，其中重要的一个规律可称为技术跳跃转移规律。因此，技术转移类型理论上可分为纯梯度式、混合式、纯跳跃式。他们认为当前国际上的技术转移是梯度和跳跃共同起作用的混合式，其中发达国家跳跃式占优势，不发达国家梯度式占优势。我国当前的技术转移，梯度规律的作用程度大于跳跃规律的作用程度[①]。

第三种观点认为，梯度推移和逆（反）梯度推移互不排斥、同时并存。逆（反）梯度推移是指一些经济技术落后的国家或地区，引进国际先进技术之后，能够有效地吸收、消化和创新，继而又反过来把先进技术向发达国家或地区转移[②]。

中国人民大学原计划统计学院刘再兴教授认为，衡量技术推移合理与否的基本依据是：是否有利于发挥各地带的潜在与现实优势，相互补充、相互促进，缩小地带间经济技术上的差距，从而促进全国经济持续增长、各族人民劳动条件的改善和生活质量的提高。经济技术推移应当有准备、有计划进行，不能脱离客观实际，不讲经济效益，操之过急，仓促上阵。因此，应立足于发达地区，把经济技术有步骤地向欠发达、不发达地区推进，而在大的

---

① 康荣平、谢燮正、张毛弟：《论技术的梯度转移——兼与"新技术革命与经济不发达地区的基本对策"一文商榷》，载内蒙古党委政策研究室编《"梯度理论"讨论文集》，《科学管理研究》编辑部，1985，第44~47页。

② 刘丰泉：《关于"梯度推移"理论讨论情况综述》，《探索与争鸣》1986年第2期，第60~62页。

推移顺序中，欠发达、不发达地区根据需要和可能，同时从两个方向（国内发达地区和国外）上吸引、利用先进技术，从而在局部地区、局部领域出现逆（反）梯度推移，殊途而同归①。

中国人民大学工业经济系孙健认为，经济不发达地区可以实行梯度推移和反梯度推移相结合的正反梯度推移战略，这意味着我国沿海发达地区和内地较不发达地区经济同时起飞，比单向推移战略要优越。其中反梯度推移战略在日本、美国西南部均收到较好的效果，根据我国国情，虽然反梯度推移在近中期内不会成为主流，但在某些地区的某些领域，是完全可能的②。

许多专家学者认为，这场讨论不仅是个理论问题，更重要的是个实践问题，是涉及宏观决策的一个重大问题。这一问题的深入讨论，不仅对完善我国技术转递理论，制定切合我国实际的技术经济发展战略和政策具有重要意义，而且对促进我国陆地边疆进一步对外开放，特别是促进边远经济不发达地区经济发展，具有重大作用。

专栏1 二十几岁的"战略家"们

光辉 赵明

1984 年 3 月，内蒙古自治区党委政策研究室新设了战略组。半年多来，他们进行了大量调查研究，完成了近百篇论文。他们关于梯度理论的商榷，关于建立开发经济学学科的设想，在全国经济理论界引起关注，关于改革、开放、开发的一些建议被自治区党政领导采纳。战略组由郭凡生、特力更、鄂云龙、王志民、曹征海、张太平、于学军、朱建芝、岳奇九位大学毕业生组成，他们的平均年龄才二十七岁。当过足球队长的郭凡生，是战略组组长，也是这个组的对外发言人。

---

① 刘再兴：《地区经济发展的不平衡与梯度推移论》，载内蒙古党委政策研究室编《"梯度理论"讨论文集》，《科学管理研究》编辑部，1985，第 61~66 页。

② 孙健：《略论固定资产建设布局的多样化战略》，载内蒙古党委政策研究室编《"梯度理论"讨论文集》，《科学管理研究》编辑部，1985，第 83~95 页。

战略组的眼光盯着未来。他们懂得,面向未来,必须面向实际。一个好的战略构想,总是从现实的地面上起飞的。他们开始了踏踏实实的调查研究工作,几乎跑遍了内蒙古的各个盟市。农牧区的改革使他们感到振奋。他们也清醒地看到,部门与部门之间的扯皮,生产与市场的脱节,基本建设中"骨头"(生产性建设)与"肉"(生活性建设)比例关系失调⋯⋯他们注意了解辽宁、山西、青海、新疆等兄弟省区的经济发展战略;他们注重研究沙特阿拉伯、日本北海道、美国西部地区、苏联东部地区的开发战略⋯⋯在调查研究的基础上,他们提出了一连串的建议——把固定资产再生产和人口再生产结合起来研究;将人事、财税部门的责任制与企业责任制连成"一条龙",对部分行政性公司进行整顿改革⋯⋯他们对 2000 年内蒙古工农业发展速度作了预测。他们提出了关于内蒙古经济社会发展的设想方案——《开放型自然资源转换战略》。他们的论文《重视研究不发达地区的经济发展问题》得到国家体制改革委员会的重视。沿海城市某几所高等院校请郭凡生等前去任教,钟情于内蒙古开发事业的小郭婉言谢绝了邀请。在郑州,河南省省长听了他们关于战略研究的发言,专门把他们请去长谈了一个上午。在北京,全国发展战略讨论会的代表在会后围着于学军探讨问题。

战略组的九位成员各有个性,也有共性,这共性中十分突出的一点是:快。但由于种种原因,内蒙古近年来的经济增长却是慢节奏。1984年上半年工业总产值的增长速度为 4.74%,居全国倒数第一。内蒙古的经济振兴,是一副重担。这副重担落在自治区党政领导的肩上,战略组的青年也感到肩头有沉甸甸的分量。年轻人感到每天八小时的工作时间不够用了,只能增加工作的时长和强度。常常是在十二点以后,他们才和紧张的工作暂时分手。他们仅用四十天时间,编印出近一百万字的两大本《经济社会发展参考资料》,仅用三十天时间,编出八十万字的《中国当代经营管理案例集》。

国内经济理论界一部分人士主张"让我国'先进技术'水平地区首先掌握世界先进技术，然后按梯度逐步向'中间技术'和'落后技术'地带转移"，简称梯度理论。而战略组则提出：内蒙古近几年利用第一、第二梯度转移的设备技术建起来的大型毛纺厂和糖厂很难盈利，而从日本引进技术、利用糖厂下脚料加工产品的企业盈利却很高。为什么我们不能从国外直接引进技术，以更快地得到更好的经济效益呢？现有生产力水平的梯度不一定是技术引进和经济开发的顺序。我国不发达地区可以依靠其资源优势，从国际上引入大量资金、技术和人才，使自身的经济技术产生超越性发展。

战略组的联系相当广泛。和他们经常在一起探讨问题的年轻人可以坐满一屋，自治区科委的沙汝拉、社科院经济所的潘照东、哲学所的哈布尔，还有计委的向东，内蒙古大学的小常、小王、小刘……不能经常相见的青年朋友那就更多了，北京的、上海的、天津的、湖北的、广西的……有研究人员、机关干部、刊物编辑，也有大学生、研究生……自治区内外的这些青年知识分子组成了一个网络系统。每个人都是一个独立体，因为他们各有各的工作。他们又是一个整体，把他们聚在一起的向心力是：经济振兴。

战略组经常召开"神仙会"，不定期、不定人、不占工作时间、不定讨论题目，几个人凑在一块，七嘴八舌地就论起来了。活泼的青春是富于感染力的。张百路、陈良谨、王侠北等中老年同志热心当他们的顾问。田聪明也常悄悄地来听上一会。

1984年9月，全国重点建设与地区经济协调发展讨论会在呼和浩特召开。会上，战略组提出的"金三角"开发问题是代表们议论的中心之一。以呼和浩特、包头、准格尔为三个点连成一个等腰三角形，是一个矿藏极为丰富、具有巨大潜在优势的地区，那里的矿产资源蕴藏量比世界著名的德国鲁尔工业区还高出几倍。战略组的青年人称之为"金三角"。

他们对这个地区进行了调查考察后，提出了"金三角——中国未来最有希望的鲁尔工业区"的预测，并提出了以能源生产为中心的一整套关于开发"金三角"地区的战略构想。这一构想由新华社报道后，引起很大反响。《经济日报》《经济参考》和香港的四家报纸也都作了报道（40年后，此规划成为现实）。

开发，这是多么有气势的字眼。战略组的小青年们不止一次地在会议上，在论文里建议：设立开发经济学学科，为开发经济落后地区作系统的理论研究；把内蒙古列为不发达地区开发和开放的试点。

战略组的小青年们还雄心勃勃地说："我们要在开发经济学上搞出名堂来，我们也可以争取去国际学术论坛上作报告，我们中国青年也可以争取拿个诺贝尔奖回来！"这又是在说大话么？不，这叫有志气。

这些青年人是奋发向上的。如果说他们前几年思考后留下更多的是怀疑与埋怨的话，那么他们如今在思考中，更多的是建设性地提出意见。他们思考的色彩变得明快了，明快，又不乏深沉。

资料来源：根据 1984 年 12 月《中国青年》杂志的一篇报告文学《二十几岁的"战略家"们》内容摘编整理。

西部该怎样发展，技术转移是梯度推移规律还是反梯度的遵从效益规律？寻找自身优势，使西部有条件的地区产生跳跃性发展。可以讲，当时反梯度理论是少数派，到处受到质疑。从 1984 年《科学学与科学技术管理》发表郭凡生的论文《评国内技术的梯度推移规律——与何钟秀、夏禹龙老师商榷》[①] 的编者按，可了解真实详情。

按：自内蒙古区党委政策研究室战略组的同志在《新技术革命与

---

① 郭凡生：《评国内技术的梯度推移规律——与何钟秀、夏禹龙老师商榷》，《科学学与科学技术管理》1984 年第 12 期，第 19~22 页。

经济不发达地区的基本对策》一文中对国内技术梯度转递理论提出商榷以来，本刊收到许多来稿和来信不同意该文观点。普遍的意见是，认为该文在理论上混淆了两个根本问题：一是把国际上不同社会制度国家间的关系与统一的社会主义国家内部地区间的关系混淆了；二是把引进国外资金、技术、设备、人才与国内技术梯度间的协作与转移混淆了。他们认为，用我们工作中出现过或尚存在的地区协作间某些不愉快的经历来反对作为一般规律的梯度理论，是根据不足的，以为不论何时、何处引进国外技术都会有相同的效益，而忽略原有基础及消化吸收能力的重要作用，是武断片面的。但是，我们认为该文作者是一位生机勃勃的年轻同志，文中谈到的不少实例和论点，确可能引起内地、边远地区一些同志感情上的共鸣，而且它商榷的对象又是本刊的主编和副主编，尽管对其基本的立论和最终的引申本刊编委会尚有不同意见，但仍然认为应该发表，供大家研究。

但是，参加了 1984 年莫干山会议的不少学者和西部省区的代表却成了坚决支持者。朱嘉明、黄江南、周其仁等著名学者，新疆的聂新勇，陕西的张维迎、刘安、张宝通，云南的潘丹柯，广西的袁绪程等一批代表，在莫干山支持了反梯度理论的看法。反梯度论文被《经济日报》等几十个刊物发表。在莫干山，当时大家戏称我们是反梯度的西部学派，从而产生了西部理论，在此基础上产生了后来的西部组和西部中心。体改所、发展所、中信国际所、北京青年经济学会不少学者认真参与了此项研究。西部开发的反梯度开始从内蒙古走向中国西部的 11 省区（当时重庆尚未成为直辖市）和全国。

（二）反梯度在西部省区的实践

1. 内蒙古实践

1985 年，我们提出的"金三角"（呼和浩特、包头、准格尔[①]）发展战

---

① 今鄂尔多斯。

略已成伟大现实。这也说明跨梯度发展是存在的，而且取得了成功。当今，鄂尔多斯市三旗区入选 2024 年全国综合实力百强荣誉榜单。① 鄂尔多斯市成为中国最富有的地级市之一，成为中国最重要的煤炭重化工基地，说它是中国新兴的鲁尔工业区一点儿也不过分。这正是反梯度理论当时预见和向往的。今天，世界顶级的大型太阳能光伏发电基地，也正在此崛起。当时为解决蒙煤调运在山西大同"卡脖子"的问题，我们提出了修建北线铁路的设想（集宁到通辽）。今天，这条铁路的修建早已实现，且这条铁路已因效益突出而划归国有，发挥着巨大的经济与国防效益。

2. 新疆实践

提出新疆对外改革开放的思路，形成专著《中国西部：发展、改革、开放的新抉择》②。以此为基础，帮助新疆维吾尔自治区党委、区政府做了多项决策。记得我们列席的常委会开了两天，后来宋汉良书记又召开全区有线大会，让我们向全疆高级干部进行宣讲。今天回头看，已硕果累累。建议将新疆两条进入北冰洋的河流部分河水引入北疆，把克拉玛依的沙漠变成泽国，这已经实现多年。兵团民营机制的引入也取得了巨大成功。当时我们着重推荐的番茄、棉花、辣椒产业早已走向世界，这一切都是现实，而 40 年前只是我们的向往。这不就是反梯度理论和跨越式发展吗？新疆大调查中，对伊犁进行了深入调查。从实际出发，建议把当时口岸的机构后撤到清水河口镇得以实现，今天，已成为知名的霍尔果斯口岸。

3. 云南实践

为了正确抓住西部发展的核心，我们在云南省昆明市的安宁县进行了长达半年时间的发展与改革的调查，并对科级以上干部进行深入培训。我们形成了云南发展与对外开放的建议，向省委、省政府主要领导做了汇报。根据云南调查的结果，中国经济体制改革研究所联络室与中国西部开发研究中心联合成立的课题组在研究安宁和西部许多地区问题的基础上，出版专著

---

① 《人均 GDP 全国第一，鄂尔多斯为何拒绝"躺赢"？》，每日经济新闻，2024 年 11 月 13 日。
② 中国西部开发研究中心、新疆维吾尔自治区党委政研室：《中国西部：发展、改革、开放的新抉择》，时事出版社，1988。

《中国西部：二元结构生成机理与趋同设计》①，对中国西部和少数民族地区的发展做出了重要贡献。反梯度理论和西部开发研究在解决中国经济快速发展中的二元结构冲突时起到了重要的作用。

二元结构是发展经济学的重要概念，当时刚刚传入中国。二元结构的基本理论认为发展中国家（包括中国的西部落后地区）在发展中，必然产生现代化大工业、高楼大厦、汽车洋房为一元，陈旧落后的农耕社会为另外一元的二元冲突。这对经济发展是极为不利的，会破坏社会的安定。一面是现代工业、高楼大厦、汽车家电，另一面是原始的农耕村落、落后的农耕文明。这种发展会导致富与贫的冲突。

我们当时在安宁和西部许多省区都看到了这样的场景，大家也都担心发展后产生的冲突。如何解决这些问题？当时是仁者见仁，智者见智，今天有些似乎已经有了某些定论。

一是允许落后地区依靠自己的优势产生反梯度的超越发展，这可以极大减少发展的冲突，这点在西部少数民族的广大地区已经做到了。

二是科学合理地扶贫，消除区域内的贫富差距，在安宁已经看到。其二元差距不是在扩大，而是在快速缩小。在中国的快速发展中，并没形成印度、南美那样大量的贫民窟。

三是合理推进城市化，让农民离土离乡，换业走进城市，是改变二元差别的重要途径。这方面我们还有许多工作要做，但所有发展中国家产生的二元冲突在中国体现较小，处理得当。今天，全世界发展经济学家们都要去认真思考和研究。

根据西部开放的需要，基于 1989 年 5 月对云南德宏傣族景颇族自治州进行的深入调查，形成著作《超越边境贸易的抉择——德宏边境自由贸易区方案和体制设计》②，并向省委、省政府主要领导做了多次汇报。

---

① 中国经济体制改革研究所联络室、中国西部开发研究中心：《中国西部：二元结构生成机理与趋同设计》，时事出版社，1989。
② 郗承文：《超越边境贸易的抉择——德宏边境自由贸易区方案和体制设计》，云南人民出版社，1993。

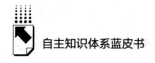

4. 贵州实践

1987 年 12 月 9 日，中共十三大召开不久，《中青年经济论坛》①、西部开发研究中心、《世界经济导报》等单位在贵阳市约请东西部中青年进行了对话。对话确立了三个议题：西部贫困的根本原因是什么？东西部经济运行机制的差异是什么？东西部在改革发展中应确立什么关系？

当时特别邀请南开大学常修泽教授（退休前任中国宏观经济研究院常务副院长，博士生导师）作主持。会上，围绕这三个议题展开讨论，其中关于"东部率先"和"西部富饶的贫困"论辩尤为激烈。1981~1985 年东西部之间的差距非但没有缩小，反而进一步拉大（短短 4 年内几乎翻了一番），大家探讨出"区域经济必须协调发展"的见解，并把它概括成四句话："东部减上缴，西部减补贴，'纵向'改'横向'，要素重组合。"这一思路由参加会议的《世界经济导报》记者报道后，被《中国日报》转载。会后，我们队到仡佬族村寨等地做了实地考察。就是在那个仡佬族村寨，让我强烈感受到：中国只搞沿海开放战略是不行的，必须要有避免东西板块碰撞的新战略。

（三）反梯度的共享制度研究和实践

在研究西部发展的实践中，我们不仅思考发展的反梯度问题，更多思考了如何提高反梯度发展的效率问题，这涉及一个重要问题：制度变革与制度创新。要用类似包产到户的制度，让西部非农产业的反梯度发展更高效、更稳健。若用欧美沿袭百年至今的代理制，在制度上很难高效反梯度。如何在制度上创新，支持反梯度跨越式发展，成了我们这批人重点关注的方面。

1988 年，我们在西部发展制度研究基础上，形成了初步理论框架《希望之光：在中国西部的乡土上》②。这是一部关于我国西部经济发展制度变

---

① 设在天津，主要代表东部，笔者是编委。
② 中国西部与民族地区发展研究组：《希望之光：在中国西部的乡土上》，四川人民出版社，1989。

革研究的著作。我们在对 1000 多个乡镇企业、1000 多名厂长和 8000 多名职工进行调查基础上写成此书。此书就西部乡镇企业的发展背景、现状及其改革等问题进行了比较系统的分析、研究，并结合我国的经济形势和体制改革，针对西部乡镇企业中的问题，提出了包括"以资源和低收入劳动力为导向的内循环模式"在内的可供参考的对策和建议。

当时西部乡镇办、村办两级集体企业的发展艰难，已经很难走下去，处处体现了大锅饭的味道。我们调查时多数企业经营困难，不少已经破产，它的实质问题是产权没有人格化。但是，以个体和联户（股份合作）为制度主体的乡镇企业却发展得红红火火，主要是解决了产权人格化问题。我们认为，西部落后地区乡镇企业的发展应以个体和联户为主。当时贵州省委主要负责同志非常支持我们的观点。他用高超的政治艺术，将贵州的乡镇企业概括为乡办、村办、联户办、个体办，四个轮子一起转。从而给了个体联户企业政治上的合法性。他又艺术地概括，现在个体联户两个轮子有点儿小，使我们乡镇企业车走得不稳不快，我们要重点予以发展。后来，西部 11 个省区和少数民族地区大多采用了这一乡镇企业的发展策略。

在这一实践过程中，我们深深认识到，西部跨越发展不仅仅是技术经济上的反梯度，而且在企业制度上也要走出自己的个性步伐，力争反梯度。于是，西部中心承接了国家重点课题"中国西部与少数民族地区经济体制改革综合研究"，在反梯度大旗下继续向前走。1989 年底，课题有了初步成果。1990 年，笔者将研究成果印了 100 本油印的小册子，在学术界散发，引起了大家的重视。此时，西部制度研究问题的研究重点已转移到新型公有制形式的建设方面，并引起众多思考。

（四）相关研究进展

反梯度理论提出之后，很多学者对该理论进行了深化和拓展，并以此作为理论基础对产业结构优化、国际分工、城镇化、区域协同发展等重大问题进行了分析和阐释。

在工业化反梯度推移方面，刘茂松认为，在工业化中期，发展中地区应根据相对优势和后发优势原理，采取"产业倾斜"战略，主动运用外部经济效应，提高市场竞争的核心能力，以产业区位布局反梯度推移的方式，加快传统工业化向现代化的跨越，突出稳定的二元结构，追赶和超越发达地区，实现经济社会的现代化①。纵观全球工业化的发展史，实行反梯度推移的"后来者居上"案例为数不少。工业化反梯度推移并不是什么特例，而是落后地区赶超发达地区通常采用的一种重要的"产业倾斜"战略②。关于发展中国家采取反梯度推移发展战略的问题，刘茂松和许鸿文提出，应当将经济划分为两个层次：一是比较优势成本战略发展层次，主要依照比较优势成本，优先选择能够产生引致投资最大化的产业部门作为基础支柱产业，并根据该产业产品的需求弹性大小，产业的前、后向关联效应的大小排序，重点发展排序靠前的产业，依靠这些产业部门拉动上游与下游产业的发展，形成整个产业的集合竞争优势。二是创造动态比较优势——赶超发展战略层次，破除三次产业渐次梯度发展的束缚，利用信息化时代发达国家产业技术梯度转移中的外溢性，打破发达国家的技术封锁，对其原创技术、产品的设计思路与原理进行反求破译，实施自主创新开发③。

在新型城镇化研究方面，孙崇明和叶继红认为，作为现代化进程中协调区域发展的战略性规划，新型城镇化内蕴着城镇间公平发展的权利理念。然而，在传统行政管理体制的路径依赖下，城镇间在资源集聚、发展权限、制度倾斜等方面逐渐演化出了一套完整的梯度"等级制"序列。这不仅使城镇间呈现出发展失调的"两极化"倾向，更进一步诱发了虹吸、截留、固化、排斥等诸多治理风险。追根溯源，"等级制"下的城镇化治理风险肇因于快速城镇化进程中政府行政供给的错位。基于反梯度理

---

① 刘茂松：《发展中地区工业化反梯度推移研究——我国产业结构调整中处理工业化与现代化关系的一种新思路》，《求索》2001年第1期，第15~19页。

② 刘茂松：《论新世纪中国经济发展战略的新思路——以产业倾斜为主导的工业化反梯度推移模式》，《天津行政学院学报》2002年第4期，第29~33页。

③ 刘茂松、许鸿文：《论国际分工的反梯度推移演进均衡》，《中国工业经济》2006年第2期，第13~20页。

论，未来新型城镇化的协同发展，需要进行"去等级制"的供给侧改革以破解城镇间的结构性桎梏，满足制度供求的均衡，进而增强区域发展的协调性[①]。

陈·巴特尔和许伊娜将反梯度理论应用于区域教育协调发展研究，认为反梯度推移为京津冀区域高等教育协同发展提供了新思路。在京津冀高等教育协同发展中，协同与竞争并存，协同的三方也是竞争的三方，在竞争中发挥各自特长，或继续发挥优势，或及时教改创新，在竞争中相互促进、相互协作以实现共赢。京津冀高等教育的不均衡发展，使得北京市、天津市、河北省难以处在公平的竞争环境中，从而阻碍了三地之间的协同。实施反梯度推移发展，缩小京津冀区域高等教育发展水平差距将助力京津冀区域高等教育协同发展向前推进[②]。

此外，该理论得到了进一步发展，演变为广义梯度理论。广义梯度理论主要包括梯度理论（即狭义梯度理论）和反梯度理论，其中梯度理论是一种区域非平衡的发展理论，而融合反梯度理论之后的广义梯度理论则构成了一种包含正向梯度和逆向梯度的区域平衡发展理论[③]。在广义梯度的框架体系中，任何意义上的梯度既是梯度推移方，又是接受梯度推移方，梯度推移是多维双向的。广义梯度理论以梯度的多元层面含义、梯度之间的互动关联及其梯度推移的多元交叉互推机理整合了众多区域发展理论，揭示了梯度分布间的耦合关系和多元交叉互推机理，实现了对梯度理论的创新[④]。非均衡运动是广义梯度推移的总规律。广义梯度推移过程及其作用机理可简约概括为"高梯度—低梯度二元空间结构"的形成、作用机理及其演化过程。"推

---

① 孙崇明、叶继红：《"等级制"下的城镇化治理风险与改革路径——基于"反梯度理论"的探讨》，《学习与实践》2018 年第 9 期，第 60~67 页。

② 陈·巴特尔、许伊娜：《京津冀区域高等教育反梯度推移发展策略》，《黑龙江高教研究》2018 年第 2 期，第 17~20 页。

③ 苏明、蔡映辉：《新时期珠三角与粤东西北地区高等教育的平衡发展——基于广义梯度理论的分析》，《高教探索》2023 年第 3 期，第 116~121 页。

④ 李具恒：《广义梯度理论：区域经济协调发展的新视角》，《社会科学研究》2004 年第 6 期，第 21~25 页。

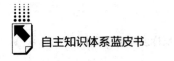

挽效应"形成梯度推移的动力学机制，它与极化效应、扩散效应和回流效应一道形成广义梯度推移机理①。

（五）学界评价与学术影响

40年来，反梯度理论对内蒙古等西部12个省区市和国家发展改革产生了广泛而深刻的影响。

笔者出版了《贫困与发展》②《摆脱贫困的思考》③等著作，西部学派的基础开始形成。笔者所在课题组通过深入调研形成了云南发展与对外开放的建议，向云南省委、省政府主要领导做了汇报，出版著作《中国西部：二元结构生成机理与趋同设计》④，该书对我国西部与少数民族地区的发展提出了较为系统的理论与对策，在弱化二元结构冲突的学术研究方面做出了重要贡献。课题组通过对云南德宏（西双版纳）进行深入调查，形成报告《超越边境贸易的抉择——德宏边境自由贸易区方案和体制设计》⑤（郗承文主编），报告主要探讨了德宏边境自由贸易区的方案和体制设计，旨在通过自由贸易区的建设促进边境贸易的发展，提升当地经济的活力。

2012年，银川市提出以反梯度战略推进"开放内涵式发展"之路。2017年，银川市委书记徐广国在《银川日报》撰文，再谈反梯度战略：在互联网时代，经济发展在很大程度上已经成为信息要素的整合，面对新经济，全国任何一个地区都处于同一条起跑线，并没有先进落后之分。实施反梯度战略的实质，就是超前定位，用新经济抢占新一轮发展制高点，一步到位发展新产业新业态，变"跟跑"为"领跑"，为银川经济社会持续健康发

---

① 李具恒：《区域经济广义梯度理论内在的广义梯度推移机理研究》，《西北人口》2006年第6期，第53~56页。
② 郭凡生、王伟：《贫困与发展》，浙江人民出版社，1988。
③ 郭凡生、潘照东、曹征海等：《摆脱贫困的思考》，技术经济导报社，1986年。
④ 中国经济体制改革研究所联络室、中国西部开发研究中心：《中国西部：二元结构生成机理与趋同设计》，时事出版社，1989。
⑤ 郗承文主编《超越边境贸易的抉择——德宏边境自由贸易区方案和体制设计》，云南人民出版社，1993。

展奠定坚实基础。银川市围绕实施反梯度战略，打造创新驱动与投资驱动并行、新产业新业态快速发展与传统产业提升改造并行的新格局，形成了"铸造 3D 打印创新技术+铸造智能工厂"全面解决方案，被李克强总理称赞为"傻大黑粗"变为"窈窕淑女"，现代装备制造产业成为全国智能制造示范基地①。

中共中央党校教授曹立在撰文中提到：反梯度推进理论作为区域经济理论的一个重要分支，是在总结世界上一些欠发达国家和地区实现反梯度、跨越式发展的实践中，通过纠正梯度推进理论的缺陷而提出的一种解决区域经济发展不平衡问题的经济理论。目前，已经在各国经济的发展实践中得到广泛的运用和采纳。我国提出的西部大开发战略，其实质就是要解决中国区域经济的均衡协调发展问题。笔者认为，反梯度推进理论对于我国西部大开发过程中的产业结构调整有非常重要的指导意义。运用这一理论推进西部产业结构调整和升级，必将实现西部经济的跨越式发展②。

武汉大学社会学系教授周运清在撰文中提到：反梯度推移的实质是双重产业革命，是经济增长方式由粗放向集约的转变，是发展中国家发挥后发优势实现赶超的跨越式发展道路。反梯度推移发展战略是我国经济社会发展思路的重大变革，它应当成为新时期我国"两型社会"建设的重要思路和理论导引③。

三　原创性分析

（一）原创性阐释

现代科学技术的转移有三个基本走向：第一是向商业和贸易比较发达的

---

① 徐广国：《以新理念促进新常态下的创新发展》，《银川日报》2017 年 4 月 28 日，第 1 版。
② 曹立、曹伟：《反梯度推进：西部产业升级的一种思路》，《延安大学学报》（社会科学版）2002 年第 1 期，第 64~68 页。
③ 周运清、向静林：《从比较优势到反梯度发展："两型社会"的建设思路》，《学习月刊》2009 年第 3 期，第 31~32 页。

地区转移；第二是向智力和生产力发展水平比较高的地区转移；第三是向自然资源比较丰富的地区转移。所以，若将中国作为一个开放系统看，国外先进技术向国内的转移有相当一部分会采取超越（跨梯度）的方式，不经沿海的消化吸收，直接向内地和西部不发达地区转移，这是由于我国大多数自然资源在内地和不发达的西部。随着我国经济体制改革和对外开放的深入，这种跨梯度的技术转移方式将会越来越多，效果将会越来越好。技术按梯度转移是国内技术转移的重要形式，但不是唯一方式，偏废任何一个方面都是不对的。

国内技术的梯度推移和跨梯度转移从外观形式上看是不一致的，是对立的两个方面，双方相互排斥。但是，实际上在相互排斥的表面，两者又都遵守着节约社会必要劳动时间的规律，即技术转移所采取的方式只能遵循提高社会效益的原则，笔者将其称之为国内技术转移的遵从效益规律。这一规律与国内技术转移的梯度推移规律相对立提出，构成了反梯度理论的核心框架。

反梯度理论还有几个明显的特征。第一，反梯度理论承认经济技术发展不平衡的梯度，同时也承认国内技术按梯度推移是一种较好的方式，但不承认其是主导国内技术转移的规律。第二，反梯度理论是针对国内技术转移的梯度推移规律而言，并非针对生产力布局当中的梯度理论而言，这是反梯度理论的立论基础。

（二）学术意义与现实意义

反梯度推移理论是与梯度推移理论相对的范畴，是对梯度推移理论的拓展。反梯度推移理论是从区域经济发展的角度提出的，它基于梯度推进理论，又突破了梯度推移理论。一般地讲，反梯度推移理论，适合于经济发展相对滞后的国家或地区。反梯度推移理论作为区域经济理论的一个重要分支，是在总结世界上一些欠发达国家和地区实现反梯度、跨越式发展的实践中，通过纠正梯度推进理论的缺陷而提出的一种解决区域经济发展不平衡问题的经济理论。反梯度推移理论作为欠发达地区实现跨越式发展，缩小与发达国家或地区间差距的理论，已在不少国家或地区得到验证。

反梯度理论的现实意义是多方面的。首先，它挑战了传统的效率优先的发展理念，提出在区域发展中应更加注重公平和均衡。其次，反梯度理论鼓励低梯度地区积极寻求外部技术和资源，通过创新和内部改革，实现快速发展，从而缩小与高梯度地区的差距。再次，该理论还强调了主动发展的重要性，认为欠发达地区不应被动等待技术和资金的输入，而应主动出击，创造条件实现跨越式发展。发展不平衡在历史上任何时期、区域都是长期存在的，因此该理论的现实指导意义一直存在。反梯度理论在实际应用中已取得了显著的成效。例如，内蒙古自治区通过实施反梯度推移理论，实现了经济的快速增长，进入 21 世纪以后，内蒙古自治区曾经出现连续八年 GDP 增速全国第一、经济总量在全国排序前进九位、人均 GDP 超过 1 万元、全国排序位居前六的增长奇迹①。

（三）国际比较与优势

反梯度理论可以追溯到 20 世纪 30 年代赤松的雁行产业发展形态说。在赫克曼、威廉姆的不平衡发展理论和美国哈佛大学弗农等人的工业生产生命循环阶段论的基础上，区域经济学家克鲁默、海特等人创立了区域发展梯度推移理论，麦克萨维提出了梯度推移策略理论，认为在经济发展初期，受经济实力限制，都会要求优先发展基础较好的地区，然后再通过扩散效应带动落后地区的发展。在国外梯度转移理论的基础上，针对我国地区梯度转移的实践，笔者等几位国内学者首次提出了反梯度理论，其后又有数位经济学者对此进行了研究。反梯度理论对于区域经济学的发展作出了重要的理论创新，对于相关学科领域知识作了重要的补充，这一理论挑战了传统的梯度发展理论，提出了新的发展思路和方法，丰富了区域经济学的理论体系。从国际角度来看，反梯度理论为发展中国家的经济跨越式发展提供了一种全新的

---

① 《北疆论坛 2016 主讲嘉宾发言集锦——内蒙古经济发展：反梯度推移理论的实证》。

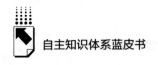

思路。通过集中资源和技术优势，实现经济的跨越式发展，从而在全球经济中占据更有利的地位。

四　研究展望

反梯度不仅仅讲的是技术的推动、技术转移的理论和落后地区的发展问题，它更多的是一种全新的哲学思考，落后战胜先进，后面的追上来是不容易的，但又是可以发生的，中国的发展就体现了这一点。目前，这还是我们的学术界无法回答的一个相对复杂的问题。

因此，未来对于反梯度理论的深化和拓展，将会向以下几个方向发展。在理论融合与创新方面，反梯度理论将与其他经济学理论如区域经济学、产业经济学、创新经济学等进一步融合，形成更为完整和系统的理论体系。随着全球化、信息化和数字化的发展，反梯度理论将不断吸收新的理论元素，如数字鸿沟理论、创新驱动发展理论等，以解释和指导新的经济现象。在实践验证与修正方面，越来越多的国家和地区将尝试运用反梯度理论进行区域经济发展规划，实践中的成功案例将为理论提供有力支撑。实践中出现的问题和挑战也将促使反梯度理论进行修正和完善，以更好地适应现实发展的需要。在政策制定与实施方面，政府将更加注重运用反梯度理论指导区域政策的制定和实施，特别是在推动区域经济协调发展、促进产业升级和转型、提高经济外向度等方面。反梯度理论将促进不同政策之间的协同和配合，形成政策合力。在国际合作与交流方面，在全球化背景下，反梯度理论将促进不同国家和地区之间的经济合作和交流。通过参与国际分工和合作，实现资源优化配置和产业升级。随着中国经济的崛起和国际地位的提高，越来越多的国家和地区将关注中国的区域经济发展经验和实践，反梯度理论将成为国际交流的重要议题之一。

反梯度概念和理论的提出距今已经40多年了，莫干山会议距今也有40多年了，我们这些人大多已经年逾70，也要成为过去了，但是江山代有人才出。我们相信，在新的一代人里，一定会出现比我们莫干山那批人还要优秀的人，他们将指点江山，引领世界，带着中国走向繁荣和昌盛。

反梯度概念提出者简介：郭凡生，慧聪集团（香港上市企业）创始人，慧聪书院董事长，著名企业家，国内知识经济的倡导人和先行者。曾任内蒙古自治区党委政策研究室战略组组长、副研究员，兼任中国西部发展问题研究组组长，中国体制改革研究所联络室主任、所办主任，并出任国家体改委体改所、国务院农研中心发展所、中信国际研究所三所联办的中国西部开发研究中心常务副主任。多年来，郭凡生先生致力于共享制股权激励理论研究，在20世纪80年代中国的经济学与改革理论研究方面有众多成果，是当时国内理论界公认的、具有突出科研成就的学者。

附录：反梯度相关研究成果

一、论著清单（以"反梯度"为论文关键词或出现于论文标题中为准）

[1] 郭凡生：《评国内技术的梯度推移规律——与何钟秀、夏禹龙老师商榷》，《科学学与科学技术管理》1984年第12期，第19~22页。

[2] 郭凡生：《何为"反梯度理论"——兼为"反梯度理论"正名》，《开发研究》1986年第3期，第39~40页。

二、"梯度理论"讨论文集

[1] 《关于"梯度推移"理论讨论情况综述》，载内蒙古党委政策研究室编《"梯度理论"讨论文集》，《科学管理研究》编辑部，1985，第1~5页。

[2] 夏禹龙、刘吉、冯之浚等：《梯度理论和区域经济》，载内蒙古党委政策研究室编《"梯度理论"讨论文集》，《科学管理研究》编辑部，1985，第6~9页。

[3] 何钟秀：《论国内技术的梯度传递》，载内蒙古党委政策研究室编《"梯度理论"讨论文集》，《科学管理研究》编辑部，1985，第10~16页。

[4] 夏禹龙等：《关于我国科技发展规划的若干战略思想》，载内蒙古党委政策研究室编《"梯度理论"讨论文集》，《科学管理研究》编辑部，1985，第17~19页。

［5］黄唯德：《技术转移的理论、实践和经济效益》，载内蒙古党委政策研究室编《"梯度理论"讨论文集》，《科学管理研究》编辑部，1985，第 20~32 页。

［6］内蒙古党委政研室战略组：《新技术革命与经济不发达地区的基本对策——兼与理论界部分同志商榷》，载内蒙古党委政策研究室编《"梯度理论"讨论文集》，《科学管理研究》编辑部，1985，第 33~43 页。

［7］康荣平、谢燮正、张毛弟：《论技术的梯度转移——兼与"新技术革命与经济不发达地区的基本对策"一文商榷》，载内蒙古党委政策研究室编《"梯度理论"讨论文集》，《科学管理研究》编辑部，1985，第 44~47 页。

［8］郭凡生：《评国内技术的梯度推移规律——与何钟秀、夏禹龙老师商榷》，载内蒙古党委政策研究室编《"梯度理论"讨论文集》，《科学管理研究》编辑部，1985，第 48~60 页。

［9］刘再兴：《地区经济发展的不平衡与梯度推移论》，载内蒙古党委政策研究室编《"梯度理论"讨论文集》，《科学管理研究》编辑部，1985，第 61~66 页。

［10］潘照东：《论区域经济差异与技术对策——与"梯度转移"论商》，载内蒙古党委政策研究室编《"梯度理论"讨论文集》，《科学管理研究》编辑部，1985，第 67~82 页。

［11］孙健：《略论固定资产建设布局的多样化战略》，载内蒙古党委政策研究室编《"梯度理论"讨论文集》，《科学管理研究》编辑部，1985，第 83~95 页。

［12］夏禹龙、蔡乃中、陈平、谭大骏：《沿海地带开放的目标和政策》，载内蒙古党委政策研究室编《"梯度理论"讨论文集》，《科学管理研究》编辑部，1985，第 96~102 页。

［13］于永清、曾志平：《浅论"适用技术"在边远落后地区经济发展中的地位》，载内蒙古党委政策研究室编《"梯度理论"讨论文集》，《科学管理研究》编辑部，1985，第103～106页。

［14］李新男：《不发达地区科技战略指导思想应是什么?》，载内蒙古党委政策研究室编《"梯度理论"讨论文集》，《科学管理研究》编辑部，1985，第107页。

三、学界相关研究示例

［1］李常林、殷存毅：《对西部技术发展战略对策的几点看法——兼与"反梯度理论"商榷》，《生产力研究》1987年第3期，第35～39页。

［2］刘茂松：《抓住知识经济机遇 实施反梯度推移发展》，《企业家天地》1999年第2期，第6～7页。

［3］方然友：《区域分工 点轴开发 反梯度推移——新疆在西部开发进程中的战略调整》，《新疆金融》2000年第8期，第4～12页。

［4］曹立、曹伟：《反梯度推移：西部产业升级的一种思路》，《延安大学学报》（社会科学版）2002年第1期，第64～68页。

［5］刘茂松：《论新世纪中国经济发展战略的新思路——以产业倾斜为主导的工业化反梯度推移模式》，《天津行政学院学报》2002年第4期，第29～33页。

［6］彭宇文、俞翔：《工业化反梯度推移理论研究成果概述》，《企业家天地》2005年第7期，第24页。

［7］黄文生：《反梯度推移理论对池州跨越式发展的启示》，《太原城市职业技术学院学报》2009年第1期，第9～10页。

［8］周运清、向静林：《从比较优势到反梯度发展："两型社会"的建设思路》，《学习月刊》2009年第3期，第31～32页。

［9］龚凌燕、黄肃新：《梯度推移与反梯度推移并举：江西崛起新跨越的赶超路径——基于与东部沿海省市的比较分析》，《商场现代化》2010年第17期，第95～97页。

［10］朱迅：《我国中部地区反梯度推移战略研究》，《长沙铁道学院学报》（社会科学版）2011 年第 2 期，第 39~40 页。

［11］彭文斌、周善伟：《反梯度视角下中部地区承接沿海产业转移的研究》，《当代经济管理》2012 年第 12 期，第 82~86 页。

［12］陈敏、宋晓敏：《西部民族地区反梯度产业发展需避免的几个误区》，《贵州民族研究》2013 年第 4 期，第 112~115 页。

［13］官榕、李亮：《反梯度推移理论在中国城镇化背景下生产和金融要素的综合利用》，《商品与质量·学术观察》2014 年第 3 期，第 43 页。

［14］郭星华、郑日强：《司法信任的梯度与反梯度》，《江苏社会科学》2016 年第 5 期，第 89~95 页。

［15］陈·巴特尔、许伊娜：《京津冀区域高等教育反梯度推移发展策略》，《黑龙江高教研究》2018 年第 2 期，第 17~20 页。

［16］孙崇明、叶继红：《"等级制"下的城镇化治理风险与改革路径——基于"反梯度理论"的探讨》，《学习与实践》2018 年第 9 期，第 60~67 页。

［17］郭思嘉：《正反梯度理论：区域经济非均衡发展战略之抉择》，《老字号品牌营销》2021 年第 10 期，第 77~78 页。

四、转载清单（转载论文以"反梯度"为论文关键词或出现于论文标题中为准）

［1］李常林、殷存毅：《对西部技术发展战略对策的几点看法——兼与"反梯度理论"商榷》，《生产力研究》（人大复印报刊资料），1987。

［2］高怀忠：《大西北人才流动的新课题——西北地区人才"梯度流"与"反梯度流"问题的新思考》，《科学·经济·社会》（人大复印报刊资料），1990。

［3］韩保江：《乡镇企业吸纳劳动力边际递减与剩余劳动力反梯度转移》，《经济研究》（人大复印报刊资料），1995。

［4］ 姜鑫：《论优势原理与西部大开发》，《重庆商学院学报》（人大复印报刊资料），2000。

［5］ 魏世恩：《经济技术梯度转移述论》，《福建论坛（经济社会版）》（人大复印报刊资料），2001。

［6］ 刘茂松：《发展中地区工业化反梯度推移研究——我国产业结构调整中处理工业化与现代化关系的一种新思路》，《求索》（人大复印报刊资料），2001。

［7］ 刘茂松：《论新世纪中国经济发展战略的新思路——以产业倾斜为主导的工业化反梯度推移模式》，《天津行政学院学报》（人大复印报刊资料），2002。

［8］ 刘茂松、许鸿文：《论国际分工的反梯度推移演进均衡》，《工业经济》（人大复印报刊资料），2006。

［9］ 徐飞：《不确定性视阈下的战略管理》，《上海交通大学学报（哲学社会科学版）》（人大复印报刊资料），2008。

［10］ 陈永正、汪欢欢：《内陆城市的一条特殊发展道路——"服务业引致反梯度追赶"假说及初始条件》，《区域与城市经济》（人大复印报刊资料），2015。

［11］ 卓越、陈诚：《梯度理论在政府创新扩散中的应用研究——以行政服务中心及其标准化为例》，《高等学校文科学术文摘》，2015。

B.3
和合学的发展历程与未来展望

胡兆东　张文旭*

摘　要： 和合学是由中国当代著名哲学家张立文教授提出并创立的哲学理论形态，是对于自然、社会、人际、心灵、文明的整体和谐、协调、有序的探索。和合学的酝酿和提出在 20 世纪 80 年代末，并在之后不断发展、扩充、完善。和合学是巨系统文化结构，它展现为"三界六层"的和合空间结构和"八维四偶"的和合时间结构，并以和合五义与和合五大原理为价值依归。在问题意识上，和合学通过聚焦和合之道，力求将传统智慧转化为现代解决方案，全面应对并化解人类面临的五大冲突与危机；在原创特征上，和合学强调理论与应用的结合，在核心话题、诠释文本、人文语境三个维度进行了独特的创新，旨在走出中国哲学危机、超越"合法性"问题，建构中国自己的哲学。和合学的提出极具学术意义和现实意义，具有极大的学术影响与极高的学术评价。和合学的未来前景极为广阔，挖掘"传统"、观照"时代"、走向"世界"、实现"应用"、回到"生活"、进行"诠释"，构成了和合学未来研究的可能方向。以此为指引，和合学的研究将出现更多有价值的成果，和合学也将产生更大的影响。

关键词： 和合　和合学　和合之道　五大原理　和合诠释

　　和合学（Theory of Harmony and Integration）概念由中国人民大学哲学院荣誉一级教授张立文于 1989 年首次提出。和合是指自然、社会、人际、心灵、文明中诸多形相、无形相的相互冲突、融合，与在冲突、融合的动态变

---

* 胡兆东，浙江理工大学马克思主义学院讲师，研究方向为先秦儒学、和合学、马克思主义中国化；张文旭，中国人民大学哲学院博士，研究方向为先秦哲学、和合学。

易过程中诸多形相、无形相和合为新结构方式、新事物、新生命的总和。和合学是指研究在自然、社会、人际、人自身心灵及不同文明中存有的和合存有，并以和合义理为依归，以及既涵摄又度越冲突、融合的学说。和合的主旨是生生。和合学作为时代精神的精华的体现，是为化解人类当代所共同面临的种种冲突与危机而构建的理论思维体系。

一　概念阐释

和合学是由中国当代著名哲学家张立文教授提出并创立的哲学理论形态，其概念内涵丰富，体系结构独特。所谓和合学，是指研究在自然、社会、人际、人自身心灵及不同文明中存在的和合现象，探索在冲突与融合的动态过程中，如何达到最佳组合，从而促进新事物的产生和推动事物的发展，并以和合义理为依归，以及既涵摄又超越冲突、融合的学问。

其中，和合是指自然、社会、人际、心灵、文明中诸多元素、要素的相互冲突、融合，与在冲突、融合的动态过程中各元素、要素和合为新事物、新生命的总和。在对传统和合方式坎陷的批判中，建构了"地""人""天"三界，即和合生存世界、和合意义世界、和合可能世界；基于对传统和合类型之考察，构想了和合学理论公设和形上、道德、人文、工具、形下、艺术、社会、目标八维和合的新学科分类。

和合是人文世界和社会世界的普遍现象，故被和合学作为研究对象。这是因为人文世界和社会世界都蕴涵着"融突"，和合是无数自性关系、本质关系、变化关系、过程关系、艺术关系的整合的结构方式。譬如说，"乾道变化，各正性命，保合太和"。人世间万事万物依循天道的变化，各自获得自性、本质、命运，形成定位，这是说分殊、差分和冲突，而又保持住内外的"太和"。"太和"即最大的和，就是和合。这就是和合学所要研究的。

和合学作为一种新的中国哲学的理论思维形态，不仅有自身的核心范畴、主导概念和范畴系统，自身的内涵和品格，以及自身依以诠释的经典文本，而且有自身的方法和表述这种方法的相应概念及形式。和合学既是民族精神生命智慧转生的转生者，也是中华文化整体性、结构性、有机性转生的载体。它不是某一文化（儒家文化、道家文化、墨家文化、佛家文化）的转生，亦不是机械的、简单的转生，而是"融突"和合的转生。这种转生，是中华传统文化创造性地再生的延续，而不是传统文化原封不动地单传；它内在于中华传统文化人文精神的蕴涵，又超越中华传统文化人文精神固有的意蕴，是中华文化生命智慧和智能创新的彰显。

和合学的本旨是和，它是对于自然、社会、人际、心灵、文明的整体和谐、协调、有序的探索；是对在这一不断破缺和完美过程的所以然的求索；是对于什么是自然选择的为什么的追求，以及什么是选择的价值原则的为什么的追究。

和合学是巨系统文化结构，它展现为"三界六层"的和合空间结构和"八维四偶"的和合时间结构，并以和合五义与和合五大原理为价值依归。

①和合空间结构：和合学提出了"三界六层"的和合空间结构，即生存世界（地）、意义世界（人）、可能世界（天）之"三界"，以及境、理、性、命、道、和之"六层"。这种结构体现了和合学对于宇宙间万事万物的深刻洞察和理解。"天""地""人"三才的生存、意义、可能的三极世界，是以人为核心和基点而展开的世界。三界既是差异分殊，相互冲突、相互竞争，又是贯通融合，相互涵摄、相互转换，从而构成和合学基础理论体系结构。

②和合时间结构：和合学的时间结构为"八维四偶"，即人文和合维、工具和合维、形上和合维、道德和合维、社会和合维、目标和合维、形下和合维、艺术和合维及其两两重组的四偶。这种结构展示了和合学在时间维度上的丰富性和复杂性。

③和合五义与和合五大原理：和合学具有和合五义与和合五大原理，二者是息息相关的。五义中的差分、存相、冲突、自然、烦恼代表着矛盾与冲突，而和生、式能、融合、选择、和乐则代表着融合与和合。此外，和合学提出生命创新的五大原理。

一是尊重生命的和生原理。和生是保障、保护和养育各生命自我主体与他者生命自我主体的唯一途径。这涵盖了自然、社会、人际、国家、民族、种族、党派、宗教等多个层面，它们均作为融合冲突与和谐的自我与他者生命体而存在。和生的最基本要求即尊重生命，确保每个生命体都享有生存的权利。任何形式的伤害、折磨、杀戮生命体的行为均应被严格禁止。

二是和平共处的和处原理。尽管各生命体与他者生命体间存在冲突与危机，但应以君子之姿，秉持"和而不同"的原则，将冲突与危机导向和平、和谐与融合。唯有各生命体间相互尊重生命，方能实现和平共处，共享生命的喜悦与幸福。

三是共立共荣的和立原理。孔子说，"夫仁者，己欲立而立人。"自己希望站得住或独立，也希望他者站得住或独立。在当今世界多元化格局下，以单一价值标准或范式强求各生命体实现独立与繁荣已不合时宜。各生命体间应相互尊重其独立与繁荣，以实现共同独立与共同繁荣的目标。

四是共达共富的和达原理。孔子说，"己欲达而达人"。在自身实现发展与富裕的同时，也应助力他者实现同样的发展与富裕。鉴于各生命体间发展水平的差异以及战争、动乱等因素导致的贫困与贫富差距扩大，唯有共同发展与富裕，方能从根本上消除动乱与不稳定因素，实现世界大同的价值理想。

五是滋润心灵的和爱原理。和爱是和生、和处、和立、和达的根基和动力，是践行上述四和理念的基础与源泉。和爱是人类生命智慧的体现，是智能创造的火焰与力量。它搭建了生命体间平等对话、互动交流的桥梁，促进了相互谅解、理解与信任，消除了误解、偏见与成见。和爱如同甘露般滋润着每个人的心田，是民族安身立命与终极关切的所在。

上述五大原理被认为是解决人类所面临的各种冲突和危机的方法论。

二 研究综述

（一）概念的形成与发展

和合学以中华传统文化中源远流长的和合思想为精神沃壤，以 21 世纪人类共同面临的现实危机为问题导向，以中国哲学自己讲述自己的本真实际为主体意识，构建了体大精思的思维理论体系。从《和合学概论——21世纪文化战略的构想》①到《中国和合文化导论》②《和合与东亚意识——21世纪东亚和合哲学的价值共享》③，又到《和合哲学论》④《和合爱神：现实关怀论》⑤《和合生生论》，再到《和合学与人工智能——以中国传统和现代哲理思议网络》⑥《和合学与文化创新》⑦，张立文教授运思不怠，在立足时代、与时偕行中不断丰富着和合学的理论面向。

和合学的酝酿和提出是在20世纪80年代末。张立文教授在1989年出版《新人学导论——中国传统人学的省察》⑧一书，该书第五章"自我和合论"中专撰"和合型与完美型——合一的氛围"一节，并引用了《国语·郑语》"夫和实生物"一段话来论述和合思想。可见此时张先生已经对"和合"概念进行了最初的挖掘。为准备参加1990年举办的"冯友兰哲学思想国际学术研讨会"，张立文教授在1989年开始撰写《新儒家哲学与新儒家的超越》一文，该文专撰"和合学的建构"一节，指出要超越新理学、新心学、新气学而创造新的理论形态——和合学，并对和合学的定义、特点进行了初步阐述，这是和合学的首次明确提出。该文在1990年纪念冯友兰先生诞辰95周年的国际学术研讨会上宣读后，收入台北东大图书股份有限公司1991年出版的《中国近代新学的展开》一书中。

自和合学首次提出后，张立文教授又先后在日本、新加坡、美国等地举办的国际会议中讲论和合学，引起很大反响。1991年3月，张立文教授受沟口雄三教授邀请在东京大学做演讲，重点即讲"和合学的建构"，强调现代必须度越先在的哲学理论思维形态而创造出新的哲学理论思维形态，以适

① 张立文：《和合学概论——21世纪文化战略的构想》，首都师范大学出版社，1996。
② 张立文：《中国和合文化导论》，中共中央党校出版社，2001。
③ 张立文：《和合与东亚意识——21世纪东亚和合哲学的价值共享》，华东师范大学出版社，2001。
④ 张立文：《和合哲学论》，人民出版社，2004。
⑤ 张立文：《和合爱神：现实关怀论》，河北人民出版社，2018。
⑥ 张立文：《和合学与人工智能——以中国传统和现代哲理思议网络》，人民出版社，2019。
⑦ 张立文：《和合学与文化创新》，人民出版社，2020。
⑧ 张立文：《新人学导论——中国传统人学的省察》，职工教育出版社，1989。

应全球化信息革命时代的需要。又受岛田虔次教授的邀请在京都大学做"和合学的内涵"的演讲。1991 年 6 月，张立文教授出席由新加坡国立大学中文系主办的"汉学研究之回顾与前瞻国际会议"，其关于"和合学的建构"的发言引起参会学者的极大兴趣。1994 年 4 月，张立文教授在日本福冈参加"东亚传统文化国际会议"，做了"和合是中国传统文化的精髓"的演讲，指出和合学是中国文化生命智慧的转生。同月又在九州大学文学部做"宋明理学形上学理路的追究"的演讲，阐述了从宋明理学到现代新儒学的局限，说明了为什么提出和合学的问题。又应池田知久教授邀请在东京大学做"和合学概说"的演讲。1995 年 8 月，张立文教授参加在美国波士顿举办的"第九届国际中国哲学会"（会议主题为"世界哲学之中国哲学"），提交会议论文《中国文化的和合精神与 21 世纪》。文中提出化解 21 世纪人类面临的五大冲突的五大价值原理，即和生、和处、和立、和达、和爱。在国际上的讲学，促进了张立文教授对和合学的进一步深入思考和内在体悟。

除了国际讲学，从 1991 年到 1996 年，张立文教授在国内外也发表了多篇文章对和合学进行阐发。如《和合是中国文化人文精神的精髓》①《中国文化的和合精神与 21 世纪》②《佛教与宋明理学的和合人文精神》③《中国文化的精髓——和合学源流的考察》④《关于和合美学体系的构想》⑤ 等。这些文章提示了和合学的建构思路，同时探赜源流，对中国传统和合思想进行了深入考察，指出了传统和合人文精神的核心价值，为学界研究和合思想奠定了基础。

1995 年，张立文教授在耳顺之年撰写完成《和合学概论——21 世纪文化战略的构想》，该书于 1996 年 12 月由首都师范大学出版社正式出版，2006 年中国人民大学出版社再版为《和合学——21 世纪文化战略的构想》。

---

① 张立文：《和合是中国文化人文精神的精髓》，《复印报刊资料》（文化研究）1995 年第 2 期，第 87~91 页。
② 张立文：《中国文化的和合精神与 21 世纪》，《学术月刊》1995 年第 9 期，第 3~12 页。
③ 张立文：《佛教与宋明理学的和合人文精神》，《世界宗教研究》1996 年第 2 期，第 2~6 页。
④ 张立文：《中国文化的精髓——和合学源流的考察》，《中国哲学史》1996 年第 101 期，第 43~82 页。
⑤ 张立文：《关于和合美学体系的构想》，《文艺研究》1996 年第 6 期，第 42~54 页。

《和合学概论》的出版，标志着和合学理论体系的确立与成熟。该书分上下两卷，上卷论述和合学之"体"，对和合学的提出缘由、概念界定、整体架构、三界理论、五大原理进行了系统阐发；下卷开显和合学之"用"，在应用层面阐述了和合学的八维展开。张立文教授站在世纪之交的时代节点，从文化上总结20世纪人类走过的风雨历程，富有前瞻性地思考、追寻21世纪人类的命运走向。他将人类普遍面临的生存困境凝练为五大冲突及由此而来的五大危机：人与自然冲突而带来生态危机；人与社会冲突而出现社会危机；人与人冲突而造成道德危机；人的心灵冲突而产生精神危机；文明之间的冲突而引发价值危机。对于这五大冲突和危机，张立文教授提出"和生""和处""和立""和达""和爱"五大和合学中心价值以化解之。和合学是巨系统文化结构，展现为"三界六层"的和合空间结构和"八维四偶"的和合时间结构，其中基于"地—人—天"而展开的"和合生存世界""和合意义世界"及"和合可能世界"构筑了和合学体系的基本框架。《和合学概论》是张立文教授致思和合的智慧结晶，是和合学研究的纲领性著作。

《和合学概论》出版后，张立文教授继续在会议、讲学中讲论和合学。如1997年9月出席在香港召开的"孔子思想与21世纪国际学术研讨会"，在大会上发言题目为《儒家文化与21世纪》，认为儒家文化的和合理念是一种优化的文化选择，和合是中华民族多元文化所整合的人文精神的精髓；1997年11月在韩国高丽大学做"和合学——21世纪文化战略的构想"学术报告；1998年受中西启子教授邀请在新潟大学讲课两个月，课程即为"中华和合人文精神的现代价值"；1998年12月参加由香港中文大学举办的"中华文化与21世纪国际学术研讨会"，提交论文《中华和合文化与21世纪》。张立文教授又继续发表了多篇文章，如《中华和合人文精神的现代价值》[①]《阳明学的和合精神与未来社会》[②]《中国伦理学的和合精神价值》[③]

---

① 张立文：《中华和合人文精神的现代价值》，《社会科学研究》1997年第5期，第48~54页。
② 张立文：《阳明学的和合精神与未来社会》，《中国哲学史》1998年第2期，第28~34页。
③ 张立文：《中国伦理学的和合精神价值》，《浙江大学学报》（人文社会科学版）1999年第1期，第96~100页。

《和合方法的诠释》①《和合艺术哲学论纲》②《和合生存价值世界的诠释》③《和合历史哲学论》④《和合学的生生之道》⑤ 等。这些文章从不同方面进一步深化着和合学的研究。

和合学是对人类共同命运的普遍观照，其本身即具有相当的国际视野。张立文教授以和合学眼光观照中、日、韩、越南等东亚各国的哲学与文化，思考东亚文化共同体的基本精神价值。在 1997 年，张立文教授参加由新加坡国立大学中文系汉学研究中心主办的"儒学与世界文明国际学术会议"时就提交论文《东亚意识与和合精神》⑥。2001 年，张立文教授的《和合与东亚意识——21 世纪东亚和合哲学的价值共享》⑦，该书重点探讨"全球哲学视野下的和合学"，对东亚和合理念的价值共性、和合学的生生之道等重要问题进行了阐发。同样在 2001 年，张立文教授写作的《中国和合文化导论》⑧ 由中共中央党校出版社出版。该书对和合文化的核心概念范畴以及相互的逻辑结构进行了分析，对和合文化及其哲学底蕴进行了概述，对和合学的基本理念作了进一步的浓缩与诠释。

在《和合学概论》《中国和合文化导论》的基础上，张立文教授开始思考"和合形而上学"的问题，试图回答关于和合学之终极关怀、价值理想、精神安顿等问题。张立文教授于 1999 年在中国人民大学为中国哲学专业的研究生开设了"和合形而上学"的课程，在教学过程中进一步完善和合学哲学体系。经过艰辛求索的爱智之旅，张立文教授写成《和合哲学论》⑨ 一

---

① 张立文：《和合方法的诠释》，《中国人民大学学报》2002 年第 3 期，第 22~27 页。

② 张立文：《和合艺术哲学论纲》，《文史哲》2002 年第 6 期，第 39~46 页。

③ 张立文：《和合生存价值世界的诠释》，《中国哲学史》2003 年第 1 期，第 47~129 页。

④ 张立文：《和合历史哲学论》，《首都师范大学学报》（社会科学版）2003 年第 1 期，第 38~44 页。

⑤ 张立文：《和合学的生生之道》，《深圳大学学报》（人文社会科学版）2004 年第 1 期，第 38~42 页。

⑥ 张立文：《东亚意识与和合精神》，《学术月刊》1998 年第 1 期，第 25~29 页。

⑦ 张立文：《和合与东亚意识——21 世纪东亚和合哲学的价值共享》，华东师范大学出版社，2001。

⑧ 张立文：《中国和合文化导论》，中共中央党校出版社，2001。

⑨ 张立文：《和合哲学论》，人民出版社，2004。

书。如果说《和合学概论》是和合学正式形成的标志，那么《和合哲学论》则是和合学进一步积淀哲学品格的路标。该书着眼于和合学在形而上层面的建构，对和合哲学的概念范畴、逻辑结构及思维方法进行了更深刻的追问，对和合历史哲学、和合语言哲学、和合价值哲学、和合艺术哲学进行了体系化的建构，以高度的思辨性对"和合生生道体""和合哲学方法"等问题进行了深入探讨，阐明了和合学之"和合起来"的生生追求。《和合哲学论》鲜明体现出张立文教授"自己讲""讲自己"的自觉、自主创新的理论追求，使和合学真正成为一种"哲学"理论体系。以"生生"为创造性主旨和形态的"和合哲学"，是"在途中"的，是开放创新、多元包容的。

为完成"和合哲学"的理论探索，张立文教授继续与时偕行，不断拓展着和合学的理论面向。从"中华和合文化弘扬工程"到建设"和谐社会"，再到中华优秀传统文化"尚和合"的思想理念，和合逐渐成为时代文化的主流价值。张立文教授以哲学家的前瞻眼光提出的和合学也迎来了新的时代。张立文教授写作了许多文章，有探讨和合与和谐之意义价值的《和合、和谐与现代意义》[①]，有探讨和合学与"国学"关系的《国学与和合学》[②]，有总论中华和合思潮的《和合中华哲学思潮的探析》[③]，有探究"尚和合"思想的《尚和合的心灵境界》[④] 和《尚和合的时代价值》[⑤]，有思考正义问题的《正义与和合：当代危机的化解之道》[⑥]，有思考气候问题的《论气候和合学》[⑦]，有论述"和实力"的《"和实力"与"一带一路"的现实意义》[⑧]，

---

① 张立文：《和合、和谐与现代意义》，《江汉论坛》2007 年第 2 期，第 5~8 页。
② 张立文：《国学与和合学》，《北京行政学院学报》2007 年第 4 期，第 86~89 页。
③ 张立文：《和合中华哲学思潮的探析》，《北京大学学报》（哲学社会科学版）2014 年第 2 期，第 11~22 页。
④ 张立文：《尚和合的心灵境界》，《船山学刊》2015 年第 2 期，第 58~63 页。
⑤ 张立文：《尚和合的时代价值》，《浙江学刊》2015 年第 5 期，第 5~8 页。
⑥ 张立文：《正义与和合：当代危机的化解之道》，《人民论坛》（学术前沿）2015 年第 14 期，第 72~83 页。
⑦ 张立文：《论气候和合学》，《探索与争鸣》2015 年第 10 期，第 4~8 页。
⑧ 张立文：《"和实力"与"一带一路"的现实意义》，《人民论坛》2016 年第 7 期，第 54~55 页。

有关注茶道文化的《中华和合学与当代茶道文化的精神价值》①，有以和合学思索企业管理的《"和合学"与企业成功之道——企业和合文化的新时代价值》②，等等。这些文章，有的从宏观的文化理念的高度总结了和合文化、和合学的时代价值，凸显了中华优秀传统文化的当代价值；有的则从社会生活、气候危机、道德建设、国际交往、茶道哲学、企业文化等各个具体层面开拓了和合学的延伸领域，体现了和合学的生命力。

对"时代"进行追问、反思与关怀是和合学与生俱来的精神品质。进入新时代，习近平总书记创造性地提出构建人类命运共同体的重要思想。探寻构建人类命运共同体理念的思想资源，对人类命运共同体的思想内涵作全面的诠释，成为和合学理论发展必须思索的新话题。张立文教授就中国传统文化、和合学与人类命运共同体思想在《光明日报》《学术前沿》《中国人民大学学报》等报纸和期刊发表多篇文章，并于 2018 年出版了《中国传统文化与人类命运共同体》③ 一书。在《中国传统和合文化与人类命运共同体》④ 一文中，张立文教授从和合学视角思考人类命运共同体，认为中华传统和合文化在与人类命运共同体交感联通、智能相应的和合中，将更加富有生命力。张立文教授以深厚的学养、宏阔的视野以及深刻的哲思，在和合学与人类命运共同体的结合下，揭示了人类命运共同体理念的思想资源、内涵特质以及创新价值，极大地启发了与此相关的学术研究。

除了人类命运共同体思想，以人工智能为代表的新科技成果以及这些成果带来的人类生存方式的改变也构筑了 21 世纪的新时代语境。科学技术的进步不仅在各方面改变着人们的现实生活，同时更深刻地影响着人们的思想观念和精神生活。张立文教授紧紧把握新时代人文语境的变化，以和合学观

---

① 张立文：《中华和合学与当代茶道文化的精神价值》，《文化学刊》2017 年第 7 期，第 17~22 页。

② 张立文：《"和合学"与企业成功之道——企业和合文化的新时代价值》，《杭州师范大学学报》（社会科学版）2018 年第 3 期，第 20~29 页。

③ 张立文：《中国传统文化与人类命运共同体》，中国人民大学出版社，2018。

④ 张立文：《中国传统和合文化与人类命运共同体》，《中国人民大学学报》2019 年第 3 期，第 2~8 页。

照前沿科技问题，于2019年出版了《和合学与人工智能——以中国传统和现代哲理思议网络》① 一书。该书从"人生价值论""交感联通论""智能相应论""伦理道德论""情绪中和论""网络管控论""生活境界论""和合通久论"八个方面，全面且深入地探讨了人在信息智能时代的生存样态、生命意义以及境界追求。张立文教授认为，面对类人机器人给人之价值和意义带来的挑战，应当重新思考"什么是人"的终极问题，应当建立和平、合作、发展、包容、开放、和爱、有序的网络空间命运共同体。张立文教授还融传统文化之"中和"思维于人工智能，希望以中和位育、人机共情、人机一体的思路化解智能时代人和机器人所面临的情绪冲突与危机。还提出以融突而和合为原则的网络管控理论。《和合学与人工智能》体现了传统和合智慧与崭新时代问题的结合，体现了和合学作为当代中国哲学理论思维形态的鲜活生命力。在交感联通的智能时代，和合学体现出新的智能价值。张立文教授在《和合学的思维特性与智能价值》② 一文中，对和合学在新时代的智能价值作了全面阐述。和合学具有往圣的承择性、时代的融突性、思维的包容性、逻辑的结构性、和合的天下性，这五大特性揭示了和合学在新时代继续焕发生命力的内在根据。因其特性而成其价值，和合学在新时代的智能价值体现为：传统与现代的和合；形上与形下的和合；本无与崇有的和合；负阴与抱阳的和合；明体与达用的和合；大本与达道的和合；认识与实行的和合；能知与所知的和合；天理与人欲的和合；中国与世界的和合。这10个和合话题指向自然、社会、认识、心灵、文明等领域，是和合学把握时代精神的彰显。

除了高远宏阔的理论层面的发展，和合学还在不断向着"生活"扎根。2018年6月，河北人民出版社出版了由张立文教授主编的"和合文化丛书"，这套丛书包括6本著作，分别是《致广尽微：和合体系论》《正德立己：和合道德论》《东亚宝藏：和合三教论》《箫管备举：和合管理论》

---

① 张立文：《和合学与人工智能——以中国传统和现代哲理思议网络》，人民出版社，2019。
② 张立文：《和合学的思维特性与智能价值》，《中国哲学史》2018年第1期，第26~31页。

《奋进不息：和合人生论》《和合爱神：现实关怀论》。其中，《和合爱神：现实关怀论》是张立文教授撰写的。该书试图使和合学回归社会、人生、生活的在世现实的思想原点，从人生、心灵、养生、家庭、道德、企业、生态、国际关系等诸多方面阐发了和合学的现实关怀。倡导和合人生的实现，关注心灵世界的和合，关注"和合"对于婚姻和家庭的重要意义，这些都体现了和合学的现实作用。《生活愿景的和合意蕴》①一文，在和合学生存世界、意义世界、可能世界的基础上，进一步追问"生活愿景"的问题，将和合学与"生活"更紧密地结合了起来。同样在2018年，张立文教授还出版了《和合生生论》一书。该书从历史与逻辑、中西与古今的冲突融合而和合的视域出发，密切联系历史与当代现实，钩深致远地阐述了和合生生的含义、性质和特色，对生命、生性、生知、生死、生态、生活等话题进行了论述。该书把最终落脚点也安放在"生活"上，以期能为现代人提供一种形上与形下、肉体与精神圆融无碍的生活模式。2023年，由科学技术文献出版社出版的《和合养生十二式》，也是和合学落实于"生活"的进一步体现。张立文教授以"和合学"理论为根基，提出了"和合养生"的思想理论与锻炼方法。"和合养生十二式"是和合学在生活实际中的"用"的进一步彰显，体现出哲人的知行合一与哲思的体用一源。

2020年，张立文教授将近10年来公开发表的45篇文章选编成《和合学与文化创新》②一书，由人民出版社出版。自己讲中国具体实际，才能推进马克思主义基本原理与中华优秀传统文化实际相结合。创新传统文化正是为了建构与时俱进的中国新文化理论体系。

2024年，张立文教授在原和合学的基础上进一步提出了创造性诠释学说——和合诠释学③。和合诠释学以"和合生生道体"为本体依据，以"三法"为思辨方法，以"三层次""三结构"为层次结构，以"三界""八

---

① 张立文：《生活愿景的和合意蕴》，《光明日报》2018年8月6日。
② 张立文：《和合学与文化创新》，人民出版社，2020。
③ 张立文、胡兆东：《中国的经典诠释与"和合诠释学"的义理建构》，《中州学刊》2024年第4期，第122~129页。

维"为系统诠释框架,以"五大原理"为价值原则,形成了既有形上支撑亦有现实关怀的人文诠释体系。"和合诠释学"的提出及其义理系统的建构是构建中国自主知识体系、巩固文化主体性的有益探索,也是张立文教授对和合学涵泳精进、推陈出新的理论精粹。

可以说,张立文教授对和合学的不断求索,正是推动中华优秀传统文化创造性转化与创新性发展的生动实践。自 20 世纪 80 年代末至今,30 多年的时间里,和合学不断前行,实现了自身理论体系的丰富、完善与成熟,并对学界和社会产生了广泛影响。

(二)学界评价与学术影响

张立文教授酝酿提出和合学后,首先在国际会议、讲学中进行宣讲,使和合学被学界了解讨论。1991 年,张立文教授在日本东京大学、京都大学作关于和合学的演讲时,与会的日本学者就表现出极大的兴趣。同年张立文教授在新加坡参加"汉学研究之回顾与前瞻"国际会议,对和合学的讲述也引起很大反响,被认为是新哲学理论形态的产生。他在国际会议、讲学中的讲演和讨论,使和合学在提出之初就受到了国际上相关学者的关注。之后《和合学概论——21 世纪文化战略的构想》出版,成熟而系统的和合学思想理论正式以专著形式呈现出来,开始受到学术界的普遍关注与积极探讨。

张岱年先生肯定和合学的构想具有重要意义,为《和合学概论》撰写推荐信推荐出版。张岱年先生指出:"在世纪交替之际,国内外学术界都在思考 21 世纪的文化战略问题。张立文同志经过深思熟虑,率先提出和合学,撰著《和合学概论——21 世纪文化战略的构想》一书,提出了独创性见解,具有很高的学术水准、理论价值和超前见解。"[①] 在张岱年先生看来,和合学作为 21 世纪文化战略的构想,是系统而具有创见的佳作,有重要的学术价值。张岱年先生的评价突出体现了学界对和合学之学术价值与现实意义的

---

① 张岱年:《理论价值和超前预见——推荐〈和合学概论——21 世纪文化战略构想〉》,《中国图书评论》1998 年第 6 期,第 12 页。

认可。

从 1997 年到 2000 年，学者们集中发表了许多书评文章对《和合学概论》及和合学进行推介与评述。学者们在古今之维度上认为和合学汲取传统和合思想的智慧，直面现代文化发展的问题，是深植于中国文化土壤又体现时代精神的哲学创新。如方国根认为，和合学理论体系的构建提出，一方面是对中华传统和合思想的本质概括和提升，另一方面又是基于时代发展和文化发展需求的理论创新[1]。彭永捷认为，和合学是对中华民族传统文化转生的问题，亦即传统文化与现代化相适应、相接轨问题深思的结果。其核心在于传统文化的价值层面，在于其文化精神，亦即中国哲学[2]。罗安宪则强调，和合学发扬了中国文化史上"容纳百川"的学术精神，使 80 年代以来学术界首肯的综合性创造性的文化建设模式真正落到了实处[3]。陈盈盈还指出，和合学与传统和合观相比至少有三个方面的突破：一是独具特色的融突论；二是创新的和合结构方式；三是匠心独具的"三五"学说[4]。学者们还从中西之维度上肯定了和合学体现的中国哲学自主创新的精神。如李光福认为："张立文教授构建的和合学具有鲜明的中国特色，但它不是为特色而特色的刻意雕琢，而是运用中国文化的基本精神回应现代三大挑战所形成的哲学文化体系。它也不是西方哲学中国化的产物，而是中国哲学的一种现代形态，是真正的中国自己的哲学。"[5] 他明确指出，《和合学概论》的出版是当代中国哲学和中国文化走向自觉的一个重要标志。还有学者对《和合学概论》所呈现的和合体系进行了哲学层面的深入分析。如杨庆中就对和合学的体系建构进行了非常详细的分析，不仅肯定了和合学的创新价值，同时

[1] 方国根：《世纪之交的文化抉择——读〈和合学概论〉》，《现代哲学》1997 年第 4 期。
[2] 彭永捷：《张立文的和合学》，《探索与争鸣》1998 年第 8 期，第 36~38 页。
[3] 罗安宪：《容纳百川与创新学术——和合学的文化理路及其当代意义》，《社会科学家》2000 年第 1 期，第 57~59 页。
[4] 陈盈盈：《寻找传统与现代文明的连结点——张立文先生的〈和合学概论〉评介》，《中华文化论坛》1998 年第 1 期，第 123~124 页。
[5] 李光福：《中国哲学的自觉——读张立文教授新著〈和合学概论〉》，《学术月刊》1997 年第 12 期，第 102~105 页。

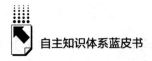

从哲学层面指出了和合学体系存在的不足之处，为和合学体系的进一步发展完善表达了期待①。

2004 年《和合哲学论》出版后，学界同样出现了许多评述文章。这些文章对《和合哲学论》及和合学的原创精神和学术价值给予了极高的评价。蔡方鹿认为《和合哲学论》体现了张立文教授的哲学创新精神，并强调："因其倡导融突而和合，提倡化解矛盾，相互沟通，和合而创新，为当今构建社会主义和谐社会，提供了重要的思想智慧的源泉和资源。"② 李翔海指出《和合哲学论》具有三方面的特点：一是高度自觉的创新精神；二是植根于中华民族智慧精神之中的理论取向；三是对西方哲学开放的理论心态。并强调："和合哲学的出现，应当可以看作是当代中国哲学发展进程中一项具有重要意义的理论创获，相信它的问世必将会对中国哲学的当代建设起到重要的推动作用。"③ 李长泰认为《和合哲学论》的学术价值体现在三个方面：一是实现了哲学话语的转向；二是突出了中国哲学的发展应有自身的诠释文本和逻辑；三是体现出学术功底的打造在于专心致志与体贴，而不是人云亦云④。方国根也认为《和合哲学论》体现了学说思想的独创性、原创性，和合哲学具有高度的理论思辨性、思想前瞻性⑤。

从学界对《和合学概论》《和合哲学论》的推介与评价，可以看到和合学正式提出后获得了学界不少称赞与认可。随着一本本和合学著作的问世，学界对和合学之思想内涵、体系架构有了系统而全面的认识，对和合学之学术价值与现实意义也给予充分的肯定。当然，随着和合学受到广泛关注与研

---

① 杨庆中：《评张立文先生的"和合学"体系》，《社会科学家》1999 年第 5 期，第 57~61 页。

② 蔡方鹿：《构建和谐社会的思想智源——读张立文教授新著〈和合哲学论〉》，《探索与争鸣》2005 年第 3 期，第 52~54 页。

③ 李翔海：《面向未来的中国哲学需要充分体现自身特质的理论形态——〈和合哲学论〉评介》，《社会科学战线》2005 年第 3 期，第 329~330 页。

④ 李长泰：《"讲自己"的哲学，蕴营社会和谐文化——张立文教授〈和合哲学论〉评介》，《湖南科技学院学报》2005 年第 9 期，第 24~25 页。

⑤ 方国根：《民族智慧与哲学创新——读张立文教授〈和合哲学论〉》，《中山大学学报》（社会科学版）2007 年第 4 期，第 57~59 页。

讨，学界也出现了一些不同的声音。如杜运辉在 2008 年发表的《我国哲学界关于"和合学"的讨论》一文中，就系统总结了和合学提出后二十年间学界对和合学的讨论情况，重点综述了学界对和合学理论提出的相关质疑与批评，如："和合"或"合和"涵义模糊，不是一个精确严谨的哲学概念，在此基础上建构起来的"学"亦是不牢靠的①。对于学界相关质疑的观点，许多学者也撰文进行了回应与讨论，如张瑞涛②、陈欣雨③等。对和合学的批评与质疑以及由此而引起的学术讨论，表明和合学确实是当代中国哲学领域引人注目的新理论，促使学界进一步对和合学展开深入研究。

2010 年后的十几年间，学者们从更广阔的视野出发，对和合学进行了更具深度的定位与评价。如彭永捷指出，和合学继承了传统和生思想，将和合智慧发展为面向 21 世纪的文化战略，发展为一种基于和合思想的新的哲学学说。在他看来，和生包含着仁生，和合学可以看作是儒家仁学的一种当代形态，仁爱才是和合学的"大本"与"大原"。而和合学作为一种当代新儒学，不仅丰富了当代儒学，而且也从儒学领域为当代世界提供了最富价值的思想资源④。魏义霞则强调，和合学秉持中国哲学"自己讲""讲自己"的原则，是中国哲学的"转生"。作为中国文化走向世界化、现代化的回应和选择，和合学在解决中国哲学现代化问题的同时，超越了中国哲学的合法性问题。并且，和合学具有世界视野，是中国哲学世界化的需要⑤。2019 年以来，陈海红又发表多篇文章，从思想创新、方法创新等方面充分论述了和合学的意义与价值。在《"和合"体生——"和合学"的中国哲学创新实践》一文中，陈海红从"人""域""说"三方面进行分析，认为从生命之道的角

① 杜运辉：《我国哲学界关于"和合学"的讨论》，《高校理论战线》2008 年第 5 期，第 44~50 页。
② 张瑞涛：《"和合学"与哲学创新——回应杜运辉和陆信礼对张立文"和合学"的质疑》，《探索与争鸣》2009 年第 3 期，第 21~25 页。
③ 陈欣雨：《朝斯夕斯悟和合　自家体贴论创新——从对和合学的质疑说起》，《高校理论战线》2011 年第 3 期，第 56~61 页。
④ 彭永捷：《和生与仁生——论和合学之新仁学面向》，《学术界》2011 年第 11 期，第 33~40 页。
⑤ 魏义霞：《和合学与中国哲学》，《学术界》2013 年第 10 期，第 178~185 页。

度看，和合学以生命之人的新认知、生命之域的新诠释、生命之说的新言说进行自觉的哲学创新，因此和合学无疑是中国哲学创新的理论新体系、方法新视野与思想新成果①。在《道在和合——张立文的"和合学"是传统哲学之当代展开》一文中，陈海红认为和合学以鲜明的问题意识、自觉的主体意识、智能的话语意识、高明的人文意识、理性的创新意识，用五和、三界、八维等原理对天地人之道进行了新的诠释，接续并发展了中国传统哲学②。在《和合今释——张立文先生的"和合学"》一文中，陈海红指出和合学具有"因人文创造而有"的情怀禀性，是自我敞开的活的哲学思维。在他看来，转神秘为科学的新定义、直面人类困境的新课题、由中国而世界的新视野、由观念而学说的新境界都体现了和合学对"和合"内涵的重新诠释③。

　　总体而言，和合学提出 30 多年来，经过学术界的争鸣研讨，经过时代发展实际的检验，其原创精神、前瞻视野、学术价值及现实意义都得到了学术界的认可。作为体现时代精神的原创哲学理论，和合学对当代中国哲学的研究、中国文化的发展产生的影响愈加明显。首先，和合学的构建和提出激发了研究中华传统"和合"思想的学术热潮，张立文教授对和合进行的传统挖掘与当代诠释更为学界相关研究引领了方向、奠定了基础。张立文教授从中华传统典籍中拈出"和合"，使其在新的时代焕发生机。1996 年之后，学界每年都会有许多研究"和合"思想的文章发表，数量更是逐年增多。学者们或从中国哲学整体提炼"和合"思想的精髓，或以概念为核心辨析"和合"思想的类型，或以人物和文本为线索梳理"和合"思想的历史，呈现出多层次、多角度挖掘传统"和合"思想的研究图景。其次，和合学创构所体现的"自己讲""讲自己"的自主研究范式为实践中国哲学的创新发展提供了范例。张立文教授提出要度越"照着讲""接着讲""对着讲"的

---

① 陈海红：《"和合"体生——"和合学"的中国哲学创新实践》，《浙江社会科学》2019 年第 2 期，第 108~117 页。

② 陈海红：《道在和合——张立文的"和合学"是传统哲学之当代展开》，《孔子研究》2019 年第 6 期，第 89~99 页。

③ 陈海红：《和合今释——张立文先生的"和合学"》，《贵州文史丛刊》2020 年第 1 期，第 20~29 页。

研究范式，实现中国哲学的"自己讲""讲自己"。其要旨在于，进入中国
自己的时代语境，运用中国哲学本有的言说方式，接续中国哲学自身的精神
命脉，讲述中国哲学自己对当今时代核心话题的觉解。和合学正是在此意义
上进行的创新实践，是建构中国自主的哲学话语体系的探索与尝试。和合学
的这一方法与精神契合时代的发展方向，受到学界的关注与学习。再次，和
合学的理论原理在不同的学科领域得到一定运用，和合学人文思想的普及推
动了相关文化活动的兴办，体现了和合学在社会生活与实践中的生命活力。
和合学有其哲学之"体"，亦有其理论之"用"。在《和合学概论》中，张
立文教授就尝试将和合学的理论原理应用于社会生活运作的各个层面，提出
和合自然科学、和合伦理学、和合人类学、和合技术科学、和合经济学、和
合美学、和合管理学、和合决策学等作为和合学应用落实的方向。沿着张立
文教授开拓的道路，学者们不断将和合学的理论方法应用到不同领域，如组
织管理、社会治理、教育方法等，发表了许多文章，促进了和合学与其他学
科的交叉融合。30 多年来，围绕和合学与"和合"思想所开展的学术活动
和社会活动也持续不断。这些活动一方面促进了和合学的完善与发展，另一
方面推动了"和合"文化的弘扬与实践，不仅取得了大量学术研究成果，
而且建成了许多文化活动平台，彰显了和合学对社会文化的巨大影响。最
后，和合学的开放性使其成为面向未来的活的哲学，在新的时代语境下，和
合学自身丰富的哲学内容吸引了更多的研究者。不仅学者们从不同方面发展
着和合学，越来越多的硕博论文也以和合学为主题展开研究[1][2][3][4]。这进一
步显示了和合学作为当代中国哲学创新理论思维形态的鲜活生命力。人民出
版社于 2018 年出版了徐刚主编的《中国和合学年鉴（1988~2016）》，又于
2023 年出版了《中国和合学年鉴（2017~2021）》。两部厚重的《年鉴》汇
编了 30 多年来和合学研究的重要理论成果，梳理了和合学研究的历史脉络，

---

[1] 吴莎：《张立文和合学思想研究》，硕士学位论文，湘潭大学，2015。
[2] 谢东璋：《张立文哲学思想研究》，硕士学位论文，黑龙江大学，2016。
[3] 李宗双：《"和合学"的哲学性格与当代价值探赜》，硕士学位论文，中国石油大学，2016。
[4] 刘胜：《张立文和合哲学思想研究》，博士学位论文，湖南师范大学，2017。

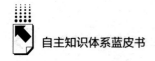

展现了和合学研究的学术动态。和合学对学界和社会的影响由《年鉴》得到彰显。和合学在途中，和合学的研究亦在途中，《年鉴》的总结传承也期盼着和合学新的未来！

三　原创性分析

（一）原创性阐释

在问题意识上，和合学以深刻的洞察力审视了当代社会所遭遇的多样化冲突与危机，可归纳为五大核心议题：第一，人与自然之间的紧张关系及其引发的生态危机；第二，人与社会结构间的矛盾及其人文价值的动摇；第三，个体间交往中的冲突与道德体系的紊乱；第四，个人内心世界的纷争与信仰体系的危机；第五，不同文明间的对立与价值观念的冲突。这些冲突与危机不仅侵蚀了人类社会的和谐基石，更在全球范围内对生态、经济、文化等多个领域构成了严峻挑战。

鉴于对上述现实问题的深切关注，和合学致力于构建一种新颖的理论思维框架，旨在挖掘并弘扬中华民族传统学术文化资源中蕴含的化解冲突与危机的深刻智慧与洞见。通过聚焦和合之道，这一理论体系力求将传统智慧转化为现代解决方案，全面应对并化解人类面临的五大冲突与危机。唯有和合学，方能以合理、道德且审美的方式妥善解决这些难题；同时，它还能创造性地调和中西文化的价值差异，推动传统文化的现代化转型，使中国文化以更加崭新的姿态走向世界舞台。

21世纪的人类文化，既非"东风压倒西风"与"西风压倒东风"的两极对峙形态，亦非"三十年河西，三十年河东"的东方文化的世纪，而是东西方文化互学、互动、互渗、互补的世纪；是冲突融合而和合的世纪，即和合而化生新的人类文化——和合学世纪。中国文化只有在化解、协调现代人类所共同面临的五大冲突中，发挥出自己独特的巨大魅力和价值，才能获得世人的认同，才能真正走向世界和走向现代化。这就是说，中国文化的世界化与现代化，实质上是一而二、二而一的问题。张立文教授提出和合学，就是对中国文化走向世界化和现代化的一种回应和选择。

在原创特征上，和合学的原创性首先体现在其对于"和合"概念的深入阐释和广泛应用上。"和合"二字在中国传统文化中早已有之，但和合学对其赋予了新的内涵和时代意义。"和"是和谐、和平、祥和的象征，代表着不同事物之间的协调与统一；"合"则是结合、融合、合作的体现，意味着不同元素之间的交融与共生。二者相辅相成，共同构成了"和合"的完整理念。和合学不仅关注自然、社会、人际等领域的和谐与融合，还深入探讨了心灵、文明等层面的和合问题。这种全面而深入的研究视角，使得和合学在诸多学科领域中都显示出独特的魅力。

和合学并非仅仅是对中国传统哲学中"和"之精髓的单纯沿袭，而是在当今时代背景的深刻变迁下，对其进行了富有创新性的转化与深化发展。它广泛汲取了历史上及世界各地卓越的思想文化精髓，立足于生态全球化、价值多元化、信息智能化的时代浪潮，并紧密关联于现代转型、中华民族伟大复兴、科技创新等社会根本动因。这一学说为构建人类命运共同体的宏伟愿景，提供了不可或缺且富有深意的思想支撑与资源。

和合学不仅仅停留于理论层面，它更是一种具有指导意义的行动纲领。该学说积极倡导运用和合的理念来解决冲突、增进和谐，为人类社会的可持续发展铺设了重要的思想路径与方向指引。此外，和合学还尤为重视理论与实践的紧密结合，致力于通过促进文化交流与文明互鉴，推动不同国家和地区间建立友好合作关系，携手迈向共同发展的目标。

和合学的建构，更重要的目的是走出中国哲学危机、超越"合法性"问题，建构中国自己的哲学。因此，和合学在核心话题、诠释文本、人文语境三个维度进行了独特的创新。

和合学以和合为核心话题，这是对"道德之意""天人之际""有无之辩""性情之原""理气心性"等话题的超越。和合学核心话题所讲述的"和合故事"，不是凭空杜撰，而是当今时代精神的彰显和需要，是体现时代精神的哲学理论思维形态的新建构。

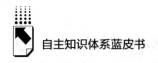

和合学所依傍的诠释文本主要是《国语》，辅以《管子》《墨子》，与以往所依傍的诠释文本有别，《国语》虽是春秋时的文本，但没有被作为儒家经典，因此也避免了被后人所窜改的命运，保持着较本真的面貌。由于"语"是古代的记言，记载了有关天地万物的化生，天时人事的变动，阴阳律吕的变化、邦国成败、顺逆之数等的自由辩论、答问的言语，使我们较真实地听到了当时有识之士的智慧心声，感受到民族精神脉搏的强烈跳动，以及有关天时人事、人生价值的精彩对话。这是和合学作为中国哲学创新的诠释文本的依据。

和合学的人文语境是生命智慧的觉解，时代精神的显示，社会风尚的趋向。在后冷战时代，世界呈现出多极化趋势，经济全球化加速推进，网络普及化日益显著，和平、发展与合作已成为全球绝大多数人民的共同愿望与诉求，构成了当今时代的鲜明主题。在经历了近代历史的动荡与变迁后，人民对安定团结、改革开放的渴望愈加强烈，经济建设的蓬勃发展与和谐社会的构建成为全体国民的共同心愿与追求。在这一国内外格局深刻变化的背景下，和合学理念应运而生，顺应天时地利人和，强调和谐共生与融合创新，展现出强大的生命力和时代价值。

"和合"思想是中国儒家、道家、墨家、阴阳家、佛家等文化流派相互碰撞、互相渗透、彼此融合而形成的人文产物，是中华传统文化所特有的精神质素，是独具东方智慧的哲学范畴和思维方式。和合学将其发展成为一个流派学科，对其内涵进行了系统的构建和解释。经过学术交流和文献调研，至今未发现与和合学概念在内涵和内容方面类似的概念。

（二）学术意义

和合学作为一种独特的哲学体系，其学术意义主要体现在以下几个方面。

第一，传承与发展中国传统和合文化。和合学通过对中国传统和合思想的深入挖掘和阐释，为我们更好地理解和传承中国传统文化提供了重要的理论支撑。中华文化博大精深，源远流长，其中"和合"精神更是其精髓所在。和合学通过深入挖掘"和合"精神的内涵，对中华文化的传统价值进行了系统的梳理和阐释。这不仅有助于我们更好地理解中华文化的独特魅力，还有助于我们更好地传承和弘扬中华文化。

第二，绍承中华人文精神，使中国文化精神得以新生。人文精神的重要意蕴是人的生存、为什么生存和怎样生存，是对人的价值意义的关注和对人类命运、痛苦的解脱的思考。它显示了人的终极价值，是一种属人的终极关怀。一定时代的文化人文精神均有相应"终极关怀"的设定。和合是人类的终极生存模式与命运的设计，它是未来人类文化精神走向的基本方向。

在不同时期、不同语境里人们对人文精神的思考与关注是不同的，因而在不同时期，人文精神有它不同的内容和表现形式。和合是当今时代人文精神的新内容和新形式。和合基本内涵的规定，既彰显了人文精神的存在方式，又凸现了和合学"终极关怀"的具体理路。和合学所重建的人文精神"终极"意义的价值目标或价值理性，是面对未来的关怀，如何与当下具体环境中的制度体制或现实人的生命感受相结合，就不仅仅是一种价值目标和价值理性，同时也是一种工具理性。这就是说，"终极关怀"的设定，既有目标或价值的设定，又有工具操作的设定，和合学是这两者的融突和合。

第三，揭示自然、社会、人际等领域的和谐与融合规律。和合学认为，自然、社会、人际等领域都存在着和合现象，这些现象背后都蕴含着一定的规律和原理。通过对这些规律和原理的揭示，我们可以更好地理解这些领域的运作机制，为实现和谐与融合提供科学的指导。和合学所推崇的，乃是一种动态的均衡与和谐之美，此和谐非静止、非僵化，而是于变迁不息中探求新的稳态。犹如江河依据地势起伏自然流淌，终归于海，绘就一幅幅恢宏的水墨长卷，人类社会与自然界亦须因应时势变迁，灵活调适自身，以期达成内外兼修、天人合一之至高境界。

在社会实践中，和合学鼓励我们超越狭隘的个人利益，追求更广泛的社会共识与公共利益。它教导我们要有包容之心，尊重差异，理解不同，通过对话与协商解决分歧，共同构建一个多元共融、和谐发展的社会环境。在这

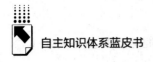

个过程中，每个人的独特价值都能得到彰显，社会的整体福祉也能得到不断提升。

和合学理论深刻阐述了个体修养与内心和谐的核心价值。其核心观点指出，唯有实现内心欲望与理智的均衡状态，使情感与理智相辅相成、和谐共存，个体方能心无杂念，全身心投入到事业与理想的追求之中。此种内心和谐不仅为个人的成长与发展奠定坚实基础，更是推动社会和谐稳定不可或缺的重要力量。

第四，和合学是中国文化走向现代化的最佳的文化方式的选择。它彰显着中国文化的现代转生，使一个多世纪以来关于中国文化的现代化由方法的论争转向文化形态的选择，即使方法的论争落到了实处。

近代在西方文化的挑战下，在西方武力的侵略下，在世界现代化的冲击下，中国人为救亡图存，提出了种种中国传统文化如何现代化的主张，即如何继承、如何中西体用、如何创造转化和综合创新的方法问题，而没有涉及现代化的具体文化形态是什么的问题。方法问题的论争往往流于空疏和清谈。张立文教授提出和合学，回答了现代化的具体文化形态是什么的问题。和合是中国传统文化人文精神的精髓，也是中国文化的首要价值。它较之依西方文化来诠释演绎，并试图在此基础上建构中国当代文化或哲学要有意义得多。

（三）现实意义

和合学不仅具有深厚的学术价值，还具有广泛而深远的现实意义。在当今社会，随着全球化的深入发展和各国之间相互依存度的不断提高，和谐、合作、共赢的理念越来越受到人们的重视。和合学正是这样一种倡导和谐、合作、共赢的哲学体系，其现实意义主要体现在以下几个方面。

第一，冷战之后，世界格局发生了剧烈的大转变。在20世纪的历史长河中，人类社会经历了两次全球性的战争与两次重大的社会变革，这些事件让全球民众深刻体会到了战争与对抗所带来的深重苦难。随着苏联及东欧地区的解体，原本冷战时期两大阵营之间的二元对立与军事竞赛逐渐淡化，取而代之的是更为复杂多元的冲突形态以及在经济与科技领域的激烈竞争。

面对这一世界格局的深刻转型，我们需以更加严谨、理性的态度，审视并适应后冷战时代的新格局与新形势。在军事、经济、政治、文化、思维及观念等各个领域，都应积极寻求创新，以符合时代潮流的发展需求。同时，我们还应致力于为世界人民的福祉提出新的解决方案与构想，为世界和平、发展与合作贡献新的智慧与力量，共同推动构建人类命运共同体的伟大进程。

对抗文化、冷战思维是世界不太平、不安全的根源之一，是世界和平、发展、合作的消极性与破坏性的力量。亨廷顿的"文明冲突论"是西方中心主义、西方霸权主义和单边主义的强烈表现。如何化解文明冲突论？如何化解冷战遗留的对抗文化、冷战思维？以什么文化理念化解文明冲突？和平发展的形而上理念是什么？于是张立文教授从中华民族传统学术文化宝库中开发出"和合"思维，并使之系统化、理论化，而建构了和合学理论思维体系，以其和生、和处、和立、和达、和爱五大原理，全面地化解了亨氏所谓的"文明冲突论"。

第二，提供解决当代社会问题的新思路和方法，推动人类文明的进步与发展。当代社会面临着诸多复杂的问题，如环境污染、社会不公、人际疏离等。这些问题往往涉及多个领域和层面，需要综合运用多种方法和手段来解决。和合学为我们提供了一种全新的思路和方法，即通过促进不同领域和层面之间的和谐与融合来解决问题。这种思路和方法具有很强的可操作性和实用性，为我们解决当代社会问题提供了新的可能性。它倡导和谐、合作、共赢的理念，对于解决当今世界面临的种种问题具有重要的参考价值。

和合学强调不同文明之间的和谐与融合，认为这是推动人类文明进步与发展的重要动力。在当今世界多元文化交织、交流互鉴的背景下，和合学为我们提供了宝贵的思想资源和实践经验，有助于推动不同文明之间的对话与合作，共同构建人类命运共同体。

和合学还揭示出人类文化现阶段发展的和合大趋势和文化价值系统的和合大原理，有助于从战略上解决人类文化面临的全球性系统危机，有助于从战术上协调各民族、各国家和各地区之间为消除危机而采取的局部性价值行为。中国文化若要成功走向世界，仅凭口号呼喊是远远不够的。任何一种文化要获得国际认可并融入各国、各民族的文化之中，其关键在于展现自身强大的文化实力。文化实力的评判标准在于其能否为现代人类面临的共同问题提供有效的解决方案。和合学正是基于对人类文化在新世纪发展前景的战略性洞察，致力于构建一套和合学的和合结构系统，作为该理论体系的核心支撑与理论框架。

第三，和合学的理念有助于我们更好地认识和处理人与自然、人与社会、人与自我之间的关系，为人类寻求安身立命之道。它倡导和谐、合作、共赢的价值观念，有助于我们形成积极向上的人生态度和行为方式。

在人与自然的关系上，和合学提醒我们要尊重自然、顺应自然、保护自然，认识到人类与自然是生命共同体，只有和谐共生才能实现可持续发展。我们应当摒弃以牺牲环境为代价的发展模式，转而追求绿色、低碳、循环的发展路径，让经济发展与生态保护相得益彰，为子孙后代留下一个天蓝、地绿、水清的美好家园。

在人与社会的关系中，和合学倡导构建和谐社会，强调公平正义、诚信友爱、充满活力、安定有序。这要求我们在社会治理中注重平衡各方利益，促进社会公平正义；加强道德建设，提升公民素质，营造诚信友爱的社会氛围；同时，激发社会活力，鼓励创新创造，为社会发展注入不竭动力；最终实现社会的安定有序，让人民群众在和谐稳定的环境中安居乐业。

至于人与自我的关系，和合学引导我们向内探索，认识自我、接纳自我、超越自我。它告诉我们，真正的力量来源于内心的平和与坚定，而非外界的喧嚣与浮躁。通过自我反思、自我修炼，我们可以更好地认识自己的优点与不足，从而制定出符合自身实际情况的人生规划。同时，保持一颗平常心，面对生活中的顺境与逆境都能泰然处之，最终实现自我价值的最大化。

总之，和合学的理念是穿越时空的智慧之光，它为我们提供了认识世界、改造世界的独特视角和宝贵方法。

（四）国际比较与优势

"和合"思想是中国儒家、道家、墨家、阴阳家、佛家等文化流派相互碰撞、互相渗透、彼此融合而形成的人文产物，是中华传统文化所特有的精神质素，是独具东方智慧的哲学范畴和思维方式。和合学将其发展成为一个流派学科，对其内涵进行了系统的构建和解释。经过学术交流和文献调研，至今未发现与和合学概念在内涵和内容方面类似的概念。

四　研究展望

21世纪是经济全球化、科技一体化、网络快速化、地球村落化的时代，国际格局以和平、发展、合作为时代潮流，国内改革开放以来致力于建设一个和平、安全、稳定的环境，这构成了新时代的创新人文语境。正是这样的国内外格局大变化的语境，对新哲学形态的转生提出了新诉求，因此和合学应运而生。和合学正是接续中国传统哲学思潮发展历史而在当代全球化语境下的创新转生。张立文教授从中国传统哲学的诸多范畴中体贴出最能反映时代精神精华的"和合"范畴以度越先秦以来哲学思潮的旧话题。和合学是以和合为核心话题，予和合以形上体贴和当代性人类精神反思形态的和合理论思维建构[1]。可以说，和合学是以"和合起来"为终极追究的哲思。而"和合起来"的逻辑进程，始终是一个基于主体自觉、自愿和自由的创造性的生生过程[2]。所以"和合"不是封闭固定的框架，而是亟待弘扬的人文精神，是一种哲学智慧。和合学也不是封闭的、自说自话的僵化体系，而是具有生生性、开放性、和合性的活的哲思。正如张立文教授所说："和合生生道体是永远'在途中'的超越之道。"[3] 30多年过去了，和合学在传统与现代、继承与创新的路途中不断前行，已然成潮，而其始终又是面

---

[1]　张立文：《中国哲学思潮发展史》，人民出版社，2014。
[2]　张立文：《和合哲学论》，人民出版社，2004。
[3]　张立文：《和合哲学论》，人民出版社，2004。

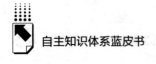

向未来的。

和合学的未来发展应当是丰富的，就其方向与趋势而言可能会包含以下几个方面。

以和合学的视角观照中国传统哲学，进一步挖掘中华传统"和合"思想的丰富内涵与多样价值，以"中国和合思想史"的写作呈现传统"和合"思想的生动面貌。张立文教授创构和合学后，以和合学的视野重新审视中国哲学的发展历程，撰著了192万字的《中国哲学思潮发展史》以及论述中国哲学自身大本大元的《中国哲学元理》。同时也指导学生以《国语》《尚书》《庄子》等经典文本的和合思想为主题进行博士论文的写作。其他学者也从义理阐述、概念辨析、文本探究等各个角度对传统哲学的和合思想进行挖掘。这些努力都表明，对中国传统哲学中的和合思想进行深入挖掘和细化研究，将一直是和合学研究的基础和重点。和合学基础义理的进一步完善呼唤着系统性的"和合思想史"成果。

对"时代"进行追问、反思与关怀是和合学与生俱来的哲学精神，继续思考新时代的新课题是和合学未来发展的必然趋势。立足时代方有创新之学，和合学一直是与时偕行的。张立文教授创构和合学后并未止步，而是继续以和合学思考人类命运共同体以及人工智能的新课题。和合学的鲜活生命力正体现在对当今时代的反思与关怀、对未来发展的前瞻与期望之中。所以，和合学在未来的发展中应当继续关注世界、社会、人生不断涌现的新话题，比如科技发展带来的人类生存新样态、人际交往新样态以及自我身心新样态等。

和合学是具有世界视野和开放态度的思想学说，进一步面向"世界"是和合学未来发展的重点所在。和合学关注21世纪人类普遍面临的五大冲突和危机，并以和生、和处、和立、和达、和爱五大原理给出了化解之道。可见，和合学的致思具有普遍性、一般性、世界性的特点。和合学虽然在提出之初就在国际上产生了一定的影响，但整体上与国际世界的交流还是不够的。在未来的发展中，和合学应当面向"世界"而思，将自身理论中具有普遍价值的思想观念融汇到世界哲学的思潮中。让和合学这一中国哲学原创理论思维在国际交流和对话中产生更大的影响，让中国和合哲学的智慧在更大程度上为世界贡献力量。

和合学不仅是高高在上的哲学理论，其"用"亦大，"应用"是和合学未来发展的题中之义。在和合学体系构建中，张立文教授就阐发了和合学在八个维度的应用。和合管理、和合翻译、和合美学等的提出也不断落实着张立文教授的构想。和合学在未来的发展中应当进一步拓展应用的领域，并真正将和合学的理论方法和思想精神与应用学科内在结合起来，进而产生新的学科领域。除了学科领域的应用拓展，落实到"生活"也是和合学实现其应用价值的重要方面。"人"是"和合学"的一个关键词，理解人的存在本质、关切人的现实境遇、找到人的生命价值、实现人的创造转化始终是和合学的内在精神追求。因而将和合学落实于人的生活中，为和合生活、和合人生的实现提供指引，也将是和合学的重要追求。

和合学与"诠释学"交相辉映，进行经典的和合诠释、学术的和合创新、生活的和合追求，实现"和合诠释学"的理论建构，是和合学发展的必然之路，为未来文化发展指明了一条可行的前进方向。中国的经典诠释之路漫长且充满多样性。当代中国学者，在借鉴西方诠释学研究成果的基础上，致力于开辟一条既独立自主、根植于传统，又融合现代诠释方法的全新路径。然而，这一努力至今尚未能成功构建出一个能够涵盖不同宗教、民族及主体的全面的哲学诠释架构。在此背景下，"和合诠释学"应运而生，这一创造性诠释学说根植于"和合"思想，以"和合生生道体"作为其核心本体论基础，运用"三法"作为思辨工具，构建了包含"三层次"与"三结构"的层次化体系，同时确立了"三界"与"八维"作为系统性的诠释框架，并以"五大原理"作为指导其价值取向的基石。这一系列构建不仅为"和合诠释学"提供了形而上的理论支撑，也展现了其深刻的现实关怀，共同构成了一个完整的人文诠释体系。"和合诠释学"的提出及其义理系统的构建，不仅是对中华优秀传统文化精髓的继承与发展，也为中国哲学研究及经典文本解读领域引入了新的诠释框架与话语体系。它代表了将马克思主义基本原理与中华优秀传统文化相结合的有益尝试，同时也是构建中国自主

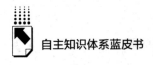

知识体系、强化文化主体性的重要探索。

概言之，挖掘"传统"，观照"时代"，走向"世界"，实现"应用"，回到"生活"，进行"诠释"，构成了和合学未来研究的可能方向。以此为指引，和合学的研究将出现更多有价值的成果，和合学也将产生更大的影响。

和合学概念提出者简介：张立文，中国著名哲学家、哲学史家，中国人民大学荣誉一级教授。率先构建了中国哲学逻辑结构论、传统学、新人学理论体系；构建了以和生、和处、和立、和达、和爱为五大原理的和合学理论体系。在国内外发表学术论文600余篇，出版《和合学——21世纪文化战略构想》《和合哲学论》《传统学引论》《中国传统文化与人类命运共同体》《学术的生命与生命的学术》等专著35部。主编《中国哲学史新编》《中国学术通史》《国际儒藏·韩国编·四书部》等40余部著作。

附录：和合学相关研究成果

一、论著清单（以"和合学"为论著关键词或出现于论著标题中为准）

（一）个人论文33篇

[1] 张立文：《中国文化思想发展阶段的思考》，《中华文化论坛》1994年第1期，第12页。

[2] 张立文：《中国文化的和合精神与21世纪》，《学术月刊》1995年第9期，第3~11页。

[3] 张立文：《世纪之交的文化战略的构想——和合学概论自序》，《中华文化论坛》1995年第3期，第23~24页。

[4] 张立文：《中国文化的精髓——和合学源流的考察》，《中国哲学史》1996年第Z1期，第43~57页。

[5] 张立文、包霄林：《和合学：新世纪的文化抉择——关于一种文化战略选择的访谈》，《开放时代》1997年第1期，第67~72页。

［6］张立文：《和合学与21世纪文化价值和科技》，《社会科学家》1998年第3期，第5~13页。

［7］张立文：《超越与创新——答李存山先生》，《学术月刊》1999年第10期，第46~53页。

［8］张立文：《和合艺术哲学论纲》，《文史哲》2002年第6期，第39~46页。

［9］张立文：《和合方法的诠释》，《中国人民大学学报》2002年第3期，第22~27页。

［10］张立文：《中国的改革开放与哲学创新》，《学术月刊》2003年第3期，第16~23页。

［11］张立文：《中国哲学的创新与和合学的使命》，《中国人民大学学报》2003年第1期，第54~60页。

［12］张立文：《和合与伦理——关于网络、生命、环境伦理的思考》，《宝鸡文理学院学报》（社会科学版）2004年第3期，第1~6页。

［13］张立文：《和合学的生生之道》，《深圳大学学报》（人文社会科学版）2004年第1期，第38~42页。

［14］张立文：《致思和合学的心路历程》，《河北大学学报》（哲学社会科学版）2005年第5期，第1~9页。

［15］刘景钊、韩进军、张立文：《和合之路：中国哲学"自己讲"的努力与贡献——张立文教授访谈录》，《晋阳学刊》2006年第3期，第13~22页。

［16］张立文：《和合思想的现代意义》，《国家图书馆学刊》2006年第1期，第85~90页。

［17］张立文：《国学与和合学》，《北京行政学院学报》2007年第4期，第86~89页。

［18］张立文：《中华伦理范畴与中华伦理精神的价值合理性》，《齐鲁学刊》2008年第2期，第5~17页。

[19] 张立文、段海宝:《中国哲学三十年来的回顾与展望》,《社会科学战线》2008 年第 3 期,第 1~11 页。

[20] 张立文:《化解冲突和危机的"和合学"》,《现代国企研究》2011 年第 12 期,第 86~89 页。

[21] 张立文:《和合学——全球化时代的中国哲学》,《苏州科技学院学报》(社会科学版)2011 年第 1 期,第 1~5 页。

[22] 张立文:《和合学三界的建构》,《华南师范大学学报》(社会科学版)2012 年第 2 期,第 13~22 页。

[23] 张立文:《和合学及其现实意义》,《辽宁大学学报》(哲学社会科学版)2012 年第 1 期,第 15~18 页。

[24] 张立文:《论信息革命时代的中华文明——经权思维、"和实力"与新的世界秩序》,《人民论坛·学术前沿》2013 年第 8 期,第 56~64 页。

[25] 张立文:《恐惧与价值——论宗教缘起与价值信仰》,《探索与争鸣》2014 年第 8 期,第 9~14 页。

[26] 张立文:《和合中华哲学思潮的探析》,《北京大学学报》(哲学社会科学版)2014 年第 2 期,第 11~22 页。

[27] 张立文:《论气候和合学》,《探索与争鸣》2015 年第 10 期,第 4~8 页。

[28] 张立文:《尚和合的心灵境界》,《船山学刊》2015 年第 2 期,第 58~63 页。

[29] 张立文:《中华和合学与当代茶道文化的精神价值》,《文化学刊》2017 年第 7 期,第 17~22 页。

[30] 张立文:《"和合学"与企业成功之道——企业和合文化的新时代价值》,《杭州师范大学学报》(社会科学版)2018 年第 3 期,第 20~29 页。

［31］张立文：《和合学的思维特性与智能价值》，《中国哲学史》2018 年第 1 期，第 26~31 页。

［32］张立文：《和合情绪中和论——中国传统文化与现代人工智能（上）》，《学术研究》2019 年第 5 期，第 7~17 页。

［33］张立文：《为道屡迁，唯变所适——百年中国哲学的回顾》，《北京大学学报》（哲学社会科学版）2019 年第 2 期，第 51~61 页。

（二）个人专著 9 部

［1］张立文：《和合学概论——21 世纪文化战略的构想》，首都师范大学出版社，1996。

［2］张立文：《中国和合文化导论》，中共中央党校出版社，2001。

［3］张立文：《和合与东亚意识——21 世纪东亚和合哲学的价值共享》，华东师范大学出版社，2001。

［4］张立文：《和合哲学论》，人民出版社，2004。

［5］张立文：《和合学》，中国人民大学出版社，2015。

［6］张立文：《和合爱神：现实关怀论》，河北人民出版社，2018。

［7］张立文：《和合生生论》，人民出版社，2018。

［8］张立文：《和合学与人工智能——以中国传统和现代哲理思议网络》，人民出版社，2019。

［9］张立文：《和合学与文化创新》，人民出版社，2020。

二、学界相关研究示例

［1］张岱年：《理论价值和超前预见——推荐〈和合学概论——21 世纪文化战略构想〉》，《中国图书评论》1998 年第 6 期，第 12 页。

［2］杨庆中：《评张立文先生的"和合学"体系》，《社会科学家》1999 年第 5 期，第 57~61 页。

［3］彭永捷：《和生与仁生——论和合学之新仁学面向》，《学术界》2011 年第 11 期，第 33~40 页。

［4］魏义霞：《和合学与中国哲学》，《学术界》2013年第10期，第178~185页。

［5］王向清、吴莎：《论张立文和合学"五和"原理及其现实意义》，《邵阳学院学报》（社会科学版）2015年第2期，第25~30页。

［6］陈海红：《儒学　国学　和合学——学术视野下的"中国"审视》，《儒学评论》2019年第1期，第64~79页。

［7］陈海红：《"和合"体生——"和合学"的中国哲学创新实践》，《浙江社会科学》2019年第2期，第108~117页。

［8］陈海红：《和合今释——张立文先生的"和合学"》，《贵州文史丛刊》2020年第1期，第20~29页。

［9］高晓锋：《和合学本体论思议的四重转向》，《江海学刊》2021年第2期，第89~97页。

［10］张立健：《从和合学解构人类命运共同体思想》，《牡丹江大学学报》2021年第3期，第13~18页。

三、转载清单（转载论文以"和合学"为论文关键词或出现于论文标题中为准）

［1］张立文：《中华伦理范畴与中华伦理精神的价值合理性》，《伦理学》（人大复印报刊资料），2008。

［2］张立文：《国学与和合学》，《文化研究》（人大复印报刊资料），2008。

［3］张立文：《和合学的思维特性与智能价值》，《中国哲学》（人大复印报刊资料），2018。

［4］张立文：《和合情绪中和论——中国传统文化与现代人工智能（上）》，《中国哲学》（人大复印报刊资料），2019。

［5］张立文：《中国文化的精髓——和合学源流的考察》，《中国哲学》（人大复印报刊资料），1996。

［6］张立文、包霄林：《和合学：新世纪的文化抉择——关于一种文化战略选择的访谈》，《中国哲学》（人大复印报刊资料），1997。

［7］张立文：《和合学是 21 世纪人类最高的价值》，《新思路》（人大复印报刊资料），2001。

［8］张立文：《东亚意识与和合精神》，《新华文摘》，1998。

［9］张立文：《和合学三界的建构》，《新华文摘》，2012。

［10］张立文：《和合中华哲学思潮的探析》，《高等学校文科学术文摘》，2014。

［11］张立文：《论气候和合学》，《高等学校文科学术文摘》，2016。

四、相关课题项目清单

2005 年，国家社会科学基金重点项目"中国哲学思潮发展史"（项目编号：05AZX003）。

五、相关获奖

2009 年，著作《和合学——21 世纪文化战略的构想》获 2009 高等学校科学研究优秀成果奖（人文社会科学）著作类三等奖。

B.4
科技反噬与人类安全：
致毁知识增长研究

刘益东[*]

摘　要： 致毁知识是指可用于制造毁灭性武器等导致毁灭性灾难的各种产品或方案的核心原理、核心技术等核心知识，如核裂变知识、链式反应知识、DNA 重组技术。致毁知识不是以知识的好坏来区分的，而是以其应用（军用、恶用、滥用）是否产生巨大的破坏力来界定的。刘益东提出致毁知识概念并以其为主要研究对象，开展科技重大风险研究，旨在解决多项学术难题。一是将长期以来"科技发展将发生毁灭性灾难、甚至毁灭人类"的日常观点转化成为可以研究的学术问题，给出肯定性论证与结论，从科技风险治理的角度首次揭示出西方主流科技发展模式的根本缺陷与难以为继，作为判决性证据，致毁知识的增长与扩散必然导致科技反噬，并据此揭示科技可持续发展的条件关系。二是用致毁知识模式替代"双刃剑模式"，突破科技乐观派与悲观派各执一词的学术僵局，根据内生致毁知识的情况即可判断该科技体系是否合理，以致毁知识是否产生、增长是否受控将科技体系划分为优先发展、谨慎发展与禁止发展三种类型。三是率先将科技重大风险作为专门领域进行研究，已初步形成包括理论、案例、政策、科技社团和项目评审等在内的比较完整的科技重大风险治理研究体系。

关键词： 致毁知识　暴利创新　科技反噬　科技重大风险　科技安全

---

* 刘益东，中国科学院自然科学史研究所二级研究员，博士生导师，研究方向为科技战略、科技与社会、科技史、未来学、人才评价。

致毁知识（Ruin-causing Knowledge，RCK）概念由刘益东于 1999 年初首次提出。致毁知识是指可用于制造毁灭性武器等导致毁灭性灾难的各种产品或方案的核心原理、核心技术等核心知识，如核裂变知识、链式反应知识、DNA 重组技术。致毁知识不是以知识的好坏来区分的，而是以其应用（军用、恶用、滥用）是否产生巨大的破坏力来界定的。

一　概念阐释①②③④⑤

笔者在专著《智业革命——致毁知识不可逆增长逼迫下的科技转型、产业转型与社会转型》中对致毁知识概念的新颖性、合理性、狭义与广义，硬致毁知识与软致毁知识、致毁技术、致毁科技、致毁创新、致毁方案，以及此概念的可研究性等有详细讨论。

致毁知识概念的四个特征：其一，致毁知识涉及基础研究、应用研究、技术开发等在内的各个环节与各种成果，有些是科学知识，有些是技术知识，还有些是工程知识，因此要从源头抓起、注重全程防控。其二，强调致毁知识是导致毁灭性灾难的知识，不仅其危害巨大，而且其正负效应不可抵消，而非普通的破坏性技术、破坏性知识，也因此可以只研究其负面效应，而无需考虑净效应，具有研究的可行性。其三，探讨了致毁知识的可研究性，作为科技知识的一类，既具有科技知识的各种特点（如

---

① 刘益东：《科学的目的是追求真理吗?》，载宋正海主编《边缘地带：来自学术前沿的报告》，学苑出版社，1999，第 17~28 页。

② 刘益东：《人类面临的最大挑战与科学转型》，《自然辩证法研究》2000 年第 4 期，第 50~55 页。

③ 刘益东：《试论科学技术知识增长的失控（上）》，《自然辩证法研究》2002 年第 4 期，第 39~42 页。

④ 刘益东：《试论科学技术知识增长的失控（下）》，《自然辩证法研究》2002 年第 5 期，第 32~36 页。

⑤ 刘益东：《智业革命——致毁知识不可逆增长逼迫下的科技转型、产业转型与社会转型》，当代中国出版社，2007。

"不可逆"），又有新特点（如"不可抵消"），据此，研究致毁知识的出现、增长、扩散、应用、防控等，形成致毁知识研究模式。其四，该研究模式的核心是"四个前提"和"一组问题"，四个前提包括尖端科技的正负效应不可抵消、科技知识增长不可逆、知识与应用具有连锁效应以及科技发展自我增强永无止境；一组问题是，在科技知识增长的同时，能否及如何阻止其中一类破坏力极大的科技知识（致毁知识）的增长、应用与扩散？能否及如何有选择地生产知识？能否及如何有选择地进行创新？如何实现从粗放式创新向可持续创新的转型？如何实现人类的可持续安全与发展？

据此得出一系列重要的新结论，包括"在目前世界（西方）主流科技与经济发展模式下，致毁知识增长、扩散与应用是不可逆、不可抵消、不可阻止的，因此人类面临毁灭的危险是不断累加和递增的，达到一定程度必然会发生毁灭性灾难，而且这种不可逆增长的危险累进方式，使得毁灭性灾难发生的概率越来越大，如不及时制止，如不改弦易辙，必然导致灾难频发、大祸临头，这是人类面临的最大危机与挑战""从科技风险治理的角度首次揭示出西方主流科技发展模式的根本缺陷和难以为继的原因""首次揭示出科技可持续发展的条件关系"等。用致毁知识模式（以致毁知识为中心的分析框架）探究科技风险简洁有效，可超越用"双刃剑"分析造成的各执一词，可突破科技乐观派与悲观派互不相让的学术僵局。作为判决性证据，致毁知识的不可逆增长与扩散凸显了西方主流科技体系自身的根本缺陷与反噬性。进一步揭示当代人类社会面临的双重挑战：科技风险愈演愈烈，而防控科技风险的机制与措施存在十大严重漏洞，导致科技反噬，引发科技安全危机与人类安全危机，西方主流科技发展模式难以为继，甚至行将崩溃。为化解危机、应对挑战，将发生新科学革命、新技术革命、新产业革命、新分配革命及社会的一系列巨大变革。

二 研究综述

（一）概念的形成与发展

提出致毁知识概念，并以其为主要研究对象开展科技重大风险研究，至今经历了"致毁知识增长研究""致毁知识增长研究与双重挑战说""将科技重大风险作为专门领域进行系统研究"三个阶段，后面的阶段都是以前面的研究为基础。

1. 致毁知识增长研究（1998～2007年）

早在1997～1998年，通过自主选题、自由研究，笔者开始对科技重大风险进行研究，提出致毁知识概念及其研究的初步结论等原始想法，并自1999年初开始相继发表3篇个人论文与1部个人专著成为这一阶段的主要成果。3篇个人论文《科学的目的是追求真理吗？》[①]（1999年2月首次提出并发表致毁知识概念）、《人类面临的最大挑战与科学转型》（2000年）[②]、《试论科学技术知识增长的失控（上、下）》（2002年）顺利发表[③][④]。其中，中者、后者均发表于《自然辩证法研究》（CSSCI）并均被人大报刊复印资料全文转载，中者获得第三届大象优秀科技史论文奖一等奖，后者入选《中国科学院研究生院科学技术哲学论文选编（1997～2002年）》（收录的39篇论文之一）。致毁知识概念的提出与研究的起步顺利，受到鼓励。2007年出版个人专著《智业革命——致毁知识不可逆增长逼迫下的科技转型、产业转型与社会转型》[⑤]，

---

① 刘益东：《科学的目的是追求真理吗？》，载宋正海主编《边缘地带：来自学术前沿的报告》，学苑出版社，1999。

② 刘益东：《人类面临的最大挑战与科学转型》，《自然辩证法研究》2000年第4期，第50～55页。

③ 刘益东：《试论科学技术知识增长的失控（上）》，《自然辩证法研究》2002年第4期，第39～42页。

④ 刘益东：《试论科学技术知识增长的失控（下）》，《自然辩证法研究》2002年第5期，第32～36页。

⑤ 刘益东：《智业革命——致毁知识不可逆增长逼迫下的科技转型、产业转型与社会转型》，当代中国出版社，2007。

对致毁知识增长研究的阶段性成果进行总结，具体研究成效见本文"已初步解决了六大学术难题"的前半部分。

2. 致毁知识增长研究与双重挑战说（2008~2018年）

笔者揭示、概括出人类安全防控机制与措施的诸多漏洞，据此提出了"双重挑战说"：一方面，科技风险愈演愈烈；另一方面，人类防控风险的机制和措施存在十大安全漏洞，以此揭示出人类面临科技危机与人类安全危机的严峻性与紧迫性。"双重挑战说"也许是迄今为止，在关于科技安全、科技风险、科技反噬、科技危机方面做出的全面、深刻的揭示与研判①②。

（1）知识生产与增长的选择机制失灵，不能有选择地生产知识，不能有选择地进行创新

通过提出致毁知识概念、提出和解决一组问题（四个前提和一组问题，如上所述）并得出结论：在目前西方主流科技与经济一体化发展模式下，不能有选择地生产知识，不能有选择地进行创新，在科技知识增长与应用的同时不能阻止其中的致毁知识的增长与应用，因此人类面临毁灭的危险是不断累加和递增的，达到一定程度必然会发生毁灭性灾难。由此可见，知识生产与增长的选择机制失灵，人类安全防线存在严重漏洞。

（2）科技伦理失灵、科技法律与安全监管失灵

科技伦理、科技法律存在严重漏洞，可以说是科技伦理失灵、科技法律失灵，即科技伦理和科技法律不能约束世界上所有实验室和科技专家。用伦理法律约束不端行为，在社会生活中有效，少数人违反的危害有限，但是在科技领域收效甚微，因为世界上有233个国家和地区，科技伦理、法律各异，伦理和法律空白和漏洞很多，公海和荒岛更难监控。有四种情况是难以受到科技伦理及法律约束的：一是基础研究或学术研究领域；二是疯狂科学家、黑客、极客、恐怖分子；三是国防、军工领域；四是企业研发机构，虽

---

① 刘益东：《科技重大风险与人类安全危机：前所未有的双重挑战及其治理对策》，《工程研究-跨学科视野中的工程》2020年第4期，第321~336页。
② 刘益东：《致毁知识与科技伦理失灵：科技危机及其引发的智业革命》，《山东科技大学学报》（社会科学版）2018年第6期，第1~15页。

然民用企业不会研发明显危害人类的技术与产品，但是如果研发的技术容易转化而被恶用、滥用，企业也不会自我约束。备受争议的基因编辑技术获得诺贝尔化学奖就是明证。对于科学发现与技术发明而言，做出 1 次和做出 100 次是一样的，在知识极易扩散的互联网时代，加强科技伦理、科技法律和安全监管固然重要，但是也应该清楚其本身存在的局限和漏洞①。近期，科技伦理研究虽成热点，遗憾的是，不少研究者忽视了科技伦理失灵、科技法律失灵而出现的严重漏洞。笔者对科技伦理的研究是以科技伦理失灵为起点的②。

（3）提高科技专家及相关人员的责任水平、自律水平和道德水平存在严重漏洞

一是即使人们普遍提高了责任感和道德水平，只要有少数科技专家、创客、疯狂科学家不负责任即可酿成大祸（如科技伦理法律失灵）；二是在错误的科技发展模式（信奉科学无禁区、科技与资本捆绑、眼前利益优先的科学模式）下，即使完全遵循科技伦理规范进行负责任的研究与创新仍然不能防控科技重大风险；三是从不同角度对负责任的理解是不同的，爱因斯坦提议美国研发原子弹，是因为担心纳粹德国抢先造出原子弹，当时的美国曼哈顿计划就是负责任的创新③。

（4）确保相互摧毁不能确保自身安全，平衡战略存在严重漏洞

长期以来，人们相信只要确保相互摧毁，就能确保自身安全，此信念来自所谓的"核平衡"，进而把核平衡扩大到基因武器平衡、人工智能武器平衡、纳米武器平衡等。笔者认为这完全是误解。第一，没有发生核大战与核灾难，并非有效控制了核风险，而是因为幸运，二战后世界上发生多次核危机和事故让核战争一触即发，侥幸才得以避免。第二，人工智能、生物、纳米等尖端武器，不像核武器那样依赖稀缺的原材料，使用门槛较低，容易扩

---

① 刘益东：《致毁知识与科技伦理失灵：科技危机及其引发的智业革命》，《山东科技大学学报》（社会科学版）2018 年第 6 期，第 1~15 页。

② 刘益东：《对两种科技伦理的对比分析与研判》，《国家治理》2022 年第 7 期，第 31~37 页。

③ 刘益东：《致毁知识与科技伦理失灵：科技危机及其引发的智业革命》，《山东科技大学学报》（社会科学版）2018 年第 6 期，第 1~15 页。

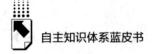

散，为恐怖组织、极端分子所有。第三，创客、黑客、极客、企业实验室、疯狂科学家乃至科技恐怖分子都可以借助全球化的公共研发平台进行尖端科技与尖端武器研发，研发活动并不能得到有效控制①。

（5）扬长难以避短：扬长避短机制存在严重漏洞

笔者的研究表明，科技发展可以扬长但是难以避短。理由有五点：第一，考虑问题的角度不同，对负面效应的理解不同；第二，时效不同，有些成果短期看是正面效应，长期才暴露出负面效应，如DDT；第三，考虑成本和竞争，即使知道有负面效应，企业急功近利，造成对消费者的慢伤害，且容易逃避责任，例如食品添加剂、草甘膦农药；第四，不可分割、不可抵消，尖端科技的正负效应不能抵消，正面效应再大也不能避短，是一坏遮百好；第五，面对科技身不由己，使用科技有时并不由使用者决定，在利益和竞争压力下，科技会诱使、迫使人们使用，即使产生负面效应②。

（6）广义科林里奇困境：防漏补漏机制失灵

科林里奇困境（Collingridge's Dilemma）指出在评估技术发展中面临的困境：在技术还未成型、还未广泛应用之前难以准确预测其后果，当技术确定之后再控制或改变它却非常困难。笔者根据认知科学中的短桥原理提出科研禁区困境，从时间与空间两方面丰富了科林里奇困境说，即当时间提前较多、来得及禁止时却因预备条件尚未出现而难以识别和确定该研究是否应该禁止。当预备条件出现后能确定该研究属于应禁之列时又由于连锁效应和关联效应而禁止不住了；设置的科研禁区范围大可以实现有效禁止，但是范围大的禁区难以设置，范围小的禁区容易设置，却又不能有效禁止③④。据此，

① 刘益东：《致毁知识与科技伦理失灵：科技危机及其引发的智业革命》，《山东科技大学学报》（社会科学版）2018年第6期，第1~15页。

② 刘益东：《致毁知识与科技伦理失灵：科技危机及其引发的智业革命》，《山东科技大学学报》（社会科学版）2018年第6期，第1~15页。

③ 刘益东：《试论科学技术知识增长的失控（上）》，《自然辩证法研究》2002年第4期，第39~42页。

④ 刘益东：《试论科学技术知识增长的失控（下）》，《自然辩证法研究》2002年第5期，第32~36页。

笔者进一步提出防漏补漏机制困境：第一，防止出现漏洞和及时修补漏洞，前提是认知到位，而认知到位绝非易事；第二，漏洞的出现有多种方式，有渐进形成型，也有突然涌现型，防不胜防；第三，修补需要改变的不仅是漏洞本身，更要改变漏洞的成因，漏洞出现就可能有正反馈，如民谚所说的"一针不补，十针难缝""千里之堤毁于蚁穴"，许多情况下修补漏洞比另起炉灶更难①。

（7）甄别风险与安全隐患的能力存在严重漏洞

防控风险需要及时甄别风险和安全隐患，而这高度依赖某种能力，能力低者难以识别能力高者有意或无意制造的风险、隐患和造假及圈套，如同二三流智囊军师无法识破一流智囊军师设计的圈套一样，陷入"能力高位蒙蔽困境"，这与人们所说的高段位能力者可以向下兼容有类似之处②。

（8）"囚车剑魔"四大困境：知错纠错机制失灵，存在严重漏洞

知错纠错机制是人类生存发展的最重要机制之一，把著名的囚徒困境与笔者提出的动车困境、双刃剑困境、魔戒困境合在一起，从人类是否犯重大错误和能否认清、纠正、抵消、易犯重大错误的角度来揭示人类面临的根本性困境和人类安全漏洞，简称"囚车剑魔"四大困境③。囚徒困境表明，吃一堑未必长一智。动车困境表明错误是在人类活动中产生，发现错误时往往不能实行"先暂停、再纠错"，而是"边继续、边争论、边纠错"，小的错误可以通过获得正确的认识来纠正，但是大的错误，仅有正确的认识是远远不够的。通常需要具备四项条件才可能纠正重大错误：一是有正确的认识并达成共识；二是能够在利益上形成共赢的行动预期；三是能够采取有效的共同行动；四是其他有关条件同时具备。因此，纠正大错绝非易事，在不完全具备上述四项条件的情况下，发现错误不能纠正错误，达成共识也不足以纠

① 刘益东：《科技重大风险与人类安全危机：前所未有的双重挑战及其治理对策》，《工程研究——跨学科视野中的工程》2020年第4期，第321~336页。

② 刘益东：《科技重大风险：非传统安全治理的重要视角》，《国家治理》2020年第18期，第22~25页。

③ 刘益东：《挑战与机遇：人类面临的四大困境与最大危机及其引发的科技革命》，《科技创新导报》2016年第35期，第221~230页。

正错误。可见纠错条件十分苛刻，在巨大惯性之下纠错更是难上加难。迄今为止，在纠正重大错误方面，环境问题迈过了达成共识这第一道关，但是没有迈过预期共赢这第二道关，美国不签订京都议定书就是明证；对于科技风险问题，连达成共识这第一道关都没有迈过，乐观派与悲观派各执一词，目前乐观派、谨慎的乐观派仍然占主流。此外，动车困境还说明了较为普遍存在着的"集体惰性"，从众、习惯、懒惰、心存侥幸和路径依赖，导致很难发生纠正错误的集体行动，表现为得过且过的"集体惰性"，它比个体惰性更糟糕。尖端生物技术一直存在风险争议，为此分别于1975年在美国加利福尼亚州举行阿西洛马会议和2015年在华盛顿特区举办人类基因编辑国际峰会。高璐对比两次会议的目标、观念、措施和结果发现，尽管40年间生物技术突飞猛进，然而人类社会与其相互适应的能力却提高不多，甚至在某种意义上是原地踏步①。弗朗西斯·福山指出，美国的民主政治已经变成了否决政治，基于制衡机制，整个体制完全受制于否决权②。金灿荣发现美国参议院内部的政党极化可谓美国政党极化现象的缩影，表现为阻挠与限制模式，他认为美国体制要自我拯救困难重重，通过制度改革缓解政党极化的可能性微乎其微③。双刃剑困境表明科技的正负效应，特别是尖端科技的正负效应，无法抵消、无法弥补，是"一坏遮百好"，科技做一万件好事可能抵消不了做一件坏事的效果。魔戒困境表明犯重大错误的门槛越来越低，人有理性所以经不住诱惑，尖端科技使小人物和机器人可以犯大错误。四大困境表明人类不断犯大错，大错误又难以纠正、无法抵消、无法弥补，犯大错误的门槛越来越低，小人物和机器人也能犯大错误，这是人类面临的最严峻的四大困境，人类在科技发展与应用问题上所犯的错误是最严重的错误，关乎人类文明的存续。知错纠错机制失灵，是人类安全防线中最严重的漏洞。

---

① 高璐：《从阿西洛马会议到华盛顿峰会：专家预警在生物技术治理中的角色与局限》，《山东科技大学学报》（社会科学版）2018年第6期，第28~32页。

② 弗朗西斯·福山：《要民主专政不要否决政治》。

③ 金灿荣、汤祯滢：《从"参议院综合症"透视美国政党极化的成因》，《美国研究》2019年第2期，第147~160页。

（9）暴利创新漏洞：难以阻止牟取暴利的高风险创新

阻止带来暴利的高风险创新（包括但不限于致毁知识的应用）至关重要，但是绝非易事。"暴利创新"三要素：一是产生巨大收益，可谓暴利，包括经济、军事、政治、传媒等领域的巨大收益；二是具有高风险、巨风险；三是由于高收益而使创新者及投资者不顾高风险，甚至铤而走险，常用不能因为伦理治理而阻碍创新为借口强行上马。例如，研发原子弹、基因编辑技术创新、通用人工智能（AGI）技术创新都是暴利创新，暴利创新对人类安全威胁巨大[①]。马克思在《资本论》中指出：有 50% 的利润，资本就铤而走险；为了 100% 的利润，它就敢践踏一切人间法律；有 300% 的利润，它就敢犯任何罪行，甚至冒绞首的危险。由此可见，当有暴利可图时，创新创业者与投资者连自己的个人安危都不顾，又怎么可能顾及人类安危？产生暴利创新的原因有暴利效应、裹挟效应、盲从效应，以及经验思维、正效思维、专业思维、侥幸思维、情感思维、从众思维、"亚当斯密陷阱"等。利令智昏，人们选择性轻信，人们趋利避害的本能让位于多趋利少避害，甚至只趋利忘避害。

（10）西方科技发展模式存在与生俱来且不断恶化的严重缺陷与转型困难

现代科技是西方科技，存在与生俱来的内在缺陷和科技与社会关系方面的缺陷，把优先权、专利权等知识产权的即时竞争与市场经济制度的眼前利益优先巧妙地结合起来，活力十足，却急功近利。西方科技及其成果的市场转化事业硕果累累，但是从安全的角度评价，存在巨大缺陷。科学上长期信奉科学无禁区、认识无禁区，管理上奖惩极不对称（做出科学发现可以得到科学大奖，即使其应用引起巨大灾难）；科学技术与资本结合，科学技术与个人主义结合，科学个人主义（科学主义+个人主义）盛行，眼前利益优先。科技作为投资对象的结果是，科技按照资本的逻辑运行，许多非理性、赌博、

集体疯狂都会出现。科技不仅成为经济驱动力，同时也是国家战略资源，在信奉丛林法则和竞争至上的某些西方国家里，科技成为军备竞赛的核心能力。西方科技与社会发展模式是粗放式发展、粗放式创新与粗放式竞争，它们只考虑或只主要考虑经济收益和竞争优势，以牺牲安全为代价在争议中快速发展①。这种科技发展模式多是产生、加剧而不是防范化解科技重大风险，而且还削弱科技伦理法律等防范措施的作用。"通过研究的制度化，把科学并入现行的经济结构，使之成为商业组织的一个正常部分"（丹尼尔·贝尔语），因此，西方科技发展模式的缺陷是与西方市场经济制度的缺陷密不可分的，积重难返，要转变为以安全为前提的可持续创新体系，绝非易事。

如上所述，科技风险愈演愈烈，人类风险防控机制与措施却存在十大安全漏洞，这是人类面临的双重挑战，加之科技冷战、军备竞赛、气候变化等挑战，人类面临多重挑战。

3. 将科技重大风险作为专门领域进行系统研究（2019年至今）

基于对致毁知识增长及相关问题的长期研究，笔者将科技重大风险作为专门领域进行系统研究，力图开辟新的研究领域与新的研究方向。与泛泛的科技重大风险研究和案例研究不同，笔者认为对科技重大风险进行专门研究至少需要包括六大必备要素。一是准确揭示科技重大风险带来挑战的严峻性与紧迫性，这是先决条件，它决定了研究科技重大风险的重要性与紧迫性、时间限制条件和资源配置；二是揭示科技重大风险的特点及其与科技普通风险的区别，这决定了研究科技重大风险的特殊性和有效性以及与科技普通风险研究的区别与衔接；三是基本假设、基本概念与基本问题，这是理论研究的必备要素；四是确定研究和治理科技重大风险的重点与难点；五是案例研究，要对现实中发生的事实进行案例分析，要体现和验证前面四个要素；六是对策的有效性、可行性和时限性，这是基于对风险的严峻性与紧迫性、风险成因的准确性与系统性、风险治理的艰巨性与时限性等的正确认知与把

① 刘益东：《科技巨风险与可持续创新及发展研究导论——以致毁知识为中心的战略研究与开拓》，《未来与发展》2017年第12期，第4~17页。

握，特别是必须考虑完成对策的时间限制（即"工期"），否则远水难救近火。只有明确考虑到这六大必备要素或更多要素，才称得上对科技重大风险开展专门研究。笔者正是基于这样的考虑来开展科技重大风险研究的，这也正是与其他同类研究的区别所在。上述致毁知识增长与"双重挑战说"等的研究已经准确揭示了科技重大风险带来挑战的严峻性与紧迫性、探讨了案例与对策等必备要素，下面重点对另外三大要素进行探讨。

（1）科技重大风险的特点及其与科技普通风险的区别[①]

以往关于科技风险的研究较多，但是因为没有明确意识到科技重大风险自身的特点，因此缺乏根据这些特点对科技重大风险做专门研究。笔者认为科技重大风险有 7 个特点。

①在危害规模、范围、程度、因素、变化、后果、治理方面比科技普通风险更大、更深、更复杂、更快速、更严重、更困难，这一特点众所周知。

②科技正负效应不能抵消、不能弥补。许多尖端科技的正负效应不能抵消、不能弥补，而一些普通的科技正负效应能够抵消和弥补。

③扬长不能避短、扬长难以避短。科技重大风险的"短"危害大、范围广，而普通科技风险的"短"相对不严重，比较容易规避、防范和化解。

④科技重大风险被低估的后果非常严重。风险低估和高估的后果是不对称的，如果高估风险被证明是错了，至多是因为过于谨慎而放缓、延迟科技发展；如果错误地低估风险，则将发生重大灾难，甚至将错失纠正错误的最后时机。对此，科技普通风险与科技重大风险极为不同：科技普通风险被低估的后果多数情况不严重（当然也可能严重，千里之堤毁于蚁穴），科技重大风险被低估的后果则必定极为严重，因此需要用底线思维思考、决策。

⑤积累效应会形成科技重大风险。某些普通的或较小的科技风险的积累、汇聚或与其他风险等因素的结合可以形成科技重大风险，包括蝴蝶效应等。

⑥研究科技重大风险应该从人类安全视角考虑。研究科技重大风险不仅

---

① 刘益东：《科技重大风险与人类安全危机：前所未有的双重挑战及其治理对策》，《工程研究——跨学科视野中的工程》2020 年第 4 期，第 321~336 页。

要从个人、集体（企业、国家等）视角考虑，更应该从人类安全视角考虑，因为科技重大风险事关人类安全、人类命运。科技重大风险研究需要从人类安全视角考虑，而科技普通风险研究则未必，这是两者的显著区别。

⑦对科技重大风险治理的复杂性、艰巨性、紧迫性估计不足。尽管容易想到科技重大风险治理更困难，但是缺乏深入分析，对困难估计严重不足，"双重挑战说"对此有比较全面的说明。笔者还指出科技重大风险在危害与凶险程度、相关因素范围与复杂程度、认知和共识的难度、防范与化解的难度、紧迫程度、发生概率等六个方面都达到前所未有的最高级①。

由此可见，只有明确认识到科技重大风险的这些特点，加之有恰当的基本假设或前提、基本概念、基本问题和研究方法，才可能开展对科技重大风险的专门研究。

（2）研究科技重大风险的基本假设、基本概念与基本问题

为了系统化、理论化地研究科技重大风险，需要提出基本假设、基本概念与基本问题。笔者提出四个基本假设与前提：一是尖端科技的正负效应不可抵消，二是科技知识增长不可逆，三是知识与应用具有连锁效应，四是科技发展自我增强永无止境。尖端科技正负效应不能抵消、不能弥补，是"一坏遮百好"，尖端科技做一万件好事抵消不了做一件灭绝性坏事。基本概念包括致毁知识、科技伦理失灵、暴利创新等（如上所述）。

基本问题包括：在科技知识增长的同时，能否及如何阻止其中一类破坏力极大的科技知识（致毁知识）的增长与扩散？能否及如何有选择地生产知识？能否及如何有选择地进行创新？如何阻止牟取暴利的高风险创新？扩展的问题是：在科技发展的同时，如何有效防控科技重大风险？如果要实现科技重大风险的有效治理以确保科技继续造福人类，确保科技和社会的可持续创新与发展，需要哪些条件和变革？如何实施？未来10年或20年会出现哪些科技重大风险？如何防范和化解？扩展问题还包括：致毁知识不可逆增长

---

① 刘益东：《致毁知识与科技伦理失灵：科技危机及其引发的智业革命》，《山东科技大学学报》（社会科学版）2018年第6期，第1~15页。

与双重挑战引发科技危机从而导致新科学革命、新技术革命、新产业革命、新分配革命及社会深刻变革等一系列问题①。开拓问题空间至关重要，辩护或者批判是以往人们对待科学的两种态度。刘大椿提出了科学审度观，把审度作为对待科学的第三种取向，它用多元、理性、宽容的观点看待科学②。科学审度观拓展了思考科技与创新问题的空间，极具启发性与指导性。

此外，研究科技重大风险需要多种方法和理论，需要多学科、跨学科研究，属于极综合交叉研究领域。基于这些基本假设、基本概念，研究这些基本问题及扩展问题，可以深入探讨科技重大风险治理的条件关系与对策。

（3）研究和治理科技重大风险的重点与难点

明确重点和难点是深入研究的必要条件，科技重大风险研究的重点和难点除上文所述的基本问题及扩展问题外，笔者认为还有 9 大难点亟待攻克。

①底线思维，直面双重挑战。尽快让社会各界对目前人类面临的前所未有的双重挑战给予应有的重视，这是应对挑战、化解危机的先决条件，以此确立"科技发展、伦理先行""科技创新、风控先行"原则，不走西方"先污染、后治理""先创新、后伦理"的老路、弯路。杜绝想当然的"既要—又要"思维方式，坚持底线思维，避免追求两全其美，避免顾此失彼。就像目前 AI 发展，是既要不断提高其智能水平，又要防止其失控，但是我们必须把安全作为发展的前提和底线要求，否则发展将失控，惨遭 AI 反噬。

②实事求是，正视科技伦理法律失灵，提出新型科技伦理法律。科技伦理法律至关重要，但是在目前的主流科技发展模式存在严重缺陷的情况下，科技伦理法律难以奏效。研究科技伦理法律需要强调三点：一是面对科技伦理法律失灵；二是以此为前提探讨新型科技伦理法律；三是通过新科学革命（从"二维科学"转型为"三维科学"）、新技术革命（从粗放式创新转型为可持续创新）等，将新型伦理法律植入新的科研体系和科技知识体系的内部。

---

① 刘益东：《粗放式创新向可持续创新的战略转型研究——科技重大风险研究 21 年》，《智库理论与实践》2019 年第 4 期，第 75~79 页。

② 刘大椿：《审度：马克思科学技术观与当代科学技术论研究》，中国人民大学出版社，2017，第 1~6 页。

③尽快解决非共识决策和限时决策、限时完成任务的问题。由于双重挑战的严峻性与紧迫性，我们要做的不仅是解决问题，而且是要尽快解决问题，要在一定时间内解决问题，来不及达成共识。因此，需要尽快创建非共识决策和限时决策、限时完成任务的方法和机制，尽快创建限时科技伦理、限时科技法律、限时科技治理、限时科技重大风险治理等方法理论和机制①。

④尽快完成科技与经济社会转型研究。在观念和眼界层面，用"转型图存、安全发展"的第三种未来观以超越乐观顺延与悲观末日两种流行的未来观，第三种未来观强调未来发展"合作比竞争重要、安全比财富重要、方向比速度重要、行稳致远比独占鳌头重要"；在社会组织层面从"经验—试错"社会进入"预演—试错"社会等②。科技转型、经济社会转型才能克服科技伦理失灵、化解科技危机与人类安全危机，正如爱因斯坦所说"所有困难的问题，答案都藏在另一个更高的层次里"。

⑤发动财富分配革命，实现激励均衡。财富分配革命的核心是对为人类整体需要和长远需要做出贡献者给予充分回报和激励，改变目前回报和激励过少的现状。财富分配不仅关乎公平公正，更决定人类前途和生死存亡③。

⑥尽快破除专业壁垒与同行相轻，认清人类面临的双重挑战的严峻性与紧迫性，破除"普朗克困境"。新观点、新思想不容易被接受，普朗克科学定律（一个新的科学真理取得胜利并不是说服了反对者，而是反对者们最终死去，熟悉它的新一代成长起来）千真万确，但 AI 等科技爆发式发展，事态紧急，无法等到反对者们逐渐逝去，普朗克科学定律变成"普朗克困境"④。唯有双管齐下，才能破解普朗克困境：既加强学术界内部的交流合

① 刘益东：《科技巨风险与可持续创新及发展研究导论——以致毁知识为中心的战略研究与开拓》，《未来与发展》2017 年第 12 期，第 4~17 页。
② 刘益东：《虚拟科学与大 IT 革命：支撑未来学的快速崛起》，《未来与发展》2019 年第 10 期，第 1~8 页。
③ 刘益东：《智业革命——致毁知识不可逆增长逼迫下的科技转型、产业转型与社会转型》，当代中国出版社，2007。
④ 刘益东：《底线思维与科技审度：高风险社会治理的要义与进路》，《哲学分析》2024 年第 1 期，第 161~173 页。

作，更要加强面向决策者、公众及社会有识之士的多媒体传播和知识更新。

⑦如何阻止牟取暴利的高风险创新。致毁知识的应用往往产生巨大效益，包括军事、政治、经济、传播等效益，因此，如何阻止带来暴利的高风险创新是科技重大风险治理中的重大难题。暴利创新在以往的创新研究和创新理论族群中还很少涉及，研究、遏制暴利创新，既是科技重大风险治理中的重要议题，也为扩展、丰富创新理论做出贡献。

⑧抢救式治理：人类安全的最后一道防线。面对人工智能大爆发与合成生物学、量子计算机、纳米技术等尖端科技在争议中快速发展，科技风险愈演愈烈，目前需要双管齐下：一方面继续分析、预警 AI 等风险，全面监管 AGI 研发，加强风险及伦理治理与安全监管；另一方面进行底线思维，提前布局、开展抢救式治理的研究与预演。如果暂时不能说服、不能阻止致毁知识增长，不能阻止高风险的暴利创新，不能对 AGI 技术进行适当的监管，则只有开展"抢救式治理"研究和预演，其主要包括快速共识或非共识决策、预期共赢、广泛合作、有效行动、转危为安等五个方面。快速共识或非共识决策是通过事故性或灾难性突发事件（AI 事故或灾难等）触发尽快实现共识或非共识决策，叫停研发暴利创新。抢救式治理的目标，包括底线目标和高线目标。其中，底线目标是至少缓解危机，暂时避免生命财产损失；高线目标是从源头解决问题，彻底解除危害与威胁，真正实现科技致善、AI 致善①。

⑨科技致富如何转化为科技致善。科技反噬、AI 反噬，硅基替代碳基，不是人类的宿命，只是西方科技与社会发展模式的宿命。改变科技发展模式、改变 AI 发展模式，人类仍然有可持续发展的美好未来。设计、实施新的制度使得只有致善才能致富，如此开展科技致善才能广泛激发人们的积极性、创造性。构建科技致善、致善创新的新体系与新模式迫在眉睫。

（二）学界评价与学术影响

就致毁知识与科技重大风险治理，笔者应邀在中国科协年会分论坛、中

---

① 刘益东：《应急伦理治理：叫停研发 AGI 等暴利创新是当务之急》，《自然辩证法研究》2024 年第 8 期，第 132~140 页。

国发展战略学研究会、中国教育发展战略学会、中国未来研究会等年会做大会报告，应邀在北京大学、清华大学、中国人民大学、中国科学院大学、北京师范大学、北京航空航天大学、中国政法大学、北京邮电大学、中华女子学院、中山大学、东北大学、南方科技大学、中国科学技术大学、国防科技大学、宁波大学、中国社科院哲学所、北京市科学技术研究院、上海市科学学研究所、伦敦政治经济学院（LSE）、剑桥大学等作了60多场学术报告，受到好评。其中包括担任中国科学院科学技术史大讲堂北京大学专场（2014）主讲人、中山大学专场（2018）主讲人主讲报告，在民盟中央科技委员会主讲报告，这三个报告均在中国科学院官网报道。其中还包括讲授作为面向北京大学全校本科生公选课"当代科技史"之一的专题讲座"科技重大风险与人类安全危机：双重挑战及其引发的新科技革命"（2020）。

2018年9月，在"中国自然辩证法智库论坛"第一次会议中，笔者应邀作了题为《致毁知识问题及其诊治策略》的主题报告。论坛主持人、中国自然辩证法研究会副理事长、北京师范大学哲学学院刘孝廷教授、北京航空航天大学徐治立教授、北京理工大学范春萍编审、中国科学院科技战略咨询院康大臣副研究员、北京大学钟灿涛副研究员等与会者，对笔者提出的致毁知识概念及研究成果给予充分肯定和高度评价，建议进一步系统研究，做出更大成绩①。

2022年11月，"科技伦理治理专家谈"第一场学术沙龙"科学审度与科技风险治理"邀请中国人民大学一级教授刘大椿和笔者作为对谈嘉宾。刘大椿教授、段伟文研究员、林坚研究员、刘劲杨教授、李建军教授、徐治立教授、潘建红教授等诸多学者对笔者的工作给予高度评价，指出笔者从20世纪90年代起，就开始进行科技风险的研究，致力于构建科技重大风险认知和分析的学术体系和理论框架，先后提出致毁知识和"囚车剑魔"四大困境等很有冲击力的学术观点，逐渐让更多的研究者和决策者认识到科技

---

① 李润虎：《"中国自然辩证法智库论坛"第一次会议综述》，《自然辩证法研究》2018年第12期，第119~120页。

重大风险对国家安全和人类未来发展的重要影响①。

时任中国科学院自然科学史研究所所长、国际科学史研究院院士刘钝研究员在他的文章《炭疽、克隆人与致毁知识》②中指出，"不容乐观的是，研究者发现：'致毁知识'的出现是不可避免的，而'致毁知识'的增长是不可逆的"③。

中国自然辩证法研究会副理事长、北京师范大学科学史与科学哲学研究所所长刘孝廷教授在多次公开演讲和多篇发表论文中对致毁知识概念的提出予以好评。例如，他指出"从根本上说，科技风险来源于风险科技，致毁知识就是其中最关键的一种。关于该问题，中国科学院刘益东教授通过考察致毁知识增长的不可逆性，指出了科技重大风险的不可排除性。特别是他提出从'建设优先''产销优先'向'安全优先''解危优先'转型的发展战略，对当下紧急应对科技重大风险的挑战，可谓恰逢其时，具有积极而重要的建设性价值"④。刘孝廷教授在他的论文《自然辩证法中国化的路径及发展态势》中指出，"中国自然辩证法界无论从理论上还是实践上都做出了非常可贵的探索……特别是在科技发展风险方面提出致毁知识和审度观等，展示了自然辩证法面对实际问题的理性贯穿力量"⑤。

时任中国科学技术信息研究所副所长的武夷山研究员指出，"并非一切创新都是好事，中国科学院自然科学史研究所刘益东研究员提出的'致毁知识'概念，应该让更多人知晓"⑥。

---

① 李建军：《科学审度与科技风险治理前沿动态——"科技伦理治理专家谈"学术沙龙综述》，https://mp.weixin.qq.com/s/5hiBZMe--jImmlKYQpSzeQ。
② 刘钝：《炭疽、克隆人与致毁知识》，《科技文萃》2002年第5期，第56~59页。
③ 刘益东：《人类面临的最大挑战与科学转型》，《自然辩证法研究》2000年第4期，第50~56页。
④ 刘孝廷：《风险本质与发展转型——当代科技重大风险防范的文明论省思》，《工程研究——跨学科视野中的工程》2020年第4期，第337~344页。
⑤ 刘孝廷：《自然辩证法中国化的路径及发展态势》，《自然辩证法研究》2024年第4期，第3~13页。
⑥ 武夷山：《创新往往发生于边缘地带》，https://www.whb.cn/zhuzhan/guandian/20141226/21281.html。

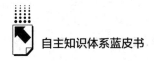

中国科学院规划战略局研究员、《21世纪100个交叉科学难题》主编李喜先在他的专著《论知识主义社会》①中用一节（20.3 "致毁知识" 的存在与控制）的篇幅正面介绍笔者提出的致毁知识概念及研究结论。

北京大学哲学系刘华杰教授多次在他的论文中正面引用致毁知识概念。如在他的论文《博物学论纲》中指出，"博物学虽然不够有力量，但它符合人类、大自然可持续发展的要求，或者不太违背这些要求，幸运地不会成为致毁知识"②。

2022年9月3日，中国人民大学一级教授刘大椿在 "当前科技重大风险的伦理治理研讨会" 上作主旨报告，指出 "要关注刘益东提出的致毁知识概念，虽然'科技会引发负面效应'这一说法已广为人知，但对于可引发毁灭性后果的科技，学界讨论并不充分"③。

2018年6月，中山大学哲学系黄敏教授认为 "刘益东对双刃剑模式的批判非常有新意，用致毁知识概念来反思知识的社会性质，比双刃剑模式要简洁的多，同时具有更高的可操作性"④。

中国科学院自然科学史研究所原所长、中国科学技术史学会原副理事长廖育群研究员在其论文《说古及今漫谈传统医学》中予以正面引用，指出 "技术进步，带来一系列过去没有的伦理学问题……用中国科学院自然科学史研究所的刘益东研究员的话说：那么高尚、满戴光环的科技研究，如果生产出了致毁知识，而这种知识又一旦被生产出来，便不可能被'销毁'"⑤。

南方科技大学人文科学中心副主任田松教授在他主持的 "关于人类世

① 李喜先：《论知识主义社会》，世界图书出版公司，2018。
② 刘华杰：《博物学论纲》，《广西民族大学学报》（哲学社会科学版）2011年第6期，第2~11页。
③ 《STS中心主办 "当前科技重大风险的伦理治理研讨会"》，http：//www.ihns.ac.cn/njgsz/yjxt/kjyshyjzx/STSevents/202305/t20230510_6751535.html。
④ 《中国科学院科学技术史大讲堂中山大学专场成功举行》，http：//www.ihns.ac.cn/xwdt/xsdt/202212/t20221206_6568570.html。
⑤ 廖育群：《说古及今漫谈传统医学》，《科学文化评论》2018年第4期，第5~28页。

背景下不对称命题的笔谈"的主持人语中指出，"刘益东教授提出致毁知识，凸显了不对称性：一万件好事，抵不上一件坏事"。田松在其笔谈《不对称、不平衡；不可逆、不可避》中指出，"刘益东在1990年代提出'致毁知识'，是为先见之明"①。

2020年，笔者应邀在《工程研究——跨学科视野中的工程》刊物组稿并主持专栏"科技重大风险治理研究与人类安全"，并于2020年10月牵头联合举办"首届科技重大风险治理与人类安全论坛"，科学网、中国科学院北京分院官网等给予报道。

2021年，笔者牵头发起成立"中国自然辩证法研究会科技风险治理与人类安全专业委员会"，被推举为专委会主任，多位知名学者加盟支持。

三 原创性分析

（一）原创性阐释

致毁知识概念的提出至今已经超过25年，在此期间通过国内外文献检索、查新和国际交流，均未发现有雷同或类似的概念及其相关结论。在国际学术交流频繁、引进西方学术成果及时的互联网时代，如果国外有同类信息，在国内很容易知道，乃至在中文检索、查新中都会发现。致毁知识概念的原创性体现在三个方面，可谓三位一体。

一是术语的新颖独特，在笔者提出致毁知识概念之前，中文文献中未见"致毁知识"四字组合，英文文献中也未见雷同的术语。

二是以该概念为研究对象得出一系列独特的新观点、新结论，解决以往无法解决的难题，首次将科技重大风险作为专门领域进行研究，成为科技治理体系中新的不可或缺的重要组成部分。提出原创学术概念的目的是研究它以解决难题、得出相应的原创学术结论，"原创学术概念+原创学术结论"

---

① 田松：《不对称、不平衡；不可逆、不可避》，《自然辩证法研究》2024年第2期，第127~129页。

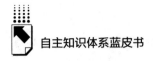

相配套是原创学术概念原创性的核心特征与实质贡献所在，仅仅一个新术语，即便是全新的术语，如果没有因研究它而得出重要的新结论，也难以体现出原创性。

三是对致毁知识概念的可研究性进行分析，说明对其的认识深度与广度，说明对致毁知识概念研究是自觉行为（而非自发行为）。对致毁知识的研究具有"简化""等效""转换""结合""替代"等五个特点。①"简化"，突破"净效应"框架，把"致毁知识"作为一个独立的因素加以研究，指出致毁知识的巨大威力和极端危害性使其正负效应不能抵消，攻击与防护不对称和控制与被控制的不对称，决定了防护总是无法抵消攻击的效果，防护知识和控制知识的增长无济于事，因此净效应概念无效，致毁知识的负面效应的程度决定人类安危、决定现行科技能走多远。因此，可将致毁知识视为一个独立的因素加以界定和研究。而普通的"负知识""有害知识"则不能作为单独的因素加以研究，这是因为其正负效应存在可以相互抵消的情况，需要综合考虑"净效应"。区分普通的"负知识"与"致毁知识"是一个关键，研究致毁知识则可不考虑"净效应"问题，大大简化了研究。②"等效"，把"致毁知识"的出现、积累、增长、扩散与发生毁灭性灾难等同起来（只是在时间上滞后一些）。"科研成果与应用的连锁关系与效应"使得致毁知识一旦产生，即出现了原理上的突破，则相应的致毁武器等产品迟早也会出现。即致毁知识的出现可以等同于致毁武器等产品的出现（只是滞后一些）。不用说，致毁武器等产品一出现，就会有人或机器人有意、无意地利用它为非作歹或发生过失，造成毁灭性灾难。即致毁知识的增长、积累和扩散到一定程度，就可以等同于毁灭性灾难的发生（只是滞后一些），这种等效又使研究和得出明确结论变得相对容易。③"转换"，这样就把对科技负面效应的泛泛的研究，转换为对其核心问题——致毁知识的出现、积累、增长、传播、应用和禁止的研究。也就是说，把纷杂繁复的科技负面效应的研究转换为相对简单的致毁知识增长问题的研究。④"结合"，采取对致毁知识的研究和对科技知识（内含致毁知识）的研究相结合的方式，一般化的研究是指对包括致毁知识在内的科技知识的出现、增长、传播、应用和禁止进行研究，并讨论这一研究的结论是否也适用于致毁知识，可以借鉴以往学术界对科技知识增长研究的众多成果来研究致毁知识增长。⑤"替代"，进入现代社会以来，在世界范围内，人类几乎没有真正实行过禁止或放慢科技发展的实践活动（有过个别呼吁和实践的情况，没有普遍性），要想回答能否禁止或放慢科技发展的问题，就无法进行直接的实证研究，故采取替代研究的方式，即对可能的禁止或相当于禁止科技发展的机制进行考察和分析，就像即使没有实际进行过制动刹车，但可以通过对刹车机制（制动系统）的剖析，照样能回答刹车是否失灵的问题。

"原创学术概念+原创学术结论+概念的可研究性分析"三位一体形成了致毁知识这一原创学术概念的完整原创性①。提出致毁知识概念并以其为研究对象，已初步解决了六大学术难题，据此体现出原创性贡献。

1.引入、研究致毁知识将长期以来的日常观点或文学预言、科幻预言"科技发展将发生毁灭性灾难、甚至毁灭人类"转化为可以研究的学术问题，转化为科学预言

中国科学院刘益东教授通过提出四个基本假设或前提与一组问题及其求解，完成对日常观点的肯定性论证，实现了从文学预言转变为科学预言，凸显了科技风险、科技负面作用与科技反噬的严峻性，揭示了现行的西方科技发展模式的根本缺陷②③④⑥。以预言原子弹爆炸为例，文学预言或科幻预言是说一颗超级炸弹爆炸毁灭一座城市（科幻作家赫伯特·乔治·威尔斯

---

① 刘益东：《智业革命——致毁知识不可逆增长逼迫下的科技转型、产业转型与社会转型》，当代中国出版社，2007。

② 刘益东：《人类面临的最大挑战与科学转型》，《自然辩证法研究》2000年第4期，第50~55页。

③ 刘益东：《试论科学技术知识增长的失控（上）》，《自然辩证法研究》2002年第4期，第39~42页。

④ 刘益东：《试论科学技术知识增长的失控（下）》，《自然辩证法研究》2002年第5期，第32~36页。

⑤ 刘益东：《智业革命——致毁知识不可逆增长逼迫下的科技转型、产业转型与社会转型》，当代中国出版社，2007。

⑥ 刘益东：《粗放式创新向可持续创新的战略转型研究——科技重大风险研究21年》，《智库理论与实践》2019年第4期，第75~79页。

在 1914 年创作的小说《获得自由的世界》中预言了原子弹的出现，并在小说中使用了"Atomic Bomb"一词），而科学预言不仅预言了同样的结果，更重要的是发现了核裂变和自持链式反应这样一个导致结果的机制和条件①②③。

四个基本假设或前提是：①尖端科技的正负效应不能抵消、不能弥补；②科技知识增长不可逆；③知识与应用具有连锁效应；④科技发展自我增强永无止境。

尖端科技的正负效应不能抵消、不能弥补，是"一坏遮百好"。例如，核电站、核医学再好也抵消不了核战争、核灾难，生物制药、基因疗法再好也抵消不了基因武器可能造成的全球疫灾和种族灭绝，而一些普通的科技正负效应能够抵消和弥补。比如上网便于搜索信息以节约时间，也因好奇浏览、玩游戏等浪费时间，两者能够抵消或部分抵消。显然，致毁知识的正负效应不可抵消。

科技知识增长不可逆意味着科技知识一旦产生，就不能消除，可以销毁核武器，却不能销毁制造核武器的知识；可以销毁或封存基因武器，却不能销毁、封存制造基因武器的知识。

知识与应用具有连锁效应是指知识出现后就倾向于被应用，研发（R&D）就是连锁的制度化，越是破坏力巨大的知识越要付诸应用，否则落后就要挨打。

科技发展自我增强永无止境是指科技知识增长具有自我支持、自我增强、链式反应的特点。科技知识不仅满足人们的需要，而且还创造需要，科研一旦开启，在好奇心、优先权、竞争压力和资本驱动下，会一发而不可收，穷尽各种可能及其应用。如同原子弹之父奥本海默所指出的"一个深

① 刘益东：《人类面临的最大挑战与科学转型》，《自然辩证法研究》2000 年第 4 期，第 50~55 页。
② 刘益东：《智业革命——致毁知识不可逆增长逼迫下的科技转型、产业转型与社会转型》，当代中国出版社，2007。
③ 刘益东：《粗放式创新向可持续创新的战略转型研究——科技重大风险研究 21 年》，《智库理论与实践》2019 年第 4 期，第 75~79 页。

刻而必要的真理是：深藏在科学中的事物并非由于它们有用而被发现，它们被发现是由于有可能发现它们"。DNA 双螺旋结构的发现者之一詹姆斯·沃森强调"在科学和发现的名义下，我们在道德上的义务就是向前、向前"。科学研究通常不会适可而止、见好就收①。

上述基本假设和前提可以有效破除一些陈旧观念，例如坚持"科学无禁区"者也承认技术有禁区，而在现实当中科学成果与技术应用具有连锁效应，因此承认技术有禁区也就必须承认科学有禁区，风险防控要从源头抓起。

一组问题是：在科技知识增长的同时，能否及如何阻止其中一类破坏力极大的科技知识（致毁知识）的增长与扩散？能否及如何有选择地生产知识？能否及如何有选择地进行创新？

求解得出的新发现、新结论是：在目前西方（世界）主流科技与社会发展模式下，至少有 26 个原因不能阻止致毁知识的增长与扩散，不能有选择地生产知识、不能有选择地进行创新。致毁知识增长与扩散是不可逆和不可抵消的，致毁知识的增长与扩散又是不可阻止的，科技知识增长已经失控，这意味着人类面临毁灭的危险是不断累加和递增的，达到一定程度必然会发生毁灭性灾难，而且这种不可逆增长的危险累进方式，使得毁灭性灾难发生的概率越来越大，如不及时阻止，必然会爆发！这是人类面临的最大危机和挑战。考虑到恐怖主义和个人恐怖主义的存在与盛行，考虑到个人实验室、创客、AI for Science 等的流行，考虑到高科技军备竞赛等，导致包括致毁知识在内的知识生产、扩散、应用更加难以控制，互联网为致毁知识的扩散提供便利，可知人类社会的处境极为凶险与紧迫。更通俗地说，人类面临的最大危机和挑战不是好东西（自然资源等）快要消耗殆尽，而是坏东西（"三废"、致毁知识等）积累太多，以致地球的容负容废能力快到极限、行将崩溃（致毁知识是最坏的东西，而且增长不可

---

① 刘益东：《粗放式创新向可持续创新的战略转型研究——科技重大风险研究 21 年》，《智库理论与实践》2019 年第 4 期，第 75~79 页。

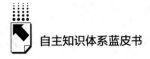

逆）。笔者提出的双重挑战说揭示了科技风险治理的严峻性与紧迫性。

上述研究将"科技发展将发生毁灭性灾难、甚至毁灭人类"转化成为可以研究的学术问题，并给予分析、论证，得出肯定的答案，即在以西方为代表的目前世界主流科技发展模式下，科技继续发展将发生毁灭性灾难甚至毁灭人类。因此通过提出和研究致毁知识，揭示出美国等西方国家科技发展模式的根本缺陷，难以为继，AI 大爆发是该科技发展模式的集中体现，以提升智能水平为动力、实现 AGI 为目标的人工智能发展模式存在根本缺陷，惨遭 AI 反噬，必须转型。

对致毁知识的揭示与研究，预测了以科技正面效应（生产力、竞争力、原动力等）、科技致富、科技致强为主推动经济与社会发展的粗放式模式的终结，应该转型为科技致善并有效防控科技负面效应（科技风险、科技反噬、科技灾难等）的新型的科技与社会协调发展的可持续模式，即安全是科技发展的前提，需要更安全的发展，安全的科学技术是第一生产力，加快构建人类安全共同体与人类命运共同体成为头等大事与当务之急。

2. 致毁知识的存在性、增长性、应用性、反噬性等揭示西方科学知识体系的根本缺陷

自近代科学诞生以来，经历了一系列大大小小的科学革命，但它们都是在"现象—分析"这个二维平面内进行，笔者把这种科学喻为"二维科学""平面科学"。其所追求的真理是符合性真理，它指的是真理与事实或现实的一致性。西方科学揭示自然界的奥秘与真相，追求符合性真理，从伽利略、牛顿到爱因斯坦均是如此，其特点是观念上科学探索无禁区；机制上有纠错机制，纠正理论与实验、与观察不一致的错，纠正理论与理论不协调的错；管理上对做出科学发现、科学突破的科学家给予鼓励、奖励，形成一系列奖项与优先权保障；制度上与社会应用相结合，形成研发（R&D）制度安排，解决经费来源和创造力出口；用科学价值中立说和"双刃剑模式"分析科学的负面作用，责任归于使用者、归于社会，达到科学免于社会监

督、科学家对科学的社会后果概不负责的目的①。但是随着科学的发展，"二维科学"的缺陷越来越严重。其根本性缺陷如下：

（1）科学的社会后果，科学家概不负责

把科学的社会运用视为科学之外的社会问题，无论科学家做出的科学发现的应用后果有多危险、造成的损失有多大，科学家概不负责。也就是说，科学本身是双刃剑，造剑者没错，错在用剑者，科学家只管铸剑，哪怕锋利无比、花样百出、威力巨大，都无需对社会后果负责。备受争议的基因编辑技术获得 2020 年诺贝尔化学奖就是明证，这种集体免责体系，造成极为严重的后果，科技风险愈演愈烈，而作为风险源头的科学却依然如故。研究致毁知识增长可以明确科学知识体系风险源头的危险性与毁灭性。

（2）与科学的条件性原则自相矛盾

条件性原则是科学研究的基本原则与方法，即探讨何种条件下会出现什么现象、会发生什么事情。科学并不是存在于无人区，而是存在于社会之中。在这个条件下，科学知识生产出来得到应用是必然的，是科学家可以预知的。中国科学院于 2007 年发布的《关于科学理念的宣言》，强调"鉴于现代科学技术存在正负两方面影响，要求科学工作者更加自觉地规避科学技术的负面影响，承担起对科学技术后果评估的责任，包括对自己工作的一切可能后果进行检验和评估；一旦发现弊端或危险，应改变甚至中断自己的工作；如果不能独自做出抉择，应暂缓或中止相关研究，及时向社会报警"。从法律角度来看，作为成年人，明知或应当知道自己的行为会产生损害他人的后果，就应当承担法律责任，科学家也不例外。科学家对科学的社会后果概不负责，与科学的条件性原则是自相矛盾的，科学家应该遵循条件性原则。

---

① 刘益东：《人类面临的最大挑战与科学转型》，《自然辩证法研究》2000 年第 4 期，第 50~55 页。

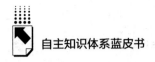

（3）与生存原则相矛盾

科学发展早期，其应用的威力、破坏力有限，因此科学的社会后果并不严重，核武器出现之后，考虑科学知识的社会后果成为必然，否则人类面临毁灭性灾难，科学家也不能幸免，科学知识体系也不复存在。核裂变、自持链式反应是最早出现的致毁知识，举一反三，科学家与社会各界有识之士应该保持警惕。科学家不考虑科学的社会后果，与生存原则相矛盾。

（4）作为防护墙的"双刃剑模式"，存在根本缺陷

"二维科学"避免社会监督、不用承担负面作用的责任，关键是有配套的"双刃剑模式"作为防护墙，把科学负面作用推给使用者。"双刃剑模式"有四点缺陷：一是不区分常规科技和尖端科技，没有注意到尖端科技的正负效应不能抵消，致毁知识的正负效应不能抵消，其威力巨大而必然被用于各种应用，知识与应用具有连锁效应，正面应用再多也抵消不了负面应用，"一坏遮百好"，这时就不是双刃剑，而是单刃斧，只有从源头阻断才能防控风险；二是强调科学应用有好有坏，要扬长避短，这只是想当然，能否扬长避短是需要论证的，笔者通过研究致毁知识增长，论证在目前的社会条件下，扬长可以，却难以避短；三是笃信使用者决定知识的应用，而实际上知识会诱使或迫使人们去使用，在追求创新和竞争压力下，在暴利创新（获得暴利的创新）特别是在应用致毁知识的暴利创新（如原子弹、基因编辑技术、通用人工智能）的诱惑和竞争压力下，人们面对科技，总是身不由己，争先恐后地付诸应用，由于正负效应不能抵消，发生毁灭性灾难在所难免；四是总是针对使用者和社会，无法对科技体系自身的合理性、安全性、可持续性做出判断。

由此可见，发端于古希腊的西方科学，在揭示自然奥秘、追求符合性真理等方面取得了巨大成就，但是科学应用产生的风险与科学反噬愈演愈烈。西方科学知识体系仅由现象维与分析维构成的"二维科学"存在根本缺陷，一方面，不能纠正科学知识体系发展不合理及科学知识应用不合理的错，随着科学知识威力日益提升，致毁知识不可逆增长，其引起的风险越来

大；另一方面，有"双刃剑模式"作为免于社会监督、逃避承担社会责任的防护墙，维护"二维科学"的合理性、阻碍人们反思与变革。因此这种"二维科学"＋"双刃剑模式"引发了科学生存危机，致毁知识不可逆增长宣判了"二维科学"的发展走到了尽头，科学危机引发科学革命，势在必行①。

3. 致毁知识模式突破"双刃剑模式"与双重性思维，阐明科技反噬的确定性与严峻性，从理论上终结了科技冷战、军备竞赛、弱肉强食等丛林法则②③

长期以来，人们习惯于用"双刃剑模式"来思考和应对科学技术，把科技知识生产与科技知识应用分开，后果是致毁知识不断增长，科技风险、科技反噬愈演愈烈，只有从源头阻断才行。致毁知识作为科技体系内生的致毁因素，证据确凿，利用致毁知识模式，可以替代"双刃剑模式"，并独立于使用者（不用纠结其是善用还是恶用）。根据内生致毁知识的情况即可判断该科技体系是否合理，对科技负面效应做出有效认识与应对。"双刃剑模式"与致毁知识模式在观念、方法、论证和特征上的对比，如表1所示。

对"双刃剑模式"的分析，同样适用于对科技"双重性"的分析。以往人们常说科技文明具有双重性：既带来了巨大的进步，又伴随着潜在的风险和挑战。当利用致毁知识模式分析时，一旦区分致毁科技与非致毁科技，就会跳出双重性这种认识的局限，明确在不同条件下有不同的认识与判断，可以提供明确的研判与政策导向。

---

① 刘益东：《智业革命——致毁知识不可逆增长逼迫下的科技转型、产业转型与社会转型》，当代中国出版社，2007。
② 刘益东：《影视未来学与科学预演影片初论》，《科技创新导报》2012 年第 32 期，第 247~250 页。
③ 刘益东：《致毁知识与科技危机：知识创新面临的最大挑战与机遇》，《未来与发展》2014 年第 4 期，第 2~12 页。

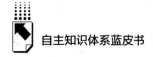

表1 "双刃剑模式"与致毁知识模式对比

比较方面	"双刃剑模式"	致毁知识模式
观念	取决于科技的使用者、取决于社会。直观地认为科学技术是价值中立的，认为科学、技术是工具，善用还是恶用，取决于使用者的意图和行为。常用菜刀为例，切菜还是伤人，取决于使用者。结果对科技体系本身是否合理、是否安全无法做出判断。忽视了科技的复杂性、系统性，忽略了科技内生的致毁因素——致毁知识。	取决于致毁知识，取决于内生致毁知识的科技体系自身。将科技知识区分为致毁知识与非致毁知识，对于非致毁知识适用于"双刃剑模式"，以菜刀为例，切菜还是伤人，取决于使用者；对于致毁知识则因其威力巨大而必然得到各种应用，且其正负效应不可抵消，即使致毁知识有正面应用，仍然是"一坏遮百好"。致毁知识的负面应用决定了其总效应和社会后果，就像核科技，核电站、核医学都抵消不了核战争、核灾难，原子弹不是双刃剑，而是单刃斧，无论谁使用，都造成毁灭人类的灾难。善用还是恶用，菜刀取决于使用者；原子弹则取决于原子弹本身。
方法	利用伦理规制、安全监管、奖惩等治理手段，激励或约束、控制使用者，扬长避短，使科技造福人类。结果是可以扬长、不能避短，治标不治本。	转变科技知识生产方式和科技发展模式，从科技知识生产源头阻断致毁知识的出现与增长，为此发动新科学革命（引入价值维，从"二维科学"转型为"三维科学"）与新技术革命（安全优先，从粗放式创新转型为可持续创新）。
论证	争议性论证：见仁见智、各执一词，无法达成共识，不触及科技体系自身，高风险科技在争议中继续快速发展。	判决性论证：致毁知识作为判决性证据，对内生致毁知识的科技体系进行分析，得到明确结论，在理论上形成判决性论证。明确西方科技体系自身存在根本缺陷，难以为继。
特征	争议不断，各执一词。	证据确凿，结论明确。

上述分析表明，科技是否反噬由科技体系自身所决定。目前以美国为代表的粗放式科技发展，致毁知识不可逆增长，必然导致科技反噬。依靠科技冷战、军备竞赛与战争征服的弱肉强食模式必遭反噬，陷入"竞争方式陷阱"（最大的威胁不是竞争对手，而是错误的竞争方式），玉石俱焚、没有胜利者，丛林法则必然失灵、失效。

4. 以致毁知识是否产生、增长是否受控作为判决性证据与标准，对科技发展模式进行划分，优先发展致毁知识零增长的科技体系，严格监管致毁知识增长可控的科技体系，坚决禁止致毁知识增长不可控的科技体系

以致毁知识是否产生、增长是否受控作为判断依据，将科技体系划分为三类：一是致毁知识零产生、零增长的科技体系，如人文社会科学、交通运

输；二是致毁知识增长、但是可控，如精密仪器制造；三是致毁知识增长且无法控制，如合成生物学、生成式人工智能。倡导致毁知识零增长的科技体系，严格监管致毁知识增长可控的科技体系，坚决禁止致毁知识增长不可控的科技体系。图1是笔者提出的以是否产生致毁知识为判断依据的科技体系象限模型。

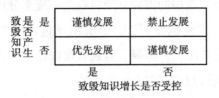

图1　以致毁知识为判断依据的科技体系象限模型

为克服 GDP 的片面性，出现了反映环保成效的绿色 GDP；同样应该构建安全 GDP，以体现安全生产、安全科研等，有助于人文社会科学得到应有的重视，有助于加快人类安全共同体建设。

5. 致毁知识不可逆、不可抵消、不可阻止地增长，以及人类面临的双重挑战，导致科学危机、技术危机、科技危机、人类安全危机，引发新科学革命、新技术革命、新产业革命、新分配革命等

（1）新科学革命：引入价值维，从"二维科学"跃升为"三维科学"

目前主流的科学是"二维科学"，导致致毁知识快速增长，科技风险愈演愈烈，需要在现象维和分析维之上引入价值维，以纠正科学知识体系发展不合理以及应用不合理的错，转变科学知识生产方式，把握科学知识体系演进的方向，从源头阻断致毁知识的出现与增长，使科学继续造福人类。董光璧指出，传统理解的科学历来把科学的社会运用视为科学之外的社会问题，而新类型科学则把科学的社会运用问题包括在自己研究过程的内部。把价值理性纳入科学的规范以克服科学的社会危机，这种思考正在引导科学总体范式的根本改变[①]。美国学者霍耳顿（Gerald J. Holton）认为传统科学观要求

---

① 董光璧：《五百年来科学技术发展的回顾与展望》，《自然科学史研究》1997 年第 2 期，第 109～118 页。

从科学中排除不能证实或不能证伪的问题，把谈论保持在现象的内容和分析的内容这两个维所规定的平面内。霍耳顿提出增加信念、直觉、预想等历史、社会、心理因素构成的第三个维，即基旨维。受此启发，笔者把第三维确定为价值维，它的功能是对知识、理论的发展及其应用进行价值检验，看其是否符合人类生存与发展的需要，通过收益—成本分析，衡量合理性的程度。与基旨维相比，其优越性在于，价值维既包含了历史、社会、心理因素，又与现象维、分析维一样清晰、直观、可操作性强，并可借助已有的关于价值的研究成果进行规范研究①。

基于三维空间的知识系统，使得自然科学、人文社会科学、交叉科学、复杂性科学等可以兼容协调地整合于其中。更重要的是，现象维与价值维一起联合构成互补、完整的检验系统和自我纠错、自我改进机制，通过事实检验（证实、证伪）对理论的真实性进行纠正和改进，通过价值检验（证善、证恶）对理论的合理性及合理应用方面进行纠正和改进。也即让科学体系具有关于真伪与善恶的两套互补的自我纠错、自我改进机制，既保证知识确真又保证知识向善。"三维科学"的原则是安全第一、可持续发展。从"二维科学"到"三维科学"的转型，是一场变化空前的科学革命。这场科学革命不仅关乎科学的命运，更关乎人类的命运，这也是人类历史上第一次把知识体系的变革与人类的生死存亡联系在一起②。

（2）新技术革命：安全优先，从粗放式创新转变为可持续创新

以往的技术革命是人类对物质、能量、信息的利用与控制能力的跃升，新技术革命则体现为对技术本身的控制能力的跃升，目的是实现可持续安全与可持续创新。以不包含、不应用致毁知识（至少致毁知识增长受控）作为底线安全的标准，确立发展底线安全的技术及技术创新，从物质需求优先到安全需求优先、行稳致远优先。发生新技术革命的视角，是从集体、社

---

① 刘益东：《人类面临的最大挑战与科学转型》，《自然辩证法研究》2000 年第 4 期，第 50～55 页。
② 刘益东：《人类面临的最大挑战与科学转型》，《自然辩证法研究》2000 年第 4 期，第 50～55 页。

会、人类安全共同体的视角出发，满足人类可持续安全与发展的需要为主，兼顾个人、企业、资本的需求，因此变革巨大。

（3）新产业革命：从高科技高风险产业为主导产业转型为以智库与文创产业、大健康产业及底线安全的科技产业为主导产业

新科学革命、新技术革命必然引发新产业革命。人们常说的四次产业革命论（机械化、电气化、信息化、智能系统化）是传统意义上的技术革命及其产业化的产物，都是在 18 世纪工业革命形成的市场经济与科技一体化的基本框架内的后续系列，共同之处都是以满足人们眼前需求为主的大规模致富创新和生产、营销，对风险和安全问题都远没有给予应有的重视。作为科技产业典范的硅谷，无论研发和创新存在多大风险与隐患，信奉的是"先做出来，再请求谅解"，伦理不是硅谷顶级科技专家考虑的事，他们一贯将伦理视为技术创新和进步的绊脚石①。科技作为投资对象的结果是，科技按照资本的逻辑运行，许多非理性、赌博、集体疯狂都会出现。即将发生的新产业革命则因安全需求转型为"安全是发展的前提"、追求"更安全的发展"，形成满足眼前需求与长远需求并重的可持续创新与发展的产业体系，其研发体系是自然科学研发和社会科学研发，除研究与发展（R&D）外还有研究与编导（R&WD）等新型研发体系。与以往的产业革命的主体是科技专家和科技企业家不同，这次新产业革命的主体增加了社科学者、智库专家和智库与文创企业家，这与目前国内外主流共识（依然以理工科科技专家和科技创新为主导的第四次工业革命及趋势外推）完全不同。

此外，发动新分配革命至关重要，是当务之急。财富分配革命的核心是对人类整体需要和长远需要做出贡献者给予充分回报和激励，改变目前回报和激励过少的现状。

6. 致毁知识增长与科技风险挑战：构建中国自主知识体系是当务之急

科技风险治理日益受到重视，致毁知识增长研究与双重挑战说表明西方

---

① 曹哲：《美国高校纷纷开始人工智能伦理课程，这对硅谷意味着什么？》，2018 年 2 月 25 日，http://scholarupdate.hiznet.com/news.asp? Neux ID=24285。

科技与经济知识体系存在根本缺陷，其发展模式难以为继，AI 大爆发加快了该发展模式的崩溃。加快构建中国自主知识体系不仅解决中国问题、维护中国利益，更解决世界问题、维护人类利益，促进人类命运共同体建设，确保人类社会的可持续安全与发展。笔者基于两种大局观的分析，可以明确构建自主知识体系的重要性、艰巨性和紧迫性。

（1）现代化语境的大局观

目前，有两种大局观，一是现代化语境的大局观，二是可持续发展语境的大局观。现代化语境大局观是指在人类现代化进程的语境和视角下审视当代中国的境遇，西方已经实现现代化并向后现代发展，而中国仍然以实现现代化为目标，在现代化语境大局观之下，人们往往强调中国国情的特殊性，不应该用西方理论、西方知识体系来解释中国问题。例如，郑永年指出，中国缺失自己的知识体系的现状令人担忧[①]。韩震指出，哲学社会科学领域"西强我弱"的态势仍然明显，中国在世界上的形象很大程度上仍是"他塑"而非"自塑"的。在国际学术界，我们往往处于"有理说不出、说了传不开"的境地[②]。谢伏瞻总结概括出中国自主知识体系的基本特点：一是立足中国实际，解决中国问题；二是立足中国经验，繁荣中国学术，发展中国理论，传播中国思想；三是鼓励主动思考，培养自觉行动；四是注重原创成果，倡导开拓创新[③]。这些具有代表性的观点表明，构建自主知识体系是为了解决中国自己的问题，这当然正确，但是并不全面。现代化语境大局观强调过去与现状，参照西方过去现代化进程的成功，使得把中国定位为后来者、发展中国家；中国拥有自主知识体系和话语权是为了解决中国问题，是为了维护中国利益、讲好中国故事、传播中国声音。

（2）可持续发展语境的大局观

可持续发展语境的大局观则是指在可持续发展的语境和视角下，从人类

① 郑永年：《通往大国之路：中国的知识重建和文明复兴》，东方出版社，2012，第15页。
② 韩震：《高校要在构建中国特色哲学社会科学中发挥好主力军作用》，《马克思主义理论学科研究》2022年第6期，第27~35页。
③ 谢伏瞻：《建构中国自主的知识体系》，《人民日报》2022年5月17日。

当下面临的挑战来考虑未来走向与中国的作用。工业革命以来，西方在科技与经济领域取得一系列重大成就，但是发展至今也产生了一系列严重问题，为此国际国内学者提出了多种挑战说，主要从环境保护、生存风险、巨灾风险、科技重大风险的角度考虑人类可持续发展所面临的危机与挑战。按照挑战是否引发西方主流（世界主流）发展模式的转型，可分为两种情况：一是在主流发展模式内部进行调整、改良即可应对挑战，二是要从根本上改变主流发展模式才能应对挑战。西方关于负责任研究与创新（RRI）和生存风险研究，也是试图在现有主流发展模式下解决问题。欧盟开展负责任研究与创新（RRI），却忽视最不负责任的创新，忽视最危险的研究。国际上这些研究通常是只知其一不知其二：强调科技风险愈演愈烈，却不知道人类防控风险的机制与措施存在众多严重漏洞，更缺乏从科技与经济社会发展模式的高度反思科技重大风险及其根源，总试图在西方主流发展模式内部进行调整、改良以化解危机。

如上所述，从科技风险治理与安全发展的角度，审视西方主流科技与经济社会的发展，其漏洞百出、危机四伏、难以为继。杨东等指出，近代知识体系的形成是服务于工业经济和资本主义发展的需要，同时带来环境污染、资源浪费、全球变暖、贫富差距扩大、金融危机等问题，催生了不少人与人之间的社会结构性的弊端，应该对西方近代知识体系进行反思和重构①。张江提出强制阐释论和公共阐释论，对当代西方文学理论和知识霸权进行批判，并指出，以往的阐释学重在以不同的方式解释世界，阐释论强调以合理的阐释观构建世界。阐释论的期望是，在与当代诸种对立思潮的对话与论辩中，为构建知识论与价值论相统一的体系，提供有现实批判意义的可能方案②。

工业革命以来的西方社会发展，总体而言存在三大缺陷：一是以牺牲环境为代价的粗放式发展，二是以牺牲安全为代价的粗放式创新，三是以牺牲

---

① 杨东、徐信予：《建构中国自主知识体系论纲》，《中国人民大学学报》2022年第3期，第7~10页。
② 张江：《关于阐释论的提纲》，《社会科学战线》2023年第11期，第147~151页。

环境和安全为代价的粗放式竞争。如上所述关于致毁知识的研究与双重挑战说揭示了西方主流科技与经济社会发展模式的根本缺陷，不能遏制其内生的自毁因素的增长与扩散，科技风险日趋严峻，导致科技危机与人类安全危机，引发新科技革命、新产业革命、新分配革命，从根本上改变西方主流（世界主流）发展模式，构建惠及全世界的新知识体系与新型科技发展模式，人类社会才能走上可持续安全与发展的新型道路①。

由此可见，全面认清和把握大局观是构建自主知识体系的先决条件，对大局观认知的缺失、模糊或误解则是严重的制约因素。基于不同的大局观，导致构建自主知识体系的站位、格局和使命是不同的。在现代化语境大局观之下，主要是为了解决中国问题，是为了维护中国利益、讲好中国故事、传播中国声音；而可持续发展语境的大局观则是应对包括中国在内的世界所面临的巨大挑战，强调安全是发展的前提，需要更安全的发展，强调行稳致远，共同构建人类命运共同体，引领世界走上可持续安全与发展的正确道路。兼容两种大局观建构的中国自主知识体系既解决中国问题、维护中国利益，又解决世界问题、维护人类利益，中国人民与世界各国人民一道，共建人类安全共同体和人类命运共同体，确保人类社会可持续安全与发展。因此，对于中国、对于世界，构建中国自主知识体系都极为必要和紧迫，任务艰巨，需要大家深耕极综合交叉领域，齐心协力，坚持不懈。

此外，构建自主知识体系与世界新科学中心建设密切相关，创建新型科技发展模式，实现新世界科学中心的兴起。新世界科学中心兴起的基本逻辑是主流科技发展模式转型，历次世界科学中心转移的规律与特点显示，新科学中心的形成与兴起是挑战—应战的结果，是以往主流科技发展模式遭遇挑战，而成功应对挑战的新发展模式将形成新的世界科学中心。例如，德国在19世纪30~60年代创建工业实验室，率先解决了先前科技发展模式面临的挑战：科学家缺经费、企业缺科技的难题，实现了科学与工业的有机结合，德国

---

① 刘益东：《科技重大风险与人类安全危机：前所未有的双重挑战及其治理对策》，《工程研究——跨学科视野中的工程》2020年第4期，第321~336页。

化学工业崛起，随之德国成为新的世界科学中心。基于这一基本逻辑，如果我国率先成功应对日益严峻的致毁知识增长与科技风险挑战，创建可持续安全的新型科技发展模式，则将形成新的世界科学中心，引领科技的未来发展[①]。

本研究的原创性体现为：提出致毁知识概念并以其为主要研究对象，开展科技重大风险研究，通过解决"科技发展下去是否将发生毁灭性灾难"等一组难题，突破了科技乐观派与悲观派的学术僵局，突破了"双刃剑"分析模式，开辟了科技重大风险治理与人类安全这一新的研究领域。

（二）学术意义

以致毁知识为主要研究对象，并以致毁知识为判决性证据，开展科技重大风险研究，得到上述一系列新结论，事关科技发展与人类安危。明确安全的科学技术是第一生产力，对科技重大风险与科技风险做出明确区分，率先将科技重大风险作为专门领域进行研究，已初步形成包括理论、案例、政策、科技社团和项目评审等在内的比较完整的科技重大风险治理研究体系。

（三）现实意义

科技风险治理日益受到重视，习近平总书记列出七项重大风险，科技重大风险是其中之一，并指出"科技是发展的利器，也可能成为风险的源头。要前瞻研判科技发展带来的规则冲突、社会风险、伦理挑战，完善相关法律法规、伦理审查规则及监管框架""当前，新一轮科技革命和产业变革迅猛发展，人工智能等新技术方兴未艾，大幅提升了人类认识世界和改造世界的能力，同时也带来一系列难以预知的风险挑战"。本研究在上述一系列研究结论的基础上指出，建构中国自主知识体系不仅解决中国问题、维护中国利益，更是解决世界问题、维护人类利益，确保人类社会可持续安全与发展。加快人类安全共同体与命运共同体建设，不是锦上添花，而是雪中送炭，是生死攸关的大事。

[①] 刘益东：《战略科学家的界定、评价与甄选》，《国家治理》2024 年第 6 期，第 56~64 页。

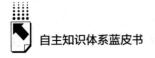
（四）国际比较与优势

迄今为止，尚未见到国际上有把科技重大风险作为专门研究领域的先例，可能最为接近的研究工作是牛津大学尼克·波斯特罗姆（Nick Bostrom）教授做出的。他于2002年发表论文《生存风险：人类灭绝情景及相关危险性分析》，提出了生存性风险（Existential Risks）概念，将其定义为"一种可能消灭起源于地球的智慧生命或永久性大幅降低其潜力的风险"，并对生存性风险的特征、分类进行了分析并提出相应政策建议①。在2013年发表的《生存性风险作为全球优先应对项目》的论文中，尼克·波斯特罗姆教授进一步深入分析生存性风险的概念，并给出一种改进的分类方案。他讨论了生存性风险与价值论中的基本问题，指出减少生存性风险可以作为功利关怀的强行动纲领②。2017年2月，牛津大学哲学系人类未来研究所主持撰写的报告《生存风险：外交与治理》（*Existential Risks：Diplomacy and Governance*）正式发布，指出人类面临最迫切的三项生存风险是重大流行病、极端气候变化和核战争。为此，该报告提出了可能降低生存风险的三个步骤：一是强调区域合作以及全球合作在规划防治大流行病方面的重要性，并建议全球加强极端性疾病防控规划；二是建议提高全球风险治理能力，目前仍需要一个适合的治理框架来管理风险；三是呼吁国际社会应明确保护人类未来的价值，努力降低生存风险。报告提议组建国际研究小组，负责防控巨灾风险研究。强调对于防控全球性灾难，展开国际合作至关重要，防治流行性疾病、应对气候变化和管控核战争并没有国家界限③④。

---

① Nick Bostrom, "Existential Risks, Analyzing Human Extinction Scenarios and Related Hazards," *Journal of Evolution and Technology*, 9（1），（2002）：8–14.

② Nick Bostrom, "Existential Risk Prevention as Global Priority," *Global Policy*, 4（1），（2013）：15–31.

③ 赵媛：《生存风险报告：理解可持续发展新角度》，《中国社会科学报》2017年2月13日第3版。

④ Sebastian Farquhar, John Halstead, OwenCotton-Barratt, Stefan Schubert, HaydnBelfield, "Andrew Snyder-Beattie. Existential Risk Diplomacy and Governance," https：//www.fhi.ox.ac.uk/wp-content/uploads/Existential-Risks-2017-01-23.pdf.

与科技重大风险研究接近的还有鲍姆（Baum）、威尔逊（Grant Wilson）等开展的全球巨灾风险（Global Catastrophic Risk）研究[1][2]，认为"虽然全球性巨灾风险发生的概率较低，但它一旦爆发，则意味着人类灭亡或对地球产生不可逆转的灾难性后果"。可见其认识还停留在直观的水平上（"巨灾风险后果严重但发生的概率低"只是老生常谈）。生存风险、全球巨灾风险均包括自然重大风险与科技重大风险，两者性质不同，混在一起考虑的结果是无法对科技重大风险进行深入研究。

又如，欧洲兴起的负责任研究与创新（RRI）思潮和理论就是一个不成功的典型，它忽视了本该首先需要解决的问题——最不负责任、最危险的研究与创新是什么？如何解决？[3] 结果在不负责任的研究与创新愈演愈烈的当下，欧洲却转换了主题（接下来的主题是开放科学）。

再如，乌尔里希·贝克（Ulrich Beck）在1986年创立了风险社会理论，可谓厥功至伟，但是贝克没有进一步探究具体的最大风险，他似乎只是人云亦云地认为气候变化是最大风险。风险社会理论及其后继者都没有去发现最大的社会风险，就像卫生防疫理论不能发现最大疫情一样，其理论价值因此大打折扣。

对比上述国际上有代表性的研究者，可知他们都忽视了对科技重大风险防控机制及措施漏洞的揭示与概括，没有揭示出双重挑战所致的科技重大风险治理的严峻性与紧迫性，都忽视了科技风险治理的根本之道是转变科技发展模式、创建可持续安全的新型的科技与社会发展模式。

四　研究展望

当代社会，解决重大问题需要"正确、可行的思想与对策+人多势众"，

---

① Grant Wilson, "Minimizing Global Catastrophic and Existential Risks from Emerging Technologies through International Law," *Virginia Environmental Law Journal*, 31 (2), (2013): 307-364.

② Baum, Seth, Barrett, Anthony, "Global Catastrophes: The Most Extreme Risks," in Vicki Bier, eds., *Risk in Extreme Environments: Preparing, Avoiding, Mitigating, and Managing* (New York: Routledge, 2018).

③ 刘益东：《科技重大风险与人类安全危机：前所未有的双重挑战及其治理对策》，《工程研究——跨学科视野中的工程》2020年第4期，第321~336页。

两者缺一不可。遗憾的是，目前的情况却是 to C 与 to B 的知识、资源、激励、人才极多，to G 尤其是 to H（关于人类）的则极少，涉及"科技创新"的是"西瓜"、涉及"科技风险治理与伦理治理"的是"芝麻"，极不对称①。目前国内已经形成了研究科技风险治理与人类安全的力量，例如刘大椿的科技审度论②、刘孝廷的第二开端的科学与哲学③、刘华杰的新博物学的创立与开拓④、田松的警惕科学与垃圾研究⑤，以及研究科技伦理、工程伦理的王前、李正风、王国豫、段伟文、李建军、王大洲等资深学者，期待更多学者的加入。

　　人工智能大爆发及末日概率危机，甚至硅基生命替代碳基生命，人类处境岌岌可危。这只是西方科技文明的宿命，而非人类社会发展的必然。AI 等科技风险聚增加剧了科技危机与人类安全危机，将引发新科技革命、新产业革命、新分配革命与社会巨大变革，转型突围，化解危机，当前发动新分配革命则最为紧迫。显然，这一系列革命与中国自主知识体系建设、人类安全共同体及人类命运共同体建设相辅相成。因势利导，从抢占科技制高点的角度开展科技风险治理研究，从抢占国际认知战的制高点、抢占维护人类安全的道德制高点的角度开展科技风险治理研究，拓展科技风险治理与科技安全研究的空间，摆脱文科领域研究不受重视的困境⑥。

　　中国科学院院长侯建国指出，"科技制高点通常是指前沿领域的最高点、创新链条上的关键点、创新体系中的控制点"⑦。科技风险治理与伦理规制特别是科技重大风险治理，不仅是相应领域创新链条上的关键点，

---

① 刘益东：《遏制致毁知识增长——颠覆激励不对称是当务之急》，《自然辩证法研究》2024 年第 2 期，第 135~137 页。

② 刘大椿：《审度：马克思科学技术观与当代科学技术论研究》，中国人民大学出版社，2017，第 1~6 页。

③ 刘孝廷：《文明危机与第二开端的哲学》，《理论探讨》2021 年第 6 期，第 102~110 页。

④ 刘华杰：《博物学伴随人类行稳致远》，《自然辩证法通讯》2022 年第 8 期，第 17~25 页。

⑤ 田松：《警惕科学》，上海科学技术文献出版社，2014。

⑥ 刘益东：《科技风险治理与伦理规制：下一个科技制高点》，《中国经济报告》2024 年第 2 期，第 27~34 页。

⑦ 侯建国：《努力抢占科技制高点，加快实现高水平科技自立自强》，《人民日报》2023 年 7 月 17 日第 9 版。

更是当代创新体系的控制点；而且是起决定性作用的控制点，是应该优先抢占的科技制高点。该科技制高点主要包括新安全标准、新伦理法律规范及其实施，遵循该标准规范的新型科技的最高点。韩启德院士指出，既然科学存在方向和价值问题，那就提醒人们要重视人文的作用，因为人文是科学发展的方向盘和刹车器。显然，方向盘和刹车器是起决定性作用的控制点。抢占这样的科技制高点，需要人文社科学者与科技专家通力合作，需要人文社科学者的引领与主导。目前，人类社会由发展为主、安全为辅，转变为安全是发展的前提、需要更安全的发展，安全的科学技术是第一生产力。科技风险治理研究大有可为。

致毁知识概念提出者简介：刘益东，中国科学院自然科学史研究所二级研究员，博士生导师。本科毕业于清华大学电机系，硕士毕业于中国电力科学研究院。伦敦政治经济学院（LSE）管理系访问学者。研究领域为科技战略、人才评价、科技与社会、科技史、未来学。享受国务院政府特殊津贴专家，民盟中国科学院委员会副主委，民盟北京市委科技委副主任，中国科学院大学未来技术学院客座教授。中国未来研究会副理事长，中国自然辩证法研究会理事及科技风险治理与人类安全专委会主任，中国发展战略学研究会常务理事及创新战略专委会副主任，中国教育发展战略学会学术委员会委员、理事及教育评价专委会副理事长，中国科技评估与成果管理研究会理事，中国伦理学会网络伦理专委会副主任，北京自然辩证法研究会副理事长，《中国大百科全书》科学技术史卷电子与信息技术史分支主编。在清华求学期间，正值举国上下掀起"文化热"，新理论、新思想流布校园，对科技与社会、科技战略、科技史、未来学产生浓厚兴趣，最终调入文理交叉领域的中科院自然科学史研究所从事科研工作。转行后正式发表的第1篇期刊学术论文被人大复印报刊资料《科学技术哲学》卷全文转载，之后连续发表的5篇学术论文不间断地被全文转载。自此（20世纪90年代后期），从工程师转型为社科学者。

附录：致毁知识相关研究成果清单

一、论著清单（以"致毁知识"为论著关键词或出现于论著标题中为准）

（一）个人论文 24 篇

[1] 刘益东：《科学的目的是追求真理吗?》，载宋正海主编《边缘地带：来自学术前沿的报告》，学苑出版社，1999，第 17~28 页。（1999 年 2 月首次提出"致毁知识"概念）

[2] 刘益东：《人类面临的最大挑战与科学转型》，《自然辩证法研究》2000 年第 4 期，第 50~55 页。（第三届大象优秀科技史论文奖一等奖）

[3] 刘益东：《试论科学技术知识增长的失控（上、下）》，《自然辩证法研究》2002 年第 4、5 期。（入选《中国科学院研究生院科学技术哲学论文选编（1997~2002 年）》的 39 篇论文之一）

[4] Liu Yidong, The Biggest Challenge Facing the Knowledge Economy and Mode of knowledge Creation with Lower-Risk, 8th European Conference On Knowledge Management, Barcelona, Spain, 2007.

[5] 刘益东：《对不准原理与动车困境：人类已经丧失纠正重大错误的能力》，《未来与发展》2011 年第 12 期，第 2~6 页。（增补版发表于《科学技术史研究六十年》，中国科学技术出版社，2018。

[6] 刘益东：《灰科学与灰创新系统——转基因产业快速崛起的关键因素》，《自然辩证法通讯》2012 年第 5 期，第 37~41 页。（中国社会科学网全文转载）

[7] 刘益东：《致毁知识与科技危机：知识创新面临的最大挑战与机遇》，《未来与发展》2014 年第 4 期，第 2~12 页。

[8] 刘益东：《试论粗放式创新、致毁创新、可持续创新理论与知识安全学》，《科技资讯》2014 年第 25 期，第 238~242 页。

[9] 刘益东：《大 IT 革命：从思维到社会的深刻变革》，《人民论坛·学术前沿》2015 年第 15 期，第 67~73 页。

［10］刘益东：《挑战与机遇：人类面临的四大困境与最大危机及其引发的科技革命》，《科技创新导报》2016 年第 35 期，第 221～230 页。

［11］刘益东：《科技巨风险与可持续创新及发展研究导论——以致毁知识为中心的战略研究与开拓》，《未来与发展》2017 年第 12 期，第 4～17 页。

［12］刘益东：《摆脱坏国际化陷阱，提升原创能力和学术国际话语权》，《科技与出版》2018 年第 7 期，第 33～38 页。

［13］刘益东：《致毁知识与科技伦理失灵：科技危机及其引发的智业革命》，《山东科技大学学报》（社会科学版）2018 年第 6 期，第 1～15 页。（人大复印报刊资料《哲学文摘》摘登；中国社会科学网全文转载）

［14］刘益东：《粗放式创新向可持续创新的战略转型研究——科技重大风险研究 21 年》，《智库理论与实践》2019 年第 4 期，第 75～79 页。

［15］刘益东：《虚拟科学与大 IT 革命：支撑未来学的快速崛起》，《未来与发展》2019 年第 10 期，第 1～8 页。

［16］刘益东：《科技重大风险治理：重要性与可行性》，《国家治理周刊》2020 年第 3 期，第 40～43 页。

［17］刘益东：《科技重大风险：非传统安全治理的重要视角》，《国家治理周刊》2020 年第 18 期，第 22～25 页。

［18］刘益东：《前沿科技领域治理应警惕科技伦理法律陷阱》，《国家治理周刊》2020 年第 35 期，第 23～27 页。

［19］刘益东：《科技重大风险与人类安全危机：前所未有的双重挑战及其治理对策》，《工程研究-跨学科视野中的工程》2020 年第 4 期，第 321～336 页。

［20］刘益东：《竞争方式陷阱与匿名核袭击：科技重大风险治理的当务之急》，《山东科技大学学报》（社会科学版）2021 年第 1 期，第 1～4 页。

［21］ Liu Yidong，"Ruin-causing Knowledge and Scientific & Technological Crisis：The Biggest Challenge and Opportunity Confronted by Human Beings，"in Alberto Martinelli Chuanqi He，eds.，Global *Modernization Review*：Ⅲ，（Science Press，2021）.

［22］ 刘益东：《对两种科技伦理的对比分析与研判》，《国家治理周刊》2022年第7期，第31~37页。

［23］ 刘益东：《超越不确定性的战略思考——以研究科技重大风险为例》，《京师文化评论（第8辑）》，社会科学文献出版社，2022，第121~132页。

［24］ 刘益东：《数字反噬、通能塔诅咒与全押归零的人工智能赌局——智能革命重大风险及其治理问题的若干思考》，《山东科技大学学报》（社会科学版）2022年第6期，第1~13页。

（二）个人专著1部

刘益东：《智业革命——致毁知识不可逆增长逼迫下的科技转型、产业转型与社会转型》，当代中国出版社，2007。

（三）即将出版合作专著（第一作者）1部

已获得"广东省优秀科技专著出版基金会资助出版项目"，即将在广东科技出版社出版。该书是国内外首部以"科技重大风险"为题的学术专著。

二、学界相关研究示例

［1］ 刘钝：《炭疽、克隆人与致毁知识》，《科学文萃》2002年第5期，第56~59页。

［2］ 郭明哲、董晓洁：《当一切都可以3D打印时——警惕"致毁知识"》，《世界文化》2013年第7期。

［3］ 李喜先：《论知识主义社会》，世界图书出版公司，2018，第368~371页。（第20章第3节：致毁知识的存在与控制）

［4］ 李润虎：《"中国自然辩证法智库论坛"第一次会议综述》，《自然辩证法研究》2018年第12期，第119~120页。（关于刘益东受邀报告《致毁知识问题及其诊治策略》的研讨综述）

［5］刘孝廷：《风险本质与发展转型——当代科技重大风险防范的文明论省思》，《工程研究——跨学科视野中的工程》2020年第4期，第337～344页。

［6］高璐：《生命科学两用研究的治理——以H5N1禽流感病毒的研究与争议为例》，《工程研究——跨学科视野中的工程》2020年第4期，第355～365页。

［7］王彦雨：《人工智能风险研究：一个亟待开拓的研究场域》，《工程研究——跨学科视野中的工程》2020年第4期，第366～379页。

［8］李润虎：《纳米技术的风险问题及对策研究》，《工程研究——跨学科视野中的工程》2020年第4期，第380～387页。

［9］王龚珺：《科技重大风险治理的困境与出路研究》，硕士学位论文，湖南大学，2022。

三、转载清单（论文共被转载14次，转载论文以"致毁知识"为论文关键词或出现于论文标题中为准）

［1］刘益东：《人类面临的最大挑战与科学转型》，《科学技术哲学》（人大复印报刊资料），2000。

［2］刘益东：《试论科学技术知识增长的失控（上、下）》，《科学技术哲学》（人大复印报刊资料），2002。

［3］刘益东：《灰科学与灰创新系统：转基因产业快速崛起的关键因素》，《科学技术哲学》（人大复印报刊资料），2013。

［4］刘益东：《致毁知识与科技危机：知识创新面临的最大挑战与机遇》，《创新政策与管理》（人大复印报刊资料），2014。

［5］刘益东：《致毁知识与科技伦理失灵：科技危机及其引发的智业革命》，《科学技术哲学》（人大复印报刊资料），2019。

［6］刘益东：《对两种科技伦理的对比分析与研判》，《科学技术哲学》（人大复印报刊资料），2022。

[7] 刘益东：《数字反噬、通能塔诅咒与全押归零的人工智能赌局——智能革命重大风险及其治理问题的若干思考》，《科学技术哲学》（人大复印报刊资料），2023。

[8] 刘益东：《致毁知识与科技伦理失灵：科技危机及其引发的智业革命》，《新华文摘》，2019。（论点摘编）

[9] 刘益东：《科技重大风险与人类安全危机：前所未有的双重挑战及其治理对策》，《新华文摘》，2021。（科学技术栏目转载）

[10] 刘益东：《科技巨风险与可持续创新及发展研究导论——以致毁知识为中心的战略研究与开拓》，《高等学校文科学术文摘》，2018。（学术前沿栏目摘选）

[11] 刘益东：《粗放式创新向可持续创新的战略转型研究——科技重大风险研究 21 年》，《高等学校文科学术文摘》，2019。（学术卡片摘选）

[12] 刘益东：《试论科学技术知识增长的失控（上、下）》，《中国科学院研究生院科学技术哲学论文选编（1997～2002 年）》，2002。（入选的 39 篇论文之一）

[13] 刘益东：《科技重大风险与人类安全危机：前所未有的双重挑战及其治理对策》，《中国科学院战略研究成果汇编 2020》（全院当年入选成果 56 项之一）。

[14] 刘益东：《致毁知识与科技危机：知识创新面临的最大挑战与机遇》，《科技创新导报》，2014。

四、作为主持人完成的相关项目课题清单

[1] 2016 年，中科院自然科学史研究所"十三五"重点培育项目"科技的社会风险"。

[2] 2020 年，中国科协"科技社团在促进新兴科技发展中的作用研究"。

[3] 2021 年，科技部评估中心"颠覆性技术创新伦理风险评估研究"。

[4] 2024 年，中国科协"科技安全与科技风险治理趋势研判"。

五、相关获奖

2001 年，独著论文《人类面临的最大挑战与科学转型》荣获第三届大象优秀科技史论文奖一等奖。该奖为当时我国科技史学科唯一专业奖。

B.5
天下体系的概念建构及其研究述评

胡海忠*

摘　要：　天下体系是当代中国最具标识性的概念之一，是一个反帝国主义性质的世界政治体系，旨在超越西方的民族/国家思维方式，以世界作为思考单位去分析问题。天下体系是对传统的天下三重内涵（地理学意义上的"天底下所有土地"、民心、一种世界一家的理想或乌托邦）的转化创造。天下的未来指向三个维度：政治天下、道德天下、知识天下。政治天下的原则包括世界内部化、关系理性和孔子改善。道德天下指向的是复数主体的伦理、政治制度的普遍性和传递性、民心。知识天下则强调不同的知识系统形成互相建构的思想平等流动，以生成跨文明级别的跨主体性。

关键词：　天下体系　世界政治理论　中国哲学　文明　关系理性

天下体系（Tianxia System）概念由国家文科一级教授、中国社会科学院学部委员、中国社会科学院哲学研究所研究员赵汀阳于 2003 年首次提出。天下体系是指以世界性的天下作为政治/经济利益的优先分析单位，以世界作为思考单位去理解和分析政治、经济和知识的问题，去创造世界新理念和世界制度。

一　概念阐释

（一）帝国概念与天下理念

赵汀阳在《"天下体系"：帝国与世界制度》一文中首先从帝国概念切

---

* 胡海忠，中国社会科学院哲学研究所《哲学研究》副编审，研究方向为中国哲学。

入，认为就理论可能性而言，帝国可以视为一个文化/政治制度而不一定是个强权国家实体。现代的"民族/国家"体系终结了古代模式的"伟大帝国"，以至于人们现在已经非常习惯于用民族/国家作为分析单位去理解现实、过去乃至未来。但帝国这个概念在现代演变成为一个失去了自然朴实品质的改版概念帝国主义。帝国主义是 19 世纪后期被创造出来的一个反思性概念。与现代化、资本主义、殖民主义密不可分，其本质是基于民族/国家制度的超级军事/经济力量而建立的一个政治控制和经济剥削的世界体系①。

赵汀阳认为，世界上先后出现了罗马帝国模式、大英帝国模式、全球化帝国主义（美帝国主义模式）这三种典型的帝国模式。

罗马帝国模式是具有普遍性的典型古代帝国模式。这种帝国是一个领土扩张型的军事大国，往往包括多民族。假如条件允许，这种帝国模式以扩张至全世界为目标。这种帝国只有临时性的"边陲"（Frontiers），而没有法律明确认定的"边界"（Boundaries）②。

大英帝国模式是基于民族/国家体系的典型的现代帝国主义。它总是一个帝国主义的民族/国家，以民族主义、资本主义与殖民主义为帝国理念和行动原则。帝国主义就是以现代化的方式来实现民族/国家利益的最大化，这种帝国有着明确划定的边界，用来禁止其他人随便进入而危害帝国或分享帝国的利益。与古代的领土扩张主义有所不同，帝国主义在控制世界方面主要表现为：首先，在条件允许的地方开拓境外殖民地；其次，在不容易通过征服而变成殖民地的地方，强行发展不平等贸易（"大英帝国的性格是商业性"，它是个国际贸易体系）；最后，通过现代性话语重新生产关于事物、社会、历史、生活和价值的知识或叙事，以此把世界划分成中心的、发达的、有神圣法律地位的一些主权"国家"和边缘的、不发达的、没有自主性的"地区"，划分成"有历史的和进化的"世界和"没有历史的或停滞的"世界，通过这种不平等的知识生产来造成其他地方的知识退化。"二战"之后，

---

① 赵汀阳：《天下体系——世界制度哲学导论》，江苏教育出版社，2005，第 23~24 页。
② 赵汀阳：《天下体系——世界制度哲学导论》，江苏教育出版社，2005，第 69 页。

殖民地纷纷独立并加入民族/国家体系，同时世界各国都强化了民族主义意识和主权要求，于是现代帝国主义也就转变为全球化帝国主义①。

全球化帝国主义（美帝国主义模式）主要表现为对其他国家的政治霸权、经济支配和知识霸权，从而形成"依附"格局。依附的政治和经济格局虽然是现代帝国主义的特性，但只有在全球化时代才可能被强化到极致，以至于全球化帝国主义能够形成对世界的全方位控制和霸权，按照美国自己喜欢的说法则是"美国领导"（American Leadership）。这种"美国领导"被J.奈生动地解释为"硬力量"和"软力量"的双重领导，即由美国领导和操纵的全球政治权力体系、世界市场体系和世界文化知识市场体系，而且这些"世界体系"都达到仅仅最大化美国利益和仅仅普遍化美国文化和价值观。在这个全球化帝国主义新游戏中，帝国主义不仅由于强大实力而永远是赢家，而且还是唯一有权选择游戏种类的主体以及游戏规则的唯一制定者。于是，美国就成功地成为世界游戏中唯一的法外国家。不过美国的无法无天并非完全归因于美国的野心，更重要的原因应该是世界缺乏世界理念、世界制度和足以支持世界制度的力量，而这正是这个时代提出来的严重问题②。

赵汀阳认为，与西方语境中的帝国（Empire）概念不同，天下与其说是帝国的概念，还不如说是关于帝国的理念。概念和理念的区别在于：理念不仅表达了某种东西所以是这种东西的性质，而且表达了这种东西所可能达到的最好状态。中国古代的王朝要表达的是一种理想或者完美概念③。所以作为理念的天下是以一种理想性指引着国家建构和对世界的理解。事实上，天下规定了我们应该有的视界：思想所能够思考的对象——世界，必须表达为一个饱满的或意义完备的概念，这是我们能够完整地说明自己的存在处境的视界，也是一个国家能够恰当地展开政治生活的视界。

---

①　赵汀阳：《天下体系——世界制度哲学导论》，江苏教育出版社，2005，第69~70页。
②　赵汀阳：《天下体系——世界制度哲学导论》，江苏教育出版社，2005，第70~71页。
③　赵汀阳：《天下体系——世界制度哲学导论》，江苏教育出版社，2005，第27页。

（二）天下概念的传统内涵

在最近发表的文章中，赵汀阳指出天下概念的内涵有传统三维和未来三维。传统三维即是在《天下体系》《天下当代性》中所陈述的天下的三重内涵。

地理学意义上的"天底下所有土地"，相当于中国式三元结构"天、地、人"中的"地"，或者相当于人类可以居住的整个世界①。同时，由于地为所有人所共有，人民拥有对于大地的先验权利，所以天下是最大的公物，是公共财产②。进而它还指所有土地上生活的所有人的心思，即"民心"。"得天下"的主要意思并不是获得了所有土地，而是说获得大多数人的民心。所以天下又体现出一种心理性③。相对于天下大地作为物质表现，天下民心则是天下的精神含义④。最重要的是它的伦理学/政治学意义，它指向一种世界一家的理想或乌托邦（所谓四海一家）。这一关于世界的伦理/政治理想的突出意义在于它想象着并且试图追求某种"世界制度"⑤。因为混乱的政治存在实际上是无效的存在，只有良好治理的世界才是一个合格和有效的世界，所以拥有天下制度的世界才有资格被定义为"世界"，否则将是个"无效世界"。如果说在天下概念中，天下之地是其质料，而天下之心是其价值，那么，天下制度就是天下的存在形式⑥。

在这个意义上，天下虽然是关于世界的理念，但比西方思想中的世界概念似乎有着更多的含义，它至少是地理、心理和社会制度三者合一的世界，而且这三者有着不可分的结构。天下意味着一种哲学、一种世界观，它是理解世界、事物、人民和文化的基础⑦。

赵汀阳认为，天下体系的理论框架和方法论非常不同于西方的政治哲

---

① 赵汀阳：《天下体系——世界制度哲学导论》，江苏教育出版社，2005，第27~28页。
② 赵汀阳：《天下体系——世界制度哲学导论》，江苏教育出版社，2005，第83页。
③ 赵汀阳：《天下体系——世界制度哲学导论》，江苏教育出版社，2005，第28页。
④ 赵汀阳：《天下体系——世界制度哲学导论》，江苏教育出版社，2005，第83页。
⑤ 赵汀阳：《天下体系——世界制度哲学导论》，江苏教育出版社，2005，第28页。
⑥ 赵汀阳：《天下体系——世界制度哲学导论》，江苏教育出版社，2005，第83页。
⑦ 赵汀阳：《天下体系——世界制度哲学导论》，江苏教育出版社，2005，第28~29页。

学。从理论框架上看，中国的政治哲学把天下看成是最高级的政治分析单位，而且同时是优先的分析单位。这意味着，国家的政治问题要从属于天下的政治问题去理解，天下的政治问题是国家的政治问题的依据。政治问题的优先排序是"天下—国—家"①。在中国传统政治哲学框架里，政治单位具有三个层次：天下、国、家。个人只是一个生命单位，还部分地是一个经济结算单位，却不是政治单位，所以古代中国没有产生出政治自由和个人权利的政治问题，直到现代中国引进了西方的个人概念才使个人变成一个政治单位。在"天下—国—家"的政治框架里，天下不仅是尺度最大的政治单位，而且是整个框架的最终解释原则。这意味着，天下定义了政治全语境，一切政治问题都在天下概念中被解释。在这个政治空间里，政治解释形成了"天下—国—家"的包含秩序（Inclusive Order），而其伦理解释则形成"家—国—天下"的外推秩序（Extending Order），两者形成互相解释的内在循环②。中国文化中的家文化的突出特点在于指向国家、天下，家是微缩的政治关系，国和天下是扩大的家庭伦理，以家庭逻辑拟构家国天下的逻辑。在古人看来，天道的流行必然要以生成个体的方式表现出来，在人事上就体现为一种生生不绝的家庭关系，家庭关系是纵向的生生，横向的生生则构成了天下国家的政治关系。孙向晨《论家：个体与亲亲》一书提出，从"个体"和"亲亲"的"双重本体"来重新理解"家"的哲学意义，即"个体为重"所强调的个体性价值，"亲亲为大"所重视的伦理原则，都是"稳健的、完整的现代社会"所必需的条件。但张祥龙认为，从中国的家文化可以看到一个"三体"的结构：个体、家和集团。在这个三体结构中，个体与集团占了两个极端，都曾以各种形式被西方传统哲学奉为实体；而家或亲亲则绝不是这种实体，它只是本体，而且是居于另两者之间的更加原发的本体。家养育了个体，却不止于个体；家中出来的人们可以尊奉某种超越原则而组成集团，但家不是这种集团。从人生和历史的实际生活经验或"事情

① 赵汀阳：《天下体系——世界制度哲学导论》，江苏教育出版社，2005，第11页。
② 赵汀阳：《天下的当代性：世界秩序的实践与想象》，中信出版社，2016，第13页。

本身"看来，这三体里面，只有家是自足的和原发生的。所以，要真正理解中国的现代乃至未来的命运，必须看到家的这种原本体地位①。也就是说，在个体、家、集团的结构中，家更为根本，人首先是在亲子关系中存在的，不是作为一个单独个体而存在的。所以对于个体而言，家是自足的、原发生的。家不是个体，也不是个体的集合，家是养育个体的地方，但家又未沦入个体主义之中，家也不是超越个体之上的集团，因为家不可能没有身体和情感这样的生命质料和正在生成着及被生成着的生命关系。由于有姻亲、远亲等关系，家不是一个与其他的家有清晰分界的实体，因此它自身也并非一个更高级的个体②。需要注意的是，中华文明中也有重视个体的传统，《大学》的八条目就是从修身到治国、平天下的逐次推扩，格物、致知、诚意、正心都指向个体修身。《孟子·离娄上》也说："天下之本在国，国之本在家，家之本在身。"所以，天下、家、国的政治空间必须包含"身"这一维度，即："天下—国—家—身"，伦理秩序的展开层次也必须从身开始，即："身—家—国—天下"，将其结合起来，就成为"天下—国—家—身—家—国—天下"的循环。天下的整体义、民心义，对于个人而言就是一种道德义，因为照顾到了普天之下，就是照顾到了整体，就是道德的充分实现，把握民心，也需要道德，通过道德把握了民心，就把握了整体，也就获得了天下。《大学》"自天子以至于庶人，壹是皆以修身为本"，不仅说的是从己身开始的道德修养指向天下，同时也在说因为所有人都在天之下生活，所以必须立足全体，立足全体自然就有照顾普天之下的要求，照顾到整体，就必须从修身开始。

赵汀阳敏锐地注意到，与西方当代政治哲学不同的是，西方没有"天下"这一政治级别，国家（民族／国家）已经被看成最大的政治单位了，它的政治问题优先排序是"个体—共同体—国家"。西方政治哲学框架中缺少世界政治制度的位置，这是个致命的缺陷。不过，在相当长的历史时期中，由于主要

---

① 张祥龙：《代际时间：家的哲学身份——与孙向晨教授商榷》，《探索与争鸣》2021年第10期，第60~66页。

② 张祥龙：《代际时间：家的哲学身份——与孙向晨教授商榷》，《探索与争鸣》2021年第10期，第60~66页。

的政治问题是以国家为单位的，因此这个缺陷没有暴露出来。现代以来，随着国家之间的政治问题复杂化，这个"缺少世界政治制度理念"的理论缺陷就逐步显示出来了。西方政治学发明了"国际理论"来应对国家之间的政治问题，可是国际理论在学理上并不高于国家理论，它没有任何高于国家的理想和价值观，相反，它只是国家理论所附属的"对外的"策略研究，是国家政治理论的一个特殊附庸。由于缺乏更高的理想和视野，国际理论的背后根本不存在任何深刻的哲学①。所以，中国传统的家、国、天下的视野为我们重新建立起一个能够克服西方政治哲学所导出的"无效世界"提供了视界，因而能够从根本上克服从个体出发、以国家为目的的政治哲学的弊端。

（三）方法与尺度

赵汀阳指出，天下理念意味着一种哲学方法论，这种方法论体现为一种解释情境，任意一个生活事物都必须在它作为解释条件的"情景"（Context）中才能被有效地理解和分析，那么，必定存在着一个最大的情景使得所有生活事物都必须在它之中被理解和分析。这个能够作为任何生活事物的解释条件的最大情景就是天下。只有当解释条件是个饱满的或意义完备的理念，才能够说拥有充分的世界观。"天下"理念的这一优势，就克服了缺乏充分意义的世界观的哲学（例如西方哲学）在解释世界性问题时存在着根本性的困难②。

同时，天下概念创造了思考问题的一个世界尺度，它使得度量一些用民族/国家尺度无法度量的大规模问题成为可能。天下把世界定义为一个范畴性的（Categorical，康德意义上）框架和不可还原的反思单位，用于思考和解释政治/文化生活与制度。西方思考政治问题的基本单位是各种意义上的"国家"（Country/State/Nation），国家被当做思考和衡量各种问题的绝对根据、准绳或尺度。而按照中国的天下理论，世界才是思考各种问题的最后尺

---

① 赵汀阳：《天下体系——世界制度哲学导论》，江苏教育出版社，2005，第11~12页。
② 赵汀阳：《天下体系——世界制度哲学导论》，江苏教育出版社，2005，第29页。

度，国家只是从属于世界社会这一解释框架的次一级别的单位，这意味着：超出国家尺度的问题就需要在天下尺度中去理解；国家不能以国家尺度对自身的合法性进行充分的辩护，而必须在天下尺度中获得合法性。因此，天下理论是典型的世界理念，以至于可以成为判断一个理论是否具有世界理念的结构性标准。根据这一结构性标准就很容易判断一个世界体系是否表现了一种世界理念①。

另外，天下还具有一种永恒的尺度。因为在某个时段内，世界公共利益的最大化未必与国家的利益最大化一致，但从"长时段"的尺度看，或从永恒的时间性看，人类公共利益的最大化必定与每个国家或地方利益的最大化是一致的。所以，天下理念不仅是空间性的，而且是时间性的，当它要求一个世界性尺度时，就逻辑必然地进一步要求一个永恒性尺度，因为世界性利益需要通过永恒性的时间概念来彻底表达。只有当世界被看成是个先验的（Apriori）政治单位，才能够考虑到属于世界而不仅仅属于国家的利益和价值。天下理念可以说是一个考虑到最大尺度空间的最大时间尺度利益的概念。只有把世界理解为一个不可分的先验单位，才有可能看到并定义属于世界的长久利益、价值和责任。但对于民族/国家的眼睛，所看到的是"属于国家利益的世界"而没有看到"属于世界的利益"②。

（四）赵汀阳天下体系概念的核心要义

1. 政治原则

赵汀阳认为，天下的政治原则包括世界内部化、关系理性和孔子改善。无论何种文明，只要其政治系统满足以上三个原则，就是一个天下③。

（1）世界内部化

这一原则最早被表述为"无外原则"，天下指向天之下的所有存在者，

---

① 赵汀阳：《天下体系——世界制度哲学导论》，江苏教育出版社，2005，第31页。
② 赵汀阳：《天下体系——世界制度哲学导论》，江苏教育出版社，2005，第32~33页。
③ 赵汀阳：《天下理论的先验逻辑：存在论、伦理学和知识论的三维一体》，《中央民族大学学报》（哲学社会科学版）2024年第3期，第5~17页。

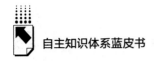

所有的存在者都在天之下，都在天之下而成为内在的一体，所以天下必然是"无外"的。

从历史维度来看，赵汀阳指出，天下为家而无外，它非常可能是使得中国思想里不会产生类似西方的"异端"观念的原因，天下为家而无外，也不会产生西方那样界限清晰、斩钉截铁的民族主义。既然世界无外，它就只有内部而没有不可兼容的外部，也就只有内在结构上的远近亲疏关系。与本土不同的他乡只是陌生的、遥远的或疏远的，但并非对立的、不可容忍的和需要征服的。对于天下，所有地方都是内部，所有地方之间的关系都以远近亲疏来界定，这样一种关系界定模式保证了世界的先验完整性，同时又保证了历史性的多样性，这可能是唯一能够满足世界文化生态标准的世界制度。假如把世界看成是给定的分裂模式，那么世界的完整性就只能通过征服他者或者"普遍化"自己来获得，而这样做的代价是取消了作为生态活力必要条件的多样性。在理论上，"无外"的原则已经排除了把世界作分裂性理解的异端模式和民族主义模式。在实践上，"无外"原则虽然不能完全克服作为人之常情的地方主义，但也很大程度上减弱了天下/帝国与其他地方的矛盾①。

世界的内部化也意味着避免了世界的分裂，或者说避免了对于世界的分裂性的理解。为什么中国出现了天下这一思考政治的单位，而西方没有？赵汀阳指出，这很可能与基督教改造了西方思想有关。希腊哲学虽然没有等价于天下的概念，希腊的世界概念虽然是单薄的而非全方位意义的世界，但它考虑到了 chaos 必须成为 kosmos 才能成为世界这样的普遍形而上学问题，因此它有可能在逻辑的路上进一步发现意义饱满的世界概念。但是基督教的胜利把分裂的世界概念带进西方思想，它剥夺了关于人间世界的完美的和永恒理想的想象权利。宗教的真正危害并不在于无神论所批判的虚妄性上（幻想是无所谓的），而在于它理解世界的分裂性方式，它把世界划分为神圣的和异端的，而这种分裂性的理解是几乎所有无法调和或解决的冲突和战争、

---

① 赵汀阳：《天下体系——世界制度哲学导论》，江苏教育出版社，2005，第35页。

迫害和征服的思想根源①。在这一意义上，我们可以说西方并没有一种将世界内部化的思想方法，也没有一种无外的世界观，绝对的他者预设使得西方始终无法发展出内在一体的天下观念。

世界的内部化向未来发展，意味着将整个世界变成一个共在与共享的无中心网络系统世界，以网络系统的主体性而获得高于国家的世界主权，以无限网络形式而存在的世界不受任何国家的支配，但也没有取消国家，而是在国家之上建立了更高一个层次的政治系统。天下系统的"实无限"性质使得一切主体都成为系统的内部存在，于是消解了负面外部性的问题。化外部性为内部性，也就把不共戴天的外部矛盾弱化为利益分配的内部分歧。化外部性为内部性的成功条件在于，天下制度能够为天下所有人提供的系统化好处必须大于拒绝或退出系统的好处②。

（2）关系理性

赵汀阳认为，国际性并不是理解世界政治的最好视界（Horizon），因为它无法超越际间（Interness）思维模式，也就无法超越国家视界，而国家视界对于世界问题来说无疑太小了，而且不可能是个公正的视界，尤其是它甚至不可能为自身的合法性提供合法的论证，因为它不可能为世界着想③。由于天下超越了国家这一政治思考单位，而是以世界整体为思考单位，所以天下理论就超越了一种国"际"的思考方式，而将焦点落在作为整体关系的"世界性"上，而且世界性已经把国际性问题包括在内，在世界性视界中包含着一个最大化视野的政治理论④。这里就涉及个体理性与关系理性的区别，个体理性指向的是一种主体间性，而关系理性则是强调在关系中理解个体，也在整体性中理解个体，即在世界整体的眼光中理解政治。赵汀阳认为，无论诸神之间或个人之间，还是民族之间、国家之间或文明之间，所有

---

① 赵汀阳：《天下体系——世界制度哲学导论》，江苏教育出版社，2005，第33页。
② 赵汀阳：《天下理论的先验逻辑：存在论、伦理学和知识论的三维一体》，《中央民族大学学报》（哲学社会科学版）2024年第3期，第5~17页。
③ 赵汀阳：《天下体系——世界制度哲学导论》，江苏教育出版社，2005，第76页。
④ 赵汀阳：《天下体系——世界制度哲学导论》，江苏教育出版社，2005，第81页。

主体间难题都是关系难题，可以表达为一个总公式：他人不同意。在变在存在论系统中，存在论的分析对象是互动关系、秩序和系统。关系是最基本的存在论事实，秩序和系统都是复杂关系的涌现而反过来解释了关系。各种实体的性质（不存在独立的实体），只不过是不同关系的函数值。关系定义了一切存在的性质，同时也提出了所有需要解决的问题。关系之外无定义，关系之外无问题。天下是最大规模的人类系统，实质上是人类关系的最大集合①。赵汀阳对于理性体现出了一种充分信任的态度，认为充分的理性必须能够处理人类存在的全部问题，而且关系理性（应该也是集体理性）要强于个体理性。唯有关系理性能够普遍有效地处理主体间的互动关系，并且有望建立人人有份且人人受益而不会取消任何人的主体性的跨主体性。关系理性表现为能够选择对于任何人或所有人有利的存在方式，表现为普遍合作的最大可能性②。所以在关系理性之中，我们能够形成对于世界的完整理解，最大的关系理性就是一种集体理性，是我们克服国际难题的关键视界，同时也是解决国际难题的方法论来源。

在《天下的当代性》中，赵汀阳通过设计"普遍模仿"的理论实验来说明关系理性是最优的理性。"普遍模仿"的理论给定荀子—霍布斯的博弈语境，在其中每个博弈者都具有个人理性，都追求自身利益最大化，都有足够的学习能力。在这样的条件下，人人都能在博弈过程中互相学习别人更高明的谋利策略，并且在接下来的博弈中模仿所习得的优势策略或者采取有效的反制策略。在多回合的长期博弈中，能力更强的人不断推出更高明的策略以确保优势，但任何策略的领先总是暂时的，那些高明的策略很快就变成了共同知识而被大家所模仿，于是，策略的对称性很快消除了博弈优势。假定存在着一个有限量的策略集合，那么最终将出现"集体黔驴技穷"状态；假定存在着一个无限量的策略集合，由于策略的创新速度赶不上模仿速度

①　赵汀阳：《天下理论的先验逻辑：存在论、伦理学和知识论的三维一体》，《中央民族大学学报》（哲学社会科学版）2024 年第 3 期，第 5~17 页。

②　赵汀阳：《天下理论的先验逻辑：存在论、伦理学和知识论的三维一体》，《中央民族大学学报》（哲学社会科学版）2024 年第 3 期，第 5~17 页。

（模仿的成本低于创新成本），因此同样也会出现"集体黔驴技穷"状态。总之，策略创新的领先性不断递减，当各种优势策略都已经出现并且被大家普遍模仿，人们拥有了饱和的共同知识或对称知识（对称的知己知彼），"集体黔驴技穷"现象就不可避免，于是达到稳定策略均衡。一个被普遍采用的稳定策略有可能是人人受益的善策略，也可能是人人利益受损的恶策略。对此，唯一的客观检验标准是：如果一个策略被普遍模仿而不会形成作法自毙的回弹报应，那么，这个策略就是经得起模仿考验的善策略；反过来，如果一个策略被普遍模仿，结果形成以其人之道还治其人之身的效果，导致始作俑者自取其祸，就被证明为恶策略，必定形成"模仿的悲剧"。由此获得两个推论：①如果一个策略必定引发报复，就通不过模仿的考验，这种策略就是非理性的；②并且引发报复的策略必定形成循环报应的困境，因此，无论这种行为对于其直接目标是否是理性的，经过普遍模仿而形成的循环行为加总（Aggregation）也必定使之形成集体非理性。这说明，仅仅满足个人理性的行为并不能保证它是普遍理性的行为——未来的报复力量可能证明它是非理性的，或者说，一个行为并不能仅凭这个行为自身的理性算计而证明它是否是理性的，个人理性只有当它能够必然导出集体理性才是真正理性的。这个结果质疑了现代的"个人理性"概念。个人理性通常意味着每个人都以自己利益最大化为行为目标，能够逻辑地算计利益得失，而且对可能选项集合的偏好排序是一致的而不是循环或自相矛盾的。可是，个人理性只是单边的理性考虑，并没有理性地思考自己与他者的互动关系是否最优。事实上，每个行为不仅选择了目标，同时也等于自动选择了某种互动关系，关键在于，未来是由互动关系决定的，这意味着未来是由多方行为共同确定的，因此个人理性可能对许多可及利益视而不见而错过了真正的利益，诸如囚徒困境、公地悲剧或者搭便车问题都表现了此类短视选择。要解决合作难题就必须颠覆个人理性的独断地位而引入"关系理性"（Relational Rationality）。关系理性与个人理性并不对立，而是与个人理性互相配合使用而构成完整理性概念的硬币两面：个人理性是竞争理性，而关系理性是共在理性，两者的配合构成了理性自身的平衡。假如"共在先于存在"的存在论命题是正确的，那么关系理性的使用也优先于个人理性①。将共在理性、关系理性运用于理解世界政治，导向的就是天下体系，将个体理性、存在理性运用于理解世界政治，导向的就是帝国、民族国家。赵汀阳提出了一种具有互动对称性的关系理性。其定义是互相伤害最小化优先于排他利益最大化。所以关系理性优先于个体理性。根据"共在先于存在"的人类存在论原理，互相伤害最小化就能够保证普遍的安全和自由②。要克服帝国主义、民族国家对于当下世界政治所造成的失效局面，就要充分发挥共在理性、关系理性的政治效用。具体而言，就是要以天下的视野赋予国家，蕴天下于国家，以思考世界、人类命运的方式思考国家，让世界成为一个世界，让国家在世界中得到合理的安顿。

（3）孔子改善

赵汀阳认为孔子的核心概念"仁"就是关系理性的第一个模型，"仁"表达的是任意二人之间最优的共在关系。关系理性意味着共在意识的优先性：考虑到行为模仿的报复问题，因此优先采取报复规避（Retaliation Aversion），这是一种把行为的未来互动性考虑在内的更强的风险规避（Risk Aversion）；因此，优先考虑"互相伤害最小化"而不是"自身利益最大化"；并且，在保证互相伤害最小化的基础上，进一步追求合作最大化并且冲突最小化的最优共在状态，从而增进每个人的利益。结合霍布斯假设（存在就是存在于恐惧之中）和荀子假设（存在就是存在于共在之中），赵汀阳对个人理性和关系理性的不同用途进行分析：个人理性主要用于防卫行为，即在外部挑战的条件下捍卫自己的最大利益——这与现代所理解的个人理性概念有些不同，现代的个人理性的目标是个人利益最大化，这个"积极的"目标与理性的风险规避原则之间存在着紧张和不协调。如果把个人理性约束为"消极地"捍卫自身利益，就能够与风险规避原则保持一致性

① 赵汀阳：《天下的当代性：世界秩序的实践与想象》，中信出版社，2016，第32~36页。
② 赵汀阳：《天下理论的先验逻辑：存在论、伦理学和知识论的三维一体》，《中央民族大学学报》（哲学社会科学版）2024年第3期，第5~17页。

了；关系理性用于建构稳定可信的共在性，其理想目标是达到"孔子改善"，即一种利益改善必然使所有当事人的利益同时获得改善：如果当事人X获得利益改进x+，当且仅当，当事人Y必定同时获得利益改进y+，反之亦然。于是，促成x+就成为Y的有利策略，因为Y为了达到y+就必须承认并促成x+，反之亦然。"孔子改善"要求任何一个利益改善事件具有互相蕴涵的利益关系而使每个相关人同时获得"帕累托改进"，因此消除了一般帕累托改进所允许的单边受益情况（事实上经常出现）。一般帕累托改进并不要求每个人的利益都得到改善，而仅仅要求无人利益减损，因此，帕累托改进不足以保证可信的共在关系，也不可能达到普遍满意，而孔子改善要求的是普遍满意的普遍利益改进，因此能够形成稳定可信的持续均衡，进而成为稳定可信的制度基础①。如果采取以关系为单位的求解方式，考虑的是任何人之间的可接受关系。于是，普遍必然价值意味着：①普遍受惠。如果一种关系形成普遍受惠，每个人都会同意。普遍受惠排除了一致同意所蕴涵的最坏情况（集体不受益）。普遍受惠总是蕴涵一致同意，而一致同意未必蕴涵普遍受惠。以关系作为分析单位的优势是以客观效果的排序取代了偏好加总，这样更符合理性标准。②普遍兼容（Universal Compatibility）。如果一种关系能够保证互相兼容的合作，那么每个人都会同意。普遍兼容关系并不干涉任何生活方式且没有优待任何特殊群体，而是对称地惠及各方，即优先的是关系而不是某一方的特殊利益。因此，普遍兼容的关系能够有效解决多元方案的冲突问题②。

2.道德原则

（1）复数主体的伦理

赵汀阳提出了天下伦理的元定理。他认为，传统的元定理只是推己及人的单向对称性，如儒家所说的"善推"，但皆以自身之主体性去推普遍性，这在复数主体性的条件下是可疑的。每个主体都是出发点，因此必须是双向

---

① 赵汀阳：《天下的当代性：世界秩序的实践与想象》，中信出版社，2016，第36~38页。
② 赵汀阳：《天下体系——世界制度哲学导论》，江苏教育出版社，2005，第44页。

之推——准确地说是任何方向或"万向"之推，才是在任何情况下普遍有效的互动对称性。所以，可将传统的金规则"己所不欲，勿施于人"修改为新的金规则"人所不欲，勿施于人"①。在《天下体系——世界制度哲学导论》中赵汀阳提出"礼不往教"原则，这应该是"人所不欲，勿施于人"这一金规则的雏形。赵汀阳认为，表达中国心灵的实践原则的是"礼"这一概念。礼的精神实质是互惠性（往来），所谓："礼尚往来，往而不来，非礼也；来而不往，亦非礼也。"由礼所规定的社会关系被认为是最优的，因为它表达了人性基本原理"仁"。仁表达的是千心所共有的人性或共同认可的人性原则，可以理解为对人性的普遍意识，即仁是人的普遍要求。历史事实显示，中国古代王朝在扩大其文化影响方面的确实践了"不取人、不往教"的原则。尽管中国古代王朝连续 3000 年保持着优势的文化，但其文化影响的扩大速度非常缓慢，基本上只影响了近邻地区。相反，中国一贯引进外来文化，大规模的引进至少有胡服骑射、佛教和现代欧洲科学文化等。可以说，以"礼"和"仁"为表里而定义的天下/帝国想象的是一种能够把文化冲突最小化的世界文化制度，而且这种文化制度又定义了一种以和为本的世界政治制度②。

（2）政治制度的普遍性和传递性

赵汀阳认为天下理论的哲学原则所需包含的不同层次上的政治制度必须在本质上相同，或者说，政治治理原则必须在各个政治层次上具有普适性和传递性。因为西方政治哲学弊端的根源在于其眼界不能超出国家这个思考单位，所以不能正确思考以世界为单位的政治问题，不能给出从世界出发的政治理想，不能给出关于世界政治的哲学根据③。但是西方哲学又相信自己的世界观是普遍的，要将世界观强加于世界，由此造成了世界的无序。西方政治哲学所定义的几乎所有基本价值或制度都几乎不可能发展成为全球性的共

---

① 赵汀阳：《天下理论的先验逻辑：存在论、伦理学和知识论的三维一体》，《中央民族大学学报》（哲学社会科学版）2024 年第 3 期，第 5~17 页。

② 赵汀阳：《天下体系——世界制度哲学导论》，江苏教育出版社，2005，第 54~57 页。

③ 赵汀阳：《天下体系——世界制度哲学导论》，江苏教育出版社，2005，第 12 页。

同制度——这与其他国家是否接受西方的价值观没有关系，这是个有关理论能力和实践可能性的问题①。究其原因，赵汀阳指出，在西方文化中，政治哲学一直只是一种应用哲学，而没有深入到政治形而上学的层次。无论是柏拉图、霍布斯、洛克，还是康德、罗尔斯和哈贝马斯，都没有能够给政治哲学建立一个形而上学基础。一个政治制度定义了权利、权力和利益的分配方式以及相关的实践规则，并且假定它是普遍有效的。如果一个政治制度的确是充分有效的，那么它就必须能够覆盖整个可能的政治空间。只要存在着部分逃逸在外或者无法治理的政治空间，那么这个政治制度就是有漏洞的，它必定有着它无法克服的"外部性存在"，这将是一切混乱和无序的根源。因此，一个有效的政治制度必须具有充满整个可能的政治空间的普遍有效性和通达每个可能的政治层次的完全传递性。简单地说，一个政治制度必须在所有地方（比如说每个国家和地区）都同样可行，同时必须在每个政治层次上（比如从社会基层单位到国家直到世界）都具有同构性，否则就总会出现该制度无法控制和处理的致命困难②。具有一个合理的形而上学基础的政治哲学，意味着政治制度具有一种普遍性和传递性。一个政治游戏必须在所有地方（每个国家和地区）和所有关系中（每个人之间的关系或每个国家之间的关系）都同样可行而不构成对任何地方或任何人的伤害，否则必定存在着无法化解的冲突。一个政治游戏的普遍有效性在于它有能力不断化解不断出现的冲突，而不可能阻止冲突的出现。天下体系期望达到"协和"的政治，所谓"协和万邦"③。中国哲学试图创造的新的人际逻辑是以一种政治制度的创制，保证从政治基层单位一直到国家、到天下都维持同样结构的一贯的政治游戏，这样，政治制度才有一致的连续性，其中所定义的规则和价值才是普遍有效和可信的。具体来说，一种政治制度或者政治游戏不能一贯普遍有效，那么只能证明它是个谎言，例如，国内民主制度如果不能发展成为全球民主制度，那么民主就是个谎言；如果有的国家主权可以不被尊

① 赵汀阳：《天下体系——世界制度哲学导论》，江苏教育出版社，2005，第13页。
② 赵汀阳：《天下体系——世界制度哲学导论》，江苏教育出版社，2005，第13页。
③ 赵汀阳：《天下体系——世界制度哲学导论》，江苏教育出版社，2005，第23页。

重，那么国家主权制度就是个谎言；如果人权只能由某些国家来定义而不能由别的国家去定义，或者有的国家的人权需要受到保护而另一些国家的人权可以忽视，那么人权就是个谎言。国家制度不能推广成世界制度，这一局限性表明，西方政治制度是个没有普遍意义的制度。人类社会所遇到的政治问题是相同的或雷同的，但是出于不同的眼界就有不同的解答。中国政治哲学从最大的眼界出发，从天下的规模去理解政治问题，而西方政治哲学（以现代政治哲学为准）则由最小眼界开始，以最小政治实体的权利为基础，这样的哲学只能解释如何维护个人权利和国家利益，却不能解释世界的政治制度和治理，不能解释如何维护人类价值和世界利益①。

（3）作为民心的天下

赵汀阳揭示出天下的道德原则的核心是民心，民心关乎最完美的政治公正。他有以下逻辑推证。

首先，一般认为的最完美的政治公正标准有以下两点。

①一个制度是合法的，当且仅当（iff），它是所有人都同意的制度。但这个标准过于苛刻，无论是理论上还是事实上都不可能有一个完美到"人人同意"的制度。于是，退而求其次；②一个制度是合法的，当且仅当（iff），它是多数人都同意的制度。这是现代社会的一个典型理解，是民主社会的根据。但这种理解中有一个严重的缺陷，它把人不分黑白地看成是个抽象符号，是个无差别的任一变元。现代模式的民主是以责任心比较可疑的人群作为群众基础的，所以大多数同意的制度是难以被有责任心的精英所认可的。因此上述标准应该修改为：一个制度是合法的，当且仅当（iff），它是多数人都同意的制度，并且，多数人中至少包含了多数精英。

不过，修改后的标准还涉及一个极其重要的问题：对于制度的合法性的证明来说，"民心"比"民主"更为正确。或者说，民心才是关于制度合法性的证明，而民主根本就不是，民主只是一种在操作上比较容易的程序，并不能表达好的价值。民心问题与民主问题的根本差异在于，民心是制度合法

① 赵汀阳：《天下体系——世界制度哲学导论》，江苏教育出版社，2005，第16页。

性的真正理由和根据，而民主只是企图反映民心的一个技术手段（还可以有其他的手段）。更重要的是，即使人民自愿按照民主方式去选择，大众的选择也仍然不等于民心，因为大众的选择缺乏稳定性，随着宣传、时尚和错误信息而变化无常，只是反映暂时偶然的心态，而不是由理性分析所控制的恒心，所以说，民主反映的是"心态"而不是"本心"①。民心就是为公而思的思想，"公思"自有"公论"。"天下为公"这句名言应该解读为：天下是天下人的天下，天下人都为天下着想②。天下是天下人的天下，天下人最需要天下大治，所以得天下民心者得天下，这是天下理论的基本价值原则。

3. 知识原则

赵汀阳认为，政治和道德的天下体系的生成，需要不同的知识系统形成互相建构的思想平等流动，以生成跨文明级别的跨主体性。这一知识系统可用非实体的"新百科全书"概念进行表达。新百科全书也基于天下的"无外"概念，是知识无外，包含所有的知识系统，形成不同知识系统之间的平等互动、互相建构或互相重构，即不同的知识系统或不同文明的思想能够消除边界，各种知识能够互相进入他者的知识系统并成为思想的参照系而不是他乡的景观，可以迁入、移植和嫁接而形成知识基因多样化和丰富性的演化变异。新百科全书的可期产品是"元宇宙图书馆"，预设了以下三种性质：一是以综合文本去构成知识，即一种整体论的知识建构方法，以无限链接为知识结构（需要人工智能网络的技术支持），但不是取消还原论，而是在还原论之上增加整体论的维度，以恢复对事物的整体理解。二是每个人都可以建立一个属于自己的元图书馆，这也需要人工智能网络的技术支持。既然每个人的意识具有主体性，也就需要每个人自己的知识基地和系统，即每个人的元图书馆，知识结构是个人化的，但知识资源却无限链接和无限开放。三是元图书馆将是瓦尔堡式的图书馆，不是基于知识分科的分类学，而

---

① 赵汀阳：《天下体系——世界制度哲学导论》，江苏教育出版社，2005，第19页。
② 赵汀阳：《天下体系——世界制度哲学导论》，江苏教育出版社，2005，第20页。

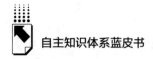

以所关注的问题为出发点去形成知识的无限链接。每个人的图书馆与每个他人的图书馆在问题链接上将形成无限交通路径，成为相互的参照系，使得所有的元图书馆合成一个知识的天下①。

二 研究综述

（一）概念的形成与发展

此前关于天下的研究已经十分丰富，笔者目力所及，大致可分为以下三类。

第一，分析天下观念在不同时期的历史表现。如干春松对商周以来天下观念的梳理，认为商朝以天下为世界观的概念还未成立。天下概念的萌芽始于周朝之"天"的人格化概念，天下只是区别了外界混沌世界与人类智慧世界的模糊分界。而春秋战国时，天下已经逐渐演化出空间概念和社会性概念两层含义，前者意味着天覆地载的最广大区域，而后者意味着超越区域和种族的社会秩序②。张骏认为，先秦时代，作为一种人文构想，"天下观"并不纯粹是对自然地理的论述。"天下观"与后来西方的地理性的世界观不同，具有强烈的文化性③。牟发松深入分析了历史时期天下的内涵，认为周人创生的新天道观，将神秘的天命还原为民意、民心，成为以后儒家民本政治思想的张本，并最终形成以民众/民心和声教/礼义为主要内涵的"天下"范畴体系，对应于或者相当于今日的"社会"概念。天下作为民众/民心的体现，声教/礼义的载体，保证全体社会成员福祉的公共领域，被视为人类社会组织中最大、最高的单位，代表着社会理想、伦理价值的文化道德空

---

① 赵汀阳：《天下理论的先验逻辑：存在论、伦理学和知识论的三维一体》，《中央民族大学学报》（哲学社会科学版）2024 年第 3 期，第 5~17 页。
② 干春松：《世界和谐之愿景：〈中庸〉与儒家的"天下"观念》，《学术月刊》2008 年第 9 期，第 48~54 页。
③ 张骏：《守成则无以拂远的困局——浅议"天下"观念与当代国际法秩序的兼容性》，《历史法学》2016 年第 1 期，第 273~305 页。

间。大一统中国的民族认同和政治认同，都是以声教/礼义即文化认同为先导、为基础的。天下所体现出的公共性、文化性、道德性乃至超越性，使她在价值判断上优先于国家，并成为政治权力正当性、合法性的本源①。李磊以东晋时期为分析对象，对分裂时期的多元天下与大一统时期的一元天下共同构成中国历史上的天下形态进行分析，认为列国并立之 4 世纪的天下形态集中体现了多元天下的特征。天下秩序之所以能存在，是以华夷共有的天下意识为前提。东晋时期周边部族从天下意识中找到不同的合法性资源，因为"夷"在天下秩序中的地位上升，大一统时代"中心—边缘"的单向支配关系被多元互动关系所取代。也因如此，天下秩序并不稳定，聚变与裂变两种反向运动同时发生。但因为天下意识的制约，聚变是历史的主线②。李方则分析出唐朝天下一词的广义和狭义意涵，认为狭义的天下指唐朝实际统治的范围即唐朝统一多民族的国家；广义的天下则以中国为核心，以唐朝统一多民族国家（狭义天下）为政治实体，包容其他国家的世界体系和政治秩序③。另外，一些研究则从不同侧面揭示天下观念的变化在文化形态中的反映，如有研究从明代的地图绘制切入，认为明代依旧坚持着以中国为中心的绘图取向，一直在不断强化大一统的政治地理空间，但承继蒙元帝国东西扩张的世界经验，有了郑和下西洋和西方传教士所带来的新鲜域外地理知识的持续发酵，似乎明代中国人具备了更为开阔的地理视野和"世界性意识"。同时，在传统的"天下观"向"世界观"逐渐转变的过程中，此前太多未曾考虑的海外诸国，渐被纳入"华夷"序列中，使明朝的"华夷秩序"具备了更加丰富和多元的内容④。近代天下观念的转型，也是研究的重点。有

① 牟发松：《天下论——以天下的社会涵义为中心》，《江汉论坛》2011 年第 6 期，第 114~124 页。

② 李磊：《天下的另一种形态——东晋及东北族群政权建构中的天下意识探析》，《华东师范大学学报》（哲学社会科学版）2014 年第 5 期，第 17~27 页。

③ 李方：《试论唐朝的"中国"与"天下"》，《中国边疆史地研究》2007 年第 2 期，第 10~20 页。

④ 管彦波：《明代的舆图世界："天下体系"与"华夷秩序"的承转渐变》，《民族研究》2014 年第 6 期，第 101~110 页。

学者指出，中国近代以来天下观向国家观的转变是一个破旧立新、解构和建构同时进行的一体两面过程。一方面是中国中心天下观一步步解体，另一方面是以主权为核心的民族国家观逐步确立。西方史地知识的传播，带来国人世界观的改变，触动天下观向万国观转变，但是中国中心的主体地位犹存。国际法知识的广泛传播和运用及民族危机的步步加深，促使国人的国家主权意识逐渐凸显，中国对藩属国完全失控后，中国中心的观念瓦解，以国地、国权、国民为核心的国家思想成为思想界的主题，民族国家思想渐趋成熟①。

第二，从国家形态、文明形态角度展开的研究。如对天下体系、王朝国家、文明国家等概念进行比较②。天下体系还涉及朝贡体系的问题，罗志田的研究揭示，历史时期朝贡虽在构建天下的完整性方面负载了较多象征意义，但其所代表的国际秩序并非国家思维之所侧重。当近代中国以融入世界作为国家的目标后，因为面临的外在秩序与既存的朝贡体系有着极大差异，所以不能不同时对既存的内在体制进行大幅度的修改，以获取外在体制的承认和接受③。

第三，与赵汀阳的天下观念具有重要对话关系的研究，涉及主张新天下主义理论的一些学者，如白彤东、许纪霖等。白彤东以战国时期的天下格局为例，认为西周的封建制度与欧洲中古（前现代）等封建制度有很多相似的地方，战国时的各国取得了与欧洲现代国家类似的独立和绝对主权。白彤东借孟子的恻隐之心和夷夏之辨将世界各国分为文明国家和野蛮国家，文明国家承担着对野蛮国家的教化职责④。许纪霖追求对民族主义和传统天下主义双

① 张春林：《解构与建构：近代天下观向国家观转变历程解析》，《福建论坛》（人文社会科学版）2018年第1期，第146~154页。
② 赵轶峰：《王朝、天下、政权、文明——中国古代国家形态问题的若干概念》，《中国史研究动态》2022年第5期，第33~40页。
③ 罗志田：《天下与世界：清末士人关于人类社会认知的转变——侧重梁启超的观念》，《中国社会科学》2007年第5期，第191~204页。
④ 白彤东：《民族问题、国家认同、国际关系：儒家的新天下体系及其优越性》，《历史法学》2016年第1期，第205~242页。

重改造，一方面保持现代民族国家主权平等的原则，另一方面去除传统天下主义的中心化和等级化，追求一种新的普世文明价值，使各国可以平等友好地交往。他认为，传统的天下具有双重概念：一方面代表着一种普世的价值，这种价值在王朝更迭中不断发展，不断吸纳其他优秀的文明，"中华文明之所以经历五千年而不衰，不是因为其封闭、狭窄，而是得益于其开放和包容，不断将外来的文明化为自身的传统，以天下主义的普世胸怀，只关心其价值的好坏，不问种族意义上的'我的''你的'，只要是'好的'，统统拿来将你我打通，融为一体，化为'我们的'文明"；另一方面则是地理空间上的含义，指以中原为中心的同心圆模式，"第一个是内圈，是皇帝通过郡县制直接统治的中心区域；第二个是中圈，是帝国通过册封、羁縻和土司制度加以控制的边疆；第三个是由朝贡制度所形成的万邦来朝的国际等级秩序"①。

此外，日本学者平冈武夫、田崎仁义、山田统、安部健夫、堀敏一、渡边信一郎等均对天下展开过研究，台湾学者甘怀真曾主编论文集《东亚历史上的天下与中国概念》，对此问题进行了讨论。

赵汀阳在《天下体系》的前言中指出：

> 今日世界，乱世已成，究其原因，窃以为人类有世界而无天下，世无良序久矣，一乱生百乱，小乱成大乱，势所难免也。所谓天下兴亡之事理，以今日之说法，便是世界政治哲学问题。古人深谋远见，早有天下之论，堪称完美世界制度之先声，进可经营世界而成天下，退可保守中华于乱世，故不可不思。思之经年，虽未透彻，或略有尺寸可取，故抛砖就教于高明，以求日后或能磨砖成玉，由导论而成理论。所营造之问题框架，兼取中西，尤以中国传统架构为主，曰天下，曰治乱，曰形势。所采用之分析方法，亦兼有中西，而偏重西式以取其逻辑论证之长。天下之论，虽为古人天才高见，然时事演化，社会变迁，天已自变，道亦自新，自当度量形势而修正之，未敢拘泥于老法也。而所作发

---

① 许纪霖：《家国天下：现代中国的个人、国家与世界认同》，上海人民出版社，2017。

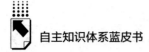

挥，无非一己之管见，或仁或智，或当或不当，惟望于问题有所推进。天之道，万物之本，至大而不可知之，故孔子曰天道远矣。天下之理，身在其中，心所能及，行之可成，故曰天下之理，万事之本①。

这里，赵汀阳对天下体系的问题意识、问题框架、分析方法、思想来源、理论预期进行自述。天下体系思考的起点在于"世无良序久矣，一乱生百乱，小乱成大乱"这一世界政治哲学问题。其问题框架则兼取中西，尤以中国传统为主。分析方法则兼有中西，而偏重西式以取其逻辑论证之长。其思想资源来源于中国古代的天下之论，认为这是完美世界制度之先声，在历史经验中，天下理念发挥其效用，"进可经营世界而成天下，退可保守中华于乱世"。天下体系的理论预期在于建立一个完美世界制度。

1.以重思中国来思考世界

天下体系的提出，与全球化浪潮席卷中国、中国成为世界大国的时代氛围有直接关联，思想的动力不仅在于为世界思考，同时也是从中国出发来思考，是以思考中国的方式来思考世界，以为中国找坐标的方式安顿世界。赵汀阳认为，当全球化浪潮成为一个使所有事情全方位卷入的运动，中国重新成为大国就绝不是重温古代模式的大国之梦，而是在进入一种新的政治经验。而当中国成为世界的一个重要部分，我们就必须讨论中国的文化和思想对于世界的意义。如果中国的知识体系不能参与世界的知识体系的建构而因此产生新的世界普遍知识体系，不能成为知识生产大国，那么，即使有了巨大的经济规模，即使是个物质生产大国，还将仍然是个小国。

在全球化背景之下，中国现在不再缺乏西方的各种观念，所缺乏的是自己的大局思维和整体理念②。"重思中国"的历史意义就在于试图恢复中国自己的思想能力，让中国重新开始思考，重新建立自己的思想框架和基本观念，重新创造自己的世界观、价值观和方法论，重新思考自身与世界，也就

---

① 赵汀阳：《天下体系——世界制度哲学导论》，中国人民大学出版社，2011。
② 赵汀阳：《天下体系——世界制度哲学导论》，中国人民大学出版社，2011，第1~2页。

是去思考中国的前途、未来理念以及在世界中的作用和责任。这既是基本思想问题又是宏观战略问题，决定了"中国问题"首先是个哲学问题和政治学问题①。重思中国就是要使中国知识成为世界知识体系的一个重要基础，重思中国就是让中国重新思想，所思想的主题必须由关于中国的思想发展成为关于世界的思想，重思中国的根本目的是重思世界②。

思考意味着一种世界观的运用，一种方法论的展开，以重思中国来达到重思世界的目的，就是运用中国的世界观、方法论来思考中国在世界中应该如何存在，而中国的世界观就成为一个首要的问题。赵汀阳认为，当中国要思考整个世界的问题，要对世界负责任，就不能对世界无话可说，就必须能够给出关于世界的思想，中国的世界观就成了首先面临的问题。对于世界来说，中国所能够贡献的积极意义是成为一个新型大国，一个对世界负责任的大国，一个有别于世界历史上各种帝国的大国。对世界负责任，而不是仅仅对自己的国家负责任，这在理论上是一个中国哲学视界，在实践上则是全新的可能性，即以天下作为关于政治/经济利益的优先分析单位，从天下去理解世界，也就是要以世界作为思考单位去分析问题，超越西方的民族/国家思维方式，就是要以世界责任为己任，创造世界新理念和世界制度。世界理念和世界制度就是这个世界在历史上一直缺乏的价值观和秩序。

以世界作为思考单位去分析问题，超越西方的民族/国家思维方式，并不是要去反对西方，而是以中国为根据去理解西方③。在赵汀阳看来，中国思想不准备拒绝任何他者。不拒他者是中国的传统精神，而民族主义之类才是西方的思维。中国的基本精神在于"化"，并且关键是要以己化他而达到化他为己，要接受多样化，但这个"多"却是由"一"所容纳的。多样性必须在某种总框架的控制中才是多样性，否则，失控的多样性就只不过是混乱。"化"是为了追求"大"，有容乃大，以至无边。当这一基本精神落实在关于世界的问题上，就是天下无外，而当表现在思想问题中，就是思想无

---

① 赵汀阳：《天下体系——世界制度哲学导论》，中国人民大学出版社，2011，第5页。
② 赵汀阳：《天下体系——世界制度哲学导论》，中国人民大学出版社，2011，第11页。
③ 赵汀阳：《天下体系——世界制度哲学导论》，中国人民大学出版社，2011，第2页。

外。思想也指向观念的天下，因此，天下至大无边，思想也至大无边。一切事情都有可能被"化"入某个总的框架，在外的总能够化入而成为在内的，于是，不存在什么事物是绝对在外的。在赵汀阳看来，中国思想中不承认绝对在外的超越存在，也就是那种无论如何也"化"不进来的存在。这样，中国就不可能有宗教，也不可能有绝对不可化解的敌人。承认超越存在的理论后果就是宗教以及与人为敌的政治理论，这是西方思想的底牌。从个人主义、异教徒到丛林假定以及民族/国家的国际政治理论等陷世界于冲突和混乱的观念都与承认超越者概念有关①。"化"是对中国文化特点的准确把握，《周易》贲卦象传："刚柔交错，天文也。文明以止，人文也。观乎天文，以察时变；观乎人文，以化成天下。"王弼说："止物不以威武而以文明，人之文也。"② 天地是在不易察觉的时变中处置万物的，所以刚柔交错的天文表现的是一种柔性的改造世界、变化万物的力量。所以人文也意味着是以非武力的方式"化成天下"。孔颖达说："用此文明之道，裁止于人……圣人用之以治于物也。……圣人观察人文，则《诗》《书》《礼》《乐》之谓，当法此教而'化成天下'也。"③ 圣人是通过六经这种文化经典的教育，实现政治目的的。这就使中华文化倾向于从柔性的吸引力系统地构建——远人不服则修文德以来之，通过向内凝聚方式达成一种一体共在的关系，而不是通过武力向外的征服而达到控制、占有。所以"文明以止"就是以柔性的方式抓住人心、裁止事物。因为天下意味着覆盖了所有的存在，这些存在构成了一个相互协调、相互补充的有机整体，从这意义上说，天下事实上就是一个无所不包、至大无外的"大群"，这个"大群"超越了任何一个个别的群体，超越于任何一个利益集团。天地是至大无外的，所以天地只有内，所有存在都是内在的一体。当人在效法天道时，就要以廓然大公之心，超越一己之私，超越任何一个个别的群体，超越任何一个利益集团，像天一样安顿所有存在者。中华文化否定了以自我为中心来宰制他者，而是强调克服自我

---

① 赵汀阳：《天下体系——世界制度哲学导论》，中国人民大学出版社，2011。

② （魏）王弼：《王弼集校释》，中华书局，1980。

③ （魏）王弼、（晋）韩康伯注《宋本周易注疏》，中华书局，2018，第160~161页。

为中心来达到万物一体、自他一体、以他人为重。《二程集》载程颢语录：
"仁者以天地万物为一体，莫非己也。认得为己，何所不至？若不有诸己，
自不与己相干。"① 认为仁者将天地万物视为与自己共生共在的一个整体，
他者并不外在于我。如果能切实地理解这一点，主体的实践就会有一个普遍
的指向，如果不能理解这一点，就会麻木不仁，就会认为外物与我不相干。
主体性要以感通能力为前提，基于对万物之间的关联、同情、共感的察知，
中华文化强调万物可以被关联成一个整体。人要超越小我，以天地万物的全
体作为大我。人的主动性体现在真切地感受到他者的存在，也就意味着要感
受到最广大的存在者的存在，这种主动性才是一种最彻底最根本的主动性，
这种主动性体现的是一种道德的创造能力。王阳明《大学问》："大人者，以
天地万物为一体者也。其视天下犹一家，中国犹一人焉。"将天下视为一家、
一人，以家庭的逻辑来比拟个体与万物之间的关系，将所有的差异性理解为
一个有机的整体的内在性。因为变化是绝对的，天地是生生不已的，人领悟
到了万物一体之意，就要发挥自己的主动性，去"随时变易以从道"②，参与
到天地生成万物的过程中，其重要内容就在于保持人类族群的生生不息。

2. 让世界成为世界

赵汀阳在《"天下"概念与世界制度的哲学分析》中提到马丁·怀特在
1966 年的一个引人深思的发问与天下体系讨论的问题密切相关："为什么实际
上还没有国际理论？"也就是说，现在还没有形成一种合格的国际理论，我们
只是把某些"政治理论"当做了"国际理论"，这种"政治理论"主要关心
国家内政事务，这种政治理论本质上是从属于国家理论的"附属性"理论，
旨在如何形成国际"力量均势"，而不是去思考世界整体的问题。所以，赵汀
阳在《"天下"概念与世界制度的哲学分析》开篇提出了一个让人反思的问
题：我们所谓的"世界"现在还是一个非世界。之所以世界尚未成为一个世
界，这既是因为它一直持续着的霍布斯状态，也是因为它现在还没有一个被

---

① 郭齐导读《二程集》，凤凰出版社，2020，第 15 页。
② 郭齐导读《二程集》，凤凰出版社，2020，第 582 页。

普遍接受的世界制度，因此也就没有被组织起来形成整体性，而没有整体意义的状态也就不是一个真正一体的世界社会。谈论到"世界"完全不像谈论到"国家"那样能够显示出自身统一的意义和归属感，人们只在地理学意义上属于世界，而在政治学意义上只属于国家①。只有对国家理论与世界理论进行区别，才能为世界理论划定出准确的研究对象，确立起恰当的研究方法，这是赵汀阳的天下体系在问题意识上取得的重要突破。如果没有一个世界理论来理解世界这一对象，那么真正的世界观就尚未形成，而在地理上、经济贸易上形成的世界事实上只是"一个没有人对它负责任的荒地，是可以被任意掠夺和争夺的公共资源，是个进行征服的战场"。所以我们要建立一种具有整体视野的政治哲学，超越于从国家、国际来理解世界的思路（因为那样的理解终究是以国家为思考的单位、而无法做到为世界负责），让世界成为一个世界。

赵汀阳天下概念的提出，有其理论上的对话对象，那就是发轫于康德的永久和平设想，以及当下的联合国、欧盟等组织在国际政治上的实践。康德的永久和平设想是欧盟的理论基础，但赵汀阳指出，康德的和平观念却无法应对亨廷顿的文明冲突，即康德和平需要预设主体间的价值观、宗教、文化或精神的一致性。假如非理性的价值观是预先一致的，相当于同心同德，就只剩下理性范围内的不同意见了，而所有理性上的分歧都能够以理性方式去解决，比如以事实为准、以功效为准、以科学为准、以逻辑为准或以哈贝马斯的"更优论证"为准。但非理性之心的分歧才是根本矛盾。同心预设已经把"康德和平"的有效性局限于同文同教的同心范围，所以无法回应文明冲突。其实在单纯利益上，康德方案也过于乐观，欧盟的实践证明，即使同教同文在利益问题上也很难取得一致满意的理性解决。亨廷顿问题意味着，即使以文明为政治单位去建立超国家系统（类似欧盟之类的文明联盟），世界也不可能和平，即使有幸避免了战争，也无法避免广义的战争，即各种变相战争或敌对状态。可见，超国家的文明联盟并不比国家更为和平或更友善，其政治性质和权力结构没有根本变化，也就没有能力解决人类和

① 赵汀阳：《天下体系——世界制度哲学导论》，中国人民大学出版社，2011，第74~75页。

平与普遍合作的问题①。天下理念对于克服超国家的文明联盟的弊端具有较大的优势，那就是不强调文明的同质性，不强调普世文明，不将自己的文明观强加于别人。在天下视野中，没有无法化入的他者，但不意味着自身是一种标准和模范，世界之大，在于能够广泛容纳而成其大。

（二）学界评价与学术影响

赵汀阳的天下体系得到了国内外学术界的极大关注。著名哲学家、北京大学教授汤一介先生高度评价赵汀阳的天下体系对于西方帝国体系的超越意义：“天下的精义是人类不同的群体可以共存为一个集合体。赵汀阳关于天下体系的重新建构与诠释无疑会为人类社会提供一个与帝国体系全然不同的思考方式和一个新的、很有意义的前景。”《经济学家》（The Economist，June 2011）也指出，天下体系并非一种民族主义，而是一种世界平等主义的倡议，“身居北京的哲学家赵汀阳，前些年出版了论述天下的《天下体系》而闻名于世。其天下观念基于对古代圣王的洞察，赵汀阳期望这能成为四海一家的愿景。赵汀阳是个有绅士风度、不闻俗事的学者，并非自以为是的中国民族主义者。他说今天不再需要霸主。他没有提倡一个由中国领导的世界秩序，而是提倡一个平等体系。天下体系将是一个自愿而非强迫的选择”。天下体系作为一种世界制度的构想，是以中国哲学思想为资源进行理论建构的。如外交学院常务副院长秦亚青教授说：“赵汀阳在对当今全球问题的思考中，对西方以民族国家为基本单位的国际秩序理论提出了深刻的批判，同时也指出只有具有全球关照和包含世界制度的中国哲学思想和天下理念，才能解决全球性的问题。”此外，美国康奈尔大学教授、美国政治学会主席彼得·卡赞斯坦（Peter J. Katzenstein）也高度肯定了赵汀阳的天下体系所具有的对民族国家体系的超越性意义。他说：“赵汀阳重新界定了中国的天下理论，与西方帝国观念自诩的以自我为中心的普遍论不同，天下体系提出了一个对话型的、非中心化的普遍论

---

① 赵汀阳：《天下理论的先验逻辑：存在论、伦理学和知识论的三维一体》，《中央民族大学学报》（哲学社会科学版）2024 年第 3 期，第 5~17 页。

理念。这是一个哲学图景，它不同于包括古代中国和当代美国在内的世界所经历过的各种类型的帝国形式。这一图景，不是从中国或美国的角度出发的行动，而是需要世界共同行动来承担责任与义务，因此超越了民族国家体系。"①

桑迪普·瓦斯莱克认为赵汀阳"作为世界的世界"的建议已经造成了一场思想的激荡。他实际上是在呼吁一种忠诚的转移：把我们对于民族国家的忠诚，转移到对于人性的忠诚上去②。

童世骏认为，如果使用天下观念来界定中国本身，那么中国的崛起就确实将是一个完全新型的世界性大国的崛起，这个大国不是唯利是图的霸权，也不是自我封闭的隐士，而是乐于承担自己的责任，并与世界人民一起，致力于构建和捍卫这种全球范围的合理对话赖以有效展开的世界秩序③。

程广云指出，赵汀阳的天下体系将一种国家形态学说提升到政治哲学世界观和方法论的高度。天下体系具有两个基本面向：一是世界观，二是中国观。在天下语境内，赵汀阳构造了一种大历史观。其治学方法介于应用历史学和历史形上学之间，亦即构架世界制度理想模型，范导现实政治世界④。

姚新中认为，赵汀阳对于现有的国际关系及世界政治提出了深刻的批评，从思想史的深处汲取资源，建构出一种称为新天下的体系。赵汀阳把天下所包含的本体论、精神论和伦理学预设消融在一种政治规划中，形成了一种政治的世界体系⑤。

马卫东教授认为，天下体系理论的提出，反映了中国学者关注全球治理问题的理论自觉。然而，中国传统天下观无论有着怎样丰富的内涵，归根到底只是中华民族的天下观，而不是世界其他民族的天下观。今天，世界多极化和全球经济一体化，已经成为不可抗拒的历史潮流。当前我们从中华文明中汲取治理经验与智慧的同时，需要特别警惕用普世伦理的话语体系建构世

① 赵汀阳：《天下体系——世界制度哲学导论》，中国人民大学出版社，2011，第4页。
② 赵汀阳：《天下体系——世界制度哲学导论》，中国人民大学出版社，2011，第111~113页。
③ 赵汀阳：《天下体系——世界制度哲学导论》，中国人民大学出版社，2011，第156~160页。
④ 程广云：《天下语境内的中国叙事——评赵汀阳的"天下体系"系列》，《中国社会科学评价》2021年第2期，第19~29页。
⑤ 姚新中：《"天下体系"的当代性伦理分析》，《探索与争鸣》2019年第9期，第109~115页。

界秩序理论的倾向。只有通过文明对话与交流，保持多种主体间的制度尊重和文明理解，促进多种主体的共同利益不断扩大，才能形成关于世界秩序的新共识，并使这样的共识成为建构新的世界秩序理论的思想基础。[①]

白彤东提出，与百多年中国主流的从左翼或者右翼去以西化中的路径不同，赵汀阳的天下体系试图以中化西，利用中国传统资源对以民族国家为基础的全球体系所产生的问题提出解决办法。虽然有诸多洞见，但是在对西方理论和实践的批评，对传统中国的理论和实践的解读，对新的世界秩序的构建这三个方面，他对其具有先驱性的天下体系的论证，都有很大的问题。[②]

英国、美国、德国、法国、意大利、西班牙、波兰、日本、韩国都购买了《天下的当代性》的翻译版权，其中美国、德国、法国、意大利、西班牙、日本、韩国购买了全本版权，英国、波兰购买了缩写版的版权。除了日文版尚在翻译中，其他各国版本都已经出版。其中德文版列入"大师名著"系列，成为德国当年学术畅销书，一年内加印 6 次。

英国《经济学人》、美国《华盛顿邮报》、德国《明镜》、法国《世界报》、意大利《太阳报》、瑞士《本刊》等国际重要刊物都对天下体系有过专题评论或个人访谈。法国 Le Nouveau Magazine Litteraire 杂志评选赵汀阳为"影响世界 35 个思想家"之一（2019）。瑞士 Das Magazine 以赵汀阳为封面故事，称赵汀阳是"中国的哈贝马斯"。

三　原创性分析

（一）原创性阐释

赵汀阳设想的天下体系是为了"重构世界"而"重思世界"。按照中国古代思想，天下可理解为三重含义合一的饱满的世界概念：第一，在地理学意

---

① 马卫东：《"天下体系"理论不可取》，《史学集刊》2020 年第 4 期，第 20~22 页。
② 白彤东：《谁之天下？——对赵汀阳天下体系的评估》，《社会科学家》2018 年第 12 期，第 15~24 页。

义上，天下指整个大地，即人类可以居住的整个世界；第二，在社会学和心理学意义上，天下指所有土地上所有人的一致之心，即"民心"；第三，在政治学意义上，天下指的是世界的政治制度。因此，天下是地理学意义、社会学和心理学意义、政治学意义的合一存在，是大地、人心和世界制度的三位一体。赵汀阳重新定义了为未来世界所准备的一种将来时天下体系，并且提出了天下的新三重原则。一是世界内部化。在一种世界制度下，世界所有地方都变成内部，就消除了无法解决的外部性。二是关系理性。如果一种关系是普遍有效的，那么，互相伤害的最小化优先于排他利益的最大化。三是孔子改善。意味着：如果任何一个人的利益获得改善，当且仅当，每个人的利益同时获得改善。孔子改善显然优于帕累托改进，并且可以换算为每个人共时性或共轭性的帕累托改进，即如果一个人获得帕累托改进，当且仅当，每个人都获得帕累托改进。

（二）学术意义和现实意义

赵汀阳定义的天下体系，开拓了"以世界为尺度的政治"，而且定义了化敌为友的"世界政治"概念，突破了国际政治的局限性，为政治增加了世界维度。传统的政治只有国家政治和国际政治两个维度，不足以解决全球性的难题，所以需要建构一种世界级别的政治第三维度。天下体系的分析、论证和建构采用了久经考验的古代方法论和当代方法论，包括易经的互动演化方法、老子和墨子的尺度对应政治、维特根斯坦的游戏分析、非合作博弈论、跨主体性的"综合文本"、复杂科学的整体论和涌现论。

全球化在当前的最重要问题在于民族国家体系已经开始过时了。中国古典思想中的天下观念正是世界观念的一个优选项，但需要根据当代条件加以重构。古代天下体系是在千年不遇的特殊历史状态中发生的政治创制。今天的全球化状态又是一个非常特殊的历史状态，虽与三千年前的问题完全不同，却需要相似的政治创造。为使世界免于霸权体系支配，为让世界免于金融帝国主义的控制，免于未来可能的高科技战争或人工智能技术系统的全面专制，就需要创制一个新天下体系来建立世界秩序，一种属于世界所有人的世界秩序，从而超越现代以来的霸权逻辑。天下意味着一个广域哲学视界，以天下去定义新世界。

（三）国际比较与优势

世界体系到了 21 世纪，已经带来越来越多的问题和困境，究其根本原因还是在于该体系所赖以建立起来的世界观念和伦理价值。以民族国家之间竞争、冲突、抗衡、联合等方式所形成的世界体系遇到了重重困难，文明冲突的升级、民粹主义的兴起、修昔底德陷阱的幽灵似乎正在打破已有的世界格局，预示着近代以来所设计的世界版图被撕裂或破裂。赵汀阳对于现有的国际关系及世界政治提出了深刻的批评，从思想史的深处汲取资源，建构出一种称为新天下的体系。对赵汀阳来说，天下不是一个纯地理概念，也不仅仅是一个传统意义上的国家政治观点，而是一种具有理想性的现实主义哲学，可以指导我们如何看待人类所赖以生存的世界，如何分析现实中的国际政治关系，如何理解世界中一与多、特殊与普遍、观念与实践、理想与现实的互动，如何构建一个和谐、公正、无外的理想世界。天下因此不仅仅是一个地缘政治概念，更是一个哲学进路，其目的是"建立一个保证所有人和所有国家都能够受益的世界制度，创造一种改变竞争逻辑的新游戏，即一个具有普遍兼容性和共生性的世界体系"。

四　研究展望

根据赵汀阳最新的理解，与天下的三个传统维度相关，天下的未来有三个维度：政治天下、道德天下、知识天下。这是正在建构和形成中的天下。天下的当代性或者说未来维度，正是当下重提作为中国文化传统的天下概念的意义所在。

天下体系概念提出者简介：赵汀阳，国家文科一级教授，中国社会科学院学部委员；美国博古睿研究院资深研究员；欧洲跨文化研究院学术委员。著有《一个或所有问题》《第一哲学的支点》《坏世界研究》《天下的当代性》《惠此中国》《历史，山水，渔樵》《寻找动词的形而上学》《跨主体性》等。

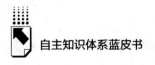

附录：天下体系相关研究成果

一、论著清单（以"天下体系"为论著关键词或出现于论著标题中为准）

（一）个人论文 25 篇

［1］赵汀阳：《"天下体系"：帝国与世界制度》，《世界哲学》2003 年第 5 期，第 2~33 页。

［2］Zhao，Tingyang，"Rethinking Empire from a Chinese Concept All-under-heaven，" *Social Identities*，12（1），（2006）：29–41.

［3］赵汀阳：《政治哲学的新视野——天下体系的思想与制度建构》，《北京大学研究生学志》2007 年第 2 期，第 4~14 页。

［4］Zhao，Tingyang，"A Political Philosophy of World，" *Diogenes*，2008，UNESCO.

［5］Zhao，Tingyang，"An All-under-heaven Theory，" *China Security*，4（2），（2008），USA.

［6］Zhao，Tingyang，"Tutto-sotto-il-cielo：Cosi I Cinesi Vedono Il Mondo"，*Rivista*，（2008），Italy.

［7］赵汀阳：《天下体系的一个简要表述》，《世界经济与政治》2008 年第 10 期，第 57~65 页。

［8］赵汀阳：《天下体系的现代启示》，《文化纵横》2010 年第 3 期，第 34~41 页。

［9］Zhao，Tingyang，"Rethinking Empire from a Chinese Concept All-under-heaven，" in China Orders the World. Ed. William Callahan. The Johns Hopkins University Press，Baltimore，2011.

［10］Fred Dallmayr，Zhao Tingyang，"All-Under-Heaven and Methodological Relationism，" *Contemporary Chinese Political Thought*，（2012）：46–66.

［11］赵汀阳：《以天下重新定义政治概念：问题、条件和方法》，《世界经济与政治》2015 年第 6 期，第 4~22 页。

［12］赵汀阳：《天下秩序的未来性》，《探索与争鸣》2015 年第 11 期，第 7~21 页。

［13］Zhao，Tingyang，"How to make a World，" in Seibt and Garsdal，eds.，How is Global Dialogue Possible?（De Gruyter，Berlin，2015）.

［14］Zhao，Tingyang，"Redefining the concept of Politicad with Tianxia：Its Questious，Conditions and Methodology，" *World Economics and Politics*，（2015）.

［15］赵汀阳：《天下体系的未来可能性——对当前一些质疑的回应》，《探索与争鸣》2016 年第 5 期，第 52~54 页。

［16］赵汀阳、任剑涛、许章润等：《"新天下主义"纵论（笔谈）》，《文史哲》2018 年第 1 期，第 5~22 页。

［17］赵汀阳：《天下究竟是什么？——兼回应塞尔瓦托·巴博纳斯的"美式天下"》，《西南民族大学学报》（人文社会科学版）2018 年第 1 期，第 7~14 页。

［18］Zhao，Tingyang，"How to make a World of Perpetual Peace（Review），" *Revue Internationale de Philosophie*，283（1），（2018）：39-49.

［19］Zhao，Tingyang，"Political Realism and Western Mind，" *In Edinburgh Companion to Political Realism*，（2018）.

［20］赵汀阳：《天下观与新天下体系》，《中央社会主义学院学报》2019 年第 2 期，第 70~76 页。

［21］赵汀阳：《天下：在理想主义和现实主义之间》，《探索与争鸣》2019 年第 9 期，第 100~108 页。

［22］赵汀阳、H. 费格、S. 戈思帕、L. 缪勒：《柏林论辩：天下制度的存在论论证及疑问》，《世界哲学》2020 年第 3 期，第 89~111 页。

［23］Zhao，Tingyang，"Tianxia：All under Heaven，" *In Noema*，（2020）.

［24］Zhao，Tingyang，"All-under-heaven：Between Idealism and Realism，" *In Global Ethics*，（2021）.

[25] 赵汀阳、R. 弗斯特、M. 威廉姆斯等：《全球正义如何可能？——
M. 威廉姆斯、R. 弗斯特和赵汀阳三人对话》，《世界哲学》2021
年第 5 期，第 5~18 页。

（二）个人中文著作 4 部，翻译成外文 7 部

[1] 赵汀阳：《天下体系——世界制度哲学导论》，江苏教育出版
社，2005。

[2] 赵汀阳：《天下体系——世界制度哲学导论》，中国人民大学出版
社，2011。

[3] 赵汀阳：《天下的当代性：世界秩序的实践与想象》，中信出版社，
2016。

[4] 赵汀阳：《惠此中国》，中信出版社，2016。

[5] Alles Unter dem Himmel (Suhrkamp，德国）。

[6] Tianxia, Tout Sous un Mêmeciel (Cerf，法国）。

[7] All-under-heaven：The Tianxia System for a Possible World Order
(Univ. California，美国）。

[8] Redefining a Philosophy for World Governance (Palgrave-Macmillan，
英国）。

[9] Tianxia：Una Filosofia Para La Gobernanza Global (Herder，西班牙）。

[10] Tutto Sotto il Cielo (Ubalddini，意大利）。

[11] Nowa Filozofia Ladu Swiatowego (Time Marszalek，波兰）。

二、学界相关研究示例

[1] 徐建新：《天下体系与世界制度——评〈天下体系：世界制度哲学导
论〉》，《国际政治科学》2007 年第 2 期。

[2] 姚得峰：《对平等的求索——从"重叠共识"到"天下体系"》，
《安徽文学》（下半月）2007 年第 5 期。

[3] 吕勇：《无立场与中国立场——评赵汀阳〈天下体系：世界制度哲学
导论〉》，《广西大学学报》（哲学社会科学版）2007 年第 S2 期。

［4］刘啸霆：《整体思维与人类未来——文明的逻辑基础及当代使命》，《北京师范大学学报》（社会科学版）2008 年第 3 期。

［5］张锋：《天下体系：一个中国式乌托邦中的世界秩序》，《复旦国际关系评论》2011 年第 1 期。

［6］冯维江：《试论"天下体系"的秩序特征、存亡原理及制度遗产》，《世界经济与政治》2011 年第 8 期。

［7］简军波：《从"民族国家体系"到"天下体系"：可能的国际秩序?》，《国际关系研究》2015 年第 1 期。

［8］白彤东：《民族问题、国家认同、国际关系：儒家的新天下体系及其优越性》，《历史法学》2016 年第 1 期。

［9］王慧：《〈儒教中国及其现代命运〉与〈天下体系〉中的现代与传统》，《文学教育（下）》2017 年第 11 期。

［10］吕伟：《从"天下体系"到"和谐世界"》，《理论探讨》2018 年第 2 期。

三、转载清单（转载论文以"天下体系"为论文关键词或出现于论文标题中为准）

［1］赵汀阳：《新游戏需要新体系》，《国际政治》（人大复印报刊资料），2015。

［2］赵汀阳：《天下秩序的未来性》，《国际政治》（人大复印报刊资料），2016。

［3］赵汀阳：《天下秩序的未来性》，《外国哲学》（人大复印报刊资料），2016。

［4］赵汀阳：《天下：在理想主义和现实主义之间》，《政治学》（人大复印报刊资料），2020。

［5］赵汀阳：《"天下体系"：帝国与世界制度（一）》，《新思路》（人大复印报刊资料），2003。

［6］赵汀阳：《"天下体系"：帝国与世界制度（二）》，《新思路》（人大复印报刊资料），2004。

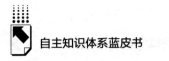
［7］赵汀阳：《"天下体系"：帝国与世界制度（三）》，《新思路》（人大复印报刊资料），2004。

［8］赵汀阳：《天下体系的一个简要表述》，《政治学》（人大复印报刊资料），2009。

［9］赵汀阳：《天下秩序的未来性》，《新华文摘》，2015。

［10］赵汀阳：《天下究竟是什么？——兼回应塞尔瓦托·巴博纳斯的"美式天下"》，《社会科学文摘》，2018。

四、相关获奖

2024 年，《一种可能的智慧民主》获第九届高等学校科学研究优秀成果奖（人文社会科学）论文二等奖。

帝制农商社会：
重新认识明清中国的一种新概念

梁曼容 李 媛 谢进东 李 佳*

摘 要： 帝制农商社会说主张，明清时代的中国不仅没有陷入停滞，而且卷入了当时的全球性大变迁，并发生了多方面的复杂转变，总体上应该被称为帝制农商社会。这是人类历史上一种重要的社会形态，其基本特征是农业和商业共同构成社会经济的基础，且这种经济基础与帝制国家体制形成共生格局。明清中国在这样一种国情状态中于 19 世纪中叶与西方势力发生直接碰撞，因而从帝制农商社会概念角度审视中国的历史演变，可以深化对中国国情的理解，也有助于辨析国际学术界关于明清中国与现代中国演进的诸多流行说法的得失。此项论说在 2007 年正式提出，已经在学术界引发一系列相关研讨，并将继续拓展、深化。

关键词： 帝制农商社会 明清中国 社会结构 历史趋势 历史观

　　帝制农商社会（Imperial Agro-mercantile Society）概念由东北师范大学历史文化学院教授、亚洲文明研究院院长赵轶峰于 2007 年首次提出。帝制农商社会是在中央集权的帝制体系框架内展开的以农业、手工业生产为基础的商业化程度日益增强的社会，是帝制—官僚—郡县体制与农商混合经济达成共生态势的社会。

---

* 梁曼容，延安大学历史文化学院副教授，研究方向为明代政治史；李媛，东北师范大学亚洲文明研究院副教授，研究方向为明清礼制、明清女性史；谢进东，东北师范大学亚洲文明研究院讲师，研究方向为中国现代史学史与印度史学理论；李佳，吉林大学文学院教授，研究方向为明清政治文化史。

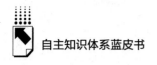

一 概念阐释

在帝制农商社会中，帝制指秦统一以来以皇帝制度、郡县制度、官僚制度为主要支撑系统的国家权力体制。这种体制与秦统一以前那种王政分权、等级分封、世卿世禄为基本结构的国家权力体制相比构成巨大反差。国家权力体制从来不可能单独存在，帝制体系的建立意味着社会、经济、文化和精神气息同时发生了相应的变化，其后随着帝制体系的延续而不断沉淀。所以，历史学意义上的帝制不应该被作为单纯的语词来定义，要在其存续的实际历程中理解和定义。中国历史上的帝制从公元前221年秦朝统一延续到1911年辛亥革命结束，这样漫长的存续足以使其展开独特的运行逻辑。在此期间，王朝屡屡更迭，局面有大一统，也有多政权分立之别，然而所有在中原稳定下来的政权体系都采用了具有前述基本特征的帝制架构。帝制是理解秦到清末中国国家权力体制的核心概念，也是理解同一历史时期中国社会形态的重要概念。作为一个词语，"帝制"早已被使用，但是在大多数情况下是被作为一个不言自明的一般性概念，而不是作为一个解读特定社会形态、历史推演模式的概念来讨论的。在中国历史实际的语境中阐释帝制的运行逻辑、社会组织功能，以及相对于其他国家体制的独特之处，是一个有待专门努力的事情。帝制农商社会说通过对明清历史的研究尽量对帝制，尤其是中国帝制后期的运行逻辑进行透视，将对于中国历史上帝制的认识推进到一定程度理论化的层面。

明清时代，前述皇帝制度、郡县制度、官僚制度三大支撑系统仍然构成帝制体系的基本框架。中央集权的国家体制为多民族相互关联的共同生存提供基本秩序。尤其是在中原地区，统一的行政管理秩序和法律、交通系统，提供大空间一致的度量衡、货币、市场、税收制度。这些物产不同的各个地区对于异地产品的需求与帝制国家调配物资的需求结合，在前代积淀的市场经济要素基础上促成了商品经济的空前活跃。明清商品经济发展的历史提示，帝制可以为商品经济发展提供基本条件，而发展起来的商品经济又会对帝制体系原有的运行方式提出挑战，明清帝制体系调适其与商品经济发展的关系，逐渐呈现出了一种帝制体系与商品经济共生互洽的格局。在这种格局中，社会财富快速增长，然而从根本上说，权力支配财富而不是财富支配权力。18世纪出现的"康乾盛世"，是帝制农商社会的鼎盛状况。

帝制前期，"人的依附关系"发达，国家体系为掌握社会秩序而对商业加以严格管控，商人社会地位低于普通庶民，商业在社会经济体系和国家税收中所占比例较低，大致处于帝制农业社会状况。五代、宋时期，坊市制度被打破，政府对市场交换的时间、空间限制解除，货币交换发达，经济性市镇普遍兴起，海外贸易活跃，商业税收在国家财政收入中所占比重大幅度上升，牵动整个社会运行方式发生深刻变化。然而宋朝是辽、宋、金、西夏并存格局下的一个政权，尤其南宋仅得偏安，各政权体系内商品经济繁荣程度乃至经济体制差异很大，故宋朝治理区所体现的仍为局部情况。而且，宋朝体制在元朝发生重大改变，明初所建体制也以农本经济体系为基调。在此意义上，宋朝奠定了商品经济高度繁荣的重要基础，但其后该趋势发生断裂，到明朝中叶方得恢复并以前所未有的规模发展。此变化中的另一个重要因素是美洲所产的大量白银通过国际贸易输入中国，为商品经济发展提供大量急缺的流通货币。这是早期全球化展开的时代，中国在这个时代扩大了世界市场，帝制农商社会进入了不再逆转的发展轨道。

明清帝制农商社会的基本经济成分，按照重要性来排列，主要是农业、商业、手工业、牧业。农业既是乡村社会生活的基础，也日益增多地卷入市场经济关系中，商品化农业的占比不断增大。商业是连通乡村与城镇、边疆与内地、国内与国际市场经济生活的纽带，是财富增长和社会结构变动的主要动因。手工业部分控制在政权体系之下，部分以私有制方式经营——此部分受商业资本支配，部分作为乡村人口的副业存在，不仅能够满足国内城乡市场的基本需求，而且有大量产品供应国外市场。牧业是边疆地区的主要产业，是边疆人民生活和与内地经济交流的基础，并补充内地对于牲畜、皮张、林业产品等的需要。经济结构的这种多元性和高流动性，要求为公共权力提供秩序保障，这是从经济角度来看商品经济能够与帝制体制达成共生局面的基本逻辑。

从社会组织方面看，帝制农商社会中除皇室和其他少数贵族继续拥有世袭特权，最居优势地位的是士、商两个阶级，对应权力—财富支配结构的展开，士与商的融合也悄然发展，形成绅商支配的社会关系。庶民阶层的社会自由度总体上看趋于提升，庶民内部与职业相关的世袭身份基本瓦解，社会分层向平面化演变。然而，"人的依附关系"在明清时代不仅继续存在，而且发生回潮。这主要体现在明中叶以后商品发达区的下层庶民奴仆化现象和清代奴仆阶层的扩大。社会分层的双向变动显示帝制农商社会的复杂性。在社会总财富大幅增长的背景下，社会下层民众生存仍然艰难。占人口绝大多数的农民在国家对社会控制有效的情况下，作为分散的生产劳动者处于整体弱势地位；在国家对社会控制削弱时，则成为社会震荡的主要参与者。

明清帝制农商社会具有文化多元一体的特质，各民族及宗教之间、各区域之间、"精英"与大众之间、城乡之间既存在很大差异，也有相互依赖性。

帝制农商社会不能在资本主义发生学的概念框架中得到说明，这是中国历史在帝制后期呈现出来的一种独特的社会形态，是被以往社会科学和历史学理论忽略的一种类型，是理解中国历史和国情的重要课题。

在形成前述关于明清帝制农商社会的总体认知过程中，赵轶峰教授发表了一系列专题研究，着重阐述以下主张。

其一，明清时期历史演变的基本线索包括：帝制时代的收结、现代性的发生、中华文明内聚历史运动的基本完成。这是透视明清时代中国历史演变的三重视角，也是构建新的明清史学科体系的主要着眼点。

其二，明清时期是中华文明内聚运动基本完成的历史时期，这是明清中国历史特有的主题。中华文明在内陆大河流域兴起，其发展早期就形成了以狭义中原为核心区的内聚运动，运动的主要机制是中原农业发达区域与周边半农业区域之间发展水平的不平衡性和相互依赖性。这种运动在中国历史长期演变过程中始终进行，王朝更替多与这一宏观历史运动相关。到了明清时代，中华文明内聚的长期历史运动达到了行政管辖范围与人文地理范围基本重合的程度。明清时期，尤其是清代的大量历史事件与此过程相关。这是与同一时期发生的全球性早期现代化转变不同的中国所特有的历史过程，体现另一种意义上的历史发展和明清时代中国自身发展演变逻辑的复杂性。

其三，必须剖析帝制与封建的差别和相互关系。中国历史文献中的"封建"含义明确，指权力分封的政治和社会体制，这种体制在先秦时代曾为主导性体制，在秦统一之后作为边缘化的体制延续到帝制终结。帝制与大规模市场可以共生，封建则只能与地方性市场契合。明清时期诸多思想家在"郡县"与"封建"关系的语境中讨论了是否可以局部恢复"封建"的问题。对他们而言，当时的社会不是"封建"制是非常明确的。思考中国历史上的制度问题，应尽量采用中国历史上曾经行用的概念。澄清"封建"概念的本意对于理解中国的明清时代至关重要。

其四，明清时期帝制国家体系趋于强化，这既以中国传统政治惯性为基础，也在很大程度上借诸中华文明内聚运动在明清时代的势能，以及商品经济繁荣带来的财富支撑。帝制农商社会的展开为帝制体系的改革、调适提供契机，但晚清以前帝制体系内部所发生的改革和调适都没有超出帝制框架之外的诉求，没有显示出向其他类型国家体制转型的方向性。直到晚清以前，帝制体系并没有进入不可逆转的自我否定过程。明清时期的政治文化所展现的局面支持前述判断。在这个意义上，晚清时代终结帝制是推动中国走向现代化的必要条件。

其五，明清经济发生的结构性重大变化主要体现在：白银成为主导货币，赋役体制中基于土地并以货币征收的赋税比例扩大，货币主导的政府财政体制形成，国内和国际市场体系发展，地域商帮兴起，商业资本繁盛，雇佣劳动关系普遍，人口大幅增长，商业成为与农业并重的基础性经济领域。

这些现象在属性意义上与欧式资本主义经济体制有很大契合性，提示商品经济发展的前景，但是在19世纪中叶以前的实际历史过程中，并没有显示出向欧式资本主义经济体制发展的明显动向。帝制与商品经济的一般发展可以契合，商品经济的一般发展不一定带来资本主义体制，资本主义发生学理论需要重新推敲，帝制农商社会的经济逻辑值得深入探究。

其六，明清时代狭义社会结构发生一系列复杂变化。其中最突出的变化是商人阶层的社会地位提升，逐渐由士绅支配结构转向绅商支配结构。另一个突出变化是庶民阶层社会自由度提升，庶民文化发达，这与旧户籍——赋税制度发生变化、商品经济发展密切相关。与此同时，"人的依附关系"也在发展，明中叶就有下层庶民奴仆化的倾向，清代社会层级固化的倾向更为明显。

其七，明清中国深度卷入了当时的世界大变迁，并在早期全球化的历史过程中扮演了重要角色。明清社会既不是传统的"闭关锁国"论所描述的那样自我封闭，也不是完全开放的，其情状可以大致用"有限开放"来描述。"闭关锁国"论带着"东方主义"的偏见，仅从朝廷对西方贸易的态度和政策着眼，忽略了明清中国与西方以外其他国家和地区的贸易，忽略了民间的贸易，也忽略了经由陆路的对外贸易，是夸张和缺乏实证基础的。明清中国经济、社会、文化领域最深刻的变化都与中国和外部世界的交往有关。明中叶以后大量白银输入中国、晚明耶稣会士来华、清前期耶稣会士在沟通中西方面的作为、持续到19世纪中叶的中国商品对外贸易出超、明清时期海外华人的活动等，都是这种"有限开放"性的表现。

其八，中国古典文化不曾断绝，故欧洲曾经发生的那种"文艺复兴"在中国无从谈起。民国时期梁启超、胡适、傅斯年等人关于清代汉学性质上是中国的文艺复兴的说法并不成立。明清思想学术仍以儒学为主流，其间有程朱理学，有王阳明心学，有明清之际实学，有清前期汉学之兴起，显示出学术思想领域仍有活力。明清时期的思想学术虽然显示出一定的批判力，但是没有突破儒家世界观范畴，也没有孕育突破帝制的社会变革，文化沿着传统的基调推演。没有西方势力在19世纪的挑战，中国应会沿着帝制农商社会的方向继续发展。

其九，明清时期科学技术有一定发展，但是没有发生从古代科学到现代科学的革命性变革。李约瑟关于中国科学技术相对于欧洲科学技术由先进到落后的论说具有重要启发意义，同时也有可商榷之处。最重要的是，明清时代没有发生科技革命，因而没有自行进入机械化工业体制，这个基本事实无法回避。晚清中国在已经工业化了的列强冲击面前处于劣势是更早时期的历史已经铺垫了的。

二 研究综述

帝制农商社会作为对明清时期社会结构和历史趋势做出总体认识的论说体系，是提出者在数十年明清史和史学理论研究中持续探索，不断总结、修正而逐步展开的。中外学术界的相关研究，无论其观点是否一致，都为这一长期研究提供了深厚的基础。提出者的老师、友人和学生也为该研究做出了贡献。

（一）概念的形成与发展

赵轶峰教授在东北师范大学求学时期，师从著名明清史专家李洵先生，学习明清史，完成了硕士学位论文《论明末财政危机》①。李洵先生对于明清史有着极为广博的视野，在研究方法上主张注重明清断代史的整体性，强调在明清史研究中贯彻通史感，强调实事求是，同时主张明清史研究要兼顾理论和实证，二者缺一不可。更重要的是，李洵先生在20世纪80年代就提出了以"明清社会结构"为核心的研究方向，可惜天不假年，未能展开。赵轶峰教授后来提出的明清帝制农商社会说在一定意义上，是在师说影响下坚持探索的结果。

---

① 赵轶峰：《试论明末财政危机的历史根源及其时代特征》，《中国史研究》1986年第4期，第55~69页。

20 世纪 80 年代是充满改革、开放、创新气息的年代，也是历史学"拨乱反正"，拓宽视野，探求重新整合之道的时代。赵轶峰教授在进行明清史研究的同时，系统研究了马克思主义史学理论，尤其是社会形态理论和历史学方法论。将史学理论与明清史相结合，可以看到明清史研究和叙述体系中存在多种理论层面的朦胧、窒碍，存在一些基本观念层面的问题，明清史研究需要研究范式的变革。这种认识促使赵轶峰教授对中国和西方的明清史研究理论、方法进行系统性的研究。在理论方法方面的探索尚未达到整合程度之前，赵轶峰教授的明清史研究坚守不迷信权威，实证为本，逐步推进的路径，这为后来的整合铺垫了基础。

明清是中国帝制时代的收结阶段，是连接传统与现代的历史节点，因而也是认识现代中国之由来的关键时期。要对这一时代中国社会的结构做整体性的认识，必须对该时期的政治、经济、社会、思想、文化等各个侧面做综合性的研究。赵轶峰教授自 20 世纪 80 年代中叶以来，从以上多个方面展开了关于明清史基本问题的研究，在此基础上逐步深化对明清社会结构的思考。大致经过 20 多年的时间，赵轶峰教授将对史学理论方法方面的研究汇聚成《学史丛录》①，稍后又有姊妹篇《评史丛录》出版②。关于明清史方面的研究成果则在 2008 年汇集为《明代的变迁》。该文集展现了作者对明代国家制度、宗教政策、礼制体系、财政与货币、知识分子、民众生活、底层社会价值观等问题的考察。在对这些具体问题做实证研究的基础上，作者比较了当时已有关于明清社会结构和历史趋势的国内外最主要的论说，明确了一个基本判断，即"明代中国的组织方式和势能具有一种独自的逻辑，它的运作，并不指向任何其他社会体系已经或者将要展开的去向。换句话说，明代中国的历史是自律的"③。明清帝制农商社会概念在该书结论章中做了表述。先此一年的 2007 年，作者发表《明代中国历史趋势：帝制农商

① 赵轶峰：《学史丛录》，中华书局，2005。
② 赵轶峰：《评史丛录》，科学出版社，2018。
③ 赵轶峰：《明代的变迁》，上海三联书店，2008，第 2 页。

社会》一文，正式提出了明清帝制农商社会说①。

该论说提出后，受到学术界尤其是明清史学界的极大关注。作者此后陆续发表论文，对帝制农商社会说的核心要义、研究视角、理论方法、问题意识与研究取径，以及所涉及的关键问题做进一步阐释。与此同时，继续发表关于明清帝制农商社会的专题论文。2017 年，《明清帝制农商社会研究（初编）》出版；2021 年，《明清帝制农商社会研究（续编）》出版。如果说《明代的变迁》中讨论的问题奠定了明清帝制农商社会说的部分基础，那么《明清帝制农商社会（初编）》则是正面论述该学说体系的著作。与此前的研究相比，该书加大了对清史问题的研究，尤其关注了明清时期两代间的延续性和差异性，完成了对明清历史整体性的理解。除前言阐释明清帝制农商社会研究的基本视角和核心观点外，全书分四章。"文明史观与世界视角"将明清中国置于中华文明共同体的宏观演进历程中加以审视，对文明史视角进行阐释；"经济结构"考察商业与帝制的关系，以及货币、赋役、财政、市场、人口等方面的新异性、结构性变迁；"社会结构"从社会权利、社会分层角度讨论社会流动状况和结构演变；"政治演进与政治文化"从政治文化特征、皇权政治运行、中枢权力结构、士大夫政治、明清庙堂政治对比等侧面，呈现帝制在明清收结时期的变化与特点。

"初编"出版后引发了学界的评介和讨论，这些评论既肯定该研究的基本方式和主要论证，也提出了一些富有洞察力的追问。同时，围绕中国帝制时期社会结构的讨论也持续展开。基于学术界的反馈，作者陆续拓展了研究内容，尤其是在"初编"中未及详细讨论的一些问题和学界评论中需要进一步验证的问题。这些成果集中体现在《明清帝制农商社会研究（续编）》中。"续编"在明清时期政治结构、国家与社会关系、思想学术、边疆社会、国际关系方面继续深耕，在明清时期帝制体系与"封建"的关系、国家与社会关系、中西比较、亚洲秩序格局等方面推进尤其显著。除此以外，

---

① 赵轶峰：《明代中国历史趋势：帝制农商社会》，《东北师大学报》（哲学社会科学版）2007 年第 1 期，第 5~14 页。

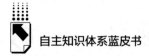
"续编"中专列了"概念与框架"章，对明清帝制农商社会说的问题意识与研究取径、文明史观、明清史研究方法论，以及明清社会结构理论做了深入阐释。2021 年以后，赵轶峰教授继续发表拓展性研究，相关论述将被汇集为《明清帝制农商社会研究（三编）》出版。

（二）学界评价与学术影响

明清帝制农商社会说引发了普遍学术反响。除了大量相关研究在其学术史梳理部分对帝制农商社会研究加以介绍之外，一些有较大学术影响力的学者对该论说做了直接评论。东北师范大学刘晓东教授指出，近年来一些学者所提出的"中国道路"问题，既承认中国社会的发展及其内在驱力，又强调中国社会的特殊性，似乎更有利于把握中国历史变迁的自我特色。在这方面，赵轶峰对明代中国历史趋势的探讨，给予了我们许多新的启示。他通过对明代变迁及其自律性的考察，认为明清社会变迁的历史趋势并不能表现出直接的资本主义前景，而更多的是一种"帝制农商社会的概貌"①。南开大学历史学院李治安教授将帝制农商社会作为阐述明清社会经济的新论点加以介绍，指出其既有新见又较为谨慎，并"与 20 世纪有关资本主义萌芽的讨论和（前揭）晚明——清繁盛说相呼应"②③。云南大学中国经济史研究所薛政超教授认为，"只要梳理（'帝制农商社会'说的）倡立者长期以来的研究成果就会发现，其前期所撰系列论著，早已为其学说体系之构建准备了丰富的史实支撑"。"'帝制农商社会'说的建构方法很值得称道，在其理论中，'王权主义'所述帝制权力的长期承续与社会变革论者所论阶段性新异因素都兼容并蓄。这或许并不是唯一可加以推广的理论建构模式，但它至少

---

① 刘晓东：《"晚明"与晚明史研究》，《学术研究》2014 年第 7 期，第 98~103 页。

② 李治安：《多维度诠释中国古代史——以富民、农商与南北整合为重点》，《中国社会科学评价》2016 年第 4 期，第 45~54 页。

③ 李治安：《从"五朵金花"到"皇权""封建"之争》，《中国经济史研究》2020 年第 5 期，第 5~11 页。

指出了诸说要解决此问题的基本方向"①。

北京行政学院高寿仙教授在《建构中国本位的历史发展体系——读赵轶峰〈明清帝制农商社会研究（初编）〉》中指出，该书对"西方中心主义"历史观进行了深刻批评，力图从真正的"本土"视角出发，呈现和阐释中国文明、文化、社会共同体的结构模式与演进历程，提出"明清帝制农商社会"这样一个统摄性概念，并围绕这个概念对明清时期的政治、经济、社会、文化等各个方面的变化情况进行了系统的梳理和分析，充分展示了"大历史"的活力和魅力。此书的出版，将会进一步激发学界对于"大历史"的关注和兴趣，推动对于中国历史独特发展道路的探索与讨论②。中国社会科学院历史研究所鱼宏亮研究员指出，"明清帝制农商社会"概念的提出，将农商社会作为明清社会的主要特征，这无疑对学界摆脱过去"自给自足的封建社会"等论调对中国史研究的束缚有着重要作用③。他在另一篇题为《康乾时代与早期全球化：17~18世纪中西信息、知识流动与政治变迁》的文章中，将明清帝制农商社会及其与文明史观的结合作为百年明清史研究的四种模式之一，认为如果我们摆脱以英国工业革命与资本主义兴起这一特殊模式套用在中国历史的研究上这种削足适履的机械史学，从中国历史发展的实际来观察明清时期的中国社会，很显然，帝制农商社会更符合历史事实。该文强调，在明清史研究中运用文明史观，是解释明清中国历史演进逻辑的有效路径④。

明清帝制农商社会概念提出以后引起学术界密切关注。自2014年开始，多所高校、科研机构举办了一系列学术研讨会议。2014年，云南大学等单

---

① 薛政超：《构建中国古代史主线与体系的新视角——以王权、地主、农商和富民诸话语为中心》，《史学理论研究》2017年第4期，第134~143页。

② 高寿仙：《建构中国本位的历史发展体系——读赵轶峰〈明清帝制农商社会研究（初编）〉》，《史学月刊》2018年第3期，第125~132页。

③ 鱼宏亮：《国家转型：明代还是清代？——有关明清国家性质的新理论与新研究》，《中国史研究动态》2018年第5期，第56~60页。

④ 鱼宏亮：《康乾时代与早期全球化：17~18世纪中西信息、知识流动与政治变迁》，《世界社会科学》2023年第6期，第68~119页。

位于昆明举办"农商社会/富民社会高端研讨会"。2015 年,东北师范大学
等单位于长春举办"中国帝制时代社会结构与历史趋势暨农商社会/富民社
会高端研讨会"。2016 年,首都师范大学等单位于北京举办"第五届中国传
统经济再评价暨农商社会/富民社会学术研讨会"。2017 年,厦门大学等单
位于厦门举办"中国传统经济再评价暨农商社会富民社会学术研讨会"。
2018 年,云南大学等单位于昆明举办"李埏先生逝世十周年纪念会暨第五
届富民社会/农商社会学术研讨会"。2018 年,《中国经济史研究》编辑部等
单位于长春举办"明清时期的市场学术研讨会"。2019 年,湖北大学等单位
于武汉举办"第六届农商社会/富民社会学术研讨会"。2019 年,南开大学
等单位于天津举办"中古帝制与地主经济形态高端论坛"。2021 年,北京师
范大学等单位于珠海举办"转型中的思考:中国古代富民/农商社会的前世
今生学术研讨会"。2022 年,东北师范大学等单位于长春举办"帝制中国的
制度框架与经济趋势:第九届富民社会/农商社会学术研讨会"。2023 年,
东北师范大学于长春举办"周秦变革与帝制社会结构学术研讨会"。2023
年,云南大学等单位于昆明举办"第十届中国古代'农商/富民社会'暨
'历史时期的经济、政治与社会结构变迁'学术研讨会"。这些会议使帝制
农商社会研究得以在全国学术界密切关注之下推进,并在其他学者的相关研
究中不断受到启发。

三　原创性分析

(一)原创性阐释

帝制农商社会概念提出后,经历了不断的求证、充实、整合。就目前呈
现的情况而言,此概念既是对明清社会结构的一种新的判断,也构成关于明
清历史演变宏观趋势的论说体系,同时具有方法论意义。

1. 在中华文明内聚运动的演进中审视中国的明清时代

现代历史学偏重以国家为单元研究和叙述历史,这种方式具有合理性和

有效性。但是，因为中国历史上的国家范围是变动的，有大一统局面，也有多政权并立局面，有内地区域，也有边缘区域，还有近代被列强侵夺去的区域。以今日国家疆域范围作为整个中国历史研究和叙述的范围，会产生许多窒碍。帝制农商社会研究采取以中华文明的演进作为中国古代历史叙述基本线索的方法来理解中国历史，该论说提出者在其主编的《中国古代史》中已经落实了这一理念①。在这一视角下，文明被界定为"具有较大规模的具有复杂分工和管理体系并展现出复杂精神生活的具有持续性的人类社会共同体"②。以此共同体的演进历程作为透视中国历史的基本线索，可以在纷繁的事变中看到一个持续数千年的结构性推演过程。并非人类历史上所有地区的历史都以这样的方式展开，中国历史过程与欧洲历史过程的不同尤其深刻，而文明内聚是通中国历史古今之变的一大枢机，是中国最基本的国情。在文明视角下，中国历史上内地与边疆的关系、不同民族之间的互动、王朝更替的机制等，都可以得到顺畅的说明，明清时代在中国历史上的特殊性也可以更全面地揭示出来。中华文明的地缘空间与国家行政管理空间达到基本重合的程度，是明清历史最宏大的结构性演变。看到这一点，就可以理解从帝制体系收结、现代性发生、中华文明内聚运动三重视角审视明清时代的方法论，进而超越单纯从资本主义发生视角理解明清时代的局限。

文明视角还有助于把中国历史作为立足点而不是作为被预设为主流的西方历史的比较对象来研究，有助于在中国史研究中落实全球史和比较历史学的观照。明清帝制农商社会研究所涉及的对"现代早期"中欧历史的比较③、对是否应该把清代汉学视为中国的文艺复兴的辨析④、对李约瑟难题的讨论⑤、就"十七世纪危机"与明清鼎革关系对西方学者的回应⑥、就"大分流"

---

① 赵毅、赵轶峰：《中国古代史》，高等教育出版社，2002 年第 1 版、2010 年第 2 版。
② 赵轶峰：《明清帝制农商社会研究（初编）》，科学出版社，2017，第 5 页。
③ 赵轶峰：《明清帝制农商社会研究（初编）》，科学出版社，2017，第 36~47 页。
④ 赵轶峰：《明清帝制农商社会研究（续编）》，科学出版社，2021，第 204~227 页。
⑤ 赵轶峰：《明清帝制农商社会研究（续编）》，科学出版社，2021，第 228~259 页。
⑥ 赵轶峰：《明清帝制农商社会研究（续编）》，科学出版社，2021，第 43~69 页。

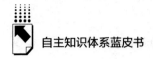

说对西方学者的回应①，以及对明清时期朝贡体系、明代倭寇、清代东亚国际关系格局、清代南洋华侨活动等问题的讨论，都渗透了文明比较的意识。

2.超越单一因素决定论的结构分析

明清历史的阐释曾经受到各种单一因素决定论的影响。其中最突出的是经济决定论、阶级斗争决定论、宗教伦理决定论。一旦采用此类方法论，势必强调理论预设所指向的某个因素而淡化乃至忽略其他因素，这就难以察觉社会作为系统的复杂性，由此提出的历史认知就易于偏颇。中国史学界长期争论的明清资本主义萌芽问题没有能够达成共识，主要原因就在于这一问题的提出其实带有经济决定论的预设，而社会实际中的经济要素变动要受政治、文化、科技等多种其他要素的影响，经济要素出现与历史趋势形成之间还有十分复杂的结构性关系问题有待考察。德国学者马克斯·韦伯提出的基督新教伦理资本主义发生在英国的根本原因的学说，是一种过度强调宗教伦理决定性的论说，对明清史的阐释也产生了重要影响。美国加州大学学者立足于经济学研究明清经济史，提出了明清经济"内卷"的论说和"大分流"论说。此类说法有尝试克服西方中心主义的意图，但其研究在很大程度上是通过"理想化"的方式，把经济问题从其运行的制度、文化等环境中抽离出来单独讨论，有把复杂的经济历史现象简化为理论模型的倾向。

明清帝制农商社会说把社会视为具有复杂结构的系统，认为"规模宏大的社会共同体之特质以及推演的潜能……不由任何单一因素所决定，无论经济因素、政治因素、信仰因素还是其他因素，都在特定的结构关系状态中与其他因素相互作用，从而产生复杂的后果"②③。为了克服任何形式的单一因素决定论的局限，明清帝制农商社会说对明清时代的政治制度、政治文化、经济结构、财政货币、财经政策、社会分层、宗教信仰、周边关系、思想学术、科学技术、中西交流、海外移民等各领域皆进行了具体探究，在实

① 赵轶峰：《"大分流"还是"大合流"：明清时期历史趋势的文明史观》，《东北师大学报》（哲学社会科学版）2005 年第 1 期，第 42~48 页。

② 赵轶峰：《明清帝制农商社会研究（初编）》，科学出版社，2017，第 8 页。

③ 赵轶峰：《明清帝制农商社会研究（续编）》，科学出版社，2021，第 12 页。

证性研究的推进中不断进行综合，充实、深化、修正对明清社会基本结构特征及社会形态特质的论说。这是帝制农商社会研究持续不断的主要原因，也是这种研究能够在理论和实证两个领域都取得成果的主要原因。

3. 在学术对话中磨砺方法论

明清帝制农商社会说的提出伴随着对国内外涉及明清社会结构和历史趋势问题的所有重要论说之得失的坦率评析，这种评析对于把握国际学术界相关成果、局限、动向至关重要。将明清时期社会形态视为"封建社会"是许多学者所持的主张。这种主张中的"封建社会"是一个基于欧洲Feudalism特质的理论性概念，指的是某种以权力分割为突出特点的社会体制，而明清中国并不是这样的体制。这样的用法本身带着以欧洲历史为常态，并用以衡量中国历史的欧洲中心主义色彩，不利于正视中国历史的实际，更不利于解读中国历史文献中大量以"封建"为核心词的记载。明清帝制农商社会说对中国历史上的封建制、明清时期帝制与封建的关系进行了详细辨析。

以往关于明清社会结构和历史趋势的学术认知在很大程度上是在预设欧式资本主义发生是人类历史必然规律体现的基础上展开的，在西方学术界主要表现为各种样式的现代性发生论说，在中国和一些亚洲国家主要表现为对"资本主义萌芽"的探讨。实际上，现代化在各个地区发生的基础、模式、道路有多种多样的差别，发生了"资本主义萌芽"也不能证明接下来会进入资本主义主导的体制。人类历史的普遍规律应该在更基础的层面讨论，而不是着落在世界各地资本主义发生的必然性和同步性上。历史学讨论实然的经验，其对资本主义发生的研究要通过实证来归纳，而不是通过逻辑来演绎。

帝制农商社会研究就此进行了多方论证，肯定了中国"资本主义萌芽"研究带动经济史研究的意义，同时指出这种研究无法透彻阐释明清历史趋势和中国现代性发生逻辑的局限。对西方学者提出的以"刺激—反应""高水平均衡陷阱""白银资本""内卷""大分流""新清史""十七世纪危机"为核心词的相关论说的意义与局限，帝制农商社会研究过程中也做了坦率的评析。指出:"刺激—反应"论的主要问题在于其欧洲中心主义;"高水平均衡陷阱"说的主要问题是其为变异的中国历史停滞论;"白银资本"说的主要问题是把对于欧洲中心论的批判不适当地推到了"反其意而用之"的程度;"内卷"说的主要问题在于实证基础不坚实;"大分流"说的主要问题在于经济决定论;"新清史"的主要问题是片面夸大族群差异性在理解清代中国历史时的意义;"十七世纪危机"论的主要问题是并没有能够建立起17世纪气候与明清之际中国历史变迁之间关系的切实证据系统。

4. 提出并践行"新实证主义"史学观

明清帝制农商社会研究是在历史学基本观念发生诸多重大调整的时代展开的。史学理论领域的变化既为帝制农商社会研究提供了更为开放的契机,也提出了诸多尖锐的挑战。这就要求帝制农商社会研究要在史学观层面对现代历史学各个流派之得失进行评析的基础上,系统阐释自己的史学观。因此,帝制农商社会研究展开的过程也是"新实证主义"史学观提出的过程。在此过程中,论者对旧实证主义忽略历史研究中主观性介入的缺陷,对教条主义以论代史的过度主观性缺陷,对后现代主义史学否定历史事实可认知、可证实性而将历史学判定为文本书写艺术的缺陷皆做出了回应。由于旧实证主义提出较早,其弊端已经受到多方面的批判,教条主义的以论代史在20世纪后期以来的历史学的"拨乱反正"过程中也已经得到一定程度的纠正,后现代主义历史学却是晚近时期风头正盛的史学思潮,所以相关的回应采取了主要针对后现代主义历史学立论的进路。

后现代主义史学理论在揭示科学主义历史学、旧实证主义史学缺陷方面具有启发意义,但是其试图建构起来的历史学论说却走向了不可知论,从而取消了历史学的认知功能。这突出地体现于其标榜的关于历史学发生了所谓"语言学转向"的说法中。该说在强调历史书写的修辞和建构特点过程中把历史事实归结为被语言描述的东西,从而取消了经验事实的客观性,进而主张历史学家无需也不可能探求历史真实。赵轶峰教授指出,后现代主义历史学是在现代性批判和启蒙理性反思的普遍思想氛围中涌现出来的一种试图突破历史学宏大叙事和实证局限的探索。其成绩主要在于把实证主义历史学的缺陷从认识论角度进行细化解析，深化了对历史书写的认识论分析，并为历史书写的新探索增加了思路。

在这个意义上，后现代主义史学于砥砺历史学实证研究的批判性大有益处。其缺陷则与实证主义历史学有同样的性质，就是把自己所处时代流行的某种知识观绝对化。"这在实证主义历史学说来是科学、历史可认知性、客观性的绝对化，在后现代主义历史学说来则是非科学、历史不可认知性、相对性的绝对化。"①"新实证主义"论说最初的系统表述体现在 2018 年发表的《历史研究的新实证主义诉求》一文中。该文提出，新实证主义应在传统实证主义坚持历史可认知性、尊重证据、求真务实的基础上，汲取 19 世纪后期以来多种反思论说中的合理要素，实现新的整合。新实证主义历史学主张对任何被视为真理的言说保持反省力，不因任何理论否定事实或曲解证据，保持对"公认""共识"历史知识的开放心态。在这个意义上，新实证主义立足于批判性思维的基点上，而其批判的尺度，以证据为优先。

历史研究要最大限度地靠近历史事实，为此而接受证据的不断检验。共识可以因证据而被证伪，忘记的往事可以因证据而被记起；历史学家要不断地思考历史经验提供给人们的启示，但从不将某人、某时、某刻体认的启示视为绝对真理。历史学家需凭借思想组织其叙述，但不以牺牲已知的相关重要证据和史实为条件，不以理论操控证据和事实，也不因现实价值立场而故意忽视或曲解历史事实。证据与理论冲突时，证据说话；证据不足时，判断存疑。历史学家解释事实也以不违背证据为底线，不崇尚对证据的过度解释②。2021 年，赵轶峰教授发表《历史是什么？——一种新实证主义的思考》，对"新实证主义历史学"重新进行表述：新实证主义历史学指融汇传统实证主义历史学与 19 世纪后期以来各种相关反思而形成的历史研究观念。其核心主张包括承认历史的客观性和可认知性，同时克服旧实证主义历史学夸大历史研究过程客观性的倾向，坚持历史学家的主要工作是依据证据尽量

① 赵轶峰：《历史学的性质、方法、目标及其他——答成一农教授》，《史学月刊》2023 年第 3 期，第 110~120 页。

② 赵轶峰：《历史研究的新实证主义诉求》，《史学月刊》2018 年第 2 期，第 116~132 页。

认知已然事实，承认理论、价值立场在历史研究中发挥重要作用但反对因理论或价值立场故意忽视或曲解证据，主张不对史料做过度诠释，不追求将历史学变为其他学①。概括而言，"新实证主义历史学"看到旧实证主义历史学的"客观主义"局限，注重历史研究和叙述中的主观性，同时坚持认为历史事实真实存在，真实存在的历史事实可能被认知，历史学家的认知必须建立在可靠证据的基础上，历史认知应秉持证据优先于理论的原则，历史研究与书写也以追求真相为最高目标。

明清帝制农商社会研究践行了新实证主义史学观。《明清帝制农商社会研究（初编）》和《明清帝制农商社会研究（续编）》中都一再强调，历史研究的目标是要澄清、呈现历史事实，无论采取怎样的研究进路，都要遵循证据优先于理论的原则："研究者必须尽可能穷尽所有相关的证据，如或不能做到（在研究宏大复杂问题时常常如此），也必须在做出判断的时候主动查寻并化解反证，即做到判断不与已知的证据存在相互否定关系，而判断者对这种关系又不能做出维持基本判断的合理解释。"② "……所有前人的理论只能被当作思考的资源，而不可受其规定，不能强证据以就理论。如果发现理论与事实不合，只能修改理论。坚持实证的尺度，其实也是坚持把这项研究作为历史学性质的研究，这会使思考的方向永远不会脱离证据面，也不会轻易被声名显赫的学者裹挟而去。"③

明清帝制农商社会研究包含大量对于前人相关研究的回顾与检讨，相关评析也是基于新实证主义史学观原则。《明清帝制农商社会研究（初编）》指出：明清时代与西方早期资本主义、工业化发展的时间平行，也发生了诸多新异性的变化，但变化的历史含义究竟如何，是否明确表明整体性转向资本主义社会结构、制度与文化的历史趋势？这主要要用历史学的方式即实证性研究来回答。"重新审视明清时代中国的社会结构、总体形态特征及演变

---

① 赵轶峰：《历史是什么？——一种新实证主义的思考》，《古代文明》2021年第3期，第3~10页。
② 赵轶峰：《明清帝制农商社会研究（初编）》，科学出版社，2017，第2页。
③ 赵轶峰：《明清帝制农商社会研究（续编）》，科学出版社，2021，第12~13页。

趋势，是我多年研究明清史的基本目标，这本书将之概括为'帝制农商社会'。不过，研究愈久，我愈觉得这主要是一个实证性的问题，理论只是提供一些辨析的概念和透视的方法。所有的理论性辨析都只是为了说明研究的视角和方法，使具体方面研究的问题的指向明确起来，进而使明清中国各种面相的审视能够聚合为一个总体的认识。"① 帝制农商社会研究中关于明代是否"闭关锁国"问题的研究中就包含以实证研究解决问题的案例。中外学术界都曾认为明代中国"闭关锁国"，其起点是洪武四年（1371）的"海禁"。在很多学者眼中，"海禁"是明初政府刻意造成的局面，而倭寇侵扰中国沿海是海禁造成的后果。赵轶峰教授复查可见的历史文献，排列了洪武二年至三十一年间共计45次倭寇侵扰中国沿海的史实，所见倭寇对明朝的侵扰始于洪武二年（1369），在洪武四年"海禁"之前；洪武时期30余年间绝大多数年份都有倭寇侵扰中国边境的记录，范围从辽东到广东，覆盖整个东部与东南海岸线②。明朝在洪武十三年（1380）以前积极尝试通过对日交涉建立明日和平相处关系，在外交举措无效后才在洪武十三年转为消极交涉、积极防御方针。可见，明初实行"海禁"，明确针对倭寇侵扰而行，并非刻意封闭与他国的政治、商业往来，也不是为了实现对国内商人、商业的控制，更不是意在铲除沿海渔民的生活根基。明朝非以禁止官、私海外贸易为基本国策，并未刻意隔离中外，除了与日本之间的贸易一直因倭寇问题而未充分展开以外，与其他国家的朝贡贸易始终进行③。这项研究通过实证纠正了将明朝"海禁"与明前期倭患因果倒置的说法，为进一步论证明代中国并非"对外封闭"而是"有限开放"奠定了基础。

依据"新实证主义"史学观，赵轶峰教授申明明清帝制农商社会说本质上是一种学术假说，与所有假说一样，必须以坚实的证据作为基础，必须接受证伪，遭遇证伪就需要修正④。与此相应，帝制农商社会说不是一个和

---

① 赵轶峰：《明清帝制农商社会研究（初编）》，科学出版社，2017。
② 赵轶峰：《明清帝制农商社会研究（续编）》，科学出版社，2021，第284~293页。
③ 赵轶峰：《明清帝制农商社会研究（续编）》，科学出版社，2021，第305、307~308页。
④ 赵轶峰：《明清帝制农商社会研究（续编）》，科学出版社，2021，第12页。

盘托出的说法，而是通过长期累积、修正不断推进的研究事业。这样的研究，可以最大限度地限制方法论预设对具体研究造成过度的规定性，允许实证考察随时调整最初的假说①。

（二）学术意义与现实意义

就已有研究而言，帝制农商社会说在重新认识中国历史上的帝制、帝制与商品经济的关系、明清时代中国社会特质、明清历史推演的轨迹、重新建构明清史学术体系等方面，都提出了独创性的主张，为解决诸多学术难题提出了方案，展现出明确的学术价值。

1. 提出克服欧洲中心主义、反驳中国历史停滞论的新明清史观

以往明清史研究的最大问题是受中国历史停滞论和欧洲中心主义影响。欧洲中心主义由来已久，其核心是将欧洲历史模式视为人类历史的标准和演进的目标，尤其是将欧洲的现代化经验作为衡量世界其他社会、文明历史的尺度，这是一种不易破除的话语霸权和意识形态。按照欧洲中心主义的逻辑，中国历史发展早就陷入了停滞。到了 19 世纪中叶中西方在亚洲大陆发生直接碰撞的时候，像"木乃伊"一样的中国在西方冲击下被迫做出反应，才做出了一些变革的努力。基于这种观念来看明清史，既然中国没有发生与欧洲一样的资本主义体制化过程，或者没有与欧洲同步或者优先进入资本主义社会，那就是停滞而没有发展的，而停滞的社会自然要被"先进"者改造，于是殖民主义就在这种思维中获得了某种合理性。亚当·斯密、黑格尔、费正清、魏特夫等人皆是此类观念的主要言说者，20 世纪前期日本东洋史学者则是借诸此类观念，主张对中国进行侵略的政治化的学术人群。

中国和海外一些学者早就对此类观念进行了批评，但是欧洲中心主义和中国历史停滞论观念在历史学界仍然流行。这里存在一些论说进路方面的问题。比如明清史学界关于"资本主义萌芽"问题的争鸣，本意就是为了破除中国历史停滞论，但是其论证的逻辑是通过指出中国明清社会自身孕育了

---

① 赵轶峰：《明清帝制农商社会研究（续编）》，科学出版社，2021，第 2~3 页。

资本主义经济的因素，说明中国社会演变与欧洲社会演变同样符合人类历史普遍规律即与欧洲历史模式没有本质不同。也就是说，这是通过把中国历史纳入所谓"普遍规律"来论证中国历史的发展性的，其推论逻辑本身就带着欧洲中心主义，因而最终无法实现突破。将欧洲中心主义颠倒过来，主张明清时代中国发展水平超过欧洲也不是有效的方式，因为其偏颇性与欧洲中心主义是一样的。弗兰克关于"白银资本"的论说、彭慕兰关于"大分流"的论说都略着此类痕迹，构成其论证的弱点。例举明清时期中国社会的某些发展现象也不能彻底澄清问题，因为如果预设了资本主义代表现代性，现代性代表进步，进步是人类历史不可抗拒的必然趋势，而明清中国没有率先展开现代性，那么明清时期中国历史"停滞"的说法就仍然成立。如何阐释明清社会结构和历史趋势其实是能否真正克服欧洲中心主义、反驳中国历史停滞论的关键。

人类历史上曾经多次出现区域主导者，在全球化时代出现主导全球变动趋势的力量也并非不合逻辑。欧洲中心主义的问题不在于认为欧洲在哪个特定时代占据主导地位——那样就成为一个实证性问题，可以通过证据来证明或者证伪。欧洲中心主义的问题在于把欧洲在早期全球化时代的优势地位归结为一种文化意义上的高等存在，从而赋予欧洲永恒的优越性并成为全人类的典范，从而暗示各个文明、地区、国家、民族需要努力成为欧洲。这不仅不符合事实，不符合逻辑，也不可能。欧洲占据全球主导地位，其原因中非常重要的条件就是其他地方都落后或者不同于欧洲。正如"依附论"所揭示的那样，经济不发达国家的不发达是发达国家之所以发达的条件，这是一个结构性关系。进一步说，这种观念没有尊重非欧洲社会与欧洲社会相比的文化差异，也否定了非欧洲社会发展的创造力。

要论证欧洲不是恒定的中心，就需要说明欧洲主导地位是特定时代特定领域的表现，要指出欧洲中心主义与夸大人类历史统一性的线性历史发展观之间存在关联，还要突破把走向资本主义体制作为"历史发展"唯一尺度的成见。明清帝制农商社会说摆脱关于中国历史停滞的各类预设，其中包括把资本主义体制作为"发展"唯一标志的预设，重新审视明清时代所有新异性事物对于历史的含义，在综合明清社会实际情态的基础上，指出这个时代中国社会显现出的新质趋势性特征，进而指出这类特征的关联性即结构性。在这种讨论中，"发展"即非停滞性，是相对于中国自身先前时代的状况而言的，不是以是否趋向资本主义为标准的。明清社会的发展是非常明显的、多方面的，也是结构性的，其中包括中国历史上特有的文明内聚推进。"明清时代的中国社会没有陷入停滞，而是发生了多方面的发展，并与该时代的全球化运动相联系……其演进的基本趋势是，在帝制农商社会基本框架下继续发展，有更大规模市场经济化的前景，但没有西欧同时发生的那种资本主义、议会民主政治的前景。该时代的中西方文明有交集，但推演路径不同。"① 人类历史本有多种演变的可能性，某种可能性成为主导趋势，并不意味着其他可能性不曾存在或者没有意义。

基于新的明清史观，帝制农商社会说在反省研究的基本观念和方法论、调整研究视角的基础上，重新整合了明清史研究的问题体系。帝制收结、现代性发生和发展、中华文明内聚运动接近完成被作为明清史研究的3个基本线索暨明清史研究的基本视角，每一基本线索各自构成问题系列，形成立体化的问题网络②。

2.阐释中华文明演进的整体性

基于对中华文明长期演进整体性的认知，帝制农商社会研究拓展了阐释明清时代中华文明宏观历史运动的视野。

辛亥革命不仅终结了清朝，也终结了帝制，仿照通行的现代国家理念建立了共和体制。除了在晚清被列强割去的土地之外，现代中国继承了清代中国的基本疆域和民族构成。针对这种承继关系的合理性、合法性，从20世纪前期开始就不断有质疑的声音，甚至曾经出现"中国非国"论。这类声音曾经提升了20世纪前期日本对华侵略的声浪，至今仍然构成各种解构中国整体性说法的核心主张。晚近时期，美国学术界流行的所谓"新清史"

① 赵轶峰：《明清帝制农商社会研究（续编）》，科学出版社，2021，第14页。
② 赵轶峰：《明清史的大时代特征与明清史研究基本问题》，《清华大学学报》（哲学社会科学版）2022年第5期，第1~15页。

也接续了这种论调。这个研究潮流在注重满文文献、强调清代族群差别和族群关系格局乃至主张清朝具有"满洲特色"方面，都提出了一些有意义的见解，同时也表达出明显的通过清史叙述"解构"中国的主观意图。其突出表现是刻意在清朝与"中国"之间刻画间隙，将少数族群、边疆作为清史的中心，把汉族与满洲做对立观。同时，"新清史"强调清朝是一个"帝国"，作为"帝国"的清朝解体之后，其整体性就应该终结，现代中国不应该继承清朝的版图。

除了论者各有自己现实的主观意图外，此类主张的共同基点是所谓现代国族国家观。"国族国家"旧称"民族国家"，但"民族国家"概念中作为国家共同体的"民族"与作为自然形成的族裔（Ethnic Group）的"民族"用词相同，在详细分析时不断产生歧义，故应区分"国族"与"民族"。国族是现代事物，民族古已有之；国族国家是现代事物，国家则古已有之。现代国族国家观念形成于欧洲，基于欧洲现代国家兴起时的情况，把单一民族建国视为理所当然，对多民族组合而成的国家的合法性保持质疑。行之既久，逐渐意识形态化。这种观念是基于局部历史经验的产物，没有考虑以文明形态展开的共同体推演基础上形成的多民族国家的历史经验①。如前所示，如果以政权体系为单元来看中国历史，所见纷纭难解，以文明共同体为单元来看中国历史，则可见历时悠久的聚合运动。面对这样的历史经验，在现代国家形成之际不可能将已经融合的多族共同体重新切割。梁启超、章太炎、杨度、孙中山等在民国建立过程中就已经反复讨论了这个问题。在保持多民族共同体基础上建立现代中国，是基于已有历史的选择。从现代化通过全球化展开的逻辑来看，整个人类尚且在逐渐弱化壁垒，终将融汇一体，固守一民族一国家的执念并无真实意义。超越一民族一国家观念，正视多民族构成国族的历史经验和国家观，在此基点上理解明清中国，是帝制农商社会说的要义之一。

明清史叙事中时常可见"帝国"这个概念，"大明帝国""大清帝国"

---

① 赵轶峰：《国族重构与中国现代历史学》，《南京社会科学》2019年第5期，第49~60页。

都可能被随意使用，也可能被刻意使用。当随意使用的时候，这类概念混合了"帝国"与"帝制"，可能是将帝制国家简称"帝国"。在刻意使用的时候，则是在提示这是一个缺乏认同而建立在强力征服基础上的体系。后一种使用方式在含有解构中国意图的论说中使用更为普遍。而且，"帝国"叙事会遮掩中华文明聚合机制，把历史上的聚合互动单纯归结为侵略、征服、殖民或开疆拓土。过度渲染的"帝国"叙事也可能包含提示其解体走向的用意。明清帝制农商社会研究明确提出，该说所称"帝制"指皇帝—郡县—官僚为轴心的国家体制，不指"帝国"①。这一体制既保留了皇权政治固有的家族传承特性和贵族作为皇室衍生的特权属性，又依赖日益壮大的专业化的官僚阶层来实现日常的国家管理，通过郡县制有效地实现对地方的中央集权，进而展现出强大的统治效能②。至于中国历史上的帝制体系是否具有"帝国"的属性，必须引入程度概念来说明。当中原主导政权高度强盛时，有可能施行空间开拓的政略，具有较强"帝国"色彩；中原主导政权屡弱时，则虽为帝制，却并无"帝国"色彩。北宋、南宋以及非大一统时期的许多政权都是帝制的，却非帝国性质的。总之，明清帝制农商社会说主张谨慎使用"帝国"概念，不将其过度泛化。

　　除了重新阐释现代国族国家概念，明清帝制农商社会说主要通过引入文明史视角来阐释中国历史的整体性。文明是最大的社会共同体，其中可能包含多个政权。帝制时代的王朝更迭，疆土盈缩，族群散聚，都在文明共同体的广大空间展开。现代中国是从悠久的中华文明演进中呈现出来的。并不是现代世界上所有国家都是这样形成的，从文明共同体到现代国家是中国历史演进的路径。因此，文明史在中国历史研究中，对于透视和说明中原地区与周边地区的互动关系背后的依赖和共生格局、中原王朝更替的机制、中国文化融汇包容的历史进程和韧性特征、中国历史上社会发展的不平衡性和制度文化复杂性，具有统摄层面的解释力③。"对明清中国社会特质与趋势的研

①　赵轶峰：《明清帝制农商社会研究（续编）》，科学出版社，2021，第20页。
②　赵轶峰：《明清帝制农商社会研究（续编）》，科学出版社，2021，第25~26页。
③　赵轶峰：《文明与文明史》，《中国史研究》2022年第3期，第36~41页。

究需要引入文明史的视角。这是因为中国社会不仅是一个国家共同体，也是一个文明共同体……明清中国的历史演变，不仅涉及一般社会发展运动之类的问题，还涉及文明与文化的嬗变问题。"① 现代中国并非突兀地组建起来的国家体系，而是在数千年历史推演中逐步形成、长期存续的一个共同体。文明共同体推演是中国历史经验的基本事实，国家体制的存续与变迁也是中国历史经验的基本事实，人民生活经历又是中国历史经验的基本事实。

3. 超越线性历史观和惟现代性思维

线性历史观和惟现代性思维是"现代历史学"的主要特点和局限，目前公众熟知的明清史认知和叙述体系主要仍在"现代历史学"语境中。线性历史观认定人类社会是不可阻挡地向着一个特定的方向发展的，世界历史在这种发展中体现出其统一性。这种历史观放大人类历史的必然性和统一性，极易走向僵化，当其与欧洲中心主义结合时，就会产生欧洲历史道路迷思，从而强化明清中国历史"非典型"性和"停滞性"的误解。惟现代性思维是指把现代性意识形态化、完美化、必然化的思维。当这种思维具体化为欧式资本主义体制代表现代性时，就成为欧式资本主义体制是人类历史必然归宿的认知，进而明清中国的所有情状都成为缺乏意义的。线性历史观和惟现代性思维在基本观念和思维方式层面对整个 19 与 20 世纪的历史学家产生影响，晚近时期略为消沉但没有消失，其流行时促成的明清史论说也依然影响公众。中国学术界试图通过找寻"资本主义萌芽"来证明中国历史符合人类历史发展普遍规律，证明中国会自行发生和发展起资本主义来的执着，也是线性历史观和惟现代性思维的表现。

其实，不晚于 20 世纪中叶，欧式资本主义体制乃至整个现代性体制就已经暴露出大量问题，引发世界范围的思想反省，稍后出现以"后现代主义"为综合名目的批判思潮。这类反省并没有完全否定"现代"事物，但是帮助人们辨识出了"现代"的具体性和历史性，提出了超越既有"现代"

---

① 赵轶峰：《明清帝制农商社会研究（初编）》，科学出版社，2017，第 9 页。

模式的诉求。与此相关，非西方世界在借鉴西方模式的同时，开始更自觉地把握自身文化传统的价值，更主动地探索适合各自处境的发展道路。西方"现代"模式的可持续性并非确定无疑，人类需要探讨其他可能并合理的模式。关于明清史的历史叙述与解释，也要探索新思路。明清帝制农商社会说其实是这种探索的一部分。赵轶峰教授指出："现代化与现代性是 15 世纪以来人类世界历史演进的基调，但并不意味着'历史的终结'，这是人类历史在此一特定时期的面貌，却不是什么历史的终点，历史还会继续。在这种意义上，对非西方社会发展道路的澄清与阐释，具有探讨人类文明存在机理层面的特殊意义。"① 明清帝制农商社会说关于明清史历史趋势的分析其实在主张：如果没有西方资本主义对中国的冲击，中国社会仍然会以自己的方式向前发展。16~20 世纪以殖民主义、自由贸易、工业资本主义为突出表征的全球化是一个历史事实，但那并不意味着已经发生的事情是人类历史在那个时代唯一可能发生的事情，明清中国在发生一系列不能完全用资本主义发生理论解释但仍然有"意义"的"发展"。在明清史论说中纳入文明史视角的重要意义之一就是形成多元视角以克服线性历史观。在这种视角下，历史演变的最大差异性在于文明的差异。文明作为最大的社会共同体，会在演变中形成各自特有的文化精神，渗透到其成员的思维、行为方式和制度中，从而不同文明有不同的推演潜质和倾向。各文明在逐渐增多的接触中会有所融合，但也会长期保持各自文化精神和社会组织方式的特质，因而不可能走同样的社会形态演变道路。即使到了现代，文明的差异也难以尽皆消失，所以现代社会依然是多类型的。② 明清帝制农商社会说在具体问题的探讨中也贯彻了克服线性历史观、超越惟现代性思维的意识，因而努力揭示明清历史变迁的多维性和复杂性，尝试展开一种不同于欧洲"现代性"的复线历史的叙述③。基于同样的思想路径，帝制农商社会说不仅关注明清历史中那些看似与"现代性"有关联的现象，也关注看去与"现代性"背道而驰的现

---

① 赵轶峰：《明清帝制农商社会研究（初编）》，科学出版社，2017，第9页。
② 赵轶峰：《明清帝制农商社会研究（续编）》，科学出版社，2021，第13页。
③ 赵轶峰：《明清帝制农商社会研究（续编）》，科学出版社，2021，第13页。

象，例如明中后期和清前期奴仆制度的回潮等，注重阐释此类现象与现代性因素之间的关系。

（三）国际比较与优势

明清史作为了解传统中国与现代中国关系的节点，早就成为国际性的学术领域。明清时期，来华欧洲传教士曾向西方介绍当时中国各方面的情况。18世纪后期，英国经济学家亚当·斯密曾提出中国长期处于停滞状态的看法。孟德斯鸠等启蒙思想家也论述过中国文化的特质。19世纪，黑格尔在其《历史哲学》中用很大篇幅阐述其对中国历史、文化的理解。实际上，西方学术界关于明清时代中国社会封闭性和历史停滞性的看法直接影响到西方各国的对华政策。20世纪中叶以来，美国历史学家卡尔·魏特夫关于中国历史的"东方专制主义"说，以及费正清提出的"刺激—反应"模式都产生了世界性的影响。此类学说皆以西方为尺度来阐释中国历史，长期停滞、闭关锁国、保守昏庸的明清意象长久以来已经渐成定式。晚近时期，美国学者彭慕兰有意克服中国史研究中的欧洲中心主义，但陷入经济决定论。罗友枝等许多学者参与的"新清史"论说夸大清代族群冲突和清代中国的满洲特色，暗示清朝解体以后的中国范围在长城以内。此类关于明清史的研究都涉及理论方面的误区，有的涉及偏见，更多的是实证过程不严谨，或者以偏概全。

中国学者的主流论说中，也会渗透欧洲中心主义的预设和话语。国内学术界长期争论的明清"资本主义萌芽"问题就是一个以西方发展方向为尺度衡量中国历史的话题。至于线性历史观和各种形式的决定论，则是在基础观念和思维方式上盲从西方权威的。近年一些学者参照传统向近代转型的社会发展模式论，通过论述白银货币和财政体制转变主张明清时代发生了"国家转型"，深化了货币财政史研究，但是对明清时代社会结构的综合审视有所不足。晚近中国历史人类学、社会史学者对地方或区域社会组织样貌、生活方式的研究，弥补了长期以国家政治为中心而忽视底层日常面貌的历史研究的一些阙失，在发掘地方史料、解释区域特色方面成绩斐然。但是

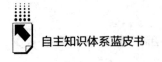

这种研究偏重地方，对于明清时代中国作为一个整体的结构、趋势、特质着力不多。

明清帝制农商社会说与前述各种研究方式相比，是理论方法更为自觉，更具有体系性的研究方式。这种研究在评析以往研究得失的基础上，坚持结构性、综合性考察的基本方向，反对单一因素决定论和长久以来流行的欧洲中心主义历史观。这是对明清中国进行整体认知和宏观研究的努力，始终强调明清时期中国的整体性，同时注意区域差异性，反对以任何局部特点定义整体社会系统的特征。正是由于明清帝制农商社会研究特别注重理论方法方面的反省和探索，"新实证主义"史学观相伴推出。这一组合把明清帝制农商社会研究着落在了历史学认识论领域独到探讨的基础上。这一史学观在对旧实证主义、客观主义历史学局限进行分析，对晚近流行的后现代主义史学理论进行批判性剖析的基础上提出，历史学的本质是了解、复述和解释人类以往的经验事实，为此必须承认经验事实的可认知性，必须坚持依据证据判断事实的原则；同时为此需要在历史研究中尽量穷尽相关证据，对证据进行审慎的辨析，不以理论操控证据和事实，不因现实价值立场曲解历史事实，主动寻找和化解反证来修正论说，历史研究不以文辞绚烂相标榜而以文风质朴为尚。在明清史研究的实际工作中，帝制农商社会研究牢牢立足于中国历史实际，追问的重心是明清中国实际发生了什么、如何发生，而不去纠缠为什么没有发生什么之类由理论预设推导出来的问题。

文明视角是迄今所有关于明清史的体系性论说不曾提出的，是基于中国历史实际而提出的关系重大的主张。这一视角揭示了整个中国历史演进过程规模最宏大层面的格局，也提供了透视明清时代中国历史主题的有效方法。同时，这一视角引导的分析突破了一个民族一个国家的国族国家观，成为重构多民族国家理论的重要资源。

总之，明清帝制农商社会学说在充分梳理和反思国内外已有研究范式在理论、方法和实证研究等方面的优长与缺陷的基础上，尝试对明清中国社会的总体结构和演变趋势提出新的宏观认知。其研究的基础观念是自觉的，研究的方法论是系统性的，提出的基本主张和对诸多分支问题的论证是具有创新性的。此外，帝制农商社会说是开放、不断丰富、接受检验的，这也与国内外其他一些系统化的明清史论说明显不同。

四　研究展望

明清帝制农商社会研究的总体目标是在已有研究的基础上，通过整合、调适研究的理论、方法和问题系统，以社会结构与历史趋势为轴心，重新认识中国的明清时代及其与当下中国的关联。这个工作规模宏大，尚未涉足的问题仍多，已经提出的看法有待检验和批评，所以这是一项继续行进中的事业。展望相关的研究时应当区分提出者及其团队自己研究的设想和其他学者可能展开的相关研究。后者之所以重要，是因为依照卡尔·波普尔所说，一种思想公布以后，就成为一种"客观知识"，提出者不再能够左右其将来的发展。

赵轶峰教授将完成《帝制农商社会研究（三编）》。这与"初编""续编"一样，采用专题研究然后汇总的方式推进，当在不久以后完成。三编出版完成后，将做一次阶段性综合，以帝制农商社会为核心概念，重新呈现明清史研究的问题架构，择定后续研究的基本问题。此后，将对尚未研究通透的若干问题做深入考察。已经考虑到的此类问题包括但不限于：①论证辽宋金元时期社会结构状态与明清社会结构状态之间的历史关联；②对明清商业收益在国家财政和全国经济体系中的占比进行分析；③对明清国家体制特质及其历史影响做整合性讨论；④就明清时代的士大夫政治与官僚政治的推演做系统梳理；⑤对明清皇权政治精神做较深入论析；⑥考察绅商主导结构在晚清时期的嬗变；⑦评估学术界关于明清社会史和社会文化史研究的基本成就；⑧论证明清帝制农商社会的遗产。

赵轶峰教授历年所培养的青年学者所治多与帝制农商社会相关。虽然各自学术主张不尽一致，但可以期待他们近期在明清政治文化、礼制、贵族制、军政体制、商业与商人、淮河下游社会经济、妇女史、中欧关系、中朝关系、清代法制、边疆问题、史学史等方面会推出相关成果。

学术界围绕农商社会、富民社会的系列学术会议将会继续下去。近期将有相关论文集汇编出版。这种研讨的主要意义在于将不同断代社会结构与演变趋势的研究关联起来，这对于各个断代研究获得更为周至的通史观照是非常有益的，同时也会带动各个断代的相关研究能够在观念、方法、文献等方面相互借鉴。最终，此类研讨可能推动中国古代史学科体系的重建。

各种路径的相关研究最终会汇聚起来，使学术界和公众对明清帝制农商社会的面貌和内里逻辑看得更为明晰。这里不能忘记，明清史是根基深厚的学术领域，国内外诸多学者已有的研究，尤其是实证性研究，始终是帝制农商社会研究的基础。"明清帝制农商社会"研究借助前贤、同仁相关研究之处已然很多，可以肯定，未来借助于学界同仁的还会更多。帝制农商社会研究会随着明清史研究的总体发展不断深化。

帝制农商社会概念提出者简介：赵轶峰，中国明清史、史学理论研究学者。现任东北师范大学历史文化学院教授，博士生导师，亚洲文明研究院院长，《古代文明》杂志执行主编，中国明史学会特邀顾问。曾任中国社会科学院历史研究所明史研究室客座研究员，首都师范大学特聘教授。

附录：帝制农商社会相关研究成果清单

一、论著清单（以"帝制农商社会"为论著关键词或出现于论著标题中为准）

（一）个人论文 12 篇

[1] 赵轶峰：《明代中国历史趋势：帝制农商社会》，《东北师大学报》（哲学社会科学版）2007 年第 1 期，第 5~14 页。

[2] 赵轶峰：《十七世纪中国政治、社会思想诉求的维度——对〈明夷待访录〉的一种新解读》，《东北师大学报》（哲学社会科学版）2008 年第 2 期，第 10~17 页。

［3］Zhao, Yifeng, "The Historical Trend of Ming China: An Imperial Agric-mercantile Society," *Frontiers of History in China*, 2008.

［4］赵轶峰：《明清帝制农商社会论纲》，《古代文明》2011 年第 3 期，第 101~111 页。

［5］赵轶峰：《论明代中国的有限开放性》，《四川大学学报》（哲学社会科学版）2014 年第 4 期，第 18~35 页。

［6］赵轶峰：《中华文明的延续性、内聚性及其演进的模式特征》，《黄河文明与可持续发展》2015 年第 1 期，第 1~17 页。

［7］赵轶峰：《明清帝制农商社会说要义》，《求是学刊》2015 年第 2 期，第 155~158 页。

［8］赵轶峰：《政治文化视角下的明清帝制农商社会》，《中国史研究》2016 年第 3 期，第 21~34 页。

［9］赵轶峰：《明清商业与帝制体系关系论纲》，《古代文明》2016 年第 4 期，第 61~68 页。

［10］Zhao, Yifeng, "The Formation and Features of the Ming/Qing Imperial Agro-mercantile Society," *Journal of Ancient Civilizations*, 2017.

［11］赵轶峰：《明清帝制农商社会说的问题意识与研究取径》，《云南社会科学》2019 年第 1 期，第 2~10 页。

［12］赵轶峰：《权力与财富——对明清社会结构变化的一种侧面观察》，《中国经济史研究》2021 年第 1 期，第 6~17 页。

（二）个人专著 3 部

［1］赵轶峰：《明代的变迁》，上海三联书店，2008。2022 年香港开明书店再版（该书结论"明代历史的自律"明确提出帝制农商社会）。

［2］赵轶峰：《明清帝制农商社会研究（初编）》，科学出版社，2017。

［3］赵轶峰：《明清帝制农商社会研究（续编）》，科学出版社，2021。

二、学界相关研究示例

[1] 薛政超：《构建中国古代史主线与体系的新视角——以王权、地主、农商和富民诸话语为中心》，《史学理论研究》2017 年第 4 期，第 134~143 页。

[2] 高寿仙：《建构中国本位的历史发展体系——读赵轶峰〈明清帝制农商社会研究（初编）〉》，《史学月刊》2018 年第 3 期，第 125~132 页。

[3] 常文相：《明代士大夫的"商人—商业"观》，《西南大学学报》（社会科学版）2018 年第 5 期，第 136~144 页。

[4] 梁曼容、田宗莹：《〈互洽共生——明代商人、商业与国家体制关系探研〉介评》，《关东学刊》2020 年第 2 期，第 185~192 页。

[5] 关丰富、宋强：《守正创新 继往开来》，《中国社会科学报》2023 年 5 月 22 日。

三、转载清单（转载论文以"帝制农商社会"为论文关键词或出现于论文标题中为准）

[1] 赵轶峰：《论明代中国的有限开放性》，《明清史》（人大复印报刊资料），2015。

[2] 赵轶峰：《政治文化视角下的明清帝制农商社会》，《明清史》（人大复印报刊资料），2016。

[3] 赵轶峰：《明清商业与帝制体系关系论纲》，《经济史》（人大复印报刊资料），2017。

[4] 赵轶峰：《权力与财富》，《经济史》（人大复印报刊资料），2021。

[5] 赵轶峰：《论明代中国的有限开放性》，《中国社会科学文摘》，2014。

[6] 赵轶峰：《明清帝制农商社会说的问题意识与研究取径》，《中国社会科学文摘》，2019。

[7] 赵轶峰：《明代中国历史趋势：帝制农商社会》，《中国高等学校学术文摘》，2008。

［8］赵轶峰：《明清帝制农商社会说的问题意识与研究取径》，《高等学校文科学术文摘》，2019。

［9］赵轶峰：《明清帝制农商社会说的问题意识与研究取径》，《社会科学文摘》，2019。

四、相关课题项目清单

［1］2009 年，国家社会科学基金一般项目"十五至十九世纪世界变迁中的中国社会发展模式研究"（09BZS004）。

［2］2020 年，国家社会科学基金重点项目"明清社会结构与历史趋势研究"（20AZS008）。

五、相关获奖

2020 年，《明清帝制农商社会研究（初编）》获得第八届教育部人文社会科学优秀成果三等奖。

B.7
科技审度论：科技与哲学的融合发展

刘大椿*

摘　要：　历经辩护与批判的较量，在科学哲学发展中出现一个重要的新取向，即科技审度。审度不是折中主义，而是整合对立观点，是执两用中。马克思极为重视对科技的分析，其中包含着深刻的内容，并采用了独特的视角。马克思不是简单地面对科技，而是从历史实践的角度对科技加以审视，时而赞赏、时而批判。马克思借此直击科技的本质，为科技审度论提供了一个重要的标杆。科技审度论不但将突破传统的局限，而且将极大地改变科学技术论的基本形相，通向一种多元开放的科技哲学。科技审度论认为科学和宗教、文学、艺术都是人类文化中绚丽的花朵。它们相互促进，并非互相对立和排斥。当前，它们之间，出现了对话与融合的趋势。科技审度论着眼于不同文化形态之间的交流与互补，提倡一种新兴的科技文化，试图通过科学与伦理、科学与艺术、科学与信仰，也即科学与人文之间所展现出来的互动，实现求真、向善、臻美、达圣之圆融。

关键词：　科技审度　科技哲学　科技文化　多元开放

科技审度（Reconsideration of Science and Technology）概念由笔者于2008年首次提出。科技审度论是科学主义者和反科学主义者在激烈辩驳中催生出来的一种比较宽容的、平和的但不失基本坚持的科学哲学倾向，指对

---

* 刘大椿，中国人民大学荣誉一级教授，研究方向为科学哲学、科学技术与社会、科技思想史。

科学采取一种审度的态度，用多元、理性、宽容的观点来看待科学，倡导一种多元互补的价值选择，在客观性与独特性、普遍性与地方性、理性与非理性、工具理性与价值理性之间保持适当的张力。

一 概念阐释

概括而简要地说，笔者认为，怎样看待科学技术，或者说"关于科学技术的哲学反思"，主要有三种取向。第一种取向是对科学进行辩护，第二种取向是对科学进行批判，第三种取向是对科学进行审度。这是近年来历经辩护与批判的较量，在科技哲学发展中很重要的一个新取向，本文把它名之为科技审度。这个概念，最初是在 2008 年提出来的。其基本观点是：单纯的辩护和单纯的批判都是有局限的，应该对科学技术采取一种审度的态度，用多元、理性、宽容的观点来看待科技。当今对科技的反思，应该实现"从辩护到审度"的转换，这对于亟需科学、科学精神的滋养，又要防止工具理性主宰的国人来讲更显得重要。审度不是折中主义，而是整合对立观点，是执两用中。实际上，辩护者与批判者的激烈辩驳，催生了一种比较宽容的、平和的但不失基本坚持的科学哲学倾向，即所谓科技审度。

二 研究综述

（一）概念的形成与发展

1.科技审度与新科技观

在现代社会，人们与科学技术之间已经形成须臾不可分离的紧密关系。然而，究竟应当怎样看待科技，虽然有一定的共识，但学界和社会在科学主义与反科学主义之间充满了误解和斗争。实际上，关于科学和技术的攻防一

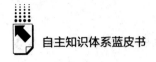

刻也未曾停息①②。

（1）科学主义与反科学主义

怎样看待科技，或者说哲学如何对科学反思，这个问题在历史上有两种基本取向。第一种取向是科学主义，以对科学进行辩护为标志。这是哲学对科学反思的一个基本态势，也是传统的主流观点。何谓辩护？就是试图说明为什么科学是合理的，为什么科学知识具有精确性、可预见性等特点。

回顾科学技术的成长历程，可以发现，科学在近代欧洲的诞生及其自17世纪以来所取得的大发展，可以归结为科学力量不断壮大、科学所发挥的作用日益扩张的历史。作为一种新兴的文化与社会力量，科学不仅开启了人类在认知领域的大拓展，也创造了人类在改造自然方面的辉煌成就，确立了科学进步观的基本立场。但是，随着科学主义思潮的泛化，科学的工具主义特征被发挥到极致，其间的负面效应也日渐显著。

第二种取向是反科学主义，即对科学技术进行批判。在对科技满是赞叹和赞扬的同时，出现了非常强烈的批判声音。这正是当今科学哲学界若干重要流派所大声疾呼的。他们有感于人类发展到现在的许多问题，尖锐地提出正是科技给当下世界带来巨大的风险。

科学主义霸权走向极端，就是反科学主义的兴起与扩张，一种对科学怀疑与否定的思潮引起了越来越多的关注。特别是在20世纪末期，对科学的质疑甚至变成对科学的全盘否定，不同领域的"终结论"甚嚣尘上。与此相对应的是正统科学哲学为科学辩护的声音逐渐衰微，科学的传统形象受到严重冲击。于是，科学合理性不再被视为当然，反而在很多人心中产生了重大疑虑。在反科学主义者心目中，科学不再是对真理的无私而神圣的追寻，而是与政治共谋的权力，是依靠金钱运转的游戏，是听命于赞助人的工具和残酷统治自然的帮凶。

---

① 刘大椿：《从辩护到审度：马克思科学观与当代科学论》，首都师范大学出版社，2009。
② 刘大椿、张林先：《科学的哲学反思：从辩护到审度的转换》，《教学与研究》2010年第2期，第5~12页。

（2）审度的取向

近年来，历经辩护与批判的较量，在科学哲学中出现了一种新取向，笔者称之为审度。其基本观点是：单纯的辩护和单纯的批判都是有局限的，应该对科学采取一种审度的态度，用多元、理性、宽容的观点来看待科学。当今对科学的反思，应该实现"从辩护到审度"的转换。

在当下的若干争论中，对科学的辩护与对科学的批判两者虽都不乏真知灼见，它们的澄清对科学未来发展也都具有深远的意义。但客观地说，科学主义与反科学主义都有走极端的倾向，虽然极端带来深刻，但肯定有失公允。思想上的极端给人以启发，行动中的极端却肯定会导致失误甚至灾难。因此，跳出各自在论辩时所持的极端立场，是尤为重要的。

极端的科学主义把科学理想化、纯粹化，很难解释复杂的科学世界；极端的批判又完全否定科学的客观性，主张真理多元论，取消科学的划界标准，甚至认为科学跟神话、巫术其实是一回事，抹杀了科学在整个社会中的重要地位和对人类生活的极大贡献，片面夸大了科技本身在现代社会的负面效应。重要的是既支持科学的发展，又保持对科学的警醒，超越对科学的辩护和批判，而对科学持有一种审度的立场。这就是我们从对科学的多样复杂的反思中得到的基本观点。

在科学观念和科学精神早已深入人心的情况下，应当承认，极端的科学反对派虽然偏颇，但能起到矫正盛行的唯科学主义局限的作用，在一定程度上有助于恢复公众对科学的恰当认识，营造社会自由、平等和宽容的氛围。可以说，后现代主义知识分子虽然对科学基本上采取一种批判的态度，但其所起的作用倒是前瞻性的。然而，要特别警惕，一味盲目地批判科学，倡导反科学主义，在我国科学基础和科学精神本来就很薄弱的境况下，不小心会导致回到前科学的愚昧状态。

审度不是折中主义，而是整合对立观点，是执两用中。实际上，辩护者与批判者的激烈辩驳，催生了一种比较宽容的、平和的但不失基本坚持的科学哲学倾向，即所谓科技审度。

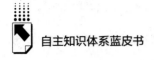

2. 科技审度与马克思历史实践视角的借鉴

笔者在考查各种科学主义与反科学主义观点的过程中，特别注意到马克思的科技思想，不仅发现马克思许多至今闪光的精辟论点，而且从中体会到一种极为宝贵的方法论。

怎样看待科技？运用什么方法论视角去剖析科技？是科技审度最重要的考量之点。马克思在政治经济学批判中极为重视对科技的分析，包含着深刻的内容，并采用了独特的视角。马克思借此直击科技的本质，为科技审度提供了一个重要的标杆①。

（1）马克思科技审度的历史实践视角

马克思是怎样看待科技的呢？马克思关于科学技术的论述，多是就具体科技活动层面言说的，包括对科技史实的记录、转述，对以往科技思想著作的摘录，更不乏对科技问题的多侧面思索。要言之，马克思虽然没有留下科学技术论方面的专门著作，但他确实探讨了许多科技问题，对科技现象进行了认真分析和深入思考，并给我们留下了丰富的科技思想材料。马克思的科技审度，无论从内容还是方法上看，都是极其珍贵的遗产。马克思不是简单地面对科技，而是从历史实践的角度对科技加以审视，时而赞赏、时而批判。他以思想家的深刻和睿智对科技进行审度，他的科技审度既有超出常人的理论深度，又总是无比关切现实问题。

对马克思科技思想的研究，切勿因望文生义而被绝对化，更不能离开具体语境而忽视甚至歪曲他的本意。我们要时刻提醒自己，马克思的学术研究始终着眼于探求现实问题的解决方案和路径，并且总是将它们追溯到矛盾产生的根源。必须弄清楚马克思历史实践视角的深意，才能更好地理解他何以会如此看待科技。

下面试举数例来扼要说明，马克思如何从历史实践的视角对科学技术加以审度，以揭示资本对科技的绑架。

---

① 刘大椿：《审度：马克思科学技术观与当代科学技术论研究》，中国人民大学出版社，2017，第1页。

为揭示资本化如何强化科学技术与生产发展的关系，马克思论证道，科学发现与生产过程恰好在互相成为手段："生产过程成了科学的应用，而科学反过来成了生产过程的因素即所谓职能。每一项发现都成了新的发明或生产方法的新的改进的基础。只有资本主义生产方式才第一次使自然科学为直接的生产过程服务，同时，生产的发展反过来又为从理论上征服自然提供了手段。科学获得的使命是：成为生产财富的手段，成为致富的手段。"①

马克思尖锐地指出，科学与技术的资本化使它们沦为资本剥削工人劳动、追求剩余价值的帮凶。"在这里，机器被说成是'主人的机器'，而机器职能被说成是生产过程中（'生产事务'中）主人的职能，同样，体现在这些机器中或生产方法中，化学过程等等中的科学，也是如此。科学对于劳动来说，表现为异己的、敌对的和统治的权力。"②

为说明科学与技术的资本化，改变了科技的原有进程和本来面貌，马克思一针见血地指出："自然科学本身（自然科学是一切知识的基础）的发展，也像与生产过程有关的一切知识的发展一样，它本身仍然是在资本主义生产的基础上进行的，这种资本主义生产第一次在相当大的程度上为自然科学创造了进行研究、观察、实验的物质手段。由于自然科学被资本用做致富手段，从而科学本身也成为那些发展科学的人的致富手段，所以，搞科学的人为了探索科学的实际应用而互相竞争。另一方面，发明成了一种特殊的职业。"③

以机器为主导的机械化劳动方式，推动了资本主义的飞速发展。然而，马克思发现，机器的资本主义应用却产生了一系列对立的社会现象：因为机器就其本身来说缩短了劳动时间，而它的资本主义应用延长了工作日；因为

---

① 中共中央马克思恩格斯列宁斯大林著作编译局：《马克思恩格斯文集（第8卷）》，人民出版社，2009，第356页。
② 中共中央马克思恩格斯列宁斯大林著作编译局：《马克思恩格斯文集（第8卷）》，人民出版社，2009，第356页。
③ 中共中央马克思恩格斯列宁斯大林著作编译局：《马克思恩格斯文集（第8卷）》，人民出版社，2009，第358页。

机器本身减轻了劳动，而它的资本主义应用提高了劳动强度；因为机器本身是人对自然力的胜利，而它的资本主义应用使人受自然力奴役；因为机器本身增加生产者的财富，而它的资本主义应用使生产者变成需要救济的贫民，如此等等①。正是通过对资本主义生产实践的深刻剖析，马克思得出结论：资本"绑架"了近现代科学技术，科技则迫于资本的势力而"入伙"。

（2）科技审度的重要标杆

马克思的科技审度，特别是他围绕科学技术与生产力的关系、科学技术与异化的关系、科学技术与自由的关系所进行的探讨，以及由此展开的对科技的批判，对于如何正确看待现代社会中的科学与技术具有非常重要的借鉴意义。正是马克思对科技审度的这些论述，为科技审度论树立了重要标杆。

与自然科学文本含义的确定性不同，人文社会科学文本的意义生成于读者阅读文本的过程之中，不同的读者甚至同一读者在不同的心境、不同的时空场合下解读同一个文本，得到的收获或启迪都是有差异的。对于马克思的科技思想，既要从有关经典文本诞生时的语境去理解，又要结合当下的语境去把握。这也是许多经典文本常读常新、千古流传的主要原因。要避免脱离马克思所处时代的具体历史场景，直接从当代社会文化背景出发解读马克思文本，随意发挥和引申文本原义，把时下对科技的理解简单搬运到马克思身上。

回到马克思生活的年代，走进马克思的科技世界，重读他的原始文本，还原马克思的科技思想，应当成为当下马克思思想发展史研究的重要课题。而马克思审度科技提出的那些观点和方法，对过去和现在都具有重要的启示作用。

马克思强调，科技飞速发展对社会生产产生巨大推动作用。科技进步无疑引起了马克思的浓厚兴趣和深入思考，这不论是在他的相关著述中，还是有关马克思的传记资料和旁证材料中，都不难看到。尤其是在探究资本主义社会发展规律与无产阶级革命道路、在撰写《资本论》的过程中，马克思更是花费了相当多的心血探讨科技问题，留下了丰富的科技思想文稿。

---

① 中共中央马克思恩格斯列宁斯大林著作编译局：《马克思恩格斯全集（第44卷）》，人民出版社，2001，第508页。

1850~1858 年，马克思除了研读大量的政治经济学著作外，还认真阅读了各种有关科学技术、工艺学和自然科学方面的著作，极大地改善了他的知识结构，开阔了他的理论视野，为日后在政治经济学研究中分析科学技术与生产力的关系等理论问题，做了思想上和资料上的支撑。

马克思指出，近代以来科技的发展已被纳入资本的运行轨道。科学与技术是在资本形成之前早就存在的文化现象。然而，近代以来，在资本的渗透与扩张进程中，科学与技术的发展却被逐步纳入资本的运行轨道，受到资本的选择与调制，呈现出资本主义的时代特征。马克思写道："只有资本主义生产才把物质生产过程变成科学在生产中的应用——被运用于实践的科学，但是，这只是通过使劳动从属于资本，只是通过压制工人本身的智力和专业的发展来实现的。"① 这里应当说明的是，产业技术处于科学技术向现实生产力转化的最后环节，科学在生产过程中的应用也是通过产业技术的形式间接实现的。

马克思认为，应从人类活动方式上理解技术。在马克思看来，人性主要是由生产方式决定的，而与生产方式密切相关的"生产什么""怎样生产"以及"进行生产的物质条件"等都是产业技术的具体形态。他认为，对人性的探究应当到他们的物质生产活动之中去寻找。个人怎样表现自己的生命，他们自己就是怎样。因此，他们是什么样的，这同他们的生产是一致的——既和他们生产什么一致，又和他们怎样生产一致。因而，个人是什么样的，这取决于他们进行生产的物质条件②。产业技术既是形成人性的基础，也是认识人性的重要途径。工业的历史和工业已经生成的对象性的存在，是一本打开了的关于人的本质力量的书，是感性地摆在我们面前的人的心理学。对这种心理学，人们至今还没有从它同人的本质的联系上去理解，而总是仅仅从外在的有用性这种关系来理解③。

---

① 中共中央马克思恩格斯列宁斯大林著作编译局：《马克思恩格斯文集（第 8 卷）》，人民出版社，2009，第 363 页。

② 中共中央马克思恩格斯列宁斯大林著作编译局：《马克思恩格斯选集（第 1 卷）》，人民出版社，2012，第 147 页。

③ 中共中央马克思恩格斯列宁斯大林著作编译局：《马克思恩格斯全集（第 3 卷）》，人民出版社，2002，第 306 页。

可以说，马克思的科技审度是一个巨大的宝藏，值得深入开掘。

3. 科技审度与新科技哲学的探索

当代科技世界呈现出一派斑杂景象：传统观点与建构主义、后现代主义的看法夹杂在一起，未来的科技世界究竟怎样，让人充满想象。无论如何，新科技哲学的探索应该是自由而开放的，即要倡导一种多元而互补的价值选择，在客观性与独特性、普遍性与地方性、理性与非理性、工具理性与价值理性等似乎对立的特性之间保持适当的张力①。

（1）科学客观性与独特性的统一

客观真理的追求曾被视为科学的最终目标，因而科学作为一种真理也就必然地具有客观性与中立性的特征。特别是在经典科学传统下，如何实现并达到真理的客观性与绝对性成为各种科学研究的最终旨向。然而，当科学中的个体性与主观性因素引发人们的关注，当真理的具体性与相对性特征变得突出起来，科学原先的那些追求就变得不是那么理所当然了。如何在客观性与独特性、绝对性与相对性之间寻求一种平衡，成为当前科学探究过程中所必须关注的问题②。

一般承认，科学既具有客观性，同时也具有个别性和主观性的特征，两者都是科学活动中必不可少的，并非不可解的矛盾。相反，正是科学客观性与主观性的这种结合，使得科学在追求统一性和客观性的同时，具有自身独特的属性。

科学认识活动中主观性因素的存在无可怀疑，但并未否认科学知识的客观性特征。诚然，在具体的科学实践活动中，每一项科学研究的成果都与个体的记忆和经验相关，并受到人的生理—心理结构的制约。因此，一个人选择并支持某一个科学假说的原因，可以是纯粹出自科学理性的考量，也可能是对某种理论形式的特殊爱好，或者只是一种简单的直觉，似乎无不由主观

---

① 刘大椿：《审度：马克思科学技术观与当代科学技术论研究》，中国人民大学出版社，2017。

② 刘大椿：《科学客观性与创新性的统一》，《山西师大学报》（社会科学版）2021年第2期，第1~10页。

决定。然而，当他要提出某一假说时，却必须给出相应的证据支持以说明其真理性。正是这一与"事实"相关的"证据"，确保了科学的客观性。正像奥斯特瓦尔德在分析个体的主观经验与科学客观性之间的关系时所表明的："概念总是具有依赖于个人的成分，或主观的成分。无论如何，这并不在于个人在经验中未发现的新颖部分做了添加，相反地，而在于在经验中已发现的东西中做了不同的选择。如果每个个人吸收了经验的所有部分，那么个人的或主观的差异便会消失。由于科学的经验努力吸收尽可能完备的经验，它经由尽可能众多和多样的记忆的搭配，通过力图补偿个人记忆的主观不足，把目标越来越接近地对准这一理想，从而尽可能多地填充经验中的主观间隙，使它们变成无害的东西。"①

科学的独特性是与个别性和主观性密切相关的。就科学与其他非科学认识活动的比较而言，科学独特性的主要意涵有三：一是科学是具有可检验性和客观真理性的知识体系；二是科学是以观察实验、归纳演绎为基本方法并辅以其他理性方法的；三是科学倡导实事求是、批判怀疑、开拓创新、理性实证、自由开放的精神和态度。就科学自身而言，科学的独特性意味着，科学虽然是以客观性的理想和规律性的探寻为基本追求，但每一个研究对象都是独特的，每一项科学成就也都是个体主观能动性自由充分发挥的创造性成果，都具有不同于其他科学理论的新颖性和创新性。

承认科学具有独特性，并不会因此而影响或排斥科学客观性的存在。个别性、主观性、独特性，在科学中最突出的表现就是科学的创造性或独创性。博兰尼借由科学的一致性观点将科学的独创性与严谨性结合起来，认为两者之间并不存在什么不和谐之处。他指出："独创性是科学的主要德性，科学进步的革命性特征，其实乃是众所周知的东西。与此同时，科学又具有最紧密结合的职业传统；这种传统在学说的连续性方面，在协作精神的力量方面，可以比之于罗马教会和法律的职业。科学的严格，正与科学的激进主义一样地众所周知。科学既培养着最大限度的独创性，又强加着特殊程度的

---

① 〔德〕弗里德里希·奥斯特瓦尔德：《自然哲学概论》，李醒民译，华夏出版社，2000。

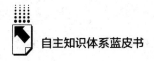

严格批判。"① 其实，科学的独创性是在与规律性的结合中实现个别性、主观性。独特性与普遍性、客观性的统一，推进着科学的发展。

总之，不论是从具体的科学研究活动的角度，还是从基本立场来看，多元开放的科技哲学对于科学客观性与独特性的统一，都应持肯定态度。两者的结合，将成为推动科学进一步发展所遵循的重要原则。

（2）科学普遍性与地方性的消长

在科学的知识特性这一问题上，普遍性与地方性是两个极端。传统观点强调科学是普遍的、统一的、完全的，以普遍性的追求为最终价值指向；当下许多研究却主张科学更具有地方性、个别性，并以地方性特征的探究为主要任务。如何在这两种看似截然不同的价值追求之间找到一个平衡点，是科学发展尤其需要注意的。再则，由于科学在人类文化中的地位正在发生嬗变，普遍性与地方性的特征各自都严重影响到科学的文化定位，甚至在传统与现代之间造成深刻的断裂。

传统科学哲学强调科学的原理和程序是普遍有效的，地方性特征也可以从中演绎出来，地方性仅仅是产生特定结果的偶然因素；与之相反，科学实践哲学与社会建构主义认为，诞生于实验室中的科学知识并不是普遍性的，它们被拓展到实验室之外也并非对普遍规律的演绎运用，而是将一种地方性情境中的知识适用于新的地方性情境中。前者宣称科学认识的标准化和普遍有效性，拒斥其地方性；后者强调事实建构中必然包含地方性选择，不能排除实验室这一认识发生的环境场所的特殊性。

表面看来，普遍性与地方性这两种特性在科学中似乎是互斥的、不可共存的。但事实却非如此。

首先，科学的普遍性与地方性特征并不是互相冲突的。科学的普遍性只是强调科学规律的非个人性以及社会学层面的公平性。产生于特定的社会文化环境中的科学知识，其中的地方性和差异性成分自是不可避免的，因而普遍性就是建立在地方性基础上的普遍性。而且，最后为科学共同体所接受的知识，

---

① 〔英〕迈克尔·博兰尼：《自由的逻辑》，冯银江、李雪茹译，吉林人民出版社，2002。

是一种非情境性的理论表征系统，也就是普遍性知识。科学反映了事实基础上的客观规律性，才可以为全人类所共享和理解，才能确保其普遍有效性。

其次，从文化的角度来看，科学既具有其所产生的地方性，同时又是普遍性的。科学不仅是具有普遍性特征的知识体系，同时也总是不可避免地带有其所产生环境的印迹，具有地域性的文化特征。在普遍性还是地方性间的确存在一种消长，这只是强调的重点不同，而绝不是非此即彼。

最后，多元开放的科技哲学将习惯于正视普遍性与地方性的消长。如西斯蒙多所说："大部分科学知识既是普遍的，又不是普遍的。人为的、抽象的科学知识并非牢固植根于特定的场所，从这个意义上说，它是普遍的。理论知识面对的是理想化的世界；实验室知识的制造要能够祛情境化（Decontextualized），能比较容易地从一个地方转移到另一个地方。科学知识的直接范围仅限于人工的、抽象的领域——它正是来自这样的领域，从这个意义上说，科学知识又不是普遍的，尽管总是有可能拓展。"① 普遍性的理想是科学之为科学的重要表征，但它并不否认各个地区和民族在发展科学的过程中所体现出来的地方性及其意义；同样，科学具有地方性和局域性的特征，也不意味着要否认科学所追求的普遍性。

（3）科学理性与非理性的互补

理性与非理性的关系问题一直都是科学相关领域的一个核心话题。在强调归纳和演绎逻辑的传统科学主义与强调非理性的非理性主义之间，对于理性及非理性二者的关系充满了争论②。

从基本内涵来说，所谓科学中的理性，通常可以理解为人类通过自觉的逻辑思维把握客观世界规律的能力（理性思维能力），以及运用这种能力认识世界的活动。非理性则是与理性相反的一种能力和活动。所谓非理性，就一般的理解而言，一是指心理结构上的本能意识或无意识，二是指非逻辑的

---

① 〔加〕瑟乔·西斯蒙多：《科学技术学导论》，许为民等译，上海科技教育出版社，2007，第209页。
② 刘大椿：《科学理性与非理性的互补》，《山东科技大学学报》（社会科学版）2018年第4期，第1~7页。

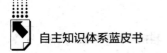

认识形式。前者如想象、情感、意志、信仰等，后者如直觉、灵感、顿悟等。作为心理现象，非理性既然是一种本能意识或无意识，那就是未经理性驾驭的，或不能进行确定的理性分析的。

从功能发挥的角度来说，理性在科学研究活动中往往起着必不可少的，甚至是指导性的关键作用。这一点自然毫无疑问。然而，持非理性主义立场的观点则提出，由于理性只是一种消极的工具性的东西，自身并不具备积极能动的力量。没有情欲、本能和冲动的推动，理性就是一些僵死的形式，理性的活动必须仰仗非理性能量的加持。

对于理性与非理性的关系，传统的科学主义观点认为理性高于非理性，并将科学的理性方法绝对化，无条件地推广至各门非自然学科及社会问题的研究中，事实上却是在否定非理性方法在认识中的积极作用；相反，非理性主义的观点则坚持非理性高于理性，甚至将非理性方法绝对化，声称它是达到人和世界本质的唯一方法，却视理性方法为认识过程中的障碍因素。

事实上，就具体的科学认识过程而言，理性方法与非理性方法各有其特点，理性因素与非理性因素也往往是共同发挥认识作用的。在现实的科学实践活动中，理性与非理性是相互协调、相互契合在一起的。这种契合性首先表现在，理性与非理性从来就不是可以截然分开的，而是相互渗透、相互依存的。因此，既没有纯粹的理性，也不可能有纯粹的非理性。在具体的认识过程中，理性因素的形成与发展有赖于非理性因素，非理性因素的形成与发展又有赖于理性因素，二者是相互促进的。

此外，理性因素与非理性因素二者的契合还更多表现在具体科学活动中的相互促进、相互补充方面。一方面，理性因素作用的实现有赖于非理性因素的参与。这不仅体现为信念、激情和意志等非理性因素在认识中为理性保持其方向提供了价值信念的力量和心理支撑作用，更体现为直觉、灵感等非理性因素在认识中为理性提供动力并发挥着重要作用。另一方面，非理性因素的实现也有赖于理性因素的作用发挥。就意志、信仰、信念等非理性因素而言，任何此类因素要在人的活动中有效发挥作用，就必须借助于理性来为其规定目标和方向，并以理性的形式表达出来。理性与非理性在具体的科学活动中都发挥着不可替代的作用。正是科学过程中逻辑与非逻辑、理性与非理性等不同思维方式的契合，共同推进了科学认识的不断发展与进步。

（4）工具理性与价值理性的整合

所谓工具理性，是指通过实践途径确认工具（手段）的有用性，并以追求事物的最大功效为诉求，以功利作为评判标准的考量。由于科学特别是技术常常能帮助人们实现功利的目标，技术价值也被一些人用作工具理性的代名词。过去两个世纪，一种以工具崇拜和技术主义为生存意义的价值观，逐渐取得了支配地位。

所谓价值理性，是指与工具理性对立的某种考量，是有意识地对某个特定行为的固有价值，抱持无条件的纯粹信仰。也就是说，人们赋予选定的行为以"绝对价值"，而不管它们究竟是为了什么目的，无论是伦理的、美学的、宗教的目的，还是责任的、荣誉的、忠诚的目的。价值理性是行为人只注重行为本身所代表的价值，例如社会的公平、正义，而不在意行为的手段和后果。无疑，价值理性是要从特定的价值理念的角度来看待行为的合理性。

随着启蒙运动所肇始的科学技术和工业的迅速发展，工具理性过度膨胀，并在人类精神文化领域占据了统治地位，造成价值理性的衰微和人的价值的失落。"现代人迷惑于实证科学造就的繁荣"，让自己的整个世界观受实证科学的支配，最终"漫不经心地抹去了那些对于人来说真正重要的问题"，"遮蔽了人本身存在的意义"。① 理性分裂为工具理性与价值理性，以及工具理性相对于价值理性的僭越与遮蔽，使得科学技术成为现代人的一个新的神话，但最终却引发了科学的危机，人们再次陷入精神的困窘之中。

在社会生产领域，人从生产活动中起主导作用的主体沦落为可资利用和算计的客体，沦落为资本主义机器大生产体制中的附属品。人的主体地位丧失了，并逐渐被异化为"单向度的人"。在文化领域，实证主义方法被任意推广为一种普遍方法，人文等学科领域则被排除到"科学"之外。由此，

---

① 〔德〕埃德蒙德·胡塞尔：《欧洲科学危机和超验现象学》，张庆熊译，上海译文出版社，2005，第5页。

工具理性成为衡量一切的标准,理性的独断导致文化的单一与贫乏。特别是随着科学技术化趋势的日益加强,科学价值也更多转向对工具理性的关注,科学渐渐丧失了其人道的传统。于是,对科学理性的种种质疑与批评声浪,就在科学与人文的分裂与对抗中显现出来。

然而,作为人类理性中不同层面、不同角度的追求,工具理性与价值理性并非势不两立,而是可以并行不悖的。工具理性注重"是",是对现实存在东西的把握,以合规律性为标准,追求的是"真";价值理性以"应当"为依归,是对理想状态的追求,以合目的性为标准,追求的是"善"和"美"。价值理性确定目的,而工具理性达成目的,前者可以为后者提供精神动力,后者可以为前者提供现实支撑,二者统一于人类的社会实践中。

4. 科技审度与新科技文化的追求

古今科技文化是科技审度的重要对象。科学是人类有史以来所创造的一种伟大文化。然而,科学在文化中暴发式的统治地位,以及在此基础上形成的科学主义霸权,却导致科学文化与人文文化的对立,甚至造成科学文化中的文化缺失。作为优秀人类文明成果之一的科学,何以变得"没有文化"?值得人们深思。

(1)科学成为主流文化与科技霸权

文化究竟是什么?虽没有一个统一的定义,但其所指还是清楚的。英国人类学家泰勒认为:"文明或文化,就其广泛的民族学意义来说,乃是包括知识、信仰、艺术、法律、道德、习俗以及人作为社会成员而获得的能力和习惯在内的复杂整体。"[①] 由此来看,文化就是对某一社会中整个生活方式的描述。而所谓主流文化,则是指在一个社会中占据统治地位、起主导作用的文化,它引导着整个社会的发展并对社会其他文化作用的发挥产生影响。

当前,科学作为一种主流文化的影响已充分显现,不仅逐渐支配着整个社会的文化发展方向,而且对人类社会如何发展打上深刻烙印。卡西尔不吝

---

① 〔英〕泰勒:《文化之定义》,载庄锡昌等《多维视野中的文化理论》,浙江人民出版社,1987,第99~100页。

赞美道："科学是人的智力发展的最后一步，并且可以被看成是人类文化最高最独特的成就。……在我们现代世界中，再没有第二种力量可以与科学思想的力量相匹敌。它被看成是我们全部人类活动的顶点和极致，被看成是人类历史的最后篇章和人的哲学的最重要的主题。"①

但是，19世纪以来，科学及其技术应用所涉及的领域越来越广泛，作为主流文化的科学掌握着巨大的社会资源，也拥有绝对优势的话语权。于是，一些人，包括部分科学家在内，便走向了对科学的崇拜与迷思，把科学视为可以解决一切问题的万应良方。当其进一步走向极端，竟然用科学文化否定甚至取代"非科学"的知识和文化形式，特别是否定人文文化的地位和作用，企图以科学作为意识形态统一一切、控制一切。它们强化了科学主义的观念，也造成工具主义的膨胀，科技的文化霸权倾向也由此慢慢滋生。

科学文化的霸权地位正是借由科学主义的广泛传播而确立与巩固的。大体说来，培根时代科学主义的观念已经萌生，到19世纪，科学主义逐渐从一种社会思潮确立为一种观念体系。科学史家丹皮尔说："在最近一百年或一百五十年中，人们对于自然的宇宙的整个观念改变了，因为我们认识到人类与其周围的世界，一样服从相同的物理定律与过程，不能与世界分开来考虑，而观察、归纳、演绎与实验的科学方法，不但可用于纯科学原来的题材，而且在人类思想与行为的各种不同领域里差不多都可应用。"②

然而，科学的文化霸权却造成了科学的非文化性与文化整体的畸变，一步步使科学远离文化。科学主义的核心内涵在于："它试图无限制地扩大科学的范围，反客为主地侵入和主宰其他领域，赋予科学以过分的或不应有的价值和权威。"③ 他们完全排斥其他非科学文化形态存在的价值与意义。在他们看来，非科学的文化形态并不是人类文明发展过程所必需的，只有近代科学才是衡量一切知识的标准。可以说，科学和科学驱动的技术已经艰辛地

---

① 〔德〕恩斯特·卡西尔：《人论》，甘阳译，上海译文出版社，2003，第357页。
② 〔英〕W. C. 丹皮尔：《科学史及其与哲学和宗教的关系》，李珩译，广西师范大学出版社，2001，第175页。
③ 李醒民：《科学的文化意蕴》，高等教育出版社，2007，第404页。

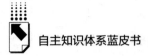

深入到整个权力、生产和信仰的三位一体之中，科学文化实际上成为一种权威话语和意识形态，在社会的政治、经济和文化领域都占有绝对的优先权和统治权。

在科学的文化霸权下，科学与文化之间的疏远，通过科技的专业化趋势日益增强而更加显现。社会处于专业化的统治之下，技术功用成为一切的考量标准。这种趋势，一方面使学科的发展局限于狭小的研究领域，另一方面也加大了社会精英分子与一般公众之间的认知差距。科学逐渐地脱离文化，而科学文化所包含的意蕴也日益贫乏。"现在有文化教养的人虽然是多了，但似乎他们的文化修养程度却不如前人。因此，现在比任何时候都更感到需要那些具有全面、广泛文化的专家。"① 不得不承认，专业化的训练提升了人的生存能力与生活水平，却使社会大众与科学越来越疏远。

（2）宽容文化理念的兴起

幸运的是，与科技霸权对抗，兴起了一种宽容的文化理念。就是要坚持百家争鸣、百花齐放的方针，创造宽松的氛围，允许不同观点和声音的出现。在科学领域，意味着不仅宽容自身错误，也要容许其他不同文化形态的存在与发展，为科学的发展营造更为宽松自由的文化氛围。

科学宽容不是一种被动状态下的容忍与接受，而是积极面对自身之外的其他观点、态度与方法；它也不是被动发生的，而是在争取独立自由的过程中形成的与自身特点相一致的科学精神。美国当代学者沃尔泽认为，宽容被理解为一种态度或一种心境，它描述了某些潜在的价值。第一是一种反映16世纪与17世纪宗教宽容起源的潜在价值，为了和平而顺从地接受差异性。第二是表明对待差异性的可能态度将是被动的、随和的以及无恶意的冷淡："兼收并蓄成一统"。第三是持有一种具有道德意义的容忍。对"那部分人"拥有各种权利予以一种原则上的认可，虽然他们以种种默默无闻的方式来实现这些权利。第四是对他人的坦率、好奇和尊重，愿意倾听别人的

---

① 〔法〕路易·多洛：《个体文化与大众文化》，黄健华译，上海人民出版社，1987，第120~121页。

意见并向别人学习。第五是积极拥护差异性：如果差异性以文化形式来体现上帝或自然界创造的广泛性与多样性，那么这种拥护具有美学的或实用的意义①。按沃尔泽的理解来分析，科学中的宽容主要是与后两种态度所体现出来的形式相一致的。也就是说，科学宽容不止是要消极接受，更是要充分尊重不同的认知方式以及不同的科学或非科学的观点，允许不同文化形式都同样拥有存在的自由与权利。

科学宽容是科学精神的一个基本思想原则，也是科学文化的重要特征。这种宽容精神具体表现为：一是一种对错误的包容，一种海纳百川的气度。科学是一个对未知的探索过程，必然面临着曲折与不可预期的结果，自然也会遭遇错误与失败。在某种意义上，科学就是一个向错误不断学习的过程。因此，应该以一种宽容的态度认识到错误与失败是科学中不可避免的。这种"认识论上的宽容"是由认识的本质所决定的，源于人类认识的可错性这一核心观念。二是允许科学研究中不同意见的存在。在科学认识的过程中，由于认识主体自身的原因以及社会文化条件的限制，不同主体对于同一事物产生不同的意见和观点是不可避免的事情。而且，对于这些不同的意见和观点，往往很难判断孰是孰非，甚至是非对错本身在当时就是无法决定的。例如，17世纪开始的关于光本性的"粒子说"和"波动说"之争，18世纪末19世纪初地质学领域的"水成论"与"火成论"、"灾变论"与"渐变论"之争等，争论的双方各执一词，且都从某一方面反映了现象的本质。因此，只有为不同的学术观点提供自由争鸣的空间，进而在不断的探索检验过程中寻求真正符合现象的观点与描述，才是推动科学进步的正确态度。三是要尊重除科学之外的其他文化，允许不同文化形式的存在。除科学之外，文艺、宗教、法律、政治等文化形式都是人类认识的产物，各自从不同方面反映了世界的本质与特征。对不同文化形式的学习与尊重，既是避免科学独断与霸权的需要，也是促进文化整体和谐发展的基本原则。而科学也将在突破自己单一文化的限制，并与各种不同认识方式相融合的过程中，寻找到新的灵感

---

① 〔美〕迈克尔·沃尔泽：《论宽容》，袁建华译，上海人民出版社，2000，第10页。

与生长点。四是科学应向批评开放。波普尔认为，科学在本质上是批判的。它由大胆的猜测构成，并由批评来调控。在这种批判的态度中，不仅包括对过去的批判，也包括对任何新理论的检验。只有经过不断竞争过程中的批判与反驳，科学才能前进。因此，科学的态度就是批判的态度，科学的方法就是批判的方法，在知识领域中不存在任何不向批判开放的东西。科学应向批评开放，意味着科学并不是一个既成的理论，而要时时准备接受来自各个方面的挑战与考验。

把"科学应向批评开放"的原则扩展到科学外部，意味着科学要接受来自科学之外不同领域、不同方面的批判、反思与质疑，这有助于牵制科学主义以及减少其可能带来的危害。向批评开放，意味着在科学研究中保有谦恭的心态和宽容的精神。科学对批评开放是一种对自身局限性与可错性的自知，它非但不排斥怀疑和批评，反而积极从自我怀疑与自我反思中寻求进步。"真正的科学家并不妒忌地反对来自批评的观念，而是把它作为改进的帮助欢迎它。在这种语境中，批判不是喜欢挑剔的讨厌过程，而是抱着消除错误的目的找到错误。"① 同时，科学对批评的开放性也使它必然要面对来自非科学领域的质疑与刁难，并带来认识的多元性和包容性。科学应在兼容并蓄、求同存异中以宽容的态度对待各种不同意见，尊重各种不同意见甚至反对性观点。

科学与其他传统并存。科学自其产生，就显示出了强大的生命力。但是，这并不意味着科学可以借此超越并凌驾于其他传统之上。

对科学提出的批判和挑战，主要源自对科学及其技术应用所造成的人类生存困境与精神危机的反思。许多人文主义知识分子，甚至自然科学领域的学者，质疑与消解科学主义视域中对科学优越性与科学神圣形象的推崇，并坚持宣称，与其他的文化意识形态相比，科学并不具有特殊的优越性。其中，后现代主义科学哲学家们的工作是最为引人注目的。后现代主义是作为对现代性的否定与超越的力量登上历史舞台的，是以多元平等、生态主义、

---

① Aicken, F., *The Nature of Science* (Heinemann Educational Books, 1984).

他人哲学和多元进化实践观为核心的。他们不仅批评科学在现代社会所造成的种种后果，更提倡一种多元的文化观。在他们看来，科学真理与神话、迷信、巫术没有什么特殊的区别。

很明显，在对科学特殊优越性的批判中，隐含了对科学与人类其他文化、其他传统并存的渴望与追求。科学与宗教、文学、艺术等都是人类文化的重要组成部分，并不能因其对社会发展所具有的重要作用就享有超越于其他文化与传统的特殊优越性。科学也有其局限与不足，有其发挥作用的范围与领域，科学并不能解决社会中的一切问题。我们不贬低科学，却也不能神化科学，视科学为一切。如布什所说："科学本身并不能为个人的、社会的、经济的弊病提供万应灵药。无论是和平环境还是战争环境，科学仅仅作为整个队伍中的一员在国家的福利事业中起作用。但是如果没有科学的进步，那么其他方面再多的成就也不能保证我们作为现代世界上的一个国家的兴旺、繁荣和安全。"①

因此，"科学不应当被当做是一个有特权的社会学例子，不应当把它与其他文化成果领域区分开。相反，应该尽一切努力去研究科学家如何受大的社会环境的影响，并说明科学文化成果与其他社会生活领域之间的复杂的联系"②。科学只是人类文化与人类传统中的一种，与其他文化传统共存于现实社会中。其中既包括科学传统与非科学传统的并存，也包括中国文化传统与以近代科学为代表的西方文化传统的并存。

（3）对话与融合的趋势

人类文化本是一个丰富的"百花园"，科学与宗教、文学、艺术都是其中十分绚丽的花朵。它们相互促进，并非互相对立和排斥。当前，科学与宗教、艺术以及整个人文文化之间，出现了对话与融合的趋势。

一是科学与宗教的对话。在文化意识形态的较量中，科学与宗教的关系问题无疑是最为引人注目，也最为受到关注的。

---

① 〔美〕V. 布什等：《科学——没有止境的前沿》，范岱年等译，商务印书馆，2004，第52页。
② 〔英〕迈克尔·马尔凯：《科学与知识社会学》，林聚任等译，东方出版社，2001，第158页。

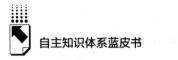

历史地看，在严格意义上的科学尚未形成的古代时期，科学与宗教还没有明确区分开来，宗教思想和宗教活动中往往包容着大量朴素的科学、文化、艺术等因素，其间尚未出现激烈的冲突。中世纪时期，教会垄断信仰，宗教控制科学成为当时社会的典型特征。科学与宗教间的关系因而严重失衡，凡与基督教信仰有冲突的思想均被视为"异端"，以信仰的名义对科学家及科学研究事业进行迫害和摧残的灾难性事件时有发生。近代以来，科学既在宗教背景中渐渐成形，又常受宗教当局和意识形态挟制。伽利略因宣传日心说而受审，达尔文进化论与圣经创世说相斗争，都是科学与宗教间冲突的具体体现。现代科学却在社会地位不断提高之际，试图驱逐"上帝"的位置，一度威胁宗教的存在。随着科学在人类社会生活中的作用不断凸显，科学逐渐越界并承担了原先属于宗教的信仰职责，成为宗教的替代品和人的精神支柱。由此看来，过往人类历史的主旋律，似乎是科学与宗教间的冲突与对抗。然而，仔细分析科学与宗教关系的历史，就会发现二者之间也不乏合作与相互促进。毕竟，科学与宗教的对立与冲突对于二者以及整个文化的发展都是不利的。用爱因斯坦的话来说便是，"科学没有宗教就像瘸子，宗教没有科学就像瞎子"[1]。当下科学与宗教关系的演变，总的趋势是走向调和与对话。

从宗教方面来看，寻求与科学的对话和妥协的趋势在 20 世纪下半叶以来尤为明显。1983 年，即伽利略被判处终身监禁后的 350 年，梵蒂冈当局正式为此事道歉。1988 年 6 月，教皇向在梵蒂冈举行的"当代神学与科学对话"的国际会议的参加者们发表声明，声称人类经验与探究的这两大领域是相互依赖的："科学可以使宗教免于谬误和迷信，宗教也可以使科学免于偶像崇拜和虚假的绝对主义。它们彼此可以把对方吸引到更广大的世界之中，在这个世界之中，二者都可以兴旺。"[2][3]

---

① 〔美〕爱因斯坦：《爱因斯坦文集（第三卷）》，许良英等译，商务印书馆，1979，第 182~183 页。

② 张增一：《科学与宗教：一个正在兴起的新领域》，《国外社会科学》2000 年第 2 期，第 11~15 页。

③ 徐艳梅：《科学和宗教：从对立到对话》，《江苏社会科学》2004 年第 4 期，第 49~53 页。

在科学方面，伴随科技创造出越来越丰富的物质文明，反而是人类在精神领域对自身价值与生命意义的迷茫，以及在生存领域由自然生态被破坏、社会丑恶现象丛生所带来的危机，迫切需要精神上的依托来填补，这就为宗教发挥作用提供了广阔空间。

就终极理论而言，科学与宗教并不是根本冲突的。差别在于，它们选择以不同的方式、从不同的层面和角度来认识和对待世界。科学致力于对真理的追求，宗教着眼于价值的考量。汉伯里·布朗认为："科学和宗教二者都试图解释同一个神秘世界。有条理的宗教借助于生活的意义系统地解释世界，并通过敬畏、崇敬、热爱和善恶观念把我们与世界联系起来。科学旨在创造非个人的和客观的知识，它借助于这种知识系统地为我们解释世界，并通过合理性的认识和惊奇把我们与世界联系起来。"①

二是科学与艺术的融合。科学与艺术作为人类文明的两种基本形式，在人类文化发展史上是相伴相生的。二者之间的关系演化，大体上经历了从统一到分离，再到融合的过程。

古代希腊时期的科学与艺术是一体的。当时，技术是人的手艺、技巧、技艺和技能的总称，技与艺因而结合在一起，共同构成人的生存手段。科学则是在哲学的名义下发展，并与艺术等知识形式融为一体。那时的雕塑、建筑、数学、音乐、技术、科学、宗教等文化成果，都很好地体现了对艺术美的追求。

科学与艺术的分离是自近代工业革命开始的。文艺复兴以后，工业革命促进了科学技术的迅猛发展，生产过程的专业化也导致科学技术的学科越分越细，科学与艺术因而分离为两种不同的人类认知形式。随着科学技术的高度发展带来知识的学科化、专业化，以及技术和职业领域更加细密的分工，科学与艺术日益分离，甚至出现矛盾和对立的局面。

这种局面随着科技发展的日新月异而改变。当下，科学与艺术之间又表

---

① 〔德〕汉伯里·布朗：《科学的智慧——它与文化和宗教的关联》，李醒民译，辽宁教育出版社，1998，第161页。

现出相互渗透与融合的统一趋向。正如法国文学家福楼拜所说："艺术越来越科学化，科学越来越艺术化，两者在山麓分手，有朝一日，将在山顶重逢。"[①]不止艺术越来越多利用科学技术的成果，以更新的涵义和内容，以更广阔的视野和观点来展现自己；科学也日益赋予自身以更多艺术化的美感追求。

数字化艺术是现代科学与艺术融合的最佳体现。它是计算机多媒体在发展中孕育出的一个艺术与现代科技结合的神话，包括利用数字技术创造艺术形式的整个过程，如数字动漫、数字电影、数字音乐、数字绘画等。在这个数字化时代，几乎一切的艺术内容都在某种程度上被艺术化了，而数字技术也借此得到了最大范围的推广。

在艺术的科学化方面，随着科学技术的不断发展，艺术的创作方式、表现手段、表现形式以及所展现的内容等都较传统艺术有了巨大改变。首先是艺术表现形式与表现手法的科学化。现代艺术以科学手段来提升和改善艺术效果，在声乐、色彩、光照、布景、道具等方面大大增强艺术的感染力。其次是艺术创作理念越来越趋于科学化，并与科学的关注相一致。在现代科技背景下，艺术中理性化的追求逐渐与感性的考量并驾齐驱，科学方法在艺术创作中占据越来越重要的地位。

科学的艺术化，则主要体现在科学及科学家对美的追求方面。"一切科学研究、发明、创造的实体，都要在不违背科学规律的前提下更加注重按照美的规律进行设计和造型。这既是科学与艺术的和谐与互补，也是人们审美意识和艺术观念的增强及普及的体现，它意味着人类的生活及生存环境将更趋向于自由、美好与理想的境界。"[②] 在具体实践中，科学倾向于以艺术的方式表达自己，艺术形式、艺术创作方法、艺术观念和艺术思维也逐渐渗透到科学之中。

三是科学与人文的互动。科学与宗教的对话、科学与艺术的融合，其实都是科学与人文之间关系的生动反映，一定程度上已经表明了科学与人文之

---

① J. W. 米克：《即将到来的联合：艺术、科学和技术之间的新关系》，《科学与哲学》1980 年第 5 期。

② 田川流、刘家亮：《艺术学导论》，齐鲁书社，2004，第 80 页。

间走向互动与融通的未来关系走势。

在此前的人类文化中，科学与人文或者是一体的或者是相互交融的，对立的态势并未发生。但当科学革命所宣扬的科学主义、理性主义极度膨胀，渐渐与人文相分离，确立了与人文传统对立的科学文化后，"科学无所不能"的信念萌生，并试图压制或主导人文领域的发展，而人文学者又势必激烈反抗，就造成了科学与人文之间冲突的态势。

最先意识到科学与人文间的分裂并明确提出这一问题的是英国物理学家、小说家斯诺。1959 年，斯诺在剑桥大学发表了题为"两种文化与科学革命"的演讲，也就是著名的"里德演讲"①。他指出，现代社会存在着相互对立的两种文化，一种是人文文化，另一种是科学文化。两类知识分子之间经常存在的敌意和反感，使得两种文化间存在一条互不理解的鸿沟。

"两种文化"的问题一经提出，便引发了学术界广泛而激烈的争论。1963 年，斯诺针对性地提出了"第三种文化"的解决方案，提倡人文知识分子和科学家相互理解并展开直接而融洽的交流。

在科学研究领域，科学与人文的互动形成了大量新兴的交叉学科、边缘学科，从而扩展了人类的认知领域，丰富并推动了科学文化的发展与繁荣。由于科学与人文在观念上存在的互补性，一些科学家开始自觉地对所研究的自然科学进行人文思考，积极推进科学与人文的互动。如著名数学家怀特海就曾积极探究数学与善的内在一致性，并撰文指出，数学和善的追求本质上是一样的，它们追求的是同样一件东西，即理性的完善；而爱因斯坦从自己所探索的自然规律的和谐中既看到了最深奥的理性，也体悟了最灿烂的美，由此产生包括敬畏、谦卑、狂喜和惊奇等在内的丰富情感，达到类似的宗教境界。

让科学与人文文化在一种自由、平等、开放而宽容的文化氛围中和平共处，将是人类文化未来整体性发展的重要途径和基本要求。就像萨顿所说的，让我们"缓慢地、稳步地、以一种谦卑的态度利用一切手段来发展我们的方法，改善我们的智力训练，继续我们的科学工作，并且在这同时，让

① 〔英〕C. P. 斯诺：《两种文化》，陈克艰、秦小虎译，上海科学技术出版社，2003。

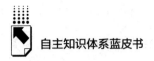

我们成为宽厚的人，永远注意我们周围的美，注意在和我们一样的人身上以及也许在我们自己身上的一切魅力"①。

四是自然科学与人文社会科学的交融。从学科角度来讲，广义的科学一般可以分为自然科学、人文学科与社会科学三大基本类型②，三者分别代表了人类以不同方式、从不同角度认识世界的成果。

然而，由于科学文化的强势地位，自然科学明显较人文学科与社会科学占据优势地位。在学术研究中，自然科学的巨大成就导致了实证方法的扩张，并成为一切科学的标准、模式与典范。在现实层面，自然科学领域相当多数的学者都强调自然科学研究的普遍性、客观性与严谨性特征，人文社会科学则因其个别性、主观性与阶级性等特征，常常不被承认是科学的一部分。

20世纪中叶以来，随着社会的进步以及各学科的发展成熟，打破学科之间的隔阂，消除门户之见，促进学科之间的交叉与融合渐成学科发展的重要趋势。学科间相互交叉融合趋势的加强，主要是因为：首先，自然科学与人文学科、社会科学的交叉与融合是学科发展的需要。从学科发展的整个历史来看，它大体经历了从综合到分化，再到综合的过程。其次，自然科学与人文学科、社会科学的交叉与融合是创新的需要。创新已成为当前科技发展的主旋律，也是社会进步的动力。创新的方式有多种，其中人文社会科学和自然科学交叉、结合和相互渗透，是当代科学发展的主导趋势，也是当今时代产生特色学科、前沿学科的最佳路径。因此，学科交叉最容易产生新的理论、新的思想、新的方法③。最后，自然科学与人文学科、社会科学的交叉与融合是现实的需要。当代许多重大的科技、经济和社会问题，诸如科技发展的全面规划、重要的科技政策和经济政策的制定、国民经济计划的制定、社会发展的预测等，都涉及相当复杂的综合性因素，远非某一门自然科学或

---

① 〔美〕乔治·萨顿：《科学史和新人文主义》，陈恒六等译，上海交通大学出版社，2007，第92页。

② 人文学科和社会科学并不是截然区分的，二者也常常统称为"人文社会科学"；但也有将其统称为"人文科学"的，如在狄尔泰那里，所有以社会历史真实为宗旨的学科，都被置于"人文科学"的名目之下。

③ 杨亦鸣：《学科交叉是理论创新的最佳途径》，《江苏社会科学》2001年第1期，第19~20页。

人文社会科学所能单独胜任。现代社会中的许多问题，都需要综合运用自然科学和社会科学两大学科门类中多学科的知识，并把它们结合成有机的知识系统，从而加以解决。

（二）学界评价与学术影响

2013 年 9 月 6 日，第八届《哲学分析》论坛，清华大学吴彤教授的发言是以"评刘大椿教授的'另类科学哲学'思想"为题，对审度的科学哲学进行了细致的评析。吴彤基本赞同笔者的观点，认为《思想的攻防：另类科学哲学的兴起和演化》① 是一部重要的学术著作，它全面、典范而深刻地梳理了正统科学哲学之后新科学哲学发展的脉络和演变，为学界提供了新的研究视域。北京师范大学刘孝廷教授充分肯定笔者的审度的科学哲学，认为它为当代科学哲学的纷争提供了一个带有东方特色的策略，属于执两用中之道，亦可看作是科学哲学探索的"第三条道路"。审度是一种健全理性的态度，是科学哲学发展的趋势。成素梅研究员的发言以"科学哲学：脉络与走向——兼评刘大椿的科学哲学观"为题，充分肯定笔者把科学哲学的发展概括为对科学进行辩护、对科学进行批判和对科学进行审度这三个阶段或三种视域的观点，认为这种概括把握了科学哲学的整个脉络，揭示了纷繁复杂的不同流派所具有的共同特征，为合理地理解科技时代的科学所具有的本质特征，提供了线索。中国社会科学院段伟文副研究员的发言以"从科学活动论到对科学的审度"为题，认为笔者的审度的科学哲学是对当代科学哲学日益关注具体科学与科学的实践性这一趋势的精准把握，也是中国科学哲学家对科学哲学新趋势作出的重要回应之一。

2022 年 11 月 5 日，"科技伦理治理专家谈"第一场学术沙龙"科学审度与科技风险治理"上，中国人民大学林坚研究员认为，笔者出版的《审度：马克思科学技术观与当代科学技术论研究》被劳德里奇出版公司翻译，

---

① 刘大椿、刘永谋：《思想的攻防：另类科学哲学的兴起和演化》，中国人民大学出版社，2010。

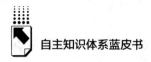

以三卷本在西方国家出版，标志着我们中国学者关于科学技术问题的学术观点得到国际认可，走向世界。中国人民大学刘劲扬教授认为科学技术审度论为科技理论和实践提供了一种策略。北京航空航天大学徐治利教授认为，审度作为一种原则和方法是非常必要的，中科院刘益东研究员认为，审度观在科技风险治理方面极具启发性与指导性。

2023 年 7 月 14 日，"审度：科技与哲学的交叉融合"高端论坛上，中国人民大学哲学院院长臧峰宇强调，刘大椿教授在人大科技哲学学科的建制化、教材编撰、教研室人才培养等方面做出了突出贡献，其提出的科学活动论、互补方法论与科技审度论等理论引人深思。

笔者于 2017 年出版的专著《审度：马克思科学技术观与当代科学技术论研究》在国内外受到许多关注，也引起劳德里奇出版公司的重视，他们主动联系将全文译为英文出版。《审度：马克思科学技术观与当代科学技术论研究》的英译本共 65 万字，按中文版的三个部分拆分为三卷本，已于 2022 年正式出版。

三　原创性分析

（一）原创性阐释

人类文化是由多元文化形态共同构成的一个文化整体，而科学是其中现代文化形态的一种。作为人类有史以来所创造的最富有物质力量的文化形态，科学并非单一地存在于整个社会中，而是与其他各种非科学的文化形态共存。科技审度着眼于不同文化形态之间的交流与互补，提倡一种开放的科技哲学与新兴的科技文化。通过科学与伦理、科学与艺术、科学与信仰，也即科学与人文之间所展现出来的互动与融合趋势，实现求真、向善、臻美、达圣之圆融。

1. 科学与伦理、艺术、信仰的互动

科学与伦理互动以向善。科学的发展及其应用，原本是用来增进人类健康与福利，促进社会进步并提高人们物质和文化生活水平，但却并未像人们所期望的那样总是带来"善"，而是也带来"恶"。科技究竟会产生怎样的后果，最终还要取决于运用科学的人。科技伦理具有不可替代的作用。爱因斯坦说："科学是一种强有力的工具。怎样用它，究竟是给人类带来幸福还是带来灾难，全取决于人自己，而不取决于工具。刀子在人类生活上是有用的，但它也能用来杀人。"① 因此，人类应该有一种道德的自觉，从伦理道德层面对科技活动进行反思。科技的发展应该更多地关注人本身，实现科技的人性化，这是未来的必然方向。

作为科学活动的主体，科学家除了必须具备职业道德意识外，还必须具有强烈的社会责任感。要确保科学在为人类谋福利的同时推动社会的进步，这是科学的向善精神对科学家的基本要求②。

科学与艺术互动以臻美。在欧洲文艺复兴时期，科学与艺术在理性精神与人文精神的指导下一度完美结合，曾经描绘出一幅壮丽的文化图景。其最佳体现，就是当时最为著名的代表人物——意大利的达·芬奇，他不但以传世名画《蒙娜丽莎》闻名，亦是人体解剖学和建筑工程学的开创者之一；不但是艺术家，还是哲学家和科学家。

文艺复兴以后，工业革命促进了生产过程的专业化，也导致科学技术的学科越分越细，科学与艺术因而分离为两种不同的人类认知形式，甚至在很长时间里出现了对立的局面。

随着科技日新月异的发展，当代科学与艺术之间又表现出相互渗透与融合的统一趋向。不止艺术越来越多利用科技的成果，以更新的含义和内容、更广阔的视野和观点展现自己；科学也日益赋予自身以更多艺术化的美感追求。

科学与艺术走向融合是人类文化发展的必然趋势。它们虽然各有特点、

---

① 〔美〕爱因斯坦：《爱因斯坦文集（第三卷）》，许良英等译，商务印书馆，1979，第56页。

② Gardner H., Howard P., Gardner E., et al., "The Ethical Responsibilities of Scientists," in J. Scheppler, et al eds., *Scientific literacy for the 21st century* (Illinois Mathematics and Science Academy, 2003).

各有风格、各有其专门的目标和价值，但二者从来就不是也不可能是严格分立的。如李政道所说："科学和艺术的关系是同智慧和情感的二元性密切相联的。对艺术的美学鉴赏和对科学观念的理解都需要智慧，随后的感受升华与情感又是分不开的……科学和艺术是不可分的，两者都在寻求真理的普遍性。普遍性一定植根于自然，而对自然的探索则是人类创造性的最崇高的表现。事实上如一个硬币的两面，科学与艺术源于人类活动最高尚部分，都追求着深刻性、普遍性、永恒而富有意义。"①

在科学与艺术的融合中，科学家将不只用数字、公式，也用隐喻、类比的方法形象地描写自然；艺术家不只偏爱色彩、形态，也会探索由各种信息、公式组成的世界，创造更富有想象力、更美好的生存方式和空间。科学与艺术的结合，艺术与科学的交融，成为 21 世纪人类思想和文化发展的主流。

科学与信仰互动以达圣。科技与理性极大地提升了人们认识世界改造世界的能力，创造出丰富的物质文明。但另一方面，却是人类在精神领域对自身生存价值与生命意义的迷茫，以及在生存领域由自然生态被破坏、各种社会丑恶现象丛生所带来的危机意识。迫切需要精神上的依托来满足人类的精神追求，为那些迷失在物质盛宴中的孤独旅人找到存在的意义，更为那些难以安身立命、无所依归的人找到安全感。这就为信仰（超越性，包括健康宗教）发挥作用提供了广阔的空间。可以说，超越科学与宗教之间的冲突，走向对话，积极寻求在现代科技背景下的合作，已成为科学与宗教间关系的主要趋向。

一些科学家早就认识到科学与人文在观念上的互补性，自觉地对所研究的自然科学进行人文思考，积极推进科学与人文的互动。怀特海就曾积极探究数学与善的内在一致性，并撰文指出，数学和善的追求本质上是一样的，它们追求的是同样一件东西，即理性的完善。爱因斯坦从自己所探索的自然规律的和谐中既看到了最深奥的理性，也体悟了最灿烂的美，由此产生了包括敬

---

① 李政道：《科学与艺术》，上海科学技术出版社，2000，第 8 页。

畏、谦卑、狂喜和惊奇等在内的丰富感情，达到了类似宗教境界的那种感情。

总的来看，在如何解决两种文化的问题上，越来越多的学者开始达成共识，即通过科学与人文的互动和融合来从根本上解决科学与人文间的对立。让科学与其他文化在一种自由、平等、开放的氛围中和平共处，将是人类文化未来整体性发展的重要途径和基本要求。

2. 求真向善臻美达圣之圆融

科技审度论认为，在多元开放的科技哲学中，应当确认，真善美圣都是科学不可或缺的重要维度。

作为科学价值追求的不同层面，真善美圣分别体现科学的认知价值、道德价值、审美价值与信仰价值，也表明科学精神的内在统一。求真奠定科学认知方式的知识本性，向善确保科学的道德规定性，臻美提升科学理论在形式上的和谐完美，达圣赋予科学不断升华的超越性。

科学首先是求真的。真理性是科学的根本属性，也是科学首要的基本价值。善是对科技的价值评判。科学最终是要导向善的，科学求真的目的，最终就是实现最大程度的善。美是科学的精神向往，简单与和谐的理念往往指引着科学探索的路径；美的追求又能够推进对真的发现。"一个科学家凭异常高超的审美直觉提出的理论即使起初看起来不对，终究能够证明是真的。"①

圣是真善美的统一，是人类在求得科学之真、伦理之善、艺术之美的基础上进一步获得的精神提升和情感升华。科学家通过探索自然的求真活动，深刻领略到宇宙自然的和谐与秩序；在向善的引导下，体认到生命的意义和科技中的人文关怀；在美的追求中，使人的灵魂与情感得以净化，传达出一种超然的情怀。正是对真善美的追求，使科学日益趋向达圣的崇高境界。圣乃是一种最高的"完满"，超越俗世而趋向一个理想化的世界。

真善美圣的和谐统一，体现在科学活动中多元价值取向的内在统一性上，也表明科学探索过程中所要实现的不同层面的价值目标是一致的。真善

---

① 钱德拉塞卡、朱志芳：《科学中的美和对美的追求》，《中国青年科技》2001年第2期，第39~40页。

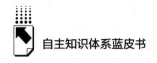

美圣的和谐统一，是科学精神与人文精神、科学文化与人文文化的统一，也是科学充分发挥其文化功能所必需的一种理想境界。

（二）学术意义和现实意义

笔者认为，科学技术审度的理论观点得益于对马克思科学技术论的理解和系统阐述。马克思的科技审度观围绕科学技术与生产力的关系、科学技术与异化的关系、科学技术与自由的关系所进行的探讨及由此展开的对科技的批判，对于如何正确看待现代社会中的科学与技术具有重要的借鉴意义。正是马克思对科技审度的论述，为科技审度论树立了重要标杆。笔者正是在马克思科学技术审度论述的基础上，结合对当代科学技术的定位和历史实践的思考，提出了科技审度论的一些基本观点。诸如，对科学技术单纯的辩护和单纯的批判都是有局限性的；应该对科学技术采取一种审度的态度，用多元、理性、宽容、开放的观点来看待科学技术；对科学技术的研究和认识必须坚持审时度势、因势利导、与时俱进。科技审度论的目标，是从历史实践的视角，审度或解读马克思的科技审度，揭示它的现代意义；全面审度科学主义和反科学主义，区分其合理性与局限性；回应当下科技论研究所引发的问题和争论，构建恰当的理论框架。

科技审度论同时为科技理论和实践提供了一种策略。审度为全面、深入地认识科学提供了一条恰当路径；尤其对那些易于在两极间摇摆、迫切需要真正树立科学精神的人，这种清醒的科学反思是当下极为合适的选择。"审度的科技哲学"对于消除科学文化与人文文化的壁垒、回复科学的本真状态、规避某些科学风险而言，具有现实意义。有评论者指出，笔者提出的审度的科技哲学是对当代科学哲学日益关注具体科学与科学的实践性这一趋势的精准把握，也是中国科学哲学家对科技哲学新趋势作出的重要回应之一。

（三）国际比较与优势

审度/科技审度概念是对科学主义者和反科学主义者激烈辩驳的一种回应，旨在整合对立的观点，实现一种比较宽容、平和但不失基本坚持的科技哲学。在国际相关研究的比较中，科技审度论提供了一种独特的视角来审视和理解不同国家在科技发展和科技政策上的不同取向。经过学术交流和文献调研，至今未发现与审度/科技审度概念在内涵和内容方面类似的概念。

四　研究展望

科学技术是一种人类文化现象，作为一种文化，科技必定有其独特的文化意蕴，方能成为现代社会生活中的主流文化。然而，科技发展中所伴生的科学霸权主义、科技的非人性化后果，造成了科学与人文、价值、传统等方面的隔阂。它们导致科技在文化上的失落，在某种程度上变得没有文化了。重新回复科技所具有的文化内涵，成为摆在我们面前的迫切任务，需要我们在科技与人文的融通中塑造新的科技文化特性。

新科技文化的塑造，首先要超越科技与人文的对立，在科技文化与人文文化、科学精神与人文精神的相互融通中赋予科技深厚的文化内涵。其次，要超越不同文化传统和意识形态的束缚，在异质文化土壤中塑造一个充满文化意蕴的科技世界。科技发展需要一种世界性眼光和全人类胸怀，只有在一种超越与融通的情境中，新科技的文化特性方能顺利孕育与保持。

文化科学技术，意谓"有文化的科学技术"；文化科学技术的回归，就是要回复科技的文化本性，令科技重建为充满文化内涵的科学与技术。文化科技的人文回归，意指科技向人文精神、人文价值以及人性的回归。其要点有三：一是科技向人性的回归，即把科技建于人性基础之上，始终围绕人的生存和发展需求来发展科技，使科技成为真正为人的科技；二是科技向传统的回归，即兼顾科技发展中所存在的技术传统和精神传统，并注意向非科学文化传统学习与借鉴；三是科技向生活世界的现实回归，即既要回到作为自然科学意义基础的日常生活世界，也要向人的精神世界回归，回复人的全面发展的本性。

当下乃多元文化并存时代，多元性将成为科技未来发展图景的要义。具体言之，这种多元性特别体现为科学所具有的包容性特征，宜开眼接纳，日渐自觉地以更新的视角、更宽容的态度审视文化问题。事实上，科技发展离不开多元文化形态的支持，需要从中汲取营养，而且就人类文明进步而言，各种文化形态都应呈现出包容和吸收的态势，方能有不可替代的贡献。

审度科技文化，其要在审时度势，得出恰当的结论，作出必要的抉择：应当逐步意识到科技霸权的文化局限性以及强势地位的危害性，重新定位科技在社会生活中的恰当地位，自觉走向新科技文化。期待新科技文化的发展，将构筑起一个多元开放的科技世界。

科技审度论概念提出者简介：刘大椿，中国人民大学首批一级岗位教授。曾任中国人民大学哲学系主任，研究生院常务副院长，校长助理，图书馆馆长；国务院学位委员会哲学学科评议组第四届、第五届成员；中国自然辩证法研究会副理事长。提出科学活动论、互补方法论、科技审度论。出版著作70余部，发表论文170余篇。2004年获全国模范教师称号，2014年获全国优秀科技工作者称号。主要研究领域：科学哲学、科学技术与社会、科技思想史等。

附录：科技审度论相关研究成果清单

一、论著清单（以"科技审度论"为论著关键词或出现于论著标题中为准）

（一）个人论文8篇

[1] 刘大椿、张林先：《科学的哲学反思：从辩护到审度的转换》，《教学与研究》2010年第2期，第5~12页。

[2] 刘大椿：《另类、审度、文化科学及其他——对质疑的回应》，《哲学分析》2013年第6期，第43~53页。

[3] 刘大椿：《科技时代如何看科学》，《解放日报》2012年11月24日。

[4] 刘大椿：《审度：马克思科学技术观与当代科学技术论研究》，《中国人民大学学报》2018年第1期，第2页。

[5] 刘大椿：《马克思科技审度的三个焦点》，《天津社会科学》2018年第1期，第20~30页。

［6］刘大椿：《马克思科技审度的历史实践视角》，《江海学刊》2018年第1期，第10~20页。

［7］刘大椿：《马克思的科技审度及其意义》，《教学与研究》2018年第4期，第28~35页。

［8］刘大椿：《科技审度论：通向多元开放的科技哲学》，《中国人民大学学报》2023年第4期，第1~12页。

（二）相关个人专著2部，英文专著1部

［1］刘大椿：《从辩护到审度：马克思科学观与当代科学论》，首都师范大学出版社，2009。

［2］刘大椿：《审度：马克思科学技术观与当代科学技术论研究》，中国人民大学出版社，2017。

［3］Liu dachun, Wang bolu, Ding junqiang, Liu yongmou, *Reconsideration of Science and Technology 1：Reflection on Marx's View*（Routledge, 2023）.

［4］Liu dachun, Ai zhiqiang, Yang huili, *Reconsideration of Science and Technology 2：Scientism and Anti-Scientism*（Routledge, 2023）.

［5］Liu dachun, Yang huili, Fan shanshan, *Reconsideration of Science and Technology 3：An Open World*（Routledge, 2023）.

二、学界相关研究示例

［1］刘永谋：《"中道"与审度：苏珊·哈克论科学》，《科学技术哲学研究》2010年第5期，第12~16页。

［2］赵俊海、刘永谋：《第八届〈哲学分析〉论坛——"从辩护到审度：科技时代如何看待科学"研讨会综述》，《哲学分析》2013年第6期，第174~181页。

［3］刘永谋：《论知识的权力研究的四大传统》，《天津社会科学》2013年第5期，第60~67页。

［4］段伟文：《从科学活动论到对科学的审度》，《中国人民大学学报》
2013 年第 6 期，第 63~70 页。

［5］刘永谋：《构建审度的技术治理理论》，《民主与科学》2019 年第 5
期，第 52~57 页。

［6］刘丽、程郢念、岑达林：《评〈审度：马克思科学技术观与当代科学
技术论研究〉》，《科技进步与对策》2021 年第 6 期，第 161 页。

［7］谢沛坤：《马克思科技观对当代科技创新的启示与指引——评〈从辩
护到审度——马克思科学观与当代科学论〉》，《科技管理研究》
2021 年第 8 期，第 221 页。

［8］陈强强：《选择现代主义：一种审度科学的新立场》，《山东科技大学
学报》（社会科学版）2023 年第 1 期，第 18~26 页。

［9］王小伟：《道德物化的科技伦理进路及其新拓展——基于科技审度观
的分析》，《中国人民大学学报》2023 年第 3 期，第 178~185 页。

［10］雷环捷、陆慧：《"审度：科技与哲学的交叉融合"高端论坛举
办》，《自然辩证法研究》2023 年第 7 期，第 143~144 页。

三、转载清单（转载论文以"科技审度论"为论文关键词或出现于论文标题为准）

［1］刘大椿、张林先：《科学的哲学反思：从辩护到审度的转换》，《科学
技术哲学》（人大复印报刊资料）2010 年第 6 期。

［2］刘大椿：《另类、审度、文化科学及其他——对质疑的回应》，《科学
技术哲学》（人大复印报刊资料）2014 年第 4 期。

［3］刘大椿：《马克思科技审度的三个焦点》，《科学技术哲学》（人大复
印报刊资料）2018 年第 4 期。

［4］刘大椿：《科技审度论：通向多元开放的科技哲学》，《科学技术哲
学》（人大复印报刊资料）2023 年第 11 期。

［5］刘大椿：《科技时代如何看科学》，《新华文摘》2013 年第 4 期。

［6］刘大椿：《科技审度论：通向多元开放的科技哲学》，《高等学校文科学术文摘》2023 年第 5 期。

四、相关课题项目清单

［1］2008 年，国家社会科学基金重大项目"马克思主义科学技术观与当代科学技术论研究"（项目编号：08AZX003）。

［2］2012 年，国家社会科学基金重点项目"科学哲学史研究"（项目编号：12&ZD116）。

五、相关获奖

2024 年，《中国近现代科技转型的历史轨迹与哲学反思》（第一、二卷）获得第九届教育部人文社会科学优秀成果二等奖。

B.8
分众化年代的艺术公赏力

王一川*

摘　要：　艺术公赏力是艺术的可供公众鉴赏的公共品质和公众主体素养。其问题的实质在于如何通过富于感染力的艺术象征符号系统去建立共同体内部不同个体之间、群体之间公共关系趋向和谐的机制。该概念的目标在于帮助公众在若信若疑的艺术观赏中实现文化认同、建构公民在其中平等共生的和谐社会，属于一种在艺术媒介、艺术公共领域、艺术辨识力与公信度、艺术品鉴力与公赏质、艺术公共自由、中国艺术公心等概念交汇中生成并产生作用的公共鉴赏驱动力。该概念的系统研究和发表始于2009年，陆续在学术界产生影响，近年还拓展出"跨文化学""心性现实主义""文心涵濡"等新的原创概念。

关键词：　艺术公共性　艺术公赏力　艺术公共领域　中国艺术公心　美美异和

艺术公赏力（Public Aesthetics of Arts）概念由笔者于2009年首次提出，其时笔者正担任北京师范大学艺术与传媒学院院长，深感有必要与同事和同行一道认真应对艺术公共鉴赏问题遭遇的愈加严峻的挑战。随后笔者于2011年1月调任北京大学艺术学院院长后继续推进研究。艺术公赏力是艺术的可供公众鉴赏的品质和相应的公众能力，其实质在于如何通过富于感染力的象征符号系统去建立共同体内外诸种关系得以和谐的机制，其目标在于帮助公众

---
* 王一川，北京语言大学特聘教授，曾任北京师范大学文艺学研究中心主任、文学院教授，北京大学艺术学院院长、教授，研究方向为文艺理论、艺术理论。

在若信若疑的艺术观赏中实现自身的文化认同、建构公民在其中平等共生的和谐社会，其境界在于"美美与共，天下大同"这一审美与伦理交融的境界。

一　概念阐释

（一）概念的内涵和实质

艺术公赏力，是指艺术的可供公众鉴赏的公共品质和相应的公众主体素养，包括可感、可思、可玩、可信、可悲、可想象、可幻想、可同情、可实行等。

提出艺术公赏力问题，其实质在于如何通过富于感染力的艺术象征符号系统去建立一种共同体内部个体与个体、个体与整体之间以及不同共同体之间的公共关系得以趋向相互和谐的机制。在这个充满风险和冲突而和谐诉求越来越强烈的世界上，艺术的公共性问题显得更加重要。艺术公赏力概念的目标，应该是帮助公众在若信若疑的艺术观赏中实现自身的文化认同、建构公民在其中平等共生的和谐社会。

随着大众媒介分众化（Demassification）程度越来越高，公众的审美趣味和艺术价值观也日趋分化和多元，无论是就国内还是国际来说，"各美其美"容易，"美人之美"难；"美人之美"已属不易，"美美与共"就难上加难了。考察艺术公赏力问题，正是由于看到当前"分众化社会"（The De-massified Society）通向"美美与共"的艰难性而希望追求审美异质性及多样性基础上的相互对话或协调的可能性，也即"和而不同"。可以说，"和而不同"正包蕴和凝聚了艺术公赏力概念的思考方向：社会共同体内外固然存在多种不同的美，但它们之间毕竟可以在相互尊重差异性的前提下求得平等共存、共生和共通。

（二）概念的历时要素和共时要素

艺术公赏力，可以从历时要素和共时要素两方面去界定和阐释。而这些历时要素和共时要素中正包含有艺术公赏力的一些基本原则。

1. 艺术公赏力的历时要素

（1）中国现代艺术公赏力研究线索

这可以中国现代三代艺术理论家的思想演变为个案，以蔡元培、陈独秀、胡适、朱光潜、邓以蛰、宗白华、叶朗、胡经之等为代表。这里实际上大约经历了四个时段的演变：第一时段，以蔡元培的公民"美育"论和陈独秀的"文学革命"论最为著名；第二时段，浮现出邓以蛰的"艺术为人生"论、朱光潜的"人生的艺术化"论和宗白华的"艺术人生观"；第三时段，朱光潜的"物的形象"论引人注目；第四时段，叶朗和胡经之的"审美意象"论及其后续探索都刻下了清晰的印记。

中国现代艺术理论学者在下列几方面有着共同的关怀，尽管他们在具体的艺术理论兴趣点上可能终究存在一些微妙而又重要的差异。一是"美感"论。蔡元培出任校长以来的中国现代艺术理论家，都一致确认"美感"对艺术以及文化、社会和国家的重要性，并强调艺术是"美感"的创造及其呈现的方式。二是"心赏"论。由于注重艺术的"美感"性质，就进而强调艺术在其本性上是一种"心赏"方式，而非社会功利或政治利益的直接表达工具。蔡元培最早从"民众"的"公共"立场，倡导艺术"共享"论，开创了艺术是"享受"或"心赏"的艺术理论传统，尽管他并没有直接使用"心赏"一词。即便如陈独秀和胡适早期那样强调文艺的社会作用，也都是在坚持文艺的"美感"及"心赏"性质的前提下。特别是宗白华和冯友兰两位从不同视角却又能共同地标举艺术的"心赏"性质，对今天的艺术理论确实有着启迪价值。

正是在艺术作为"心赏"的问题上，中国现代艺术理论学统内部实际上存在一种微妙而又重要的分别。一是"文学革命"论。第一代理论家蔡元培、陈独秀和胡适更突出艺术的"群赏"性质，也就是注重公民的集体艺术鉴赏的重要性。二是"意象"/"意境"论。第二代理论家如朱光潜和宗白华以及第三代理论家胡经之和叶朗更注重艺术的个赏性质，也就是艺术对于知识分子或文化人群体的个人化或个性化的独立心赏或独立鉴赏的重要性。三是"形象"论。虽然三代艺术理论家之间难以形成完全一致的共同概念，但毕竟他们之间也可以找到共同点。在第一代如陈独秀和胡适的偏于文学形式革命的"文学革命"论、第二代如朱光潜的"意象"论和宗白华的"意境"论、第三代如叶朗的"审美意象"论和胡经之的"艺术形象"论之间，或许可以看到，他们虽然各有其理论主张，但都共同地强调艺术的"形象"性，只是这种艺术形象是富于"美感"、能唤起公众的"心赏"兴致的东西。四是"人生"论。三代艺术理论家都不主张或坚决反对"为艺术而艺术"观念或"形式主义"观念，强调艺术以"人生"为自己的至高精神境界。他们先后提出了"艺术为人生""艺术化人生""人生的艺术化"，以及艺术要追求"人生境界"等理论主张。五是"精神"论。从蔡元培起始的三代艺术理论家，多偏重于突出艺术的精神维度而非物质维度，或者说艺术的心灵高度而非日常生活层面。蔡元培的"美感"，朱光潜的"美感"及"直觉"，宗白华的"意境"，叶朗的"审美意象"，都注重艺术的"精神"性，特别是艺术与个体（艺术家及公众）的精神、心灵或心性的联系。

（2）艺术公赏力的重心位移

这是指艺术公赏力问题在中国现代经历几个演变时段，而从每个时段中或许可以找出各自有所偏重的主动因即重心：一是戊戌变法前后的世变艺变时段，为艺术公赏力问题孕育期；二是 20 世纪初到 40 年代末的以艺启群时段，为艺术公赏力问题发生期；三是 40 年代到 80 年代的以艺为群时段，为艺术公赏力问题渐变期；四是 90 年代至今的艺以群分时段，为艺术公赏力问题高潮期。上述四个时段的演变，体现了艺术公赏力问题在不同的社会条件下的呈现方式。在世变艺变时段，古典高雅艺术规范遭遇新的现代性生存体验的尖锐挑战，被迫要求适应新的现代性体验的表现要求，也就是从艺术文体到艺术意义都寻求变革，从旧的高雅艺术规范中解放出来，寻找新的适合的通俗形式，这就是旧雅碍俗。旧的高雅艺术规范妨碍了艺术贴近现代普通公众的通俗趣味。无论是黄遵宪的诗歌实践与诗学探讨，还是梁启超最初的诗界革命主张，尽管都表达了文学变革的强烈理念，但都没能为中国现代艺术找到新的艺术样式。不过，其意义仍然不容忽视：让艺术公赏力成为现代艺术美学问题而摆到了桌面上。在以艺启群时段，报刊、新式学校和学会等三种"制度性传播媒介"的发达和社会革命的进展，急需具备公共影响力的艺术去辅佐或开路，于是让艺术公赏力问题借助梁启超的小说力概念而明确地提了出来。由此，新的高雅艺术规范伴随现代个人主义的兴起而被逐步建立起来，并被要求去开启普通民众的觉悟，这意味着以雅提俗，也就是以新创立的现代高雅艺术规范去提升现代普通公众的通俗趣味。五四新文化运动的突出成果之一，就在于通过新的白话文运动、写实主义美术思潮等在借鉴西方现代艺术基础上开创了中国自己的现代艺术新规范。在以艺为群时段，艺术被明确地要求以雅就俗，这就是主动改变现代高雅艺术规范以便适应普通公众的通俗趣味，同时要求艺术家克服个人主义而走向集体主义。其深层则是要求自觉地接受新的国家文艺总战略的规范，以及出现艺术家个性被抑制的危机。至今仍在持续的艺以群分时段，艺术家与社会公众之间的分裂呈现出更加错综复杂的局面。可以说，这里出现了艺术家之个人趣味同社会公众群体之诸种趣味之间的多元对话，两者之间谁胜谁负、孰优孰劣的问题仍在持续着，并且可能长期持续下去。

（3）艺术公赏力的动力要素

这是指艺术公赏力的复杂的动力机制。这一机制可以包含如下三种情形：一是艺高于人，即艺术高于人，有艺以新民说；二是艺低于人，即艺术低于人，有艺以为人说；三是艺平于人，属于介乎上述两者之间的不高不低的居间状况，有艺有公道说。艺以新民说固然可以从中国古代"文以载道""文以明道""诗教"或"文教"等传统思想中找到本土古典性原型的支撑，但究其根本还是来自西方现代性的影响与中国社会现代性进程的特殊需要所形成的合力，这就是以艺术去开启公众觉悟本身，正是中国现代性进程的一部分，从而属于中国现代性文化本身的一个组成部分。与上述本土古典性原型更多地倾向于规定艺术具有以潜移默化的方式去熏染人心的功能不同，艺以新民说则被提升到立国之基或兴国之本这一前所未有的高度，并要求从现代社会体制的高度去重新规定艺术的社会功能，使其承担更新公民综合文化素养的非常使命。与艺以新民说突出了艺术的至高无上地位及对人的更新作用不同，艺以为人说则把艺术的地位降低了下来，但仍然同人的生活联系在一起，并给予了重要的规定：艺术必须为人生服务。艺术虽然不再高高存在于人之上，但也必须存在于人之中。这就意味着，艺术只有当其为人生服务时，才有存在的合理性。而艺术如果不能为人生服务，只是"为艺术而艺术"时，则可能丧失存在的价值。这里提出艺有公道问题，是由于人们发现艺术领域已经很难寻找公道了。艺术公道被发现在此时段居然已成为处处需要证明的大问题了。这个大问题的关键之处在于两方面：一方面是社会公众对艺术品的趣味和意见愈益分歧严重，另一方面是艺术家内部也呈现显著的分化和差异态势。

因此，艺有公道问题需要从艺术家和受众或公民两方面去看。一方面，其主角当是公民或受众。对他们而言，艺术应是我生活的一部分、我的生活伴随物或我的生活过程本身，因而需要首先让我懂、让我理解和接受，进而是让我获得消遣、愉快或享受。有鉴于艺术领域公道问题的复杂性，艺有公道的具体呈现形态可能多种多样，各不相同。简单论之，从时间和空间角度分别考察，可以见到下面四种形态：即时公道和延时公道、分群公道和合群公道。但是，问题在于，公民们本身在利益、趣味、观念等方面都是存在相互差异的，有时甚至是相互冲突的，出现了艺以群分的状况。艺以群分，正是指艺术因受众差异而产生的本体变异状况。人们常说的主导文化、高雅文化、大众文化和民间文化之间的区分，其实很大程度上就是指受众群体的艺术趣味分化所导致的后果。另一方面，就艺术家而言，也由于需要面对不同的受众群体而创作不同的艺术品，从而产生了显著的分化。极端的例子是，一些艺术家纷纷转入旨在赢得巨量受众的主导文化及大众文化领域，而少量的则宁肯留守或执着于孤芳自赏般的高雅文化创作。

艺术公赏力的深层动力源，可以从若干不同方面去探询。第一，来自西方的现代大众传媒技术，为中国现代公共领域的建立提供了物质条件；第二，由上述现代大众传媒技术所建构的现代性文化传入中国，为发挥艺术的社会危机干预作用提供了成功的文化示范；第三，现代中国自身的社会危机局势逼迫革命者急于借艺术之力加以干预，为艺术公赏力问题的出现提供了现实需要；第四，艺术在社会危机干预过程中相继出现艺高于人、艺低于人及艺平于人等多重困扰，为艺术公赏力问题的发生和演变提供了话语调和需要。归根到底，艺术毕竟只是一种尤其依靠人的想象力、情感和符号创造力等才干的日常剩余游戏或消遣，而其社会作用显然不能等同于社会的政治、伦理、军事、宗教、科技等形态。也就是说，艺术的社会作用力无论多么重要和巨大，都不能直接推动社会的物质变革过程。

2. 艺术公赏力的共时要素

艺术公赏力至少可以包括如下共时性要素：当今艺术媒介状况、文化产业中的艺术、艺术公共领域、艺术辨识力、艺术公信度、艺术品鉴力、艺术公赏质、艺术公共自由和中国艺术公心。而由这九要素，可以引申出艺术公赏力的九个方面及其基本原则。

（1）当今艺术媒介状况

从全媒体时代视角去透视可见，多媒介艺术交融、跨媒介艺术传播、艺术家与公众的双向互动、多重艺术文本并置已成为当今艺术的常态。进一步看，它们体现了如下艺术美学后果：戏剧性还是真实性、类型性还是典型性、平面性还是深度性、身体性还是心灵性。反思这种全媒体时代的艺术状况，可以看到从传统的艺术群赏与艺术个赏到如今的艺术分赏的演变趋向，并探讨从艺术分赏状况中跨越出来而寻求艺术公赏及艺术公赏力的必要性。这就可以尝试引申出艺术公赏力的第一条原则：当今艺术虽然仍旧受到传统力量支持，但已从艺术群赏与艺术个赏演变为艺术分赏，需要探讨艺术公赏及艺术公赏力。

（2）文化产业中的艺术

从文化产业与艺术的关系看文化产业，可以简要区分出如下三类文化产业：第一类为艺术型文化产业，这是以艺术为主目的的文化产业，它把生产艺术品作为自己的主业；第二类为次艺术型文化产业，这是以艺术为次目的的文化产业，它把生产带有艺术性的实用产品作为自己的主业；第三类为拟艺术型文化产业，这是其产品可以令人在日常生活环境中产生类似艺术世界般感受的文化产业。在上述三种文化产业类型中，可以梳理出三重关系：第一重关系为第一类艺术型文化产业与第二类次艺术型文化产业之间的关系，前者影响后者，后者也反过来影响前者；第二重关系为第一类艺术型文化产业与第三类拟艺术型文化产业的关系，即属于第一类艺术型文化产业的作品催生了第三类拟艺术型文化产业，而同时第三类拟艺术型文化产业对第一类艺术型文化产业的依赖性也反过来刺激或催生第一类艺术型文化产业的后电影制作欲望；第三重关系为第二类次艺术型文化产业与第三类拟艺术型文化产业的关系。需要重视全球文化工业发生的一种双向拓展运动：一方面是原有的上层建筑下降为如今的物质基础，即媒介的物化，也就是艺术品变成了物；另一方面是原有的物质基础如今上升为上层建筑，也就是物的媒介化。这场双向拓展的双方在一个可被称为"媒介环境"的中间区域相遇了。这样相遇的严重后果在于，艺术世界与日常生活世界的关系发生了微妙而又根本的乾坤颠倒以及颠倒后的相互交融："意象变为物质，物质变为意象；媒介变为物，物变为媒介。这个过程涉及真正的文化工业化。"这样的双向拓展和关系颠倒及交融状况，无疑也可以借鉴来观照中国当代文化产业与艺术的关系状况，特别是第一类艺术型文化产业与第三类拟艺术型文化产业之间的交融态，这就出现了一种前所未有和难以描述的、以致不得不用汉语去新造一个词语才聊以表达的新状况——媒物互化。

　　媒物互化，是对上述媒介的物化和物的媒介化这一双向转化与交融过程的表述，是指当今文化产业所同时发生的媒介与物之间的相互转化过程，即媒介的物化和物的媒介化的互化与互融状况，也就是交融态。这里突破了艺术（媒介）与日常生活（物）的通常界限，而同时发生了一种双向运动——媒介的物化和物的媒介化。媒介的物化，是指原来作为想象世界的艺术及其表征媒介滑坠到日常生活的地面的过程。其结果是艺术媒介与日常生活相混淆，变成日常生活的一部分。物的媒介化，是指原来作为日常生活层面的物品、物质环境或媒介图景等居然跳跃到艺术媒介的层面的过程。其结果是物品、物质环境或媒介图景等具备了艺术媒介的表现性功能，这些本来属于非艺术的工业产品或商业制作，如今居然具有了把观众指引到与艺术想象世界相类似的情境中的特殊的美学力量。

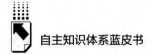
不妨从上面说的三类文化产业之间的关系着眼，聚焦于这些文化产业所创造的在当今具有典型意义的艺术与生活之间的模拟状况，这不妨暂且地称为艺生平面态。作为媒物互化所产生的美学后果之一，也与拉什和卢瑞在《全球文化工业》中所阐述的"媒介环境"或"媒介图景"约略相当，艺生平面态是指文化产业通过把艺术品中的艺术形象（或意象）加工为日常生活中虚拟物品或物质情境，而建造出一种由艺术世界下坠到生活世界平面的情形。换句话说，艺生平面态是指文化产业让想象的艺术形象沉落为日常生活中可亲身体验的模拟媒介情境、从而让公众在亲自体验中产生类似艺术世界的幻觉的过程，也就是指文化产业所构建的模拟媒介情境能让公众在亲身体验中产生类似艺术形象的幻觉的过程。更简单地说，艺生平面态是指艺术坠落为生活平面的那种状态。正由于带有艺术下坠到日常生活平面的性质，可以说，艺生平面态的实质在于，让艺术通过消融与日常生活的界限而带有日常生活的真实态幻觉，同时又让日常生活成为非真实的和带有艺术碎片性质的虚拟世界，这就同时造成艺术与生活的格局的打破和两者之间距离的消融。其后果在于，艺术变得真实化了，同时日常生活变得虚拟化了。艺术的真实化与生活的虚拟化同时同步地发生，形成双向拓展运动。这种艺生平面态过程在当前是如此频繁和经常，以致已经成为当今文化产业的一种常态，令人习以为常、见惯不惊了。

（3）艺术公共领域

艺术公共领域在当代中国具有特定的含义，是指在国家、个人、产业界等之间所想象地存在的一个有关艺术的创作、生产、营销、鉴赏及消费等环节的具有一定自由度及限度的中间地带。这是政府管理者、艺术家、艺术企业家、艺术商界、艺术消费者（含收藏家）、艺术媒体和艺术批评家（含策展人）等多方力量之间展开相互博弈的竞技场域，宛如一张人们可围坐而对话的桌子。这样理解的艺术公共领域概念，是应当包含多层复杂含义的：第一，这是位于国家、个人、文化（艺术）产业等各方之间的带有中立性及中介性的中间地带，各方之间在此可以展开公正的协调工作。第二，这个中立及中介性的中间地带虽然可以具体落实到茶馆、餐馆、咖啡厅、剧院等公共场所，但根本上还是一种想象的而非实在的场所，即想象中各方力量可以就艺术的各个环节展开公正协商的中立而又中介性的平台。第三，这个平台既非完全自由的也非彻底限制的，而是既具有自由度又同时具有限度，属于限度中的自由和自由中的限度。自由只有当其有所限制时才能具有自身的确切内涵，而相反，当其变得无所限制时，其内涵也就迷失于空无中了。这样，在当今世界，个人总是中介性的存在，既被他者中介也中介他者。人与人、人与群体以及群体与群体之间总是异质性的，也即多元的和差异的，难以完全一致；但与此同时，人与人、人与群体以及群体与群体之间又总是要寻求公正或平等的对话及沟通，这是一种多元的和差异中的对话及沟通。由于自知相互对话及沟通终究难以形成一致，故寻求私我与公我的分离并加以制度化或提供机制保障。显然，根本的一点在于，需要为个人与他者之间的相互对话及沟通的公正性确立特定的中立或中介性的机制及制度。正是基于对当代个人的社会角色的上述理解，当代中国艺术公共领域的构建找到了自身的理论基石。也就是说，鉴于当代个人需要一种可以在其中与他者展开公正对话的中间地带，因而公共领域特别是其中的艺术公共领域的建立就具有了必要性和重要性。

艺术公共领域的存在要素应当有下列方面：国家改革战略、政府艺术政策、市场经济环境、艺术传媒平台、艺术家和公众。国家改革战略，是指国家有关政治、经济、文化和社会等方面的以改革开放为核心的战略规划及相关部署。政府艺术政策是政府艺术管理政策的简称，由政府艺术管理机构出面，代表国家意志行使艺术管理职责。市场经济环境的作用具有复杂性，一方面它并非艺术的天然温床，而是往往可能以市场价格去取代或牺牲公平、正义、责任等社会价值诉求；另一方面它也非艺术的天敌，而是可以通过市场杠杆，在国家意志与个人意愿之间开辟出一个具有中间、中立或中介性作用的调和地带，有助于艺术自由不受来自无论是国家意志还是个人意愿的粗暴干预。艺术传媒平台是指艺术所赖以传输的传播媒体为艺术公共领域的建构提供公共媒介平台。这些传播媒体既包括传统媒体如书籍、报纸、杂志、广播、电影和电视，也包括新兴媒体如国际互联网及其相关的移动网络、数字技术等，它们分别依托相应的传媒产业而生存和发挥作用，成为艺术公共领域必须开放的作用场所。艺术家属于艺术公共领域中的两大主体要素之一，通过特定的艺术行为去创作艺术品以便影响公众，从而成为艺术公共领域的一大显赫角色。艺术家的艺术行为包含诸多方面：艺术品、艺术活动和艺术生活。公众是艺术公共领域的两大主体之一，一般属于艺术公共领域中的艺术鉴赏者和评论者。如今的互联网时代的公众，与过去相比，已经变得种类多样了。简要地分析，可以见出至少四种类型：旁观型、入场型、参与型和互动型。

当今中国艺术公共领域的运行机制，可以从如下几组需要调节的关联范畴去把握：政府管理与审美自律、商业消费与社会关怀、全球时尚与地方传统、媒体自由与艺术伦理。

（4）艺术辨识力

艺术辨识力，作为艺术公赏力概念的组成要素之一，是指公众对媒体传播的艺术信息（包括艺术家、艺术品及其他所有相关信息）所具有的理智性辨认与识别素养，它构成公众进入审美鉴赏的前提和警戒线。这种艺术辨识力对应于艺术品的可信度，与公众的艺术鉴赏力相区别和配合，构成艺术公赏力得以发生的公众主体基础。也就是说，从公众的接受角度看，特定艺术品的艺术公赏力的高低，在很大程度上取决于公众对艺术品是否可信所具备的主体辨识力。从构成上看，艺术辨识力应当属于公众对媒体传播的艺术信息的一种修辞感知力。这里需要看到两个要素：一是感知力，二是修辞。这两个层面当然是彼此交叉和协调的。第一层更多的是置身在当今信息社会中公众需要保持的一种日常态度，而第二层则更多的是公众的一种处理具体问题的能力。与"媒介公信力"概念突出公众对媒介传播信息的可信度的认知有所不同，艺术辨识力作为艺术公赏力的子概念，其实质在于突出公众对媒体传播的艺术信息的修辞性感知。就公众在艺术活动中所面临的具体问题来说，艺术辨识力可以包括如下方面：感知艺术产业的生产规律、感知为艺术品发行和营销而实施的媒介宣传的修辞策略、感知艺术媒介的修辞特性、感知艺术符号形式的修辞特性、感知艺术形象的修辞特性、感知艺术意蕴的修辞特性、感知艺术通过公众接受而浸入其生活现实的修辞规律以及感知特定民族或时代的艺术传统等。

作为公众艺术素养中体现理性与感性交融的感知素养，艺术辨识力可以有自己的如下运行原则：辨识先于鉴赏、辨识不离鉴赏和辨识询构鉴赏。这三条原则其实是交互渗透地一齐发挥作用的，这样说只是为了论述方便。

（5）艺术公信度

从社会对艺术的基本要求看，艺术公赏力表现为艺术品所具备的满足公众信赖的公信度。艺术公信度是指艺术品的可被特定共同体的公众予以信赖的程度。由此可见出艺术公赏力的第五条原则：艺术在当今媒介社会风光无限，但毕竟应具基本的艺术公信度。艺术公信度的问题化历程可以大致分为三个阶段：一是 20 世纪 80 年代的艺术真实性与全信无疑阶段，二是 90 年代的艺术符号性与半信半疑阶段，三是 21 世纪以来的艺术娱乐性与若信若疑阶段。社会体制从政治国家向公共社会的转变，构成艺术公信度成问题的基本的或深层次的主因；全球性现代艺术中的实验蔑视与实验好奇之间的悖逆，可以视为艺术公信度成问题的直接动因；艺术体制中的公共领域对艺术品的自由质疑，使得以往少有的艺术公信度竟变成常态问题存在了；社会敏感问题假道艺术公信度问题而隐秘显现，大大提高了艺术公信度的成问题率。艺术公信度应当是一种跨越单纯的艺术家信誉、艺术社团信誉、艺术国家信誉和艺术商业信誉之上的艺术品在与公众的相互作用关联场中获取公共信任的品质及能力。它意味着要形成一种跳脱于艺术家、艺术社团、国家艺术管制和艺术商业行情之上的有关艺术信誉的中立的公共对话与沟通领域。艺术公信度具有如下特征：客观性、中立性、自律性、纯洁性。从艺术在当前公共社会生活中的运行方式看，艺术公信度应是一个由以下诸维度共同构成的整体：艺术品公信度、艺术家公信度、艺术社团公信度、艺术产业公信度、艺术媒体公信度、艺术展演机构公信度、艺术批评家公信度、艺术评奖机构公信度。这样，艺术公信度的检验就是需要应对的一个复杂的过程：一是艺术要经受特定团体的信誉检验；二是艺术更要经受跨界团体的信誉检验以便获得更大的公正性；三是艺术要经受更广泛的公共舆论的信誉检验；四

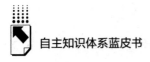

是艺术还要经受跨代际的社会团体、跨民族或跨国社会团体的信誉检验。

（6）艺术品鉴力

从公民审美素养看，艺术公赏力还表现为公众对艺术是否美所具备的品鉴力。这一条原则在于，艺术品的公赏质也依赖于公众的品鉴力。考察艺术公赏力，重要的是看到，公众提升艺术品鉴力对艺术活动来说是必不可少的环节和目标。作为必不可少的环节，公众的艺术品鉴力正是艺术之公赏质得以确认的重要的主体要素和条件。而作为必不可少的目标，公众的艺术品鉴力正代表了艺术活动的重要目的，即培育既有优良审美与艺术素养又能履行公民责任的公众。这样就有艺术公赏力的第六条原则：艺术需要公众具备艺术品鉴力。艺术品鉴，是指公众对艺术品的出于心灵好尚的品评和鉴定。而艺术品鉴力，是指公众出于心灵好尚而品评和鉴定艺术品的素养或能力。要认识当今社会公众的艺术品鉴力状况，需要引入一种历史的比较眼光。可以说，当今公众的艺术品鉴力不是突然间生成的，而是经历了复杂的演变过程，具体地说，出现了导向更替。艺术品鉴力的导向更替，是指公众的艺术品鉴力的导向因素经历了不同的演变。

不同时期的公众艺术品鉴力经历了各自的驱动力重心的位移。根据不同时期个体或群体扮演不同角色的程度，可以区分出其中的四个导向时段：第一时段为清末至20世纪40年代的个赏导向时段；第二时段为20世纪50年代到70年代的国赏导向时段；第三时段为20世纪80年代到90年代的国赏与个赏共存并共同导向的时段，简称国个共导时段；第四时段为21世纪以来的国族整合意志、知识分子自由意识和公众娱乐意愿等三方分别引导公共鉴赏的时段，简称国个群三方分导时段，或三方分导时段。国族整合意志，体现的是全国各民族、各阶级或阶层、各群体等的统一意志及同化意向。知识分子自由意识，是指知识分子或文化人总是以个性或个性化为自己的最高追求，总是标举自己独立于普通公众群体之外的个体自主或自由。而公众娱乐意愿，是说当今普通公众群体具有日常生活中的消遣或休闲愿望。这三者构成当今时段公众艺术品鉴力的三大导向要素。

不妨在国个群三方所依托的国族整合意志、个体自由意识和社群娱乐意愿基础上，酌情加上当今艺术遭遇的跨国的全球娱乐圈时尚风以及社会学家的"自反性现代化"思想两方面，从而提出分析当今公众艺术品鉴力构成要素的分析框架。这个框架可以包含如下五个基本构成要素：国族向心力、个性化诉求、社群心态、全球时尚风、自反冲动。

公众艺术品鉴力在当前呈现出复杂多样的面貌，非任何一种分析方式所能说清道明。这里不妨按照公众的艺术品鉴力所赖以传播的媒体形态去分析，由此可以看到明显的三种存在形态：一是传统媒体公众群，二是新兴媒体公众群，三是学术期刊公众群。考虑到艺术公赏质有大约五层面构造（一是媒介要素与可感质，二是形式要素与可兴质，三是兴象要素与可观质，四是兴味要素与可品质，五是活境余兴要素与可衍质），由此也可见出，公众艺术品鉴力在实际运行中，会有相应的大约五层面构造：艺术媒介辨识力、艺术形式体验力、艺术形象想象力、艺术蕴藉品味力和艺术余兴推衍力。

艺术品鉴力有如下运行阶段：第一，预赏，公众调动其艺术媒介辨识力而展开的有关艺术现象的预先鉴赏阶段；第二，初赏，公众的艺术媒介辨识力与艺术形式体验力的先后发动并相互交融的过程，属于初始鉴赏阶段；第三，入赏，公众调动艺术形象想象力而深入艺术品的艺术形象层面去做深度鉴赏的阶段；第四，续赏，公众唤醒艺术蕴藉品味力而持续捕捉艺术品的深厚兴味的阶段；第五，余赏，公众运用艺术余兴推衍力而让艺术鉴赏的余效不知不觉地转换到日常生活过程中的阶段；第六，公议，公众在公共平台上的公开互动阶段。

（7）艺术公赏质

从社会对艺术品的审美需求看，标举艺术公赏力意味着，艺术品需要具备满足公众鉴赏的公赏质。艺术公赏质，主要是指艺术品的可被公众鉴赏的品质。这种公赏质可分两种不同情形：一种情形是公众分赏，是指艺术品分别被不同身份如阶层、性别、年龄等的公众群体所欣赏，其中不同身份的群体之间可能在欣赏趣味上相互排斥；另一种情形是公众合赏，是跨越不同身份的欣赏趣味上的融合。当然，更具体而复杂的情形可能是，合赏中有分

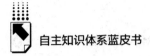

赏，分赏中有合赏。如此，公众对于艺术品的分众与分赏、合众与合赏，就变成艺术公赏力的基本问题了。艺术学与美学需要大力开展这种艺术公赏质研究。这样可见出艺术公赏力的第七条原则：艺术必须具备对于公众来说必备的艺术公赏质。进一步说，不能只具有个体独赏或公众分赏品质，而应具备公众个赏与分赏中的公共鉴赏品质即公赏质。艺术公赏质存在于艺术体制的规范、公众的分众鉴赏、社会生活情境的制约及被鉴赏的艺术品的品质之间的交融态中。艺术公赏质，是指艺术体制、艺术分众和社会生活情境条件下公众所感发到的艺术品的特定价值品质。

对当今艺术来说，可以以"感兴"及"兴观群怨"学说集合体为中心，以艺术体制、艺术分众和社会生活情境要素为参照，获得艺术公赏质的五层面构造。这种五层面构造应当是五种要素与五种品质的大致对应的集合体：一是媒介要素与可感质，二是形式要素与可兴质，三是兴象要素与可观质，四是兴味要素与可品质，五是活境余兴要素与可衍质。在艺术公赏质的上述五层面中，贯穿始终的东西可能不少，但有一点对中国艺术及美学传统来说应当是必不可少的，这就是兴味蕴藉。兴味蕴藉，应当是艺术公赏质中的一条贯穿性基本美学原则。更进一步说，它本身应当被视为古往今来中国艺术传统所一直持守的一条基本美学原则。兴味蕴藉，意味着艺术品既可以走高雅艺术路线，满足在数量上占少数的文化公众的思考及品味兴趣；也可以走通俗路线，适应在数量上占多数的中低文化公众的消遣及娱乐兴趣。但无论如何，它都需要符合如下基本传统原则：兴起、有得、回味。

公众需要具备有关艺术公赏质五层面的素养，才有可能对艺术创作提出这样的需求和产生这样的观赏动机。由此，公众的公民艺术鉴赏力素养中也需要包含同上述五层面相应的五个层面：媒介辨识力及感官快适、形式体验力及形式快适、形象想象力及情思快适、蕴藉品味力及心神快适、生活应用素养及身心快适。相应地，如果用笔者习惯采用的以感兴为基座的概念构架来表述，那么，这种公民艺术素养就应包含如下五个层面：第一层为媒介触兴，公众接触特定的艺术媒介而生发出感兴；第二层为形式起兴，公众观照艺术语言特征而产生进一步的形式直觉；第三层为兴象体验，公众观赏到带有情感、思想、想象等感兴特质的活生生的艺术形象；第四层为兴味品鉴，公众从艺术形象中品味到绵绵不绝的深层蕴藉；第五层为生活移兴，公众情不自禁地把艺术感兴移植或推衍到自己的日常生活中，从而产生后续的感动。相对理想的公民艺术素养，是应当包含这样完整的五层面能力的。

从艺术公赏质层面论看当今艺术，公民艺术素养养成（研究及其实践）在当前已经迫在眉睫了。这种公民艺术素养养成在目前面临两项任务：一是艺术从业者的艺术素养养成，二是艺术公众的艺术素养养成。如何让公民具备艺术"慧眼"，以便他们真正获得优质的艺术享受和精神提升。这两项任务都需要同时抓紧、抓好。公民拥有艺术"慧眼"，也就是拥有高度的艺术鉴赏力，而这也正是艺术的文化软实力的一个组成部分，有必要成为当今艺术学和美学研究的新的重要课题。

（8）艺术公共自由

艺术自由，在艺术公赏力问题域中具有重要的位置。具体地说，它处在艺术公赏力的高级目标这一位置上，即艺术自由代表艺术公赏力问题域的高级目标。这里的作为艺术公赏力的组成要素的艺术自由，已经不再是过去的以艺术家的自由为中心的传统艺术自由，也不再是随着国际互联网的崛起而崛起的以无名公众评论为中心的新兴的艺术自由，而是介乎这两者之间的第三种艺术自由即艺术公共自由。正是艺术公共自由，向我们展现出艺术公赏力所寻求的基本的和高级的境界。如此可获得艺术公赏力的第八条原则：艺术公共自由是一种位于艺术家和公众各自的自由之上而又加以涵摄的相互自由。艺术公共自由的实质在于，它不只是艺术家自己的艺术创作自由，也不只是艺术公众自己的艺术鉴赏自由，而是艺术家与公众之间的艺术共同自由。这就需要越出艺术家与公众各自的单面视野的局限，站到双方公平对话的宽阔视野上去考虑。

艺术公共自由主要是指思想自由在艺术领域的具体表现。这意味着，艺术公共自由的主要含义在于，它是一种由艺术活动所建构的思想自由形式。艺术自由及其社会基础是马克思主义美学和艺术理论传统的一个组成部分，这一组成部分在当前新的艺术公赏力问题域中应当获得继续传承。中国的艺术自由传统更加突出主体的内在超越的心性自由状态。只不过，相对而言，儒家倡导"依仁游艺"，道家主张"顺任自然"，禅宗标举"自心即佛"。中国人眼中的自由或艺术自由，实际上不同于西方宗教那种超越于现实人生之上的无拘束状态，而是深植于现实制度即"人间世"中的主体内在超越性状态，是主体面对现实状况而自觉实施的内心超越行为。同时，现代中国知识分子所追求的自由也并非西方个人主义意义上的个人自由，而是梁启超以来所确认的基于他人、民族及国家的独立、平等的共同自由。

艺术公共自由的要素可以有如下几个：第一，合法，艺术公共自由的法律维度，艺术公共自由必须遵循法律法规的制约；第二，尚俗，艺术公共自由的习俗维度，崇尚特定民族或地域自身传承的风尚、习俗或惯例；第三，循规，艺术公共自由的规则维度，艺术公共自由需要适应特定的公共秩序、规则、程序等的规范，以及艺术符号形式系统的规范；第四，依仁，艺术公共自由的公德维度，参与艺术活动的艺术家及普通公众都需要自觉地依据儒道禅那种内在超越性传统，寻求符合"仁爱"精神的个体自由；第五，触境，艺术公共自由的社会境遇维度，身处具体社会境遇中的艺术家和公众必然把这种境遇体验带入艺术自由追求中，令其受到制约；第六，游艺，"游于艺"之意，涉及艺术公共自由的个体自由维度，公民个体在艺术中的自在畅游状态。艺术公共自由应当是一种合法、尚俗、循规、依仁和触境基础上的想象力的自由游戏。

艺术公共自由的实现途径设计是一个由低到高的四层次构架：首先是自然境界的心赏之自由，其次是功利境界的心赏之自由，再次是道德境界的心赏之自由，最后是天地境界的心赏之自由。

艺术公共自由的核心在于，以艺术活动为依托的公心涵育的进行。公心涵育，是指公民主体的公心素养的自觉涵养与化育状况。公心，其一般而又基本的含义是指公正之心、共同之心。涵育，是指涵养化育。公心涵育，是指公民的公正之心、共同之心的长期的自觉修养及其成熟状况。

中国公心传统有几个鲜明特质：第一，合私成公，即公与私之间并非天然对立，而是可以相互构成和相互包容，所以不再是简单的公而无私、公而忘私或大公无私，而是可以合私成公，从而成就"天下之大公"；第二，公私间构成上达于天、下至于共同体的多重关系结构，如天之公、国家之公、社会之公等的层层渗透结构；第三，公可包容性拓展，公这一观念可以有持续的包容性拓展。中国的公或公心传统形成了共和通的本义，聚焦于众人关系之协调，可以同现代政治哲学中的公共意识相交融，组合成现代中国公心观念。

现代中国公心观念的核心在于，重新诠释和伸张中国自己固有的"天下为公"理念，把它同现代公共社会建设中的公民素养联系起来，形成一种新的理念：相信当今天下是每个公民共同的公天下或公共天下，从而每个公民都有责任和义务去维护这个公共天下不致混乱或失范。可以在横向和纵向意义上理解现代中国公心观念。横向而论，公心可有多重含义：公德、公理、公法、公论。公心是构成公民所需的主体文化素养的那些综合性公共价值理念。纵向而论，公心也可有多层面含义：共同存在感、公共责任感、公胜于私的自觉、彻底的为公理念。公心是需要公民和全社会的长期的自觉的涵养、滋润、养育、修养、涵濡、潜移默化等过程才能最终完成的。公心涵育可以表示艺术活动中的公民主体（无论是艺术家还是公众）的公心结构的持久的濡染及涵养状况，其有两层意思：第一层是指个体的自我涵育，这是说个体在长期的自我内心涵养中获得持久的浸润；第二层是指个体与个体之间的相互涵育，这是说不同的个体之间可以在长期的交流中相互浸润和共同养成。第一层是最基本的含义，第二层是它派生的含义。根据中国儒道禅传统，公心涵育应属于个体的长期的自觉涵养化育以及这一基础上的与他人的相互涵养化育过程。只有那些拥有公心涵育素养的公民，才更有可能享受到真正意义上的艺术公共自由。

艺术公共自由的目标大致包含由低到高的如下五级台阶：第一，美己拒人，美己之美而又拒人之美，就是既推崇自身共同体的美而又拒绝异质共同体的美；第二，美己远人，美己之美而又远人之美，就是既推崇自身共同体的美而又疏远异质共同体的美；第三，美己近人，美己之美而又近人之美，就是既推崇自身共同体之美而又愿意亲近异质共同体之美；第四，美己美人，美己之美而又美人之美，就是同时推崇自身共同体之美和异质共同体之美；第五，美美异和，美己美人而又相异而和，就是自身共同体之美与异质共同体之美虽然已实现相互协调，但终究难以弥合相互差异。

美美异和，特别适用于当今时代多元价值观并存境遇中的艺术公共自由诉求。诚然已不能再度简单地奢望"美美与共，天下大同"的乌托邦境界了，但毕竟确实可以退而求其次地追求有限度的艺术公共自由即美美异和。美美异和中的异和，异是指不同或异质，和是指协调或和谐，其义就相当于"和而不同"。美美异和，其实质是美己之美和美人之美之间达成相互协调但又同时保持各自的异质性存在。美美异和就是当今艺术公共自由所能达到的至高境界。它并非重复前人想象的完全同一的乌托邦世界，而是确认当前多元化价值境遇中的暂时协调、异质中的有限认同。

（9）中国艺术公心

从中国艺术应有的民族品格或民族气质来看，在当今全球化时代及公共社会建设的中国艺术中重新树立中国艺术公共精神即中国艺术公心，具有重要的美学与文化意义。中国艺术公心概念表明，中国艺术不仅构成中国文化的本性，而且可以由此而通向国家内部社会公共性或社会公心的涵养，并可以为全球公共性的建构做出中国文化应有的贡献。中国艺术公共精神即中国艺术公心，是对艺术公赏力问题域中的中国艺术精神传统的一种当代阐发方式。置身于当今全球化及全媒体时代的中国艺术，能否对全球多元文化对话有所贡献？对中国艺术公心的阐发就具有了当代意义。中国艺术公心，是指中国文化在其本性上就是艺术的，这种艺术本性可以流注于各种艺术类型中，艺术的公共性可以通向人的公共性，即便是相互不同的人之间也能寻求共通性。简言之，中国艺术公心是指中国艺术具有文化与艺术之间、不同艺术类型之间、人的心灵与艺术之间、艺术与异质文化之间的公共性品格。不妨从如下几个层面去分析：第一层为中国文化本身就具有艺术本性，从而有文化与艺术之间的公共性；第二层为中国艺术中各种艺术类型之间相通共契，从而有艺术类型的公共性；第三层为中国艺术与人的公心之间可以相通，甚至就构成人的公心之间的公共性的基本通道，从而有艺术与人的公心的公共性；第四层为中国艺术与跨族群异质文化之间可以相通，从而有全球跨族群异质文化之间的公共性。总之，中国艺术公心应当指向当今时代全球多元对话中中国艺术在公共性领域的建树问题。中国艺术公心概念的运用表明，当今全球多元文化对话中的中国艺术，诚然是独特的，但正是这独特性中蕴含着丰厚的普遍性或全球性要素，可以为全球文化公共性建设做出独特贡献。

中国艺术公心有几个构成要素：第一，感觉方式，这与中国人的宇宙本体图式及思想范式等紧密相连，两者难以分离；第二，鉴赏体制，不同于西方人对艺术品的核心立意、主题或中心思想的确切归纳，而是善于从艺术品中发现或发掘那种仿佛难以穷尽的深长余兴或余意；第三，族群结构，由多族群组成的民族国家，可以说是多族群生活方式之间长期相互交融的结晶；第四，宇宙图式，与西方注重"有"（或"存有""存在"或"在"等）不同，中国人注重"无"（或"空无"或"空"等）；第五，理想境界，即中国文化之所以在本性上就是艺术的，或者就具有艺术精神，恰是由于中国人自己的生活方式或生存方式在根底上就是"游"的，如"游于艺"或"逍遥游"等，优游于日常生活的各个领域以及艺术的各种类型中而又能"心赏"人生的意义。

根据以上有关中国艺术公心的构成要素的设定，可以见出中国艺术公心的如下特征：一是感觉方式上的感物类兴；二是鉴赏体制上的兴味蕴藉；三是族群结构上的我他涵濡；四是宇宙图式上的观有品无；五是理想境界上的三才分合。

艺术公赏力，就是这样在艺术媒介、文化产业中的艺术、艺术公共领域、艺术辨识力、艺术公信度、艺术品鉴力、艺术公赏质、艺术公共自由、中国艺术公心等概念的交汇中生成并产生作用的公共鉴赏驱动力。上述各条原则之间虽然有所分别，但毕竟相互依存，互为条件，通过共同协商而发生作用。艺术品的公信度与公众的辨识力之间，艺术品的公赏质与公众的品鉴力之间，其实不再是先有谁后有谁的关系，不存在鸡生蛋还是蛋生鸡的问题，而是相互之间谁都离不开谁、缺了谁都不行的问题。第三条和第八条原

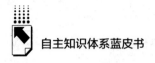

则分别是艺术公赏力的社会语境基础以及追求的目标，因为公共社会中一种公共性或共通性的建立，既是艺术公赏力的基础条件，更是它所诉求的审美与伦理交融的至高境界。

（三）概念的周边关联

艺术公赏力，是基于中国现代艺术学和美学中的"共享"论（蔡元培）、"心赏"论（冯友兰和宗白华）、"意象"论（朱光潜、叶朗和胡经之）等历代研究成果，参酌当代社会科学的一些范畴及相关概念，特别是为了进一步把握当今艺术新现象和新问题的特定需要，而提出的艺术理论、普通艺术学或美学的新命题。一方面，从中国现代艺术理论和美学的"共享"、"心赏"及"意象"等构成的学统，可获得艺术是一种公共心赏而非简单的私人心赏或政治权力话语的学术传承。另一方面，与当代社会科学中有关政治学、伦理学和新闻传播学相比较，还可获得有关艺术的公共社会影响力的理性认知。

把艺术公赏力概念与当前公共社会语境中有关政治学之于社会制度、哲学之于思想、伦理学之于善及新闻传播学之于媒介等的描述相联系，不难看到艺术公赏力的特定指向及其重心之所在。如果说政治学注重社会制度的公正力、哲学倡导思想的公理性、伦理学追求社会伦理的公善力、新闻传播学标举媒介的公信力，那么可以说，艺术学理论则探究艺术的公共心赏品质及相应的主体素养即艺术公赏力。

如果当代政治学、哲学、伦理学和新闻传播学分别通过制度公正力、思想的公理性、社会伦理的公善力和媒介公信力概念而突出社会制度的公正性、思想的公理性、社会伦理的公共善恶和媒介的公共信疑问题在自身领域中的重要性，那么，艺术学理论则需要通过艺术公赏力概念而强调艺术的公共心赏即公赏与否的问题。可以说，公正力、公理性、公善力和公信力基础上的公赏质，才是当今艺术的至关重要的品质。但这种公正力、公理性、公善力和公信力基础上的公赏质靠谁去判定和估价呢？显然不能再仅仅依靠以往艺术学所崇尚的艺术家、理论家或批评家单方面，而是主要依靠那些具备特定的艺术素养的独立自主的公民（当然也包括艺术家、理论家及批评家在内），正是他们的总体的艺术识别力和品鉴力才更具代表性和影响力。正因如此，当今艺术学理论需首要考虑的是艺术满足社会公众的公共心赏需求的品质和相应的主体素养，这就是艺术公赏力。

二　研究综述

（一）概念的形成与发展

笔者在《论艺术公赏力——艺术学与美学的一个新关键词》① 中首次提出艺术公赏力这一原创概念，认为这是把握当今媒介社会艺术的纯泛互渗现象、推进艺术素养论范式的一种必然选择。艺术公赏力是艺术的可供公众鉴赏的品质和相应的公众能力，其实质在于如何通过富于感染力的象征符号系统去建立共同体内外诸种关系得以和谐的机制，其目标在于帮助公众在若信若疑的艺术观赏中实现自身的文化认同、建构公民在其中平等共生的和谐社会，其境界在于"美美与共，天下大同"这一审美与伦理的交融。艺术公赏力包括可信度、可赏质、辨识力、鉴赏力和公共性等五要素及相应的五原则。

笔者在《建国 60 年艺术学重心位移及国民艺术素养研究》② 中指出，中华人民共和国成立 60 年来艺术学经历了五次重心位移：工农兵的艺术整合、阶级的艺术分疏、人民的艺术启蒙、学者的艺术专业化、国民的艺术素养。当前艺术学可以实际地成为一种国民艺术素养学，其研究重心在于国民艺术素养的养成规律。国民艺术素养是国民接触、分析、评价和处理艺术信息的个体素质和涵养，由媒介素养、形式素养及其他相关素养的总和构成，

---

① 王一川：《论艺术公赏力——艺术学与美学的一个新关键词》，《当代文坛》2009 年第 4 期，第 4~9 页。
② 王一川：《建国 60 年艺术学重心位移及国民艺术素养研究》，《天津社会科学》2009 年第 3期，第 86~91 页。

包括如下五个层面：媒介体认力及感官快适、形式感知力及形式快适、意象体验力及情思快适、蕴藉品味力及心神快适、生活应用素养及身心快适。艺术公赏力可以成为当代艺术学研究的新的重心。研究国民艺术素养具有迫切而重要的意义。

《论公众的艺术辨识力——艺术公赏力系列研究》① 陆续展开对于艺术公赏力概念的纵深研究，并指出艺术辨识力作为公众主体的艺术修辞感知力，需要通过教育及其他社会活动去逐步养成，而这就是国民艺术素养建设的任务。

笔者在《论艺术可赏质——艺术公赏力系列研究之三》中探讨艺术公赏力概念内部的艺术可赏质问题，认为艺术可赏质是当艺术品遭遇公共领域中信任危机时凸显出来的新问题，已呈现一般公共事务特点。中国古代和西方都有对艺术可赏质的研究传统。今天需要在以往艺术品层次论、品级论等基础上引入艺术体制、艺术分众和社会生活情境要素，从客体要素与主体要素的交融中综合分析艺术可赏质。艺术可赏质是指艺术体制、艺术分众和社会生活情境条件下公众所感发到的艺术品的特定价值品质。它有如下五个层面：媒介可感质、形式可兴质、兴象可观质、兴味可品质、活境可衍质。对艺术可赏质的认识可以帮助我们重新认识和理解当代艺术在创作和接受等方面有待辨别的问题，如兴味蕴藉和公民艺术素养等。

笔者在《论艺术公信度——艺术公赏力系列研究之五》② 中考察当前艺术公信度问题，认为从一些艺术现象可集中凸显艺术公信度的重要性及其问题化状况，其原因在于社会体制的转变、全球性现代艺术中的实验蔑视与实验好奇之间的悖逆、艺术体制中公共领域对艺术品的自由质疑、社会敏感问题假道艺术公信度问题而隐秘显现等。中外信任研究表明，当前条件下艺术公共信任已必不可少。艺术公信度问题主要是艺术公共信任如何

---

① 王一川：《论公众的艺术辨识力——艺术公赏力系列研究》，《文艺争鸣》2010 年第 5 期，第 114~121 页。

② 王一川：《论艺术公信度——艺术公赏力系列研究之五》，《当代文坛》2012 年第 4 期，第 4~13 页。

重建的问题，意味着建立跨越单纯的艺术家信誉、艺术社团信誉、艺术国家信誉和艺术商业信誉之上的艺术品在与公众相互作用关联场中获取公共信任的品质及能力。当前艺术公信度问题往往由一系列耦合关系缠绕而成：艺术家个人创造力与文化产业集体制作之间、艺术创作个性与艺术商业属性之间、艺术作品无价与艺术商品有价之间、艺术实验被蔑视与艺术兴趣增长之间、艺术炒作与艺术感召之间、艺术短时轰动与艺术长久流芳之间。

在《艺术公赏力的重心位移——艺术公赏力系列研究之六》[①] 一文中，笔者认为艺术公赏力的问题化过程呈现为不同的重心位移：1874 年到戊戌变法期间的天变艺变时段为孕育期，体现为旧雅碍俗；戊戌变法失败到 20 世纪 40 年代的以艺启群时段为发生期，要求以雅提俗；40 年代到 80 年代的以艺为群时段为渐变期，主旨为以雅就俗；90 年代至今的艺以群分时段为高潮期或爆炸期，多元对话在所难免。艺术公赏力的重心位移不能被单纯归结为中国艺术界自身的内部变化，而应被视为中国艺术界与全球化社会语境变迁的交汇的产物。当强势东扩的现代性进程与衰朽的中国体制发生碰撞，导致中国社会急剧破裂而进入高危机的现代性时段时，古典性体验被迫终结并被转向现代性体验；而当急切表达的现代性体验需合适传媒系统去传输时，新兴现代大众传媒便成为建构公共领域并传达现代性体验的新的传播渠道。这种双重力量的交融使得艺术公赏力问题被提出。

在《通向艺术公赏力之路——以北大艺术理论学者视角为中心》[②③] 一文中，笔者指出从中国现代艺术理论学者视角看，艺术公赏力的探讨历经若干时段。第一代学者蔡元培和陈独秀等分别开辟出公民"共享"与"文学

---

①　王一川：《艺术公赏力的重心位移——艺术公赏力系列研究之六》，《当代文坛》2014 年第 4 期，第 4~14 页。

②　王一川：《通向艺术公赏力之路——以北大艺术理论学者视角为中心（上）》，《当代文坛》2014 年第 5 期，第 4~10 页。

③　王一川：《通向艺术公赏力之路——以北大艺术理论学者视角为中心（下）》，《当代文坛》2014 年第 6 期，第 4~11 页。

革命"道路。第二代学者邓以蛰、朱光潜和宗白华推崇去政治化的个体心灵自赏。新中国成立后朱光潜提出重新政治化的"物的形象"论。第三代学者胡经之和叶朗在改革开放时代选择再度去政治化的"审美意象"论，但也探讨从"审美意象"到"审美经济"之转变。如今回看中国现代艺术理论学统，第四代学者面临新的路径选择，须在前三代学者学统基础上进而探讨新的艺术公赏力问题。艺术理论探索的重心可从艺术群赏力和艺术自赏力转向艺术公赏力。与艺术群赏力和艺术自赏力分别体现审美社会主义与审美精英主义趣味不同，艺术公赏力体现了更加鲜明的审美公共性旨趣。

在《全媒体时代的艺术状况》① 一文中，笔者指出全媒体时代的艺术状况表现为传统媒介艺术与新兴媒介艺术并存交融及艺术传者与艺术受者之间双向互动，体现为多媒介艺术交融、跨媒介艺术传播、艺术家与观众双向互动、多重艺术文本并置等特征，导致越来越明显的艺术分赏现象，即由日常媒介接触惯习所形成的不同公众群体间相互分疏的艺术鉴赏状况。这就需要呼唤艺术公赏力的正常运行，后者是一种跨越当今艺术分赏格局而实现艺术家与公众及公共与公众之间的公共对话的整体驱动力。研究艺术分赏的艺术美学后果，可见出戏剧性与真实性、类型性与典型性、平面性与深度性、身体性与心灵性等美学原则的相互冲突和交融格局。当前公民应注重媒体素养与艺术素养的个体养成，艺术学界应加强艺术批评和艺术理论研究，特别是通过研究艺术分赏而探索艺术公赏及艺术公赏力的必要性并为之建立相应的公共秩序。

在《艺术"心赏"与艺术公赏力》② 一文中，笔者指出人们长期以来所习以为常的美的艺术，在如今这个艺术公共性问题获得高度关注的年代，还能继续给人以纯美享受吗？也就是还能令人万众一心地产生"雅俗共赏"般的认同效应吗？相应的，面对急速演变的当今艺术公共性状况，人们所惯用的传统艺术理论或艺术美学原则还能继续发挥其在艺术创作、艺术品、艺

---

① 王一川：《全媒体时代的艺术状况》，《人文杂志》2014 年第 11 期，第 44~59 页。
② 王一川：《艺术"心赏"与艺术公赏力》，《中国文艺评论》2015 年第 1 期，第 58~74 页。

术鉴赏、艺术批评及相关艺术研究上的导引作用吗？越是想追究这类普通艺术理论问题，就越是需要认真思考当今艺术面临的新情况。

在《艺术公赏力的动力》① 一文中，笔者指出艺术公赏力作为问题，在中国是与现代大众传媒时代的到来和随后的电子媒介时代及全媒体时代等时代称谓相伴随的。艺术公赏力的动力是推动艺术公赏力问题发生、发展或变化的力量及其来源。由于内部多重问题链在特定社会语境中相互作用，艺术公赏力问题的深层，存在多重相互交叉和扭结的动力因子，于是有三种主要的动力模式：公而高式与艺高于人说、公而低式与艺低于人说、公而平式与艺平于人说。这三者分别是现代中国自我的高于社会、低于社会或平于社会的一种富有想象力和感染力量的符号性面具。现代中国自我渴望确立自身在社会中的地位和作用，但时常遭遇不确定的困扰，恰好借助艺术而幻化出另一自我去代替。于是，艺术公赏力问题的深层动力源集中体现为新兴的现代中国自我与其社会语境之间的矛盾或个群矛盾急需调节。

在《艺术家的可能性及其当代范例——以韩美林艺术创作为个案》② 一文中，笔者指出韩美林艺术大展提出艺术家的可能性问题。其艺术创作体现以视觉为主而又实现多门类和多媒介交融，古今中西雅俗纯实等多重价值打通，跨地域、跨性别、跨族群的普遍人道精神，亦儒亦道亦禅的外圆内方的文人心态等特点。这应主要来自他以陶瓷创作为基础而生发的对整个中国古典艺术家传统及其精神的传承，更与中国艺术心灵传统自身在其民间艺术心灵层面的涵濡相关，在当代是要重新服务于中国艺术心灵或艺术精神本身内含的"藏修息游"等多维度交融的需要。得益于中央工艺美术学院以艺术门类贯通性和实际生活装饰性为特征的学院艺术生态，韩美林方能以陶瓷艺术为基业而涵濡成绘画、雕塑、书法和装饰等多门类贯通和富有装饰性和美化意向的艺术风格。韩美林艺术创作的目的应是与普通公民

---

① 王一川：《艺术公赏力的动力》，《天津社会科学》2015 年第 2 期，第 105~113 页。

② 王一川：《艺术家的可能性及其当代范例——以韩美林艺术创作为个案》，《民族艺术研究》2017 年第 2 期，第 48~56 页。

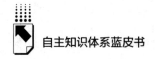

分享基于古典传统和民间智慧的实际生活美化方案并提供具有艺术公赏力的艺术品。当前有必要为韩美林式艺术家的新的生成和发展创造合适的社会文化生态。

通过上述研究和前期发表过程，艺术公赏力概念的系统研究到 2016 年终于形成专著《艺术公赏力：艺术公共性研究》①。

（二）学界评价与学术影响

艺术公赏力概念提出及相关论文发表后，在学术界引发了反响。一批学者引用艺术公赏力概念去分析当代艺术现象。

在艺术公赏力概念的原创者之外，首都师范大学胡疆锋第一个将艺术公赏力列为论文的关键词，并运用它研究亚文化中的素养教育问题。他指出实施媒介素养教育是培育和提高艺术公赏力的重要途径，亚文化揭示了当下的文化症候和社会矛盾，在符号和想象的层面上解决了尚未化解的矛盾，实现了美学风格的创新，具有一定的认知价值和审美价值，有利于提高媒介素养，也有益于公众识别和享受艺术素养的培育和提升。容不下亚文化的社会是脆弱而僵化的，不能正视亚文化的艺术公赏力和媒介素养教育也是难以顺利完成的②。

北京师范大学郭必恒指出，国民艺术素养研究是适应当代媒介社会艺术纯泛互渗表征而出现的新的研究转向，艺术公赏这一核心概念的提出意味着新的范式选择和理论概括③。

暨南大学陈日红运用艺术公赏力概念去研究，指出以南京大屠杀为题材的电影陆续公开上映，大量的评论接踵而来，但将其作为整体来研究的文章却极少见。历史叙事、公共话语、身体书写是该系列电影里的三个关键词。首先，历史叙事如何保证叙事逻辑的合理性和可信度，需要以民族心理的历

---

① 王一川：《艺术公赏力：艺术公共性研究》，北京大学出版社，2016。
② 胡疆锋：《亚文化语境中的素养教育》，《当代文坛》2009 年第 6 期，第 19~22 页。
③ 郭必恒：《国民艺术素养学视野下的中国艺术传统》，《当代文坛》2009 年第 6 期，第 16~19 页。

史观念为参照，了解历史叙事与现实政治意识形态的关系；其次，影片为何引发争议涉及公共空间话语权和艺术公赏力的问题；最后，由女性身体书写审视性别叙事的深刻片面性。这些审视与追问对深入思考类似题材电影的拍摄和欣赏具有启发性①。

江苏学者汪瑞霞运用艺术公赏力概念去分析博物馆创意建设问题。作者通过对当今媒介社会艺术范式的深入研究，提出"艺术公赏力，就是这样在艺术可信度与辨识力、艺术可赏质与鉴赏力、艺术公共性等概念的交汇中生成并产生作用"，其实质就在于怎样通过有感染力的象征符号系统去为社会共同体构建和谐的关系，它的目的在于帮助公众在将信将疑的艺术欣赏活动中实现自身的文化认同。作为一种新的艺术研究模式，艺术公赏力把研究焦点真正放置到公众艺术素养的培育和提升上。艺术首要的东西不再是如何提升公众的审美品质，而是如何使公众变成具备艺术素养的人。作为艺术公赏力得以实现的一个重要前提，博物馆应当在公民艺术素养建设中发挥典型的公共文化服务载体的作用②。

北京师范大学朱梦君指出，既然高级艺术的大众化不可避免，那么提高公众的审美能力必然成为当下重要的课题。如艺术学家王一川提出的艺术公赏力，即艺术必须具备可信度基础上的可供公众鉴赏的品质，而公众必须具备一定水平的鉴赏能力和辨识力。强大的艺术体制不仅禁锢了艺术家的创作，也钳制了公众的自主审美能力。因此，加强艺术家的自律和提高艺术公赏力是当今艺术界亟待解决的重要问题③。

湖南大学 2016 届毕业生张书贤在其硕士学位论文中对艺术公赏力开展专题研究，指出世纪转折时期，日常生活审美化进入中国并且引起文艺学界和美学界大范围的讨论。在长时间的沉淀和反思之后，日常生活

① 陈日红：《历史叙事、公共话语、身体书写——关于南京大屠杀系列电影的审视与追问》，《福建师范大学学报》（哲学社会科学版）2014 年第 3 期，第 75~80 页。
② 汪瑞霞：《博物馆与艺术公赏力建设》，《美苑》2015 年第 6 期，第 30~31 页。
③ 朱梦君：《艺术的"普洛克路斯忒斯之床"：艺术体制下的审美价值判断》，《艺术教育》2015 年第 6 期，第 140~141 页。

审美化的理论范式本身的缺点和不足日益显现，由此激发了本土性问题结构和理论关切的出现，艺术公赏力这一艺术学和美学的新概念就是在这样的背景下诞生的。本文论述从日常生活审美化到艺术公赏力的发展，并在艺术公赏力的理论视野下探讨当代中国艺术的公共性问题。全文分为两个部分：第一部分论述日常生活审美化这一概念，主要是在审美的生活化和泛化时代背景下探讨日常生活审美化这一概念的兴起和发展，包括第二章和第三章。论文的第二部分论述艺术公赏力这一概念，主要探讨了艺术公赏力的理论表征和批判性，包括第四章和第五章。结论部分回顾了 20 世纪以来审美论沦为边缘的原因和现实，并以从日常生活审美化到艺术公赏力的研究理路为基础得出了艺术应重回生活、审美应重新回归的结论[①]。

北京舞蹈学院李诗珩和邓佑玲指出，王一川教授提出的艺术公赏力，即指艺术的可供公众鉴赏的公共品质和相应的公众主体素养，包括可感、可思、可玩、可信、可悲、可想象、可幻想、可同情、可实行等在内的可供公众鉴赏的综合品质及相应的公众素养。在中国，社区舞蹈活动具有参与人口基数大、范围广、舞种繁多、带有中国元素审美和边际模糊等特点。很多舞蹈和舞者形象也成为创意产业的源泉，逐步联合文学、舞台剧、电影、游戏和新媒体等方式形成更具有创造性和吸引力的新产品。可见，舞蹈可以作为准公共产品赋予文化产业园区以较高的艺术鉴赏、体验和消费价值。其也能借助互联网传播途径，推动舞蹈线上和线下的创意认同和孵化，并对艺术的公众鉴赏品质提出新的要求[②]。

山东师范大学楚国帅指出，笔者在对当今媒介社会艺术的纯泛互渗现象的把握及艺术素养论范式的跨越式研究的基础上提出艺术公赏力的概念，首届山东文化惠民消费季作为山东省文化领域新旧动能转换的重大工程，有效地促进了文化艺术的公共服务性和文化产业的转型升级，在对公民艺术素养

---

① 张书贤：《从日常生活审美化到艺术公赏力》，硕士学位论文，湖南大学，2016。
② 李诗珩、邓佑玲：《"国际化舞蹈城"的打造——首钢园区的转型与改造》，《当代舞蹈艺术研究》2018 年第 2 期，第 106~111 页。

的培养和提升方面发挥了重要的作用①。

湖南师范大学刘铭指出，电视剧《白鹿原》以陕西关中平原有"仁义村"之称的白鹿村为背景，讲述了白姓和鹿姓两大家族祖孙三代之间恩怨纷争的故事。该剧最初的收视率只有0.5%，从2017年6月3日起，该剧的收视率始终保持在1%以上。与低开高走的收视率相伴的却是好口碑，截至2017年12月21日，电视剧《白鹿原》的豆瓣评分为8.8分，近60%的观众打5分，这在当下国产剧中实为难得的高赞，但观众的普遍好评也反映出这部剧的艺术公赏力问题②。

中南大学魏颖指出，87版电视剧《红楼梦》的艺术公赏质源于以中华文化精神为底蕴呈现古典中国的物质幻像、人物幻像和诗意幻像。理想主义精神给电视剧灌注了质朴自然的审美特质和优柔的审美风格，电视剧与原著构成了相互借力、相互补充的良性循环，获得了持续而强大的艺术公赏力③。

中国矿业大学陈习运用艺术公赏力概念去分析新的电影作品事件，指出纪录电影《厉害了，我的国》围绕国家的发展问题，展现了党的十八大以来的五年里，中国在各行业中进行的变革和取得的全方位的成就。影片首次以纪录片的形式登陆全国影院，获得了市场效益和社会效益的双赢。《厉害了，我的国》具有极高的公众关注度和居高不下的热情系数，引起了社会各阶层的广泛热议，产生了持久性的社会影响，使之成为名副其实的文化事件④。

北京市社会科学院景俊美运用艺术公赏力概念去分析相声作品，指出相声剧《依然美丽》用巧妙的形式展现了一个充满人间烟火味儿的北京故事，

① 楚国师：《从艺术公赏力的视野看首届山东文化惠民消费季》，《人文天下》2018年第1期，第66~69页。
② 刘铭：《论电视剧〈白鹿原〉的艺术公赏力》，《戏剧之家》2018年第13期，第97~98页。
③ 魏颖：《为文化赋形——1987年版电视剧〈红楼梦〉的艺术公赏力探源》，《湘潭大学学报》（哲学社会科学版）2018年第4期，第118~121页。
④ 陈习：《作为文化事件的纪录电影〈厉害了，我的国〉》，《美与时代（下）》2019年第11期，第107~109页。

这故事既现实又复杂，承载着生命的重和时代的质感，让观众有一种感同身受的真实和身临其境的共鸣。这样的接受美学得益于艺术创作手法的灵活多样，题材上以现实为观照，兼备文化层面的挖掘与塑造；形式上直面问题，但又不拘泥于问题本身，实现了相声和剧的有机融合；艺术创作以人物为中心，又兼顾了整体艺术氛围的营造；传播力方面，为中国公共艺术领域当代建构贡献了自己的力量①。

笔者的专著《艺术公赏力：艺术公共性研究》于 2016 年由北京大学出版社出版后，一些学者发表了学术评价。

北京大学彭锋教授指出，"心赏"是古汉语中一个常用的词语，意思是心灵的欣赏，与 18 世纪英国经验主义美学家所讲的"内在感官"类似。中国现代美学家邓以蛰、冯友兰等人力图将"心赏"提炼为一个现代美学和艺术学概念。笔者在冯友兰和宗白华的基础上，用"心赏"来论证艺术公赏力。"心赏"可以成为一个现代美学和艺术概念，而且尤其适合作为艺术学概念，我们可以将"心赏"界定为针对艺术的高级"欣赏"，以区别于包含自然、日常生活在内的一般"心赏"。找到独特的概念，是艺术学学科建构的重要环节，其重要性不言而喻②。

《当代文坛》2018 年第 1 期以专栏篇幅对该书作了专门讨论。

河南大学刘恪教授指出，《艺术公赏力》是一部艺术公共性理论的跨理论的著作，它体现了一种现代性艺术公共理念的构成，是中国艺术公共空间里的一次有雄心的构造，称得上中国艺术公共性理论的杰出建构。该书特别创用了一种依托古典美学基础、具有中国味、又对西方人文精神内涵加以改造的新概念，并且展现出一种从正史、故事、轶事、语言学分析、辨识、推导、厘清源流等过程而得出结论的分析法③。

---

① 景俊美：《内容与形式充分融合　地气与人气相得益彰——相声剧〈依然美丽〉观后》，《当代戏剧》2021 年第 6 期，第 32~35 页。
② 彭锋：《试论"心赏"作为艺术学概念》，《天津社会科学》2017 年第 4 期，第 125~130 页。
③ 刘恪：《中国艺术公共性理论的杰出建构——评王一川〈艺术公赏力〉》，《当代文坛》2018 年第 1 期，第 43~48 页。

北京师范大学陈雪虎教授推举的艺术公赏力概念，体现了更加鲜明的审美公共性旨趣，其核心指向主要在"人生的公共性""人生的相互共在感"以及"中国艺术公心"。这种意向打破了长期以来以个人意涵为主的"人生"观念，扭转市场经济条件下唯美自恋文化的自我张扬，从而试图在 21 世纪以来新的时代背景和复杂形势下，兼顾个人与集体、精英与民众、独白与沟通等诸多维面的要求，重新调整人生、生活、审美、文化、集体和社会等诸多思想维度之间的关系，集中体现了当代学人的文化公共意识和理论自觉。本文尝试在世界潮流和本土脉络讨论的纵深处，探讨文化公共性的基本内涵、主要问题以及其间张力，期望以此深化对文艺公共性问题和《艺术公赏力》的理解①。

北京师范大学唐宏峰认为，王一川在此书中提出了一套具有体系性和独创性的中国艺术理论。此书在对当代中国艺术的复杂状况进行内在理解的基础上，提出艺术公赏力的创见，以此来引领在高度发达而复杂的媒介条件和全球社会条件下日益分裂的艺术家、艺术品和接受者，达至一种"美美异和"的共通。此书主张通过艺术与审美来达到人类情感、伦理、秩序乃至社会政治的共通性，开辟出一条新的当代审美政治的理论道路。最终以"中国艺术公心"为结点，为世界艺术理论提供一种具有普遍意义的中国理论建构②。

浙江大学林玮指出，艺术公赏力是一个新创概念，它聚焦艺术公共领域特性，指出当前艺术应具有沟通社会不同群体的作用，倡导"美美异和，三才分合"。艺术公赏力对艺术公共性的理论阐发，与《大学》对"絜矩之道"的论述颇为相似。它们都把人作为中介，要求通过对人的情感表征，促成社会的和谐。艺术公赏力是笔者对其"异趣沟通"学术主张一以贯之，并以之回应社会现实所产生的重要成果。从这一概念出发，可

---

① 陈雪虎：《试谈文艺公共性的内涵和问题——兼论王一川〈艺术公赏力〉》，《当代文坛》2018 年第 1 期，第 35~42 页。

② 唐宏峰：《以艺术达至人之共通——评王一川〈艺术公赏力〉》，《当代文坛》2018 年第 1 期，第 49~55 页。

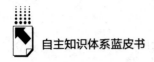

以得出不同共同体异和相生、彼此涵濡的新共生观，形成一种社会的美学治理思路①。

三 原创性分析

（一）原创性阐释

艺术公赏力概念的提出，是着眼于进入 21 世纪以来令人焦虑的艺术分赏问题的理解以及解决。艺术公赏力问题，既是来自对往昔的艺术鉴赏问题及其根源的追溯，更是来自对当今艺术状况的解决策略的新探索，希望由此而对困扰人们的当今以艺术分赏为焦点的诸多艺术难题做出一种特定的梳理和探索。首先，一提出艺术公赏力问题，本身就需要从理论上加以追根溯源，返回到中国现代美学与艺术理论的源头上去刨根究底。对此，笔者聚焦于三代艺术理论家的思考，由此为艺术公赏力问题的探索提供一条理论线索。其次，艺术公赏力问题并非突如其来地发生的，而是有其漫长的历史演变及其动力机制，对此的探究意味着重新考察中国现代艺术鉴赏问题及其深层缘由，并且涉及对康德美学及其有关中国现代美学的影响问题的重新梳理。再次，艺术公赏力应当属于一个多样而综合的问题域，牵涉到艺术活动领域及相关领域的诸多方面。最后，当前应当如何看待艺术自由问题？这些正是探讨艺术公赏力问题的攻坚重点和难点之所在。

简要地比较，冯友兰、宗白华、朱自清、钱穆等的艺术即"心赏"或"欣赏"之说，主要从文化人、雅人、"素心人"或"知识阶级"的立场去立论，追求知识分子的品位高雅的个赏（雅赏、自赏或独赏）。朱自清的无雅俗之分的艺术"共赏"之说，标举的则是化解了文化人与普通"农工大

---

① 林玮：《通向社会的美学治理：历史、现实与未来——关于"艺术公赏力"概念的一种阐释》，《当代文坛》2018 年第 1 期，第 56~61 页。

众"之间的雅俗界限的"一般文化水平的人"的群体共赏，即群赏。个赏指向个人化或个性化的高雅旨趣的满足，群赏则要走出或超越人为的雅俗界限而达到全体"共赏"的目标。如果说个赏更能代表文化人或知识分子的独立雅趣，那么，群赏则显然是一种富于理想主义精神的跨越雅俗界限的群体共赏。

这里就出现了艺术即"心赏"的两种不同模式：第一种模式是把艺术视为文化人内部的个赏过程，正如冯友兰和宗白华主张的那样；第二种模式是把艺术视为文化人与普通大众共同的"没有雅俗之分"的"共赏"，可称为群赏模式。

（二）学术意义和现实意义

艺术公赏力作为艺术学与美学的一个新关键词，将有助于对当前新的艺术与美学问题的探究，也有助于对相关的美学与社会伦理问题的深入思考。艺术公赏力是一个高度创新的理论范式，在长久以来的西方现代美学传统和当代多元艺术理论潮流之外，开辟一条具有当代普遍性的艺术公共性建设道路。这要求极大的理论思维能力，突破现代审美主义与启蒙主义的惯性，又不落全球资本主义时代多元化与后理论的窠臼，在中国美学传统基础上，建立一个体系性、建构性的艺术公共性理论，走出一条新的当代审美政治的理论道路。这一理论构想的深远意义既是学术和知识层面上的，也是现实艺术发展乃至人类文化与社会建设层面上的①。

艺术公赏力概念，体现了更加鲜明的审美公共性旨趣，其核心指向主要在"人生的公共性""人生的相互共在感"以及"中国艺术公心"。这种意向打破了长期以来以个人意涵为主的"人生"观念，扭转市场经济条件下唯美自恋文化的自我张扬，从而试图在21世纪以来新的时代背景和复杂形势下，兼顾个人与集体、精英与民众、独白与沟通等诸多维面的要求，重新

---

① 唐宏峰：《以艺术达至人之共通——评王一川〈艺术公赏力〉》，《当代文坛》2018年第1期，第49~55页。

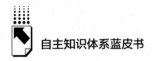

调整人生、生活、审美、文化、集体和社会等诸多思想维度之间的关系，集中体现了当代学人的文化公共意识和理论自觉①。

（三）国际比较与优势

就阅历所及范围看，目前国际学术界尚未见到同艺术公赏力完全相同的学术概念。

在艺术理论和美学领域，英语世界有"审美"（Aesthetic）、"趣味"（Taste）、"鉴赏"（Appreciate）和"艺术公共性"（Public Character of Art）等相关词语。在其他相关学科领域，有"媒介公信力"（Media Credibility）、"公理"（Axiom）、"公善"（The Public Good）等词语。但都没有出现同艺术公赏力相近或相类似的概念。

艺术公赏力，主要是依托中国文化传统，包括其中的学术传统而提出来的中国式学术概念，同时也注意参酌西方现代学术成果，紧密联系中国现代艺术发展实际。公，主要继承清代思想家顾炎武的"合天下之私，以成天下之公"等中国传统思想，也参考了现代西方公正或正义理论；赏，是自觉传承和弘扬中国古典传统中以"心赏"即精神性赏鉴为代表的理论，区别于注重物品鉴赏和占有的理论，也参考西方学术术语中的"审美""鉴赏"等理论；力，主要是借鉴严复、梁启超等以来有关中华民族的体力和智力等的现代理论传统。合起来看，艺术公赏力主要是基于中国自己的学术传统而在现代实施转化和创造的结果。如果需要翻译成英语世界可理解的术语，建议可以翻译如下：The Public Aesthetics of Arts。

艺术公赏力，作为中国自己的学术传统的一种现代转化方式，可以在当代世界学术对话中体现自身的独特优势。

第一，艺术鉴赏，主要还是一种基于个体德行修为的精神性鉴赏即心赏，区别于物质或物品性占有或"恋物癖"，突出文艺作品或其他审美对象

---

① 陈雪虎：《试谈文艺公共性的内涵和问题——兼论王一川〈艺术公赏力〉》，《当代文坛》2018 年第 1 期，第 35~42 页。

的精神力量而非物质力量。这就要求像中国古代哲人如老子、孔子、孟子、庄子、荀子、朱熹、王阳明等分别主张的那样，把个体德行修为放在优先地位。

第二，在艺术公共性上，绝对不存在绝对的民主、平等和自由，也不存在纯粹"为艺术而艺术"的东西，而总是需要在艺术活动中承担必要的社会责任或社会义务。

第三，提出艺术公赏力概念，意味着把公民的艺术素养的涵养和提升置于优先位置上。艺术家不能自高自大，也不能放纵观众的自娱自乐，而是需要在理解观众诉求和需要的基础上着眼于以优质作品提升观众素养，改善观众趣味。

四　研究展望

在完成艺术公赏力概念的系列研究和专著撰写并获得积极反响后认识到，将继续坚持中国自主知识体系构建的道路，同时参酌西方现代学术制度成果和面向中国当代艺术创作实践，为了建设中国自己的自主学术体系和话语体系而不懈付出。为此，将继续自己的自主知识体系探究路径，注意运用艺术公赏力概念体系去研究当代中国艺术创作问题，并从中有了新的学术发现和学术拓展，提出了一些新的原创概念。

第一，艺术高峰场。在《论艺术高峰场》（《民族艺术研究》2019 年第 2 期）中指出，艺术高峰场是指每座艺术高峰的生成都是由它所赖以生存的客观关系网综合决定的。作为决定艺术高峰的客观社会关系网，艺术高峰场本身可以被视为由立峰者、造峰者、测峰者、观峰者和护峰者等五要素组成的社会空间构造。通过考察塞尚、晋代高峰论和唐代高峰论，可以发现艺术高峰场的具体作用。谈论艺术高峰场，意味着强调艺术高峰对于它所孕育和发挥作用的客观社会空间网的依赖关系。当前动员全社会力量参与筑就艺术高峰，意味着把艺术高峰场的营建当作艺术高峰伟业的基础性工程。真正重要的是艺术高峰所赖以孕育的艺术高峰场及其五要素的

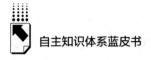

建设本身。

第二，跨文化学。在专著《跨文化学的要素》（中国大百科全书出版社
2022年版）提出跨文化学的概貌，并对其学科要素作了有着开拓性的系统
论述。著者在区分跨文化学与比较文化学的基础上，阐明了跨文化学的学科
属性、研究对象和研究方法，进而着重从文化现代性进程角度论述构成跨文
化学学科的五要素，即文化好尚（文尚）、文化异忧（文忧）、文化间涵
（文涵）、文化更生（文生）、文化集美（文集）；最后就通向跨文化学所期
待的多元自明人和美美异和之境作了阐发，为理解跨文化学这门学科建立起
一种整体学术构架。余论部分选择话剧《活动变人形》为个案，就现代中
国的杂糅半觉式典型所蕴含的跨文化学内涵作了深入阐发，有助于理解跨文
化学学科在当前文艺文本阐释中的运用前景。本书会给读者在当代世界面向
异文化的体验和反思带来启迪。

第三，心性现实主义。在论文《中国式心性现实主义范式的成熟道
路——兼以〈人世间〉为个案》（《中国文艺评论》2022年第4期）中首次
提出心性现实主义概念。现实主义文艺是马克思主义与中国文化传统相结合
的文艺道路的一个突出范例。马克思主义现实主义文艺观重视文艺对于人类
社会实践的生动再现作用。现实主义在中国先后演化出启蒙现实主义、革命
现实主义、"伤痕"现实主义、"新写实"现实主义等本土形态。后两种现
实主义文艺中不仅渗透进现代主义等多种文艺思潮影响，而且同中国古典心
性智慧传统初步接通。《人世间》代表了中国式心性现实主义范式走向成
熟。心性现实主义是由中国心性智慧接引马克思主义现实主义美学原则后再
生的新型中国式美学范式。当代中国文艺场中蕴藏着让《人世间》发挥其
作用的文艺生产机制和美学动力结构，涉及国家导向、行业优投、民生体
验、观众期待、艺术创意和全媒鼓应等六要素。《人世间》呈现出中国式心
性现实主义美学范式的几方面表现：真善交融、典型传神、地缘化育和时势
造人、褒贬皆有、流溯风格。这对当前和今后各文艺门类叙事类文艺创作将
起到示范作用。

第四，文心涵濡。笔者在《美育学刊》2022年第6期撰文《文心涵

濡：大学美育新方案》，首次提出文心涵濡的新命题。该命题是从重构中国自己的文化传统和美育传统出发而提出来的，尝试在现代美育制度基础上重新激活中国传统美育体系中的"文""文心""尚文"等相关传统。当前大学美育课程需要制订新的实施方案，其主要任务在于成为大学生人格养成过程中不可或缺的重要途径，其主要目标在于通过感性形象体验促进大学生美好心灵养成。从现代美学和美育体制与中国古典"文心"传统相交融角度看，大学美育的实质在于文心涵濡。随后笔者在主编高校教材《大学美育》（北京师范大学出版社 2022 年版）中，运用文心涵濡概念去集中阐发中华美育精神传统在当代大学美育教材和教学中的实施途径。

这些原创概念的提出，可以在一定程度上视为艺术公赏力概念提出后的继续延伸和拓展。目前，笔者已经陆续出版新著《艺术学理论要略》《艺术史学要略》《心性现实主义论稿》。

艺术公赏力概念提出者简介：王一川，北京语言大学特聘教授，曾任北京师范大学文艺学研究中心主任、文学院教授，北京大学艺术学院院长、博雅特聘教授。入选教育部 2005 年度长江学者特聘教授、国家高层次人才特殊支持计划教学名师。教育部艺术学理论类专业教学指导委员会主任委员，国务院学位委员会第七届艺术学理论学科评议组召集人。中国文联主席团委员兼中国文艺评论家协会副主席，北京市文联副主席兼北京文艺评论家协会主席。中华美学学会副会长、中国文艺理论学会副会长、中国电影评论学会副会长。著有《修辞论美学》《中国形象诗学》《中国现代学引论》《艺术公赏力》《中国艺术心灵》《跨文化艺术美学》《跨文化学的要素》《艺术学理论要略》《修辞论美学述略》《大片时代记忆》《艺术史学要略》等。

附录：艺术公赏力相关研究成果清单

一、论著清单（以"艺术公赏力"为论著关键词或出现于论著标题中为准）

（一）个人论文 15 篇

[1] 王一川：《论艺术公赏力——艺术学与美学的一个新关键词》，《当代文坛》2009 年第 4 期，第 4~9 页。（首次提出艺术公赏力概念）

[2] 王一川：《建国 60 年艺术学重心位移及国民艺术素养研究》，《天津社会科学》2009 年第 3 期，第 86~91 页。

[3] 王一川：《论公众的艺术辨识力——艺术公赏力系列研究》，《文艺争鸣》2010 年第 5 期，第 114~121 页。

[4] 王一川：《论艺术可赏质——艺术公赏力系列研究之三》，《当代文坛》2012 年第 2 期，第 4~11 页。

[5] 王一川：《论艺术公信度——艺术公赏力系列研究之五》，《当代文坛》2012 年第 4 期，第 4~13 页。

[6] 王一川：《艺术公赏力的重心位移——艺术公赏力系列研究之六》，《当代文坛》2014 年第 4 期，第 4~14 页。

[7] 王一川：《通向艺术公赏力之路——以北大艺术理论学者视角为中心（上）》，《当代文坛》2014 年第 5 期，第 4~10 页。

[8] 王一川：《媒体网络缠绕与艺术公赏力》，《南方文坛》2014 年第 5 期，第 5~7 页。

[9] 王一川：《通向艺术公赏力之路——以北大艺术理论学者视角为中心（下）》，《当代文坛》2014 年第 6 期，第 4~11 页。

[10] 王一川：《全媒体时代的艺术状况》，《人文杂志》2014 年第 11 期，第 44~59 页。

[11] 王一川：《艺术"心赏"与艺术公赏力》，《中国文艺评论》2015 年第 1 期，第 58~74 页。

[12] 王一川：《艺术公赏力的动力》，《天津社会科学》2015 年第 2 期，第 105~113 页。

[13] 王一川：《文化产业中的艺术——兼谈艺术学视野中的文化产业》，《当代文坛》2015 年第 5 期，第 4~11 页。

[14] 王一川：《艺术家的可能性及其当代范例——以韩美林艺术创作为个案》，《民族艺术研究》2017 年第 2 期，第 48~56 页。

[15] 王一川：《〈艺术公赏力〉书后与读后——代主持人语》，《当代文坛》2018 年第 1 期，第 33~34 页。

（二）个人专著 1 部

王一川：《艺术公赏力：艺术公共性研究》，北京大学出版社，2016。

二、学界相关研究示例

[1] 郭必恒：《国民艺术素养学视野下的中国艺术传统》，《当代文坛》2009 年第 6 期。

[2] 胡疆锋：《亚文化语境中的素养教育》，《当代文坛》2009 年第 6 期。

[3] 陈日红：《历史叙事、公共话语、身体书写——关于南京大屠杀系列电影的审视与追问》，《福建师范大学学报》（哲学社会科学版）2014 年第 3 期。

[4] 汪瑞霞：《博物馆与艺术公赏力建设》，《美苑》2015 年第 6 期。

[5] 唐宏峰：《以艺术达至人之共通——评王一川〈艺术公赏力〉》，《当代文坛》2018 年第 1 期。

[6] 林玮：《通向社会的美学治理：历史、现实与未来——关于"艺术公赏力"概念的一种阐释》，《当代文坛》2018 年第 1 期。

[7] 陈雪虎：《试谈文艺公共性的内涵和问题——兼论王一川〈艺术公赏力〉》，《当代文坛》2018 年第 1 期。

[8] 楚国帅：《从艺术公赏力的视野看首届山东文化惠民消费季》，《人文天下》2018 年第 1 期。

[9] 刘恪：《中国艺术公共性理论的杰出建构——评王一川〈艺术公赏力〉》，《当代文坛》2018 年第 1 期。

[10] 魏颖:《为文化赋形——1987年版电视剧〈红楼梦〉的艺术公赏力探源》,《湘潭大学学报》(哲学社会科学版)2018年第4期。

三、转载清单(转载论文以"艺术公赏力"为论文关键词或出现于论文标题中为准)

[1] 王一川:《建国60年艺术学重心位移及国民艺术素养研究》,《文艺理论》(人大复印报刊资料),2009。

[2] 王一川:《论艺术公信度》,《文艺理论》(人大复印报刊资料),2012。

[3] 王一川:《艺术公赏力的动力》,《文艺理论》(人大复印报刊资料),2015。

[4] 王一川:《文化产业中的艺术——兼谈艺术学视野中的文化产业》,《文化创意产业》(人大复印报刊资料),2016。

[5] 王一川:《论公众的艺术辨识力——艺术公赏力系列研究》,《文艺理论》(人大复印报刊资料),2010。

[6] 王一川:《艺术素养学与艺术公赏力》,《新华文摘》,2010。

[7] 王一川:《艺术公赏力的动力》,《高等学校文科学术文摘》,2015。

四、相关课题项目清单

[1] 2008年,国家社科基金重大项目"我国文化软实力发展战略研究"(项目编号:07&ZD037)。

[2] 2008年,国家广播电影电视总局部级社科研究项目"改革开放30年电影发展与电影文化学"成果,项目批准序号60号。

[3] 2012年度北京市哲学社会科学规划项目"当代条件下艺术公赏力研究"(项目编号:12ZXB006)。

五、相关获奖

［1］2020 年，《艺术公赏力》获教育部第八届高校科学研究优秀成果奖（人文社会科学）一等奖。

［2］2024 年，《艺术学理论要略》获教育部第九届高校科学研究优秀成果奖（人文社会科学）三等奖。

B.9
跨体系社会：相关概念及其评价

汪 晖 中国人民大学书报资料中心原创学术概念研究课题组*

摘 要： 跨体系社会强调不同文化、族群和区域的共存和互动，这种共存不是简单的并存，而是通过交往和传播形成的相互关联的社会形态。与传统的"多元一体"概念不同，跨体系社会弱化了体系的"元"性质，突出了体系间运动的动态性，强调体系是相互渗透的。跨体系社会的基础在于日常生活世界的相互关联，这种关联将各种体系的要素综合在不断变动的关联之中，但并不否定这些要素的自主性和能动性。跨体系社会依赖于一种能够将生产和消费过程重新嵌入文化、社会、政治和自然关系的网络的创造性实践和政治文化。

关键词： 跨体系社会 政治文化 共同体

　　跨体系社会（Transsystemic Society）概念由清华大学首批文科资深教授、清华大学人文与社会科学高等研究所所长、欧洲科学院外籍院士汪晖于2010年首次提出。跨体系社会是指不同文化、不同族群、不同区域通过交往、传播和并存而形成了一个相互关联的社会和文化形态，更强调一个社会内部本身的跨体系性。跨体系社会的基础在于日常生活世界的相互关联，将各种体系的要素综合在不断变动的关联之中，但并不否定这些要素的自主性和能动性。

---

* 汪晖，清华大学文科资深教授、欧洲科学院外籍院士，研究方向为中国思想史、中国文学；中国人民大学书报资料中心原创学术概念研究课题组成员包括戴鹏杰、李晓彤、杨英伦、王璠、刘萍萍、张文心。

一　概念阐释

跨体系社会一词中的体系指语言、民族、宗教和生活方式等相对稳定的范畴。在民族研究中，这些范畴构成了历史学、人类学以及社会学的对象和叙述前提。跨体系一语是一个动态的概念，它强调这些被视为相对稳定的体系始终处于与其他体系（其他语言、民族、宗教和生活方式等）的交互运动之中，从而其他内容或体系的要素或痕迹构成了体系持续形成的内在的构成性要素。这一交互运动的过程是一个持续地社会化的过程，社会的运行离不开各种体系性要素交错融合的过程。因此，跨体系社会这一概念中的社会范畴同样是动态的概念，而非静态的概念。持续地社会化决定了社会从本质上说是开放性的过程。

跨体系社会是一个深刻且多维度的概念，它指的是不同文化、不同族群、不同区域通过交往、传播和并存而形成了一个相互关联的社会和文化形态，即包含着不同文明、宗教、族群和其他体系的人类共同体，或者是指包含着不同文明、族群、宗教、语言和其他体系的社会网络。它可以是一个家庭、一个村庄、一个区域或一个国家①。其中，不同的社会体系（如族群的、宗教的、语言的）内在于社会之中，并与其他体系存在超越地域乃至边界的联系，形成跨社会体系。跨体系社会与跨社会体系的联系、互动与互嵌使得社会呈现出独特的混杂性、流动性和持续的整合性。

跨体系社会的核心特征在于其内部各体系的相互渗透和融合。这些体系包括语言、宗教、文化、族群等多个方面，它们不是孤立存在的，而是通过各种形式的交往、传播和并存，形成了一个复杂的社会网络。在这个社会中，文化的传播、交往和融合是日常生活的基本形态，各种体系之间的界限不断被打破和重构。跨体系社会能够不断适应外部环境的变化，通过持续地

---

① 汪晖：《再问"什么的平等"？（下）——齐物平等与"跨体系社会"》，《文化纵横》2011年第6期，第98~113页。

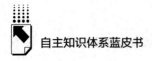

吸纳和关联保持社会的活力和创造力。

在历史编纂学中，以一个族群、一个宗教或一个语言共同体作为叙述单位是民族主义时代的常见现象。但如果这些族群、宗教和语言是交互错杂地存在于一个区域、一个村庄、一个家庭，那么，这一叙述方式就可能造成对这一复杂关系自身的删减、夸大和扭曲。对汪晖教授而言，跨体系社会就概括了这样一些独特而普遍的历史现象，也因此提供了一种重新描述这些现象的可能性[1]。在这个意义上，跨体系社会超越实证主义社会科学的界限，强调物质文化、地理、经济、宗教、仪式、象征、法权和伦理表述的多样性共存于一个社会体内，并与其他社会体相互连带，从而为观察一个社会的政治文化提供新的视野[2]。在这个社会中，不同的文化、宗教和族群等体系并非相互排斥或对立的，而是通过各种形式的交往、传播和并存，形成了一个相互关联、相互依存的社会和文化网络。这种网络超越了单一认同的界限，打破了民族主义知识框架下的二元对立思维，提供了一种在异质与趋同的动态关系中理解社会及其政治文化的新视角。

跨体系社会更强调一个社会内部本身的跨体系性。在资本全球化条件下，"跨"这一前缀常被用于描述超越民族、国家、区域等传统范畴的趋势和动向，但以金融和资本运行为中轴，跨体系社会中的"跨"是由一系列的文化、习俗、政治、礼仪的力量为中心的，经济关系只是镶嵌在上述复杂的社会关联中的交往活动之一。它强调的是不同文化、不同族群、不同区域通过交往、传播和并存而形成的相互关联的社会和文化形态。例如，混居地区的家庭和村庄常常包含着不同的社会体系（族群的、宗教的、语言的等等），以致我们可以说这些"体系"内在于一个社会、一个村庄、一个家庭，甚至一个人。根据当代人类学者对于新的移民社区的观察，来自不同地域、不同族群的农民工群体，在他们工作的异乡异地逐渐形成了一些区别于工作区域的移民社区，用一种更为看不见的"文化联系"取代了聚居形态

---

[1] 汪晖：《再问"什么的平等"？（下）——齐物平等与"跨体系社会"》，《文化纵横》2011年第 6 期，第 98~113 页。

[2] 牟桃：《跨体系社会视野下的东南亚》，《东南亚研究》2015 年第 2 期，第 107~112 页。

的社区。它被称为"看不见的社区"。在这个意义上，即便对当代社会流动
条件下的群落关系而言，个人主义的权利概念或平等概念也难以回应全面的
平等诉求。

跨体系社会概念所讨论的，不是连接多个社会的文明网络（后者可以
用"跨社会体系"表述），而是经由文化传播、交往、融合及并存而产生的
一个社会，即一个内含着复杂体系的社会。跨体系社会是一个社会，从而内
部必须以平等为前提；但这个社会又是跨体系的，从而这个平等又必须以承
认差异及其历史性为前提。差异是在互动中发生的，故而差异不是永久不变
的本质，而是在持续互动中生成变化的要素。由于跨体系性并不只发生在社
群间关系的意义上，而且也发生在任何一个人及其社会关系之中，因此，差
异是每一主体的特征，而不是等级性的和排他性的认同政治的根源。这是平
等与差异互为前提的社会概念，也是"齐物平等"或"差异平等"概念的
历史的和人类学的前提。

跨体系社会不但不同于从"民族体"的角度提出的各种社会叙述，也
不同于多元社会的概念——较之于"多元一体"（费孝通）概念，它弱化了
体系作为"元"的性质，突出了体系间运动的动态性。体系是相互渗透的
体系，而不是孤立存在的体系，因此，体系也是社会网络的要素。跨体系社
会的基础在于日常生活世界的相互关联，也依赖于一种能够将生产和消费过
程重新嵌入文化、社会、政治和自然关系的创造性实践和政治文化，它能够
将各种体系的要素综合在不断变动的关联之中，但并不否定这些要素的自主
性和能动性。

从区域关系或跨区域关系的视野观察，跨体系社会的概念并不能脱离跨
社会体系的概念而单独界定，这是因为任何一个社会内部的跨体系要素常常
与另一社会密切相关。例如，汉字、儒教、佛教、伊斯兰教等既是中国社会
的要素，又是将中国社会与其他社会连接起来的线索。汉字文化圈、朝贡网
络或通过敬香等活动而连接起来的超国家网络就可以定义为跨社会体系，而
在全球化的条件下，生产的跨国化、移民和其他活动已经将当代世界整合为
一个世界体系——但这个体系是一个以生产和消费的跨国化为纽带形成的不

平等的体系，一个以金融和经济的全球化而贬低甚至取消文化、礼仪、习俗、政治和其他人类生活条件的多样性及其丰富互动的抽象体系。因此，跨社会体系的概念是对新自由主义全球化概念的批判和扬弃。跨体系社会和跨社会体系的平等实践不能局限在国际关系的层面，而必须在这一体系中的任何一个共同体内部获得展开，它的平等政治实践针对的正是资本逻辑主导下的双重现象——意义的丧失、生活世界的抽象化，以及与此密切相关的不平等关系的合理化。

二　研究综述

（一）概念形成与发展

汪晖教授提出的跨体系社会概念的形成与发展过程是一个不断深化和拓展的过程，反映了汪晖教授对中国社会和历史的深入思考和独特见解。

在各种有关中国的具体问题的讨论中，"何为中国?"这一问题始终是一个核心的但常常被掩盖了的问题。通过对中国历史研究中有关"区域"的论述和"区域主义"方法的分析和总结，汪晖教授试图在跨体系社会这一概念下，提出一种不同于民族主义知识框架下的中国观。

汪晖教授曾在由中国文化论坛与中央民族大学联合举办的"区域、民族与中国历史的叙述"（2008年12月6日至7日，北京）学术讨论会上作开场发言时，宣读《跨体系社会与区域作为方法——民族问题研究的区域视野》一文的提纲。2009年5月20日至23日，作为前一次会议的延续，中央民族大学与中国文化论坛联合举办了"跨社会体系——历史与社会科学中的区域、民族与文明"学术讨论会，王铭铭教授借用马歇尔·莫斯（Marcel Mauss）的超社会体系（Supra-societal Systems）概念对会议主题进行阐述。马歇尔·莫斯所定义的超社会体系实际上就是由"几个社会共同的社会现象"所组成的文明概念。在莫斯和涂尔干看来，文明是经由一些中介和起源关系而长期保持关联的社会聚合体，是"集体表象与实践的传播"。王铭铭特别指出，这一体系是超越我们通常定义的"民族体"的区域性物质与精神关系的体系，既有物质文化、地理、经济的表达方式，亦有宗教、仪式、象征、法权、伦理的表达方式，既可以是现世的，也可以是宇宙论与道德——法权方面的。从这个角度看，在中国及其周边，以朝贡、外交、贸易、婚姻、宗教和语言等媒介构成的网络，亦即日本学者经常使用的汉字文化圈、儒教文明圈或东亚文明等术语，也都可以称之为一种超社会体系①。这一概念的提出意在主张社会科学里，推进区域与文明的体系论述，以此反观20世纪主流的"民族体"论述。

汪晖教授在对这一概念的回应中，首次使用了跨体系社会这个概念。在会议发言中将跨社会体系倒转为跨体系社会，汪晖教授认为跨体系社会是指"包含着不同文明、宗教、族群和其他体系的人类共同体，或者说，是指包含着不同文明、族群、宗教、语言和其他体系的社会网络。它可以是一个家庭、一个村庄、一个区域或一个国家"，主要是"强调物质文化、地理、经济、宗教、仪式、象征、法权和伦理表述的多样性共存于一个社会体内，从而为观察一个社会的政治文化提供新的视野"②。值得说明的是，《跨体系社会与区域作为方法——民族问题研究的区域视野》初稿使用的是"复合社会"这一概念，而在会议之后，汪晖教授决定用跨体系社会取代复合社会的概念，以与跨社会体系这一概念相互呼应。从汪晖教授对跨体系社会的界定，可以看到这一概念不同于从"民族体"角度出发对社会所作的解释，也没有将社会置于单一文明的范围内，而是更加强调一种各体系相互渗透并构成社会网络的特征。汪晖教授也把跨体系社会称作"跨文明的文明"，因为"天下"不是一个文明，而是多文明的文明。

有学者认为，给予汪晖教授思想启发的是费孝通先生对于中华民族聚居区的划分与对藏彝走廊的关注。费孝通先生在论述"多元一体格局"理论

---

① 汪晖：《再问"什么的平等"？（下）——齐物平等与"跨体系社会"》，《文化纵横》2011年第6期，第98~113页。

② 汪晖：《东西之间的"西藏问题"（外二篇）》，生活·读书·新知三联书店，2011，第148页。

时，曾将中华民族聚居地区归纳为六大板块和三大走廊的格局，其中对藏彝走廊产生了浓厚的兴趣，并重视历史语言学与历史地理学知识的运用，以期"以更概观性的民族关系史为角度，思考民族学思想方式上的问题"。可以看到费孝通先生在对民族识别反思的基础上，重视区域在民族研究上的作用。但这一研究并未深入进行下去，并主要用于中国边界内少数民族区域的研究。近二三十年以来，区域研究兴起，逐渐成为主流的历史研究方法，将各种主体置于区域的视野以呈现其横向关系，表现出比民族主义性质的主体性研究更为客观与丰富的研究前景。汪晖教授从对"3·14"事件的反思入手对"西藏问题"进行思考，结合自身在中国西南民族地区的调研经历，通过对费孝通先生"多元一体格局"理论的借鉴与发展，提出了跨体系社会这一概念，主张民族研究要置于区域视野，考察民族社会内部不同体系之间存在的复杂关系①，并将跨体系社会与跨社会体系的相互关联和互动作为理解这一范畴的前提之一。从多元一体格局理论到跨体系社会理论，从中既可以看到继承与发展，也可以看到在研究方法上的转折。其一，跨体系社会的理论视野超越了民族主义的知识框架，对反思我们民族问题的理论与实践具有启发意义。其二，"区域作为一种方法"，在一定意义上标志着研究范式的转型。

随着研究的深入，汪晖教授对跨体系社会的理论进行了不断的深化和完善，并在实践与研究中进行拓展。例如，在区域国别研究中，与跨体系社会相对应，还提出跨社会体系（Trans-societal System）这一概念。在《作为时空体的区域》一文中写道："中国的民族区域研究又如何呢？大约十多年前，也就在编选《别求新声》一书前后，我开始酝酿关于区域作为方法的论题，后来由于新的条件刺激，逐渐集中在两个相互关联的命题之上，即跨体系社会和跨社会体系，前者侧重一个社会体的跨体系性质，后者侧重全球、区域或其他世界体系的跨社会性质。"② 跨社会体系是一种将广阔区域

---

① 朱金春、王丽娜：《从"多元一体格局"到"跨体系社会"——民族研究的区域视角与超民族视野》，《黑龙江民族丛刊》2012年第2期，第47~53页。

② 汪晖：《作为时空体的区域》，《学海》2022年第2期，第26~33页。

内的各政治共同体连接在一起，诸如汉文化圈、佛教文化圈等。跨体系社会与跨社会体系相互缠绕，并存在诸多重叠之处，例如中国历史的朝贡体系既是跨体系社会的联系方式，也是跨社会体系的连接网络。他认为，无论是跨体系社会或是跨社会体系都是在持续的历史变动中形成的。这两个范畴在一定程度上是为了处理文明与国家的关系，并在认识论上克服文明、国家等概念在 19~20 世纪民族主义知识中所经历的种族化过程。

跨体系社会的理论不仅具有理论意义，也具有重要的应用价值。它可以帮助我们更好地理解和解释中国社会的多元性和复杂性，为中国的社会治理、文化建设、民族关系、国际交往等提供理论指导和政策建议。同时，跨体系社会的理论也可以为其他国家和地区的社会发展提供有益的借鉴和启示。例如，在探讨"一带一路"倡议时，汪晖教授基于历史、地理、政治维度探讨了"一带一路"倡议的历史必然与中国智慧，认为"一带一路"最核心的概念就是四个字："路""带""廊""桥"。这四个字是具象的，它们意味着互联互通和参与过程的灵活性，以及对参与者的主体地位的尊重。同时，基于对全球体系霸权格局的分析，汪晖教授也深刻地指出该倡议实施过程中将面临的潜在挑战。汪晖教授于全球性的时空结构变换与跨国间的新兴交往模式中，以跨体系社会和跨社会体系概念，创造性地叙述了当今重塑我们生存方式与想象空间的全新世界秩序[①]。汪晖教授将尚未完成的研究呈现于读者面前，也正是为了相互激发，一同面对这个前所未有的新格局。

（二）相关研究进展

朱金春与王丽娜在深入剖析多元一体格局理论与跨体系社会理论的基础上，提出在民族研究的广阔领域中，融合区域视角与超民族视野能够更为生动地揭示出纷繁复杂的关联图谱。跨体系社会理论不仅超越了传统民族主义

---

① 汪晖、臧小佳：《走进"一带一路"：跨体系的文明交汇与历史叙述——汪晖教授访谈》，《西北工业大学学报》（社会科学版）2018 年第 1 期，第 45~53 页。

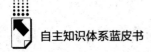

的认知框架，更将区域研究提升至方法论的核心地位，通过细致描绘文化传播、交流互动、融合共生及并存共荣的多元景象，为理解民族现象提供了新颖视角。在民族研究的实践中，采纳区域视角与超民族视野，从主体间性的动态关系入手，能够更为精准地捕捉民族混居区域的真实生态，为民族问题的理论与实践反思开辟了富有启发性的路径①。

牟桃则运用跨体系社会的广阔视野，以区域研究为方法论工具，对东南亚地区进行了整体性考察，并独到地指出东南亚社会的"东盟方式"实为一种跨文化共同体的实践智慧。从跨文化共同体的宏阔视角出发，在民族、社会、国家等多维度互动中，文化与个体身份得以不断调适与重构，进而催生出更高层次的认同共识②。

汪荣进一步强调，跨体系社会是一个内部张力四溢、文化生态多元的社会系统，其对于探索少数民族文学与比较文学关系的深化具有独特价值。他呼吁打破少数民族文学的自我设限，拓宽研究视野，推动少数民族文学向多民族文学/文化关系研究的广阔领域转型，实现研究范式的创新与超越③。

陈明亦认为，跨体系社会理论为民族问题研究提供了新的思维框架，是当代解决民族问题的一大革新，对比较文学与少数民族文学关联性的探究起到了至关重要的作用④。

在臧小佳对汪晖教授的访谈中，汪晖教授在全球时空结构变迁与跨国交往新模式的大背景下，创造性地运用跨体系社会与跨社会体系概念，描绘了重塑人类生存方式与想象空间的全新世界秩序⑤。

杨远利以嘉绒藏族裁缝店及其"德扎"现象为个案，采用跨体系社会

---

① 朱金春、王丽娜：《从"多元一体格局"到"跨体系社会"——民族研究的区域视角与超民族视野》，《黑龙江民族丛刊》2012 年第 2 期，第 47~53 页。
② 牟桃：《跨体系社会视野下的东南亚》，《东南亚研究》2015 年第 2 期，第 107~112 页。
③ 汪荣：《"跨民族连带"：作为比较文学的少数民族文学》，《民族文学研究》2015 年第 3 期，第 84~95 页。
④ 陈明：《跨民族联系下民族文学与比较文学问题研究》，《贵州民族研究》2016 年第 10 期，第 142~145 页。
⑤ 汪晖、臧小佳：《走进"一带一路"：跨体系的文明交汇与历史叙述——汪晖教授访谈》，《西北工业大学学报》（社会科学版）2018 年第 1 期，第 45~53 页。

作为主要研究方法与分析工具，聚焦于"德扎"的日常实践、劳动流程、乡土互动及关系网络的动态演变，通过静态服饰与动态"德扎"的双重视角，展现了多种元素在跨体系社会中的交融与对接，生动诠释了跨体系社会框架下微观实践的丰富内涵与深远意义①。

（三）学界评价与学术影响

汪晖教授的跨体系社会概念在学界引起了广泛的关注和讨论，获得了诸多好评。例如：中央民族大学民族学与社会学院朱金春等通过总结跨体系社会理论的论述以及与多元一体格局理论的关系，从跨体系社会的知识视野与方法特征，指出跨体系社会的理论视野超越了民族主义的知识框架，对反思我们民族问题的理论与实践具有启发意义。"区域作为一种方法"，在一定意义上标志着研究范式的转型②。华东师范大学哲学系陈赟教授、台湾中山大学中文系赖锡三教授等对汪晖教授的"齐物平等与跨体系社会"思想进行了研讨，赖锡三教授指出汪晖教授的天下观、思想体系非常庞大。陈赟教授指出，跨体系社会与跨社会体系，这既是理解中国的一个进路，也是理解世界、重新想象"天下"的方式。跨体系社会本来是用来描述中国的区域社会与国家及其关系，它意味着是由一系列的文化、习俗、政治、礼仪的力量为中心的，就是要跨越这些东西，经济关系只是镶嵌在这些复杂的社会关联中的交往活动之一。如果说现代资本主义的跨国家、跨民族、跨区域活动，是一种将各种文化和政治要素统摄于经济、统摄于资本的活动，那么跨体系社会恰恰是要突出文化、族群、区域的不同，积极交往传播共生并存的社会和文化的形态③。华东交通大学外国语学院陈明副教授指出，随着时代的发展，文学创作也进入全新的时期，相关理论研究越来越丰富，汪晖教授

---

① 杨远利：《"德扎"的劳动之灵及其跨体系性研究》，硕士学位论文，中央民族大学，2023。

② 朱金春、王丽娜：《从"多元一体格局"到"跨体系社会"——民族研究的区域视角与超民族视野》，《黑龙江民族丛刊》2012年第2期，第47~53页。

③ 陈赟、莫加南、赖锡三等：《汪晖"齐物平等与跨体系社会"的天下想象》，《商丘师范学院学报》2022年第4期，第1~19页。

率先把跨体系社会的概念引入民族文学中，为研究民族问题提供了新的思路，是当代解决民族问题的一大变革。跨体系社会理论向我们细致地描述和论证了混杂的生活体系及动态的文化系统。将"本真性"的抽象迷思进行了剖析和归真，向我们启示了所谓的"生活转向"①。

　　一方面，跨体系社会概念为理解中国社会的多元性和复杂性提供了崭新的视角。传统研究往往从单一的民族、文化或体系出发来分析社会，而汪晖教授的这一概念打破了这种局限性。它强调中国社会是由多个不同的体系相互交织、相互作用而形成的，涵盖了经济、政治、文化、社会等多个层面。这种多元性的视角有助于更全面地认识中国社会的丰富内涵和动态发展，避免了简单化和片面化的理解。跨体系社会的概念提供了一种超越欧洲民族主义知识理解中国及其区域的新的视野。许多学者认为，跨体系社会概念对于重新审视中国历史和现实具有重要的启示意义，促使人们从更加综合和动态的角度去思考中国社会的演变过程。

　　另一方面，该概念也为跨学科研究提供了有力的理论支撑。跨体系社会涉及多个学科领域，如社会学、民族学、人类学、历史学、文化研究等，因此需要跨学科的研究方法和理论框架来进行深入探讨。它鼓励不同学科之间的交流与合作，有助于打破学科之间的壁垒，以更广阔的视野来探讨中国社会的问题。这种跨学科的研究方法有助于整合不同学科的优势，深入挖掘中国社会的复杂性，为解决现实问题提供更具创新性的思路和方案。不少学者认为，跨体系社会概念为推动跨学科研究做出了积极贡献，为学界带来了新的研究活力。同时，跨体系社会概念的提出也有助于促进不同文化之间的交流与对话。在跨体系社会中，不同的文化体系相互交织、相互作用，形成了一个多元文化的社会网络。这种多元文化的社会网络为不同文化之间的交流与对话提供了一个广阔的平台，有助于促进不同文化之间的相互理解、相互尊重和相互欣赏，推动文化的多样性发展。

①　陈明：《跨民族联系下民族文学与比较文学问题研究》，《贵州民族研究》2016 年第 10 期，第 142~145 页。

当然，也有一些学者对跨体系社会概念提出了一些质疑和思考。有学者认为，这一概念在理论构建上可能存在一定的模糊性，对于体系的界定不够清晰明确，容易导致在具体应用中出现理解上的分歧。此外，也有学者担心，跨体系社会概念在强调多元性和复杂性的同时，可能会忽视社会中的一些共性和普遍性问题，从而影响对中国社会整体特征的把握。

尽管存在不同的声音，但总体而言，跨体系社会概念在学界产生了重要的影响。它激发了学者们对于中国社会多元性和复杂性的深入思考，推动了跨学科研究的发展，为我们理解和阐释中国社会提供了富有启发性的理论工具。

跨体系社会概念提出以后引起学术界的密切关注，多所高校、科研机构等举办了一系列相关学术讲座、学术研讨会。2015 年 6 月 29 日，汪晖教授在喀什大学演讲，题为"两洋之间的文明"。王立胜教授（喀什地委委员、地区行政公署常务专员）在交流中提到，"汪老师提出的几个方法论，对我影响比较深的，第一个是去政治化的政治，这个论述专门有本书，很厚，再一个是跨体系的社会，这是汪老师提出的一个非常重要的方法，而且通过汪老师的叙述大家也可以看到，他对人口的迁移、区域的变动所带来的社会结构的变化和社会影响，不仅表现在物质层面上，实际上是人们的世界观的迁移和变化"。2019 年 12 月 27 日，汪晖教授作为主讲人，在浙江大学社会学系举办浙江大学人类学系列讲座，题为"高句丽、蒙元史与跨体系社会的历史叙事"。2021 年 4 月 30 日，参加完文山州铸牢中华民族共同体意识实地考察调研活动及理论研讨会后，汪晖教授接受《今日民族》采访，就当前社会流动性增强带来的挑战、跨体系社会的认同整合，以及社会生长中介入性力量与内生动力调适转化等问题，给出自己的观察和思考①。2021 年 7 月 12 日，北京大学高等人文研究院"精神人文主义·云讲堂"第 20 讲在腾讯会议举行，汪晖教授作主题为"跨体系社会与中国历史中的区域"的

---

① 何杨波、龙成鹏、叶思迪等：《汪晖：新形势下民族理论政策的因应与完善》，《今日民族》2021 年第 5 期，第 12~15 页。

报告，汪晖教授认为，重新界定"中国化"的概念，即"一个跨体系社会的中国"，具有重要意义，并对此进行了阐发。主持人王建宝副研究员总结，汪晖教授的演讲以历史研究和民族研究中的区域概念为线索，论述区域的稳定性、流动性、中心与边缘关系、导致区域格局发生变动条件、区域在空间和时间上的差异结构及其互动关系等问题，深刻阐释了当下文化认同与区域认同面临的挑战和危机。所有区域，尤其民族区域是一个跨体系社会，以族群、宗教、语言等单一方式研究区域和民族区域，难以呈现区域的复合性和混杂性的特征。跨体系社会的概念提供了一种超越欧洲民族主义知识理解中国及其区域的视角。2024 年 7 月，北京大学"殖民帝国史视野下的区域国别研究与涉外法治"暑期学校成功举行，汪晖教授讲授题目为"跨体系社会与作为时空体的区域"。为了描述作为时空体的区域，汪晖教授使用跨体系社会来描述"中国化"进程：中国是一个将他者的痕迹内化为自身要素同时又保持其独特生机的"跨文明的文明"，各"区域"总是保持着流动与稳定的辩证法，构成一体自身的内在多样。正因如此，"一带一路"倡议才会重视"路、带、廊、桥"等交互性概念，将国际交往提升到文明交往的"古典"范畴。诸如以上演讲与交流，使跨体系社会研究得以在学术界密切关注之下推进，并在其他学者的相关研究中不断受到启发。

2023 年，汪晖教授所著《汪晖对话集：巨变中的世界/为未来而辩论》①（全二册）出版，该书收录了不同类型的对话，视角则是汪晖教授长期关注的区域和跨体系社会，其中既包括亚非拉等不同地区的位置和变迁，也涉及国内的民族区域。如今区域国别研究方兴未艾，民族区域问题也成为人们关注的焦点话题，我们应该如何看待这些话题及其涌现？该书所录的对话，以一种在运动中探索运动的思想方法，开启多重空间的观察视角，对这一议题做了较为深入的探讨。

---

① 汪晖：《汪晖对话集：巨变中的世界/为未来而辩论》，上海人民出版社，2023。

三 原创性分析

（一）原创性阐释

跨体系社会的原创性主要体现在以下几个方面。

1. 对多元一体格局理论的继承与发展[①]

汪晖教授提出与论述跨体系社会这一概念时，将之放置于区域研究的脉络中，极大地继承与发展了费孝通先生的多元一体格局理论，表现出极高的理论自觉性。

费孝通先生的多元一体格局理论的论述是从历史与地理的角度展开的。中华民族多元一体格局的形成，经由"凝聚核心汉族的出现"，再到"地区性的多元统一"，实现"中原地区民族大混杂、大融合"。在"北方民族不断给汉族输入新的血液"的同时，"汉族同样充实了其他民族"[②] 等一系列复杂的过程。在这一过程中，民族融合与区域变动是紧密联系在一起的。

汪晖教授认为，多元一体观念强调的是多样性与混杂性的统一，不仅是指"多族群共存的状态，而且也指在任何一个被界定为民族的社会也存在多元性。因此，多元一体同时适用于中华民族、汉族，以及各个少数民族"[③]。这种多元性在汪晖教授这里被看作是不同的文化意义上的体系。在多元一体的一体性的理解上，汪晖教授认为存在两个层次：一是自在的民族实体，指的是各族人民在日常生活中形成的密切联系、共同经验和历史传统；二是自觉的民族的政治实体，指的是基于近代以来的反帝斗争而产生的政治共同体。中华民族"不是一个以本质性的族性概念为中心的民族概念，

---

① 朱金春、王丽娜：《从"多元一体格局"到"跨体系社会"——民族研究的区域视角与超民族视野》，《黑龙江民族丛刊》2012年第2期，第47~53页。
② 费孝通等：《中华民族多元一体格局》，中央民族学院出版社，1989，第1~36页。
③ 汪晖：《东西之间的"西藏问题"》，生活·读书·新知三联书店，2011，第88页。

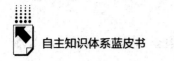

而是以作为公民共同体的'人民'为主体的政治实体"①。多元一体的一体不仅包含了少数民族的"一体性",也包含了民族区域的"一体性",这样的一体是互为一体,也就是跨体系社会。

费孝通先生曾将中华民族聚居地区归纳为六大板块和三大走廊的格局,六大板块即北部草原区、东北部高山森林区、西南部青藏高原区、云贵高原区、沿海区和中原区,三大走廊是藏彝走廊、南岭走廊和西北走廊。其中藏彝走廊包括从甘肃到喜马拉雅山南坡的珞瑜地区,这一走廊是汉藏、藏彝接触的边界,也包含着许多其他族群。费孝通先生提出藏彝走廊这一概念,主张民族学应结合历史、地理、语言,在更大的范围内思考②,要"以更概观性的民族关系史为角度,思考民族学思想方式上的问题"③。汪晖教授认为,较之单纯的族裔民族主义的观点,这种以区域为中心形成的独特的中国观包含着对中国各族人民多元并存的格局的理解。中国的民族区域自治是与少数民族的"大杂居、小聚居"的分布密切相关的,"大杂居、小聚居"不仅意味着多民族的杂居,而且在每个民族内部,其次群体也呈现出"大杂居、小聚居"的状态。因此,从区域的范畴出发去探讨民族关系,就可避免陷入民族主义的知识框架。区域这一概念既超越了种族、族群以及宗教等范畴,同时又将这些范畴融合在自然、人文和传统的混杂空间里,表现出的正是跨体系社会的形态。

从以上论述中,可以看到跨体系社会对多元一体格局理论的继承与发展主要体现在以下几个方面。

（1）将"多元一体格局"中的"元"扩展为体系

在多元一体理论中,厘清多元与一体的辩证关系的前提是分别对多元与一体进行界定。从费孝通先生提出多元一体理论的过程,可以看到他对两者

---

① 费孝通:《关于我国的民族识别问题》,《费孝通文集》第七卷,群言出版社,1999,第215页。

② 费孝通:《关于我国的民族识别问题》,《费孝通文集》第七卷,群言出版社,1999,第215页。

③ 王铭铭:《中间圈——"藏彝走廊"与人类学的再构思》,社会科学文献出版社,2008,第148页。

的界定是逐渐清晰与完善的。这一理论提出之后引起了广泛的关注，学者们对多元与一体所指为何进行了热烈讨论，最后所达成的共识是一体是指中华民族，多元是指各民族及其文化①。这里暂且不去讨论其所争论的内容，仅仅就其所采用的知识类型来看是属于民族主义知识的框架。因此，对于多元与一体的理解不能摆脱"民族"这一核心概念。用体系这一概念代替民族及其文化，一方面充实了"元"的内涵并扩展了其外延，包含了不同方面的内容，同时又将其编织在多样的互动关系之中。由此，跨体系社会这一概念不但可以更为全面与准确地把握民族关系，而且在其他社会研究领域也具有广泛的适用性。

（2）突出了儒家文化在中国社会中的重要作用

在多元一体格局理论中，费孝通先生认为这一格局的形成有一个从分散的多元结合成一体的过程，在这一过程中必须有一个起凝聚作用的核心，即汉族。汉族在与其他少数民族在人种、经济、文化等方面的接触与交流中，发挥了核心作用，由此中华民族多元一体格局才最终形成。汉族在多元一体格局形成中的核心作用，的确是历史的事。但是这种核心作用发挥的机制是怎么样的，费孝通先生并没有深入探讨。汪晖教授认为以汉族为代表的儒家文化在其中发挥了重要作用。以清朝为例，清朝可以被看作是一个跨体系社会——既包含着多重体系，又构成了一个富于弹性的社会。"对于中原地区、蒙古、西藏、回部或西南边疆地区而言，皇帝既是他们的内部统治者（对于中原内地而言是皇帝、对蒙古而言是大汗、对满洲而言是族长、对西藏而言是文殊菩萨转世），也是萨林斯所谓'陌生人—王'（stranger-king）。说到底，皇权并不只是某一区域的内部统治者，他的身份的跨体系性质才是整个帝国合法性的源泉。"② 这一跨体系社会的形成与维系，依赖于儒家文化自身的特殊性。"儒家思想"具有更为深刻的政治性质，它善于穿针引线，将其他体系精巧地编织在富于弹性的网络之中，而又并不否认这些

① 徐杰舜、韦小鹏：《"中华民族多元一体格局"理论研究述评》，《民族研究》2008年第2期，第84~92页。
② 汪晖：《亚洲视野：中国历史的叙述》，牛津大学出版社，2010。

"体系"自身的独特性。儒教社会并不要求西藏、内蒙古或其他地区按照儒家伦理—政治原则和礼仪系统规范自身的社会关系①。正是儒家文化的"和而不同"观念所形成的政治智慧，构成了这一跨体系社会。

2. 超越"汉化""少数民族化"二元论②

近代中国承续了清代的幅员和人口构成，关于现代中国的解释也不得不涉及如何解释清代的历史。在历史研究领域，一些历史学家重新讨论帝国范畴或天下概念，其主要目的是从多元性政治共同体的角度思考民族—国家的限度。将这些范畴引入对于现代历史的描述，也意味着单一主权的国家体系及其形式平等的规范关系并不能提供关于国家形态和国际关系的实质描述。与其他帝国史相比，中国历史的一个值得追问的问题是："为什么'蒙古人''满洲人'等建立的所谓'征服王朝'最终将自己纳入了中国王朝谱系之中？儒家的政治文化在这些新王朝的合法性建构中扮演了什么样的角色？在这一合法性建构的过程中，儒家政治文化与其他宗教和文化的关系如何？或者说，如何理解中国历史在这类巨大历史事变和转折中呈现的'连续性'？"

在《现代中国思想的兴起》③一书中，汪晖教授自我设问：什么是"现代"？什么是"中国"？什么是"思想"？什么是"兴起"？回答是："现代中国思想的兴起"这一命题不是探讨现代中国思想史的起源。这一回答或许也有助于解释"何为中国和中国化"这一命题。"什么是'兴起'？你也可以把它解释为《易经》所谓'生生之谓易'意义上的'生生'——一个充满了新的变化和生长的过程。假定宋代是'近世'的开端，元代到底是延续还是中断？假如明末是早期启蒙思想的滥觞，那么，清代思想是反动还是再起，我们怎么解释这个时代及其思想与现代中国之关系？我注重的是历史中一些要素的反复呈现，而不是绝对的起源。在历史的持续变化中，不同

---

① 汪晖：《亚洲视野：中国历史的叙述》，牛津大学出版社，2010。
② 汪晖：《民族研究的超民族视角——跨体系社会及中国化问题》，《西北民族研究》2021 年第 1 期，第 5~11 页。
③ 汪晖：《现代中国思想的兴起》，生活·读书·新知三联书店，2004。

王朝以各自的方式建构自身作为中国王朝的合法性，这一过程不能用直线式的历史叙述加以表达。"如果儒学特别是理学的兴起包含了对于历史中断的思考和接续传统的意志，那么，连续性就必须被放置在断裂性的前提下思考，放置在一种历史主动性的视野中思考——从政治的角度说，也是放置在合法性的不断建构过程中来理解。中国不是一个外在于我们的存在，也不是一个外在于特定的历史主体的客体，中国是和特定时代的人们的思想和行动密切相关的。"中国"是一个较之"民族"范畴更为丰富、更具弹性、更能包容多样性的范畴，在重建少数民族统治王朝合法性、重构王朝内部不同族群间的平等关系，以及塑造不同政治共同体之间的朝贡或外交关系等方面，这一范畴都曾展现出独特的弹性、适应性和稳定性。弹性与适应性意味着一个持续的中国化过程，一个将各种新要素（包括外来要素）持续纳入自身内部的、生生不息的有机体，而稳定性主要表现为在复杂多变的历史进程中创造中国文明连续性的能力。作为一个跨体系的社会、一个跨文明的文明，中国的持久生命力正是以此为基础的。

3. 将中国化作为一个文明进程[①]

华化与中国化存在许多重叠的方面，但华化更强调移民和交往中的文化融合及承认关系，而中国化同时包含着制度、法规、政治价值方面的内涵。早在1907年，章太炎就曾对"中国"及其相关概念作过深入探讨。他将"中国"概念的多重意义放置在名实关系的历史形成中考察，通过考证有关中国的几个名词（"华""夏""汉"）的语源学，对何为中国这一问题进行历史的和政治的论证。他的考证可以归纳如下："华"本来是国名，非种族之号；如果考虑种族的含义，"夏"更接近种族之号，但"夏"的得名源自夏水。"夏"起初是族名，而不是邦国之号，故又有"诸夏"的说法。这些名词的界限在历史变化中逐渐模糊混杂，故"华""夏""汉"等称谓"随举一名，互摄三义。建汉名以为族，而邦国之义斯在。建华名以为国，

---

① 汪晖：《民族研究的超民族视角——跨体系社会及中国化问题》，《西北民族研究》2021年第1期，第5~11页。

而种族之义亦在。此'中华民国'之所以谥"。尽管历史中的"华""夏""汉"等概念包含着族群、文化和政治共同体的含义，但其漫长而复杂的变化最终凝聚于中国的现代进程之中。在当代语境中，宜以"中国化"这一概念取代"汉化"的概念，其主要的理由包括如下五个方面。

第一，北方民族入主中原之后，在保持自身特性的同时，也力图将自身的合法性建立在中国王朝的谱系之上。这是主动的，不宜用"汉化"这一常常带有被动性含义的概念加以描述。例如，金、元和清朝都曾通过一系列的仪式、法律和制度安排及经学解释，建构自身作为中国王朝的合法性；经由它们建构的"中国"，其内涵和外延也都发生了历史性的变化。"中国化"的概念不是将"断裂"与"连续性"的概念对立起来，而是将两者统合于一个承认变化和多元性的"中国"概念之上。

第二，这些王朝的中国化既不是单一的融合过程，也不是单向的征服过程，它涉及复杂的"承认"关系。这一承认关系既包括中原地区及其周边的人民在日常生活的融合基础上对王朝正统的承认，也包括周边王朝和欧洲国家在朝贡关系或外交关系中对于这些王朝（尤其是清王朝）作为中国王朝的承认。无论在哪一个层面，承认都不是单向的。例如，在清朝与西洋人的交往和条约关系中，多以"中国"与"西洋"对称。无论是王朝将自己的全部疆域称为"中国"，还是在外交文书中使用"中国"概念，都意味着内外两个不同层面和方向的中国化过程，这种过程显著地包含着地缘、血缘、风俗、习惯、语言、文化和政治等各层面的融合，但这一中国化过程不能等同于单纯的汉化过程。

第三，中国化也是以王朝内部的移民、通婚、风俗变迁、相应的制度调整和其他社会流动为日常生活的基础。移民、通婚、风俗变迁、制度调整和其他社会流动是世界历史中的普遍现象，在中国历史中，这些变化和融合也包含着佛教、伊斯兰教、蒙古文化、满洲文化和汉文化在局部区域的传播和融入，以及不同地域的地方化过程。但在王朝建设和长期的社会化过程中，这些要素和取向经常相互渗透、错综交织，以中国化为主导的方向，最终成为生生不息的中国文明的内在部分。而在日常生活世界，这些要素更是血脉相连、交汇融合，形成了一个跨体系社会。"人们通常将这一复杂、多变的历史过程放在中国文明的开放性和包容性的范畴内加以解释，我认为这是合理的——开放性和包容性不同于单方面的吸纳和包容，不排斥紧张和斗争，并未取消多样性，也从未以取消多样性为目的。从王朝演变的角度看，开放性和包容性意味着一个政治过程，而一种承认宗教、文化和其他认同的多样性的文明也必然是政治性的文明。"因此，除了血脉相连、日常融合之外，无论在哪一时代基于什么样的制度和价值建立牢固而富于弹性的政治共同体（并使之持续地生长和发展），都是理解中国及其历史变迁的关键问题。

第四，尽管中国化以及跨体系社会强调交汇融通、血脉相连，但这并不意味着中国的单一性，无论是多民族统一王朝，还是多民族统一国家，中国的统一性都不能等同于单一文化的政治体，恰恰相反，统一或统合恰好以无比丰富的多样性为内在要素或肌理。中国是一个跨体系社会，即一个跨族群、跨宗教、跨语言的政治体，它的政治统一始终是以跨体系性为前提的。跨体系性意味着"一"包含着内在的"多"，而"多"是"一"的有机内涵。因此，不仅族群、宗教等是跨体系的，而且每一个社会肌体如村庄、家庭和个人都具有跨体系的性质，而跨体系社会总是与跨社会体系（如区域、"一带一路"或其他将不同社会链接起来的体系）密切相关的，从而具有内涵上的开放性。在这个意义上，跨体系社会与跨社会体系等概念提供了一种不同于建立在任何一种单一认同之上的"社群"概念，甚至也不同于"儒教文明圈"或"汉字文化圈"（尽管儒学和汉字文化是中国文明最具凝聚力的部分）等范畴的认识框架，而提示了一种在异质与趋同的动态关系中理解中国及其政治文化的方式。

第五，在近代时期，中国文化与西方文明相互碰撞和交流，由此开启了中国文化的现代化道路，但这一现代化之路在吸纳西方文化的同时，也在中国文化的地基上探求自身的民族形式。在毛泽东提出马克思主义中国化的命题之后，许多中国的文艺工作者也在探索文学艺术的"中国作风"和"中国气派"。他们一方面注意到中国各地方的语言极不一致，许多地方风俗习惯也有极大的差别，在国内不同的民族中更是这样，但在中国最大多数的人口中却有一种统一的汉文字，文言和白话都是普遍使用的共同书面语系统。中国的白话文运动与西方民族主义语言运动不同，不能被看作是一个方言运动。作为一种书面语系统，白话文对文言的替代不能被描述为用一种民族语言去取代另一种帝国语言，如用意大利语、法语、英语取代拉丁语，或用日本方言或韩国方言取代汉语。这里存在的是用一种汉语书面语系统取代另一种汉语书面语系统的问题。因此，中国现代白话文吸纳了大量外来文化包括其书写形式和标点，但依旧是中国"文"的传统的现代延续。在口语方面，现代中国的普通话是一个与众多方言和民族语言保持持续相互吸纳关系的体系；普通话的存在以承认语言多样性为前提，尊重言说者的主体地位，是在漫长历史中多种语言持续交融并继续生长的活语言。经过几代人的努力，普通话教育已经取得巨大成就，少数民族语言的教育和方言的保存对于文化多样性而言是极为重要的方面，它们与普通话的并存、交汇与共生清晰地显示了作为跨体系社会的现实。

（二）学术意义

跨体系社会是一个具有深刻学术意义的理论概念，强调不同文化、不同族群、不同区域通过交往、传播和并存形成了一个相互关联的社会和文化形态，揭示了社会内部本身的跨体系性。该概念提供了一种理解复杂社会现象的新视角，丰富和发展了社会科学的研究领域，对传统的社会科学研究方法进行了补充和深化。同时该概念也对全球化背景下重新审视和理解社会结构的复杂性、文化多样性的保护以及国际关系的演变等方面具有重要意义。

1. 突破传统学术范畴局限，推动理论创新

跨体系社会概念首先挑战了传统的社会理论框架。传统社会理论往往基于某种单一的社会认同或体系来构建分析框架，如民族国家、文明圈、宗教共同体等。然而，在全球化背景下，社会结构日益复杂，不同文化、族群和区域的互动更加频繁，多种认同和体系交织，传统的学术范畴难以准确、全面地描述和解释这种复杂性。跨体系社会概念提供了一种新的理解方式。

跨体系社会概念强调社会的多元性和跨体系性，认为一个社会体内包含着多种不同的文明、宗教、族群、语言和其他体系，这些体系在相互交织、相互影响中共同构成了社会的整体。这一概念不仅揭示了社会内部的多样性和复杂性，也为理解社会变迁提供了新的视角。它要求我们在研究社会现象时，要超越单一体系的局限，从多个体系和角度进行综合分析，从而推动社会理论的创新和发展。

2. 深化中国文明研究理解，打造新范式

中国历史悠久、文化多元、地域辽阔，其内部存在多种文明、宗教、族群等体系的交织和共存，这种交织和共存构成了中国社会的独特面貌。跨体系社会与跨社会体系等概念提供了一种不同于建立在任何一种单一认同之上的"社群"概念，甚至也不同于"儒教文明圈"或"汉字文化圈"（尽管儒学和汉字文化是中国文明最具凝聚力的部分）等范畴的认识框架，而提示了一种在异质与趋同的动态关系中理解中国及其政治文化的方式。

跨体系社会概念的提出，还深化了我们对文明与国家关系的理解。传统上，研究者往往将文明和国家视为两个相互独立的概念，跨体系社会概念强调文明与国家之间的相互作用和影响。它认为，文明是一个包含多种认同和体系的综合体，而国家则是在特定历史条件下形成的政治实体。在跨体系社会中，文明与国家之间形成了复杂的交织关系，既相互依存又相互制约。这种对文明与国家关系的深刻理解，有助于我们更全面地认识国家的本质和功能，以及文明在国家建设中的作用和影响。

3. 拓展区域研究理论框架，开辟新视角

跨体系社会概念为区域研究提供了新的研究视角和路径。在全球化背景下，不同区域之间的交流和互动日益频繁，区域研究的重要性也日益凸显。区域研究关注特定地区内的政治、经济、文化等方面的联系和差异，跨体系社会概念可以分析不同区域之间的文化多样性、政治认同和区域关系等问题。通过比较不同区域之间的跨体系性特征，可以更深入地理解区域之间的差异和相似性，为区域合作和发展提供更加科学的依据。

区域研究通常涉及比较研究、历史研究、国际关系研究以及全球化研究等领域的交织，在跨体系社会中，不同国家、不同国际体系之间存在复杂的相互依存关系。这些关系不仅影响着国际政治和经济的格局和发展，也塑造着全球社会的结构和文化。跨体系社会概念强调多元性和跨体系性的比较视角，能够充分考虑不同体系之间的差异和联系、影响和制约，有助于全面把握区域和国际形势的发展变化、全球化的多维性和复杂性，为相关领域研究开辟新的视角与路径，提供更加丰富的理论支撑和方法论支持。

4. 推动社会科学研究创新，促进跨学科整合

跨体系社会概念的提出，促进了跨学科研究和学术交流的发展。跨体系社会要求研究者跨越学科界限，综合运用历史学、人类学、社会学、政治学、比较法学等多个学科的知识、理论和方法，来探讨社会的复杂性和多样性，分析和理解跨体系社会的特征和发展规律，深入地揭示跨体系社会的内在机制和运行逻辑，为社会科学研究提供更加丰富的理论支撑和方法论支持。

这种跨学科的研究方法，有助于打破学科壁垒，激发研究者对复杂社会现象的兴趣和关注，促进不同学科之间的交流和整合。跨体系社会概念的提出也为各学科之间的对话和交流提供了平台，促进了学术界的互动和融合。通过学术对话与交流，研究者分享彼此的研究成果和经验，探讨新的问题和挑战，共同推动学术研究不断深入和发展。这种合作和交流不仅有助于推动各学科的发展和创新，还有助于培养研究者的批判性思维和创新能力，培养具有跨学科素养和综合能力的人才。

跨体系社会的学术意义深远且广泛，它不仅是对现有社会科学理论的一次深刻反思与超越，更是对未来社会发展趋势的一种前瞻与洞察，为理解复杂多变的社会现象提供了强有力的工具和超越民族国家框架的新思路。它打破了传统社会研究中的单一认同框架，强调了社会内部及不同社会之间的多元性、交互性和开放性，促使我们重新审视社会结构的复杂性和多元性，认识到不同文化、族群、区域以及社会体系间的相互交织与影响。跨体系社会作为一个学术概念，不仅丰富了社会科学的理论体系，也为我们理解人类社

会的多样性和复杂性提供了新的视角，它鼓励我们跨越传统学科界限，进行跨学科的研究与探索，以更加全面、深入的方式揭示社会现象的本质与规律。在全球化日益加深的今天，跨体系社会的理论意义和实践价值愈加凸显。

（三）现实意义

跨体系社会旨在研究中国的区域、社会与国家的相互关系，并具体应用于中国西藏、新疆等问题的研究中。它强调不同文化、族群、区域通过交往、传播和并存形成了一个相互关联的社会和文化形态。这一概念不仅具有深厚的学术意义，更在现实世界中展现出其强大的解释力和应用价值，为我们理解和应对复杂多变的社会现实提供了新的视角和思路，有助于我们更深入地认识中国社会的复杂性，对于处理全球化背景下的文化多样性、社会融合与国家认同等问题具有重要的启示作用。

1. 挑战传统国家认同观念，推动多元化发展

传统观念中，国家通常被视为一个具有单一文化、单一体系的政治共同体。在跨体系社会中，国家认同并非仅仅建立在单一文化或单一体系之上，而是建立在多种文化、多种体系的共同基础之上。这种共同基础不仅包括了共同的历史、地理、语言等传统文化因素，更包括了共同的政治理念、价值观念等现代文化因素。

中国作为一个历史悠久、地域辽阔、民族众多的国家，其社会结构复杂多样，文化传统丰富多彩。这种多元性与包容性不仅体现在中国社会的内部结构中，也体现在中国与其他国家和地区的交往中。首先，地域文化的多样性是中国社会多元性的重要体现。其次，民族文化的多样性也是中国社会多元性的重要组成部分。最后，中国社会的多元性还表现在经济、政治、社会等多个方面。跨体系社会强调不同民族、不同区域之间的共存和融合，尊重不同民族、不同区域之间的差异和多样性，同时积极寻求它们之间的共同点和融合点。跨体系社会有助于形成更加宽广的文化视野和更加包容的文化心态，缓解民族问题和区域冲突，促进世界和平与稳定，推动中国社会与文化

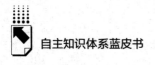

的多元化发展。

2. 助力治理能力现代化, 提升国家软实力

国家治理是一个复杂而多维度的过程, 它涉及政治、经济、文化等多个层面的决策和执行。在现代国家治理中, 政府、市场、社会等多元主体共同参与治理过程, 形成了复杂的治理体系。跨体系社会强调国家治理的多元性和包容性, 国家治理不能简单地采用一种单一的治理模式, 而应该根据不同社会体系的特点和需求进行灵活调整和创新。

跨体系社会中的文化、习俗、经济、政治和礼仪等力量相互交织, 形成了一种复杂的社会关联网络。这种网络为国家治理体系的科学化和规范化发展提供了丰富的资源和智慧, 可以更加精准地把握社会动态和需求, 制定更加符合实际、更加有效的政策和制度。同时, 跨体系社会中的多元主体参与有助于强化社会团结和共同感, 增强社会成员对国家和社会的认同感和归属感, 也为国家治理提供了更多的支持和监督, 有助于提升治理效能和公信力, 确保各种社会关系的稳定和和谐。

跨体系社会倡导国家治理的开放性和创新性, 要求国家治理具备更强的适应性和灵活性, 推动了国家治理的民主化和法治化进程, 通过展示多元文化的魅力和包容性, 可以增强国家的国际影响力和吸引力。

3. 理解和保护文化多样性, 促进社会融合

跨体系社会概念对于文化多样性的理解和保护具有重要意义。文化多样性是人类文明的重要组成部分, 它反映了不同社会、民族和地区的独特性和创造力。然而, 在全球化进程中, 文化多样性面临着文化霸权和文化侵略的风险, 跨体系社会为理解和保护文化多样性提供实践指导。

跨体系社会从一个更加包容和多元的视角来看待社会现象, 尊重不同体系之间的差异和多样性, 寻求不同体系之间的共同点和交集。在一个跨体系社会中, 不同文明、宗教、族群等体系并不是孤立存在的, 而是相互交织、相互影响、相互渗透的。这种交织和渗透使得社会呈现出一种多元化的面貌, 其中既包含了各种体系的独特性, 也包含了它们之间的共性和联系。通过深入研究跨体系社会内部的这种多样性和复杂性, 我们可以更深入地理解

社会的本质和运作机制，打破文化霸权，缓解文化冲突，促进各种文化在平等和尊重的基础上相互学习和借鉴，增进各国人民之间的了解和友谊，共同推动人类文明的进步和发展，实现不同文化体系之间的平等交流和融合，促进全球文化的和谐共存和发展，从而为解决社会问题提供更为有效的思路和方法，为文化多样性的保护提供有力的支持。

4. 推动国际关系发展研究，完善全球治理

在国际关系中，不同国家之间由于历史、文化、政治等方面的差异而存在各种矛盾和冲突。过往全球治理体系往往以西方国家为主导，忽视了其他国家和地区的利益和诉求。这种不平衡和不合理性导致了全球治理体系的效率低下和效果不佳。

跨体系社会概念强调不同文明、宗教、族群和体系之间的共存与融合，这对于缓解国际紧张局势、促进世界和平具有重要作用，避免将一种文化或一种制度强加给其他国家，形成了多元共生的局面。通过跨体系社会视角，我们可以更加深入地分析不同国家之间的相互作用和影响，理解各国之间的利益诉求和权力关系，探讨如何在尊重各国主权和领土完整的基础上，实现各国之间的和平共处与共同发展，推动全球治理的包容性和公正性，维护全球社会的公平与正义。跨体系社会明确全球治理的多元参与性，推动各国政府、国际组织、非政府组织等多元主体之间的协同合作，形成更加有效的全球治理机制。

跨体系社会的现实意义深远而广泛，它不仅是学术理论的一次革新，更是指导我们应对全球化挑战、促进社会和谐发展的重要理念。通过跨体系社会的视角，我们能够更加深入地理解社会现象的本质与规律，把握社会发展的趋势与方向。跨体系社会的多元性和包容性不仅丰富了社会的文化内涵，也增强了社会的凝聚力和向心力。跨体系社会中的多样性和复杂性也促使我们不断反思和优化国家治理体系，为我们解决社会问题、促进社会发展提供了全新思路，提高治理能力的现代化水平。同时，跨体系社会也鼓励我们跨越传统界限，进行跨学科、跨领域的合作与交流，共同应对全球性挑战，推动人类社会的共同繁荣与进步。因此，跨体系社会不仅是一个理论概念，更

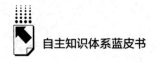

是一种实践智慧，它引领我们走向一个更加开放、包容、多元与和谐的未来。因此，跨体系社会不仅是学术研究的热点话题，更是推动社会进步、实现可持续发展的现实需要。

（四）国际比较与优势

1988 年，费孝通教授在香港中文大学的 Tanner 讲座上发表了题为《中华民族的多元一体格局》的重要演讲。他阐述道："中华民族作为一个自觉的民族实体，是近百年来中国和西方列强对抗中出现的，但作为一个自在的民族实体则是几千年的历史过程所形成的。……它的主流是由许许多多分散孤立存在的民族单位，经过接触、混杂、联结和融合，同时也有分裂和消亡，形成一个你来我去、我来你去，我中有你、你中有我，而又各具个性的多元统一体。这也许是世界各地民族形成的共同过程。中华民族这个多元一体格局的形成还有它的特色：在相当早的时期，距今三千年前，在黄河中游出现了一个由若干民族集团汇集和逐步融合的核心，被称为华夏，像滚雪球一般地越滚越大，把周围的异族吸收进入了这个核心。它在拥有黄河和长江中下游的东亚平原之后，被其他民族称为汉族。汉族继续不断吸收其他民族的成分而日益壮大，而且渗入其他民族的聚居区，构成起着凝聚和联系作用的网络，奠定了以这个疆域内许多民族联合成的不可分割的统一体的基础，成为一个自在的民族实体，经过民族自觉而称为中华民族。"费孝通教授从宽广的地理视野与悠久的历史维度出发，深入剖析了中华民族的历史形成过程，以及中国境内 56 个民族如何发展成为相互依存的民族统一体。虽然他的核心议题聚焦于多元民族实体与统一中华民族的关系，但他创造性地使用了"多元一体格局"这一概念。

借鉴费孝通教授的思考脉络，但又不拘泥于其原有概念，用跨体系社会这一概念来描述中国的区域、社会与国家及其相互关系。相较于"多元一体"的概念，跨体系社会更加侧重于强调中国社会的交融混成及其内在多样性。在当前资本全球化的背景下，"跨"这一前缀虽已被频繁使用，往往代表着超越民族、国家、区域等传统范畴的趋势，但跨体系社会却有所不同。这一概念中的"跨"是以一系列文化、习俗、政治、礼仪的力量为核心，而经济关系只是嵌入这些复杂社会关联中的诸多交往活动之一。如果说现代资本主义的跨国界、跨民族、跨区域活动是将各种文化和政治要素统摄于经济活动之下，那么跨体系社会这一概念则恰恰相反，它揭示的是不同文化、不同族群、不同区域通过交往、传播与并存，共同塑造了一个相互关联的社会和文化形态。

采用跨体系社会这一概念还蕴含了另一维度的思考。法国著名人类学家马塞尔·莫斯（Marcel Mauss）创造性地引入了超社会体系（Supra-societal Frameworks）的概念，这一理论是在19世纪实证主义社会学视角的背景下诞生的。尽管社会可通过实证途径加以探究，但超社会体系却揭示了人类生活的另一维度：人们不仅置身于社会中，还活跃于超越社会的、难以实证验证的体系内。此体系兼具物质与精神、世界观层面的特质，涵盖法律、权力结构、风俗习惯、信仰体系及世界观等多元要素，共同织就了一个宏大的超社会网络。与人交往，不仅是与其社会角色互动，也是在与其超社会属性共鸣。

跨体系社会概念与超社会体系有所区别，它聚焦于一与多关系的另一面向。在多民族、多宗教、多语言混杂的社区和村落中，不同的社会体系（如族群性、宗教性、语言性等）往往共存于同一社会单元内，乃至同一家庭、个体之中。传统历史编纂常以单一族群、宗教或语言群体为叙述单元，这在民族主义盛行时期尤为常见。然而，当这些多元身份在同一地域、村落、家庭中交织时，上述叙述方式可能会简化、夸大或歪曲这一复杂交织的现实。跨体系社会概念旨在捕捉这些常被现代知识体系忽视或简化的独特历史现象，并提供了重新阐释它们的路径。

自20世纪70年代以来，地方史研究在美国的中国研究领域取得了丰硕成果，它重塑了中国研究的整体架构，特别是在社会史、革命史、城市史及经济史的研究中。随着人类学与文化研究的融入，地方史研究的方法论经历了变革，性别、族群等议题被纳入区域史的研究范畴。与此同时，全球视野下的区域联系研究也兴起，其焦点在于跨越国界的区域联系与认同。布罗代尔的《菲利普二世时代的地中海和地中海世界》便是这一趋势的先驱，该书通过融合长时段地理时间、中时段社会时间及短时段事件史三个维度，探索了总体历史的面貌。此类研究既超越了国家框架，建立了跨区域的比较关系，又将区域视为新型、形态各异的主体（如亚太、欧洲、东亚、东南亚等），并在不同时间尺度下审视其演变。前者可称为"针对国家行政区划的区域主义叙事"，后者则为"针对民族国家与全球主义的跨国区域主义叙事"，两者相互交织，共同支撑和渗透于民族起源、外交关系、经济圈或文明圈等分析框架中。

跨体系社会既不同于基于"民族体"视角的社会叙述，也区别于多元社会概念，它更侧重于各体系相互渗透、交织成网的特性。以中国西南地区为例，民族混杂的村落和家庭常包含多样化的社会体系（族群、宗教、语言等），并与这些体系保持联系，同时，这些体系又是村落、家庭、社会不可分割的一部分。将跨体系社会与区域概念相联系，是因为"区域"既非民族国家，亦非单一族群，它基于特定的人文地理与物质文明，蕴含着独特的混杂性、流动性与整合性，有助于超越民族主义的知识框架，重新审视中国及其历史变迁。此外，跨体系社会还与跨社会体系（Trans-societal Frameworks）紧密相连。例如，中国历史上的朝贡体系不仅是跨体系社会的一种联系方式，也是跨社会体系的连接纽带，它将更广泛区域内的政治实体紧密相连。因此，在跨体系社会与跨社会体系的双重视角下，重新审视区域概念，尤其是民族区域，对于解答"如何理解中国"或"何为中国"等核心问题，具有至关重要的意义。

四 研究展望

跨体系社会相关问题的研究，具有巨大的现实意义与历史意义，其总体目标是在已有研究的基础上，通过整合、调整、耦合现有的概念、理论、方法对诸多的历史、现实问题，从社会、政治、经济、地理等诸多方面，重新认识中国诸多次跨体系社会的形成与演化，与当下中国的渊源、关联、借鉴。

此项工作规模宏大，涉及面庞杂，尚待研究的问题仍多，已经提出的理论体系还有待检验和批评，所以必然是一项正在行进中的工程与事业。展望未来相关的研究时应当关注主要提出者、其团队诸人研究的设想与方向，以及其他学者可能展开的相关研究，不能一概而论，只是提出部分的设想与可能。

以"一带一路"为契机的跨区域研究，带动世界范围内的跨体系社会形成与演化规律研究。"一带一路"意味着在一个新的全球化时代，海洋时代并未终结，大洋如果是内海的话，就意味着大洋和内陆的关系再也不是19世纪以前的关系了，海洋和陆地的截然区分正在消失。原来由交通主导的工业资本主义对内陆文明的绝对主宰性、压迫性、霸权性，正在消失。"一带一路"建设的成功推进，必将带来人类历史上翻天覆地的变化，它不仅为中国带来变化，而且是全球性的变化。想让这个局面向更加和平、更加有利于大多数人的方向发展，想象这些新的秩序和世界就需完全不同的、全新的想象模式与内涵和能量。康有为早在1884年即创作了《大同书》，但"大同"如果缺乏能量也不行。今天的时代，是一个真正的前所未有的新时代，是在东亚从未有过的能够重新塑造世界关系的新时代。它确实需要高度的原创性和综合思考才可能构成。过去30多年的历史叙述大多是朝西方看，导致结果是这一代学者的知识结构失衡。我们几乎不了解非洲、不了解拉美，对我们周边的邻居也鲜有了解，使得我们在这些领域缺少有国际影响力的中国学者。这是整个时代的问题。因而"一带一路"同时也带来了知识的巨大挑战。跨体系社会的研究思路与范式对于处理这个挑战有较大借鉴与引领作用。

以中国历史中多次民族融合时期的历史为对象，研究跨体系社会在中国的运行规律。在当代世界剧烈变化的形势下，全球化和逆全球化的过程中，重新研究中国的多元一体发展，有着特殊的意义。跨体系社会概念则强调中国社会的交融混成和一体的内在多样，并不限于民族或族群范畴。"跨"是以一系列的文化、习俗、政治、礼仪的力量为中心的，经济关系只是镶嵌在上述复杂的社会关联中的交往活动之一。在西方，现代资本主义的跨国家、跨民族、跨区域活动是一种将各种文化和政治要素统摄于经济活动的力量，由经济不平等所产生的社会分化的常见形态是阶级和阶层的分化、区域的分化，而在一些国家或区域，也可能扭曲为族群的阶层化或阶层的族群化，进而成为以族群、宗教等认同政治和分离主义兴起的温床。跨体系社会这一概念恰恰相反，它关注不同群体的融通和协调，强调共同发展和共同繁荣，它提供基于社会团结的共同感和以此为基础的持续的社会化进程。基于中国历史的研究，核心要义是：作为一个跨体系社会，中国是一个将他者的痕迹内化为自身要素同时又保持独特生机的生生不息的跨文明的文明国家。但也因此，跨体系社会是与跨社会体系相互关联、相互界定的。在中国，不仅存在佛教中国化、伊斯兰教中国化的历史范例，而且也存在包括马克思主义在内的各种源自西方的思想、制度和社会组织模式的中国化的现代范例，而中国的文化传统和现代经验对其他社会的影响也同样经历了交汇、融合、在地化和创造性转化的过程。因此，中国化是一个立足于中国现实和朝向未来的自我更新进程，一个为探寻未来而时时反顾过去的进程，一个通过理解自身的持续生成变化而探寻和加强主体性的进程，一个将自身的主体性与互主体性作为建设人类命运共同体之前提的进程。

深入跨体系社会本身的理论构建研究。今天的全球化伴随现代资本主义的发展而来，从而不可避免地构成一个以现代欧洲为中心发展起来的世界体系。这一世界体系贬低其他地区和早前历史已经存在的区域性、全球性网络及其规则，但如果在此之前的世界历史并不仅仅是散落在各处的区域史、王朝史，而是已经有某种网络性的区域性和全球特征的话，那么，不仅中国的蒙元史和清史存在历史认识上的重大范式突破，而且包括东亚的王朝史也同样可以被重新探究。儒教文明圈虽有某些趋同性，但并不强烈地追求政治统一，它以另一种方式将不同的王朝连接成为一个跨社会体系。民族—国家在亚洲想象中的支配性产生于近代欧洲创造的基于传统王朝与民族—国家相互对立的二元论。这一二元论的历史含义是：民族—国家是唯一的现代政治形式和发展资本主义的前提。在民族—国家成为主导性政治架构的条件下，亚洲传统的各种交往、共存的经验和制度形式能否提供超越民族—国家体制所带来的内外困境的可能性？

学术界围绕跨体系社会的系列学术会议将会继续下去。各种路径的相关研究最终会汇聚起来，使学术界和公众对跨体系社会研究进入新的一页，跨体系社会的研究会随着总体发展不断深入。

跨体系社会概念提出者简介：汪晖，清华大学首批文科资深教授，教育部颁长江学者特聘教授，历史系、中文系博士生导师，清华大学人文与社会科学高等研究所所长。在中国思想史、中国文学、社会理论和民族区域研究方面均有重要成就。迄今已发表中文学术论著 20 余种，大量作品被翻译为英文、日文、韩文、德文、意大利文、西班牙文、葡萄牙文、土耳其文、斯洛文尼亚文等各种文字。

附录：跨体系社会相关研究成果清单

一、论著清单（以"跨体系社会"为论著关键词或出现于论著标题中为准）

（一）个人论文 9 篇

[1] 汪晖：《跨体系社会与区域作为方法》，载《第三届东亚人文学论坛》（暨两岸清华大学人文社会科学研讨会）。

[2] 汪晖：《中国：跨体系的社会》，《中华读书报》2010 年 4 月 14 日。

[3] Wang Hui, "Trans-systemic Society and Regional Perspective in Chinese Studies," *Boundary 2*, 38 (1), (2011): 165–201.

[4] 汪晖：《再问"什么的平等"？（下）——齐物平等与"跨体系社会"》，《文化纵横》2011 年第 6 期，第 98~113 页。

[5] 汪晖：《元代"跨体系社会"：帝国的沟通与运行——李漫著〈元代传播考〉序言》，《新闻爱好者》2014 年第 3 期，第 80~82 页。

[6] 汪晖：《两洋之间的文明（下）》，《经济导刊》2015 年第 9 期，第 14~20 页。

［7］汪晖、臧小佳：《走进"一带一路"：跨体系的文明交汇与历史叙述——汪晖教授访谈》，《西北工业大学学报》（社会科学版）2018年第1期，第45~53页。

［8］汪晖：《高句丽、蒙元史与跨体系社会的历史叙事》，《东南学术》2020年第1期，第88~100页。

［9］汪晖：《民族研究的超民族视角——跨体系社会及中国化问题》，《西北民族研究》2021年第1期，第5~11页。

（二）个人专著6部

［1］汪晖：《亚洲视野：中国历史的叙述》，牛津大学出版社，2010。

［2］汪晖、王中忱：《区域：亚洲研究论丛（第1辑）：跨体系社会》，清华大学出版社，2011。

［3］汪晖：《东西之间的"西藏问题"（外二篇）》，生活·读书·新知三联书店，2011。

［4］Wang Hui, *The Politics of Imagining Asia*（Harvard University Press，2011）.

［5］汪晖：《跨体系社会：中国历史中的民族、区域与流动性》，南洋理工大学中华语言文化中心，2012。

［6］Wang Hui, *The Rise of Modern Chinese Thought*（Harvard University Press，2023）.

二、学界相关研究示例

［1］朱金春、王丽娜：《从"多元一体格局"到"跨体系社会"——民族研究的区域视角与超民族视野》，《黑龙江民族丛刊》2012年第2期，第47~53页。

［2］牟桃：《跨体系社会视野下的东南亚》，《东南亚研究》2015年第2期，第107~112页。

［3］陈赟、莫加南、赖锡三等：《汪晖"齐物平等与跨体系社会"的天下想象》，《商丘师范学院学报》2022 年第 4 期，第 1~19 页。

［4］杨远利：《"德扎"的劳动之灵及其跨体系性研究》，硕士学位论文，中央民族大学，2023。

三、转载清单（转载论文以"跨体系社会"为论文关键词或出现于论文标题中为准）

［1］朱金春、王丽娜：《从"多元一体格局"到"跨体系社会"——民族研究的区域视角与超民族视野》，《民族问题研究》（人大复印报刊资料），2012。

［2］汪晖：《高句丽、蒙元史与跨体系社会的历史叙事》，《历史学》（人大复印报刊资料），2020。

［3］汪晖：《民族研究的超民族视角——跨体系社会及中国化问题》，《民族问题研究》（人大复印报刊资料），2021。

［4］汪晖：《高句丽、蒙元史与跨体系社会的历史叙事》，《高等学校文科学术文摘》，2020。

B.10
批判与创构：公共阐释的理论路径

李 岳*

摘 要： 张江教授基于对当代阐释学理论的深入反思，结合中国的阐释传统与批评实践，提出了公共阐释这一具有跨学科视野的原创学术概念。公共阐释旨在通过公共空间的构建、公共理性的引导、阐释自觉的强化，激活阐释活动中的对话与交流，提升阐释水平。公共阐释回应了强制阐释所指出的学术疑难，并以"公共"为理论支点，解决了学术生产中过度阐释、主观臆断的弊病，推动了当代阐释学理论的发展。与国际相关研究相比，公共阐释不仅在理论层面上为阐释的开放性与有限性划定了合理边界，更从文字、训诂入手，为中国学术自主知识体系建设开辟了新的研究路径。公共阐释提出后，引起了国内外学术界的广泛关注与研讨热潮。在此基础上，需要注重跨学科的理论整合，并与本土实践深度结合，建构中国阐释学的理论体系。

关键词： 公共阐释 公共理性 公共空间 强制阐释 中国阐释学

公共阐释（Public Hermeneutics）概念由中国社会科学院大学阐释学高等研究院院长、教授张江于 2014 年首次提出。在早期的定义中，公共阐释是指阐释者以普遍的历史前提为基点，以文本为意义对象，以公共理性生产有边界约束，且可公度的有效阐释。经过同国内外学者的长期对话与系统反思，2022 年张江教授从公共空间、公共前提、公共理性、阐释自觉等角度对公共阐释的核心概念与命题展开深入探讨，进一步强调了中国阐释学平等与对话、理性与自觉的公共精神。十年来，张江教授针对"阐释"之本质、

---

* 李岳，西北大学文学院讲师，研究方向为文学阐释学、西方文学。

方法的深耕探索，是将阐释学的研究视作一个塑造民族思维方式的新契机，并力图通过当代学人的共同努力，对话与争鸣，构建起一个系统而完备的中国阐释学理论体系，为当代精神科学与自然科学的发展，提供一种具有普遍意义的思维方式、研究范式和学术理念。

一　概念阐释

公共阐释这一本土概念立足于对当代阐释学理论的深入反思与批判研究，通过广泛的学术对话与争鸣，在商榷与回应的过程中不断调整和丰富，最终提出了具有中国特色和学术风格的原创概念。缘此，公共阐释不仅具有跨学科的综合视野，同时也极大地吸纳了多元领域的思想资源，推陈出新，提出了诸多独创性的概念和命题，有力推进了当代阐释学理论的发展。

公共阐释的提出，与另一原创概念强制阐释构成了相互关联、相互补充的关系。可以说，强制阐释构成了公共阐释的问题意识与思想背景，而公共阐释概念的提出和逐步完善，则是对所涉的诸多难题进行系统性反思，并提出的解决方案。2014年张江教授发表《强制阐释论》，鲜明地界定了其概念内涵：背离文本话语，消解文学指征，以前在立场和模式，对文本和文学符合论者主观意图和结论的阐释。并由此对当代西方文论生产普遍存在的强制阐释的一般倾向作了概括性表述，指出其具有四大基本特征：第一，场外征用。广泛征用文学领域之外的其他学科理论，将之强制移植文论场内，抹煞文学理论及批评的本体特征，导引文论偏离文学。第二，主观预设。论者主观意向在前，前置明确立场，无视文本原生含义，强制裁定文本意义和价值。第三，非逻辑证明。在具体批评过程中，一些论证和推理违背基本逻辑规则，有的甚至是逻辑谬误，所得结论失去依据。第四，混乱的认识路径。理论构建和批评不是从实践出发，从文本的具体分析出发，而是从既定理论出发，从主观结论出发，颠倒了认识和实践的关系。而以上对于强制阐释的理论反思，构成了张江教授探讨阐释学问题的基本出发点。

张江教授认为，一方面，阐释学理论应当在后现代主义泛滥的当下保卫文本本身的价值与意义，即警惕强制阐释；另一方面，还应当积极倡导和保护多元、开放的阐释空间，推进阐释实践与人类知识的进步。为此，张江教授提出了公共阐释这一重要的理论主张。公共阐释诞生于 2017 年，在《公共阐释论纲》中初步论述了其内涵：阐释者以普遍的历史前提为基点，以文本为意义对象，以公共理性生产有边界约束，且可公度的有效阐释。此处的"普遍的历史前提"是指，阐释的规范先于阐释而养成，阐释的起点由传统和认知的前见所决定；"以文本为意义对象"是指，承认文本的自在意义，文本及其意义是阐释的确定标的；"公共理性"是指，人类共同的理性规范及基本逻辑程序；"有边界约束"是指，文本阐释意义为确当阈域内的有限多元；"可公度的"是指，阐释结果可能生产具有广泛共识的公共理解；"有效阐释"是指，具有相对确定意义，且为理解共同体所认可和接受，为深度反思和构建开拓广阔空间的确当阐释。

公共阐释具有以下六个特征：第一，公共阐释是理性阐释；第二，公共阐释是澄明性阐释；第三，公共阐释是公度性阐释；第四，公共阐释是建构性阐释；第五，公共阐释是超越性阐释；第六，公共阐释是反思性阐释。总体而言，公共阐释认为阐释的价值以有效性来判断，不以真假对错来判断，阐释的有效性和有效程度由公共理性来决定，公共理性的存在和作用是一切阐释的前提条件。

在 2023 年《公共阐释论》一文中，公共阐释的理论内涵得到了极大的拓展。在该文中，张江教授从"公共空间""公共前提""公共理性""阐释自觉"等角度展开了丰富的论述。

其一，强调阐释为公共空间中的相互理解与交流，而非私人空间的个体理解与自言。公共空间为阐释提供可能，阐释巩固和扩大公共空间。束缚于私人领地，意识主体可生成和推进自成一体的理性与非理性活动，但无公共意义，无阐释可言。阐释的公共空间，本有自在的诸多特征，保障阐释的正当展开与完成，保证私人话语提升为公共阐释。此为确证阐释公共性的第一要义。公共空间及其基本特性的存在，以及对阐释生成与传播的决定性作用，使阐释的公共化成为可能。

其二，阐释之所以公共，是因为阐释的全部前提，来源于公共，立足于公共，在阐释过程中连续发生作用，为阐释提供可能。阐释的前提准备是多方面的，大致可分为两类。一是隐性的非理性前提，以人的生命本能形式为阐释提供准备。诸如共通感和集体表象。二是显性的理性前提，以人的理性能力积极参与为阐释提供准备。诸如语言、逻辑，特别是知识的确证。无论隐性还是显性条件，皆为公共性条件。共通感、集体表象为人类普遍共同所有，语言、逻辑与知识均为公共精神积累。阐释的准备条件是公共的。

其三，公共理性是公共阐释的核心概念。其核心意义是指，公共理性是阐释为公共的基本根据，是激发和推动阐释的积极动力，是约束和规范阐释的框架标准，是衡量阐释有效性的基本尺度。公共理性在公共阐释中实现功能，公共阐释在公共理性的引导和约束下展开。公共理性为阐释立法。可以说，公共理性的存在和作用是一切阐释的前提条件。然而必须注意的是，公共理性接受的未必是真理，由公共理性所决定的有效阐释或许本身是一种束缚。因此，人类应当如何打破公共理性的长期束缚，去生产新的意义，阐释新的价值，不断丰富和发展公共理性，进而推动人类文明不断进步，这构成了一个无限开放的理性和逻辑链条。

其四，提出原创概念"阐释自觉"。公共阐释的理论期望是，阐释者努力构建和强化阐释自觉，不断提升阐释质量和水平。阐释自觉，是指主体性意识在阐释活动中的自觉运用。阐释主体坚持独立主体身份和清醒理性自知，深刻把握阐释的公共规律，满足并超越公共期望，以真理性阐释为目标，实现阐释的实践价值。主动摆脱本能自在的阐释状态，达及理性自为的阐释境界，是阐释自觉的核心诉求。阐释自觉，是阐释公共性的本质要求，是公共阐释维度下的重要概念和范畴。

在以上四重要素的综合运用下，公共阐释期待有作为的阐释者怀抱自觉意识，以超越性阐释引领公共理性进步，推动阐释实践的逐步提升，从而使人类精神、人类历史因此而不断前进。可以说，公共阐释的意义和价值就在于此。

2024 年的《"公""共"辨》①一文，是张江教授在阐释论的意义上对公共阐释进行的重新探讨，并立足中国阐释学的立场对"公""共"概念进行辨析。文章指出，在中国传统语言文字学的意义上，"公"具有"公开""公度""公义"三重意蕴；"共"具有"共处""共通""共识"三重意涵；"公共"是公共之理、同然之心、度量之衡；在阐释学的意义上来讲，它既是观念，也是目的，更是机制。因此，张江教授进一步强调：阐释是公共的，阐释的公共性是阐释的核心取向。公共是阐释所在、阐释所能的根本依据。阐释在公共空间中展开，以公共理性认准及认准程度为标志，使阐释成为公共阐释。公共落脚于共识，共识与公义相配。公共空间、公共前提、公共理性、公共阐释，均以公共为基准。

自公共阐释提出以来，其概念内涵的持续演化，呈现了这一原创学术概念的强韧生命力和深刻的思想性。经过岁月的洗礼，公共阐释逐步走出了西式哲学话语的钳制，在中国阐释学的研究路径下稳步推进。同时，通过吸纳中国语言文字与经典阐释传统的思想资源，公共阐释开辟了一条具有中国风格的学术研究新路。相信未来沿着这一思路持续前进，公共阐释会获得更多的学术认可，其理论内涵也会在人们的对话和共识中持续发展扬弃，在公共阐释之中日臻完善。

二 研究综述

（一）概念的形成与发展

探讨公共阐释这一原创学术概念的形成过程，必须注意到它的理论背景，即张江教授提出公共阐释之时的研究意图和思想基础。而这，就关系到强制阐释这一对中国当代文艺理论、文学批评界形成了影响深远的理论概念。关于强制阐释有系列的论文和著述，其中核心的论文文献有：《当代西

---

① 张江：《"公""共"辨》，《探索与争鸣》2024 年第 3 期，第 39~49 页。

方文论若干问题辨识——兼及中国文论重建》①《强制阐释论》②《前置结论与前置立场》③《强制阐释的主观预设问题》④《关于"强制阐释"的概念解说——致朱立元、王宁、周宪先生》⑤《强制阐释的独断论特征》⑥《关于"强制阐释论"的对话》⑦《文本的角色——关于强制阐释的对话》⑧《再论强制阐释》⑨；学术著作有《作者能不能死：当代西方文论考辨》⑩《阐释的张力：强制阐释论的"对话"》⑪《当代西方文论批判研究》⑫。

在《当代西方文论若干问题辨识——兼及中国文论重建》一文中，张江教授针对中国学术的"失语"焦虑，认为应立足理论与实践的关系问题来反思理论的生成，考察检验理论的标准。尔后在《强制阐释论》中，明确提出了概念的定义，总结了普遍存在的强制阐释倾向（阐释者有意预设立场，以自我意图为中心，任意操控文本，忽视正当的阐释约束，无边界、无限制地生产意义）。文章通过"场外征用""主观预设""非逻辑证明"和"混乱的认识路径"等特征，分析并批判了西方文艺理论（特别是后现代文艺理论）的一般缺陷，并予以阐释学意义上的反思。《前置结论与前置立场》一文，分析了其与前置立场、前置模式、前置结论三者间的关系。《强制阐释的主观预设问题》认为，主观预设是强制阐释的核心因素和方

---

① 张江：《当代西方文论若干问题辨识——兼及中国文论重建》，《中国社会科学》2014 年第 5 期，第 4~37 页。
② 张江：《强制阐释论》，《文学评论》2014 年第 6 期，第 5~18 页。
③ 张江：《前置结论与前置立场》，《北京师范大学学报》（社会科学版）2015 年第 4 期，第 70~73 页。
④ 张江：《强制阐释的主观预设问题》，《学术研究》2015 年第 4 期，第 124~127 页。
⑤ 张江：《关于"强制阐释"的概念解说——致朱立元、王宁、周宪先生》，《文艺研究》2015 年第 1 期，第 45~48 页。
⑥ 张江：《强制阐释的独断论特征》，《文艺研究》2016 年第 8 期，第 5~13 页。
⑦ 张江：《关于"强制阐释论"的对话》，《南方文坛》2016 年第 1 期，第 51~57 页。
⑧ 张江、伊拉莎白·梅内迪、马丽娜·伯恩蒂、凯撒·贾科巴齐：《文本的角色——关于强制阐释的对话》，《文艺研究》2017 年第 6 期，第 75~81 页。
⑨ 张江：《再论强制阐释》，《中国社会科学》2021 年第 2 期，第 4~23 页。
⑩ 张江：《作者能不能死：当代西方文论考辨》，中国社会科学出版社，2017。
⑪ 张江：《阐释的张力：强制阐释论的"对话"》，中国社会科学出版社，2017。
⑫ 张江：《当代西方文论批判研究》，中国社会科学出版社，2017。

法，即批评者运用其前置的主观意向和预定立场对文本的意义和价值进行裁定。在《关于"强制阐释"的概念解说》一文中，着重强调了阐释的认识属性，指出实践是阐释的起点。《强制阐释的独断论特征》一文从哲学和认知方式的视角展开对强制阐释的辨析，揭示其独断论的基本特征。《文本的角色——关于强制阐释的对话》则以"理论中心论"为出发点，探讨阐释的边界问题。《再论强制阐释》是时隔七年后重新探讨强制阐释这一核心概念的标志性文章，该文不仅完善了有关强制阐释的论述，且更为深入地探究了强制阐释产生、泛滥的内在原因，以心理学的"期望""动机""认知"等角度揭示了强制阐释的内在动力。可以看出，针对强制阐释的系列研究，即对"阐释有效性"的考察，展开了一个广泛的阐释学问题域，涉及"作者能不能死""意图在不在场""阐释的有限和无限"等阐释学的关键问题，也由此形成了一系列的重要成果。

在总结、反思前述成果的基础上，张江教授进一步提出了更具建构性的学术概念和理论主张——公共阐释。其核心文献有：《公共阐释论纲》① 《公共阐释还是社会阐释——张江与约翰·汤普森的对话》② 《作为一种公共行为的阐释——张江与迈克·费瑟斯通的对话》③ 《"阐""诠"辨——阐释的公共性讨论之一》④ 《关于公共阐释的对话》⑤ 《阐释的世界视野："公共阐释论"的对谈》⑥ 《"理""性"辨》⑦ 《关于公共阐释若干问题的再讨论

---

① 张江：《公共阐释论纲》，《学术研究》2017 年第 6 期，第 1~5 页。
② 张江、约翰·汤普森：《公共阐释还是社会阐释——张江与约翰·汤普森的对话》，《学术研究》2017 年第 11 期，第 9~16 页。
③ 张江、迈克·费瑟斯通：《作为一种公共行为的阐释——张江与迈克·费瑟斯通的对话》，《学术研究》2017 年第 11 期，第 1~9 页。
④ 张江：《"阐""诠"辨——阐释的公共性讨论之一》，《哲学研究》2017 年第 12 期，第 12~25+123 页。
⑤ 张江、哈贝马斯：《关于公共阐释的对话》，《学术月刊》2018 年第 5 期，第 5~13 页。
⑥ 张江、陈勋武、丁子江等：《阐释的世界视野："公共阐释论"的对谈》，《社会科学战线》2018 年第 6 期，第 154~164 页。
⑦ 张江：《"理""性"辨》，《中国社会科学》，2018 年第 9 期，第 176~203 页。

（之一）》①《论阐释的有限与无限——从 π 到正态分布的说明》②《公共阐释论》③《百家争鸣：公共阐释的历史见证》④《"公""共"辨》⑤《"识""见"辨》⑥。

公共阐释的提出意义重大，它旨在深入思考当代中国阐释学元问题，为建构当代中国阐释学基本框架确立一个核心范畴。也就是说，公共阐释不停留于对西方文论的批判和反思，而是要把阐释学的理论扎根在中国的文化传统与当代的历史语境之中，提出崭新的研究进路和思想框架。因此，公共阐释是建构性的学术概念。公共阐释的提出，确立了当代中国阐释学理论研究的出发点：阐释是公共的。《公共阐释论纲》（以下简称《论纲》）是开拓这一研究领域的标志性文章，至今在知网已有 359 次引用。《论纲》不仅尝试提出了公共阐释的基本内涵："阐释者以普遍的历史前提为基点，以文本为意义对象，以公共理性生产有边界约束，且可公度的有效阐释。"还标明了符合公共阐释价值的六条特征：理性阐释、澄明性阐释、公度性阐释、建构性阐释、超越性阐释、反思性阐释。值得重视的是，《论纲》初步提出了公共理性这一重要概念，将其视为决定阐释的有效性和有效程度的基点。

公共阐释一经提出，立即引起了学界热烈而广泛的讨论。在持续论争、对话、反思的基础上，公共阐释这一本土原创概念也逐步吸收丰富的思想营养得以发展和深化，张江教授也由此撰写发表了系列学术论文，对公共阐释展开探讨。在《公共阐释还是社会阐释——张江与约翰·汤普森的对话》⑦中，着重强调了公共阐释首先应该立足于日常的公共生活，并针对公共阐释

---

① 张江：《关于公共阐释若干问题的再讨论（之一）》，《求是学刊》2019 年第 1 期，第 131~134 页。

② 张江：《论阐释的有限与无限——从 π 到正态分布的说明》，《探索与争鸣》2019 年第 10 期，第 22~29 页。

③ 张江：《公共阐释论》，《中国社会科学》2022 年第 11 期，第 4~26 页。

④ 张江：《百家争鸣：公共阐释的历史见证》，《江海学刊》2023 年第 1 期，第 53~61 页。

⑤ 张江：《"公""共"辨》，《探索与争鸣》2024 年第 3 期，第 39~49 页。

⑥ 张江：《"识""见"辨》，《文艺争鸣》2024 年第 5 期，第 80~87 页。

⑦ 张江、约翰·汤普森：《公共阐释还是社会阐释——张江与约翰·汤普森的对话》，《学术研究》2017 年第 11 期，第 9~16 页。

与社会阐释的区别进行辨析。《作为一种公共行为的阐释——张江与迈克·费瑟斯通的对话》① 则尝试从一种社会理论的角度来把握阐释学，将阐释视为一种公共行为或社会行为，并指出若是离开阐释，社会就无法存在；没有阐释也就没有公共体或共同体。《关于公共阐释的对话》② 则是张江教授与当代著名哲学家哈贝马斯就公共阐释和当代阐释学的基本问题展开对话，在对话中着重强调了实现公共阐释需要相互倾听，彼此协商，平等交流，以达成共识。《阐释的世界视野："公共阐释论"的对谈》同样强调了公共阐释注重沟通协商，寻求对话达成共识的精神。《关于公共阐释若干问题的再讨论（之一）》强调，阐释是一种公共行为，也是一种理性行为。公共性不仅是个体阐释的基础，而且是个体阐释生成的可能的根据。《论阐释的有限与无限——从 π 到正态分布的说明》则借鉴自然科学的"正态分布"概念，来尝试说明公共阐释所具有的分布特征；并以 π 作为比喻，来说明阐释的有限性与无限性之间的关系。

在《论纲》提出五年之后，经过长期的探讨和系统性反思，2022 年张江教授撰写并发表了《公共阐释论》。这篇文章是对公共阐释的重新论述，从"公共空间""公共前提""公共理性""阐释自觉"等角度展开了对于"公共"的基础性讨论，提出了诸多重要的论断：阐释是公共的；阐释在公共空间展开，是公共空间中的相互理解与交流，而非私人空间的个体理解与自言；阐释空间具有自由性、平等性、宽容性、公共约束和共识性追求等特征；阐释的生成，以普遍的公共性要素为前提，为当代公共理性所规引；阐释的全部前提来源于公共、立足于公共，共通感、集体表象为人类普遍共同所有，语言、逻辑与知识均为公共精神积累；公共理性是阐释为公共的基本根据，是激发和推动阐释的积极动力，是约束和规范阐释的框架标准，是衡量阐释有效性的基本尺度；公共理性在公共阐释中实现功能，公共阐释在公共理性引导和约束下展开；阐释自觉是阐释公共性的本质要求，阐释主体坚

---

① 张江、迈克·费瑟斯通：《作为一种公共行为的阐释——张江与迈克·费瑟斯通的对话》，《学术研究》2017 年第 11 期，第 1~9 页。

② 张江、哈贝马斯：《关于公共阐释的对话》，《学术月刊》2018 年第 5 期，第 5~13 页。

持独立主体身份和清醒理性自知，深刻把握阐释的公共规律，满足并超越公共期望，以真理性阐释为目标，实现阐释的实践价值。《百家争鸣：公共阐释的历史见证》与《公共阐释论》相互关联，文章认为历史中的百家争鸣是我国公共阐释的最早典范，百家争鸣呈现了公共阐释的构成要素、基本形态、实现过程，是公共阐释理论与实践的历史见证。这些论断极大地推进了学界对于公共阐释的研究，再次引发讨论热潮。

另外必须注意的是，在公共阐释这一概念形成的过程中，中国当代阐释学的构建问题与之密切联系。如何超越 20 世纪西方阐释学的理论话语，开掘并运用中国传统阐释学经验，以中国的语言文字为基础进行学术创新，推进当代中国阐释学的理论建设，始终是困扰当代中国阐释学研究者的难题。因此，自 2017 年起陆续发表的《"阐""诠"辨——阐释的公共性讨论之一》①《"理""性"辨》②《"解""释"辨》③《"通""达"辨》④与《"衍""生"辨》⑤《"公""共"辨》⑥《"识""见"辨》⑦ 等系列专文，将公共阐释的理论构建与中国阐释学资源的现代转化两重任务有机结合，探索出了一条中国本土阐释学的独特新路。《"阐""诠"辨——阐释的公共性讨论之一》一文具有开创性的意义，这篇文章对"阐""诠"两字做了详尽考辨，以文字和训诂的考据为凭依，追溯"阐"和"诠"的本来意涵及其引申义，并以此作为方法论的起点，建立当代中国阐释学的基本原理。《"理"、"性"辨》延续了《"阐""诠"辨》的研究进路，从语义考辨入手，指出中国语境下"理""性"的特殊意涵：理既是中国实践智慧的直观表达，也是西方理论理性的逻辑表达；中国的"性"具有伦理及价值

---

① 张江：《"阐""诠"辨——阐释的公共性讨论之一》，《哲学研究》2017 年第 12 期，第 12~25 页。

② 张江：《"理""性"辨》，《中国社会科学》，2018 年第 9 期，第 176~203 页。

③ 张江：《"解""释"辨》，《社会科学战线》2019 年第 1 期，第 173~184 页。

④ 张江：《"通""达"辨》，《哲学研究》2021 年第 11 期，第 86~95 页。

⑤ 张江：《"衍""生"辨》，《社会科学战线》2021 年第 11 期，第 148~156 页。

⑥ 张江：《"公""共"辨》，《探索与争鸣》2024 年第 3 期，第 39~49 页。

⑦ 张江：《"识""见"辨》，《文艺争鸣》2024 年第 5 期，第 80~87 页。

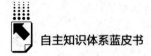

意义。并由此强调了阐释的确定性、通达性、知识性的目标准则。《"解""释"辨》通过对"解"和"释"本义的深入研究，将其与"阐"和"诠"的含义进行比较。以此为基础论证了为何选择"阐释学"而非"诠释学"或"解释学"作为当代中国阐释学的总称。《"通""达"辨》立足"通""达"的互证互训，呈现了中国阐释学追求开放与澄明、融合与确证、追求理解的"共"与"同"等特征。《"衍""生"辨》指出"阐""衍"同义，"衍"是阐的方式，阐乃由衍而阐，"衍生"较之"生产"，能够更为确当地表达在合理性约束之下阐释的开放与生成。《"公""共"辨》指出"公"具有"公开""公度""公义"三重意蕴；"共"具有"共处""共通""共识"三重意涵；"公共"是公共之理、同然之心、度量之衡。并以此呈现"公共阐释"的要害，需要把握好阐释与公共，在公共中创造，创造超越公共。《"识""见"辨》通过对"识""见"的文字学辨析，厘清"前见"与"前识"这两个东西方概念之间的差异，探讨其在中国阐释学框架下的理论意义。这组文章通过文字学、训诂学的方法，系统地阐明了中国古代阐释学的思想路径、内在精神和哲学智慧，如何蕴含在"阐""诠""解""释""通""达""衍""生""公""共""识""见"这些汉字的语义之中。通过对这些汉字本义的深入考察，能够进一步衍生出层次丰富、内容深刻且对当代中国阐释学构建具有重要启发意义的阐释学思想。而这从中国本土语言语义入手，拓展中国阐释学理论范畴的研究进路，也必将深刻启迪和指引未来中国学人的研究。

（二）学界评价与学术影响

强制阐释和公共阐释提出后，立即引起了国际学术界的广泛关注。相关论文被相继翻译成俄文、法文和英文，在国外学术期刊上发表。同时在各种学术会议、期刊和研讨会上，中外学者针对张江教授所提出的命题和概念展开了持久而深入的讨论。张江教授也应国内北京大学、清华大学、中国人民大学、北京师范大学、复旦大学、武汉大学、吉林大学、华中师范大学等多所高校邀请，举办讲座或开设相关课程，取得了良好的反响。鉴于相关的研讨会、学术活动较多，无法一一列举，仅择取代表性的事件。

2015年9月19日，在上海召开的"欧美左翼文论与中国道路"学术研讨会上，张江教授的学术研究成为会议的热门话题，应邀与会的张江教授与其他学者就阐释学的相关问题进行了对话式研讨。是年，张江教授还与朱立元、王宁、周宪等知名学者就相关理论问题，先后十次以相互通信的方式进行了认真而深入的探讨。与此同时，美国、法国、俄国等国的一些文论家也参与到讨论中来，使得此番学术讨论从国内文论界延伸到国外文论界，有三十几位国内文论家和二十多位国外文论家先后参与其中，产生了广泛的国际影响。

2017年11月6日，张江教授应邀到慕尼黑哈贝马斯家中，就公共阐释的有关基本问题与哈贝马斯进行了长达三个多小时的对话和讨论。双方就阐释的公共性、阐释学与传统的关系、理性在阐释学中的作用和功能等问题，进行了充分的交流与探讨，并在一些主要理论观点的理解上达成一致。张江通过分析中国古汉语中"阐"字的字形和含义，强调实现公共阐释需要相互倾听，彼此协商，平等交流，以达成共识。进而提出，应从中国古代文化资源特别是阐释学资源中汲取智慧，在批判借鉴西方阐释学优秀理论成果的基础上，构建中国当代阐释学理论。哈贝马斯对于公共阐释这一新命题的理论价值给予肯定，认为阐释学是对传统进行反思的中介，公共阐释是由两个来自不同传统的不同派别出于共同合作的意图，通过相互之间的倾听，实现双向沟通。

2019年4月13日，"阐释的公共性本质"学术研讨会在复旦大学召开，来自国内诸多知名高校和中国社会科学院的知名专家学者针对公共阐释展开了充分的理论探讨和学术交流，极大地推进了公共阐释的相关研究。

2019年，张江教授与德国图宾根大学奥特弗莱德·赫费教授针对阐释学的效用、边界、公共性等问题展开对话，深入讨论了文本阐释的不同路径和哲学基础，并着重辨析了"原意性阐释"与"理论性阐释"的重要区别。"原意性阐释"即对文本自在意义的追索，"理论性阐释"即在理解文本原意基础上的"发挥"，二者代表着两种不同的阐释路线。张江教授强调理解文本原意的重要性，而赫费教授则指出阐释需要结合文本的历史语境和现代社会的需求。双方通过对经典文本的分析，展示了阐释学在不同学科和文化背景下的复杂性和多样性，并指出这两条路线相互补充的重要性。

2022 年 8 月 28 日，"公共理性与公共阐释"学术研讨会召开，诸多学术专家针对公共理性概念展开了丰富的探讨。2022 年 11 月 26 日，"阐释学的公共性向度"研讨会召开，与会专家以阐释的公共性为核心展开探讨，并紧密联系现实，涉及了广泛的研究领域，考察了公共阐释的研究进展，取得了丰硕的研究成果。

曾军（上海大学文学院教授、博士生导师，教育部"青年长江学者"）认为，张江教授的《公共阐释论纲》是继《强制阐释论》之后，对中国阐释学理论的一种建设性努力。如果说强制阐释论着力在"破"的话，那么，公共阐释论则着力在"立"，即针对当下的中国文论发展中所遭遇的困境，试图提出一种文学阐释的理想范型。段吉方（华南师范大学文学院教授、博士生导师）提出，张江教授的《公共阐释论》既是中国当代阐释学的理论视野与理论经验的表达，同时也提供了一种文本阐释理论的推进方案。从公共阐释论的角度出发，在理论视野的横向展开与具体观念的纵向深入中，它所涉及的不仅仅是阐释学的基本问题研究层面，更有哲学、美学、语言学、文学理论与批评学等方面的跨学科价值，在批评的伦理、批评的价值、批评理论的合法性等方面对中国当代人文学科研究的理论深化有明显的思想启发。陶东风（广州大学人文学院教授、博士生导师）认为，张江教授在承认社会阐释和公众的复杂性、多元性、矛盾性、冲突性的同时，坚持对"公共"和"公共理性"的理想型建构，而不是像汤普森那样完全取消这个概念（认为公共阐释就是社会阐释），这具有重要意义，否则的话，我们就无法在经验世界实际存在的阐释之外树立一个理想的参照，一个评价的标准，甚至会面对各种阐释的无是非的纷争而无可奈何、无所适从。张跣（中国社会科学院大学教授、博士生导师）提出，从《公共阐释论纲》到《公共阐释论》，张江教授关于阐释公共性的思考不断深化，其对公共理性、公度性、共识性、真理性的论述有颇多精妙之处。但公共理性的性质、阐释公共性的来源、阐释的真理性追求等问题，还有进一步讨论的空间。泓峻（山东大学教授、博士生导师）认为，在阐释学研究中对公共理性的强调以及对公共阐释论的反复论证，在很大程度上也体现的是一种类似哈贝马斯那样的在后现代的语境中重建现代性的努力。因此，强制阐释论对后现代主义的批评，其背后隐藏着的同样是对学术研究中的相对主义、虚无主义的担忧。李春青（北京师范大学教授、博士生导师）认为，张江教授在《公共阐释论纲》一文中强调阐释的公共性，并认为公共理性乃是阐释公共性的决定性因素。何卫平（华中科技大学教授、博士生导师）认为，公共阐释的提出旨在超越解释或阐释的个体化或私人性，反对强制阐释、过度诠释，具有鲜明的时代特色，富于探索精神和建设性，读后很能引起共鸣。将这个概念引入解释学很有必要，因为反对强制阐释、过度诠释，承认阐释的公共性，涉及这个领域探讨的核心，尤其是在当代，它牵涉我们如何超越相对主义和虚无主义的大问题。李健（深圳大学教授、博士生导师）认为，无论如何，公共阐释都是一个有意义的研究领域，对这一领域的开拓是完善阐释学的一个重要举措。不管是一般阐释学还是门类阐释学，都以公共性为基点，这是因为，公共性是人与人对话与交往的前提。张冰（西南大学教授、博士生导师）提出，公共阐释所强调的公共性，用康德主义视角来理解，是一种主观普遍性，也即一种源自主体的客观性。这种公度性基础赋予了阐释活动以确定性，使之在具有个体多样化的灵动空间和巨大的包容性的同时，也具有了极其广泛的共享性。因此，在阐释活动中，倡导阐释的公共性，确立阐释范式，遵循共同的阐释规则，是获得良好阐释效果，使阐释活动得以良性发展的重要前提。范玉刚（中共中央党校教授）则认为，新时代语境下，公共阐释论的出场为文艺学美学话语体系建构清理了地基，提供了核心概念和理论范畴，表征着中国当代文论话语体系建构的自信，是时代变化和实践发展情形下的一种理论创新。

在赞誉之余，诸多专家学者亦提供了不少批判性的意见和建议。如剑桥大学约翰·汤普森教授提出，应在公共阐释的理论建构中加入对冲突性的要素的动态把握，以此来呈现阐释实践中实际存在的竞争或斗争。哈贝马斯提出，需要注意在公共阐释的理论框架下，通过公共的、阐释学的努力而达成的共识与特定的民族传统、多元文化之间的关系，即理性的普遍性与民族性的问题。英国伦敦大学迈克·费瑟斯通教授指出，有关"公共性"的讨论，一方面应当注意在学术生活、科学和知识生产中的知识垄断现象，另一方面，如何创造条件使公共对话、公共辩论成为可能，也是一个十分重要的问题。周宪教授提出，有必要说明文学阐释中的"公共理性"在哪里，由谁来代表它，如何在文学阐释的纷争中裁定真理与谬误，它通过什么机制来运作，它与学术共同体的共识或多数意见有何种关系。陆扬教授认为，公共阐释或许与政治、权力之间存在联系，意在主张无产阶级的文化领导权。谷鹏飞教授认为，应在数字人文的意义上拓展公共阐释，探究"混杂语境下多元阐释主体与人机阐释主体的一切理解活动得以可能的条件"。丁子江教授强调，公共阐释一方面是一种理性阐释，另一方面也是一种语境性阐释。谭安奎教授提出，是否存在与"公共理性"相对立的理性，即"私人理性"？陶东风教授提出，有必要探究在什么样的社会历史条件下，才最有利于理想型公共阐释的出现。

这些批评和建议，在对话与争鸣中促进了公共阐释这一原创概念的完善。张江教授通过持续的补充与回应，对公共阐释的概念内涵不断调整和修正，其问题域也不断拓展和丰富，相关命题的思辨性持续提升。在这一过程中，公共阐释也在国内外学术界形成了广泛的共鸣和深远的影响，推动了中国阐释学研究领域的深化与拓展，为当下人文社会科学的理论研究和实践应用，提供了重要的学术资源和崭新的研究视角。

三 原创性分析

（一）原创性阐释

在当代文学批评实践中，对文学文本的强制阐释极为普遍，此类现象甚至超越文学理论与文艺学范围，以其一般性形态，普遍存在于人文与社会科学研究的各个领域。如在哲学领域哲学家以自我立场强制阐释经典，譬如海德格尔对康德的存在论阐释。在历史学领域，在"一切历史都是当代史"的旗帜下，一些史学家以其强烈的主观动机，对已有定论的历史予以颠覆性的反向阐释。在经济学与社会学领域，从某种西方理论出发，去任意阐释他国的经济社会现象与实践，以证明其理论正确。如何解决这一当代学术发展中的乱象，就需要首先抓住问题的要害，在总结其主要特征的基础上，予以诊断和治疗。

因此，强制阐释的提出，首次对人文社科领域中过度阐释和主观解读的弊病进行了清晰的划定，并强调阐释实践应当注重文本本身的意义，而不是过度依赖外部理论框架或阐释者的主观意图。在系列专题研究的基础上，《再论强制阐释》①更进一步吸纳了心理学的理论资源，开拓了跨学科的研究方法，极具原创性地对强制阐释产生、泛滥的内在原因进行深入探究。文章立足"期望""动机""认知"等心理学视点，有效揭示了强制阐释的内在心理动力。并进一步指出，虽然强制阐释有其当然发生的理由，但绝非意味着它就是合理且不可克服的。应坚持从现象本身出发，坚持阐释的整体性观点，坚持阐释的多重多向循环，是合理规范阐释强制性的有效方式。做到这一点，就需要公共阐释来发挥作用。

公共阐释的提出，具有明显的理论建构意味和逻辑框架意义，指明了中国当代阐释学理论研究的思想基础：阐释是公共的。公共阐释强调：阐释是公共、公开的；阐释在公共空间中展开；阐释有公共前提；阐释的有效性由公共理性所衡准。公共阐释的理论期望是，阐释者努力构建和强化阐释自觉，不断提升阐释质量和水平。弘扬阐释自觉，在阐释活动中自觉运用主体性意识，坚持独立主体身份和清醒理性自知，在公共空间中深刻把握阐释的公共规律，满足并超越公共期望，以真理性阐释为目标，实现阐释的实践价值。主动摆脱本能自在的阐释状态，达及理性自为的阐释境界，是阐释自觉的核心诉求。

① 张江：《再论强制阐释》，《中国社会科学》2021年第2期，第4~23页。

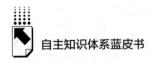

就其理论效果而言，公共阐释的提出在极大程度上解决了学术生产中"主观臆断、过度阐释"的乱象。这些现象不仅损害了文学作品本身的价值评判，也削弱了读者对文学批评的信任度，扭曲了文本的价值和意义。公共阐释则要求阐释者努力构建和强化阐释自觉，形塑公共阐释的价值取向，从而积极引导和推动当下文艺理论研究和批评实践的健康发展，阻遏了对于文本意义的曲解和强制。

作为一种原创的阐释学概念，公共阐释的提出也解决了当代阐释学理论研究停滞不前的难题。目前国内阐释学的研究，主要沿着如下三条路径推进：第一，在译介、接受的基础上，持续研究西方阐释学理论的核心问题，尤以伽达默尔为中心；第二，在古代诗学、经学阐释实践的基础上，发掘阐释学的思想资源；第三，在比较的视域下讨论中西方阐释方法的异同。这三条路径的研究都对阐释学理论的完善有所推进，但更多依然是重复前人话语，创新不足。而当代国外的阐释学发展，也都难以脱离尼采、海德格尔、伽达默尔、德里达的话语，因而陷入瓶颈。可以说，当代阐释学理论想要发展，必须要吸纳新的理论资源和新的方法论视角。因此，面对这一挑战，我们中国学者一方面要做好中国的传统阐释学资源的阐发，将其理论化、方法论化；另一方面也要做好阐释学与其他学科的交叉融合，例如语言学、文学、心理学、社会学等领域，从而开辟新的研究路径。而公共阐释的提出，不仅吸纳、弘扬了中国传统的阐释经验，开拓中国的阐释学智慧，提倡一种更加开放、公共的阐释路径。同时，其系列研究也充分结合了语言学、历史学、心理学、哲学、自然科学等学科的理论资源，开辟了中国阐释学的研究新路，具有标志性的学术意义。

此外，公共阐释的提出具有方法论的意义，启发了阐释学理论的创新与建构，进而解决了当代主流阐释学理论崇尚无边界、无约束、无根基阐释的弊病。《公共阐释论》的研究，为公共阐释相关问题确立了基本的问题域，从多个层面探讨了"公共"的展开方式，探讨了阐释空间、阐释的公共前提、公共理性、阐释自觉等问题。尤其是"阐释自觉"这一注重阐释主体意识的理论洞察，深刻把握了公共阐释的关键要害，具有深刻的启发意义。

而这些触及阐释根本性问题的研究，都对学界提升和发展当代阐释学理论，起到了重要的推进作用。

（二）学术意义与现实意义

公共阐释的提出，不仅秉承了对于西方当代文艺理论的反思和批判，也对中国当代阐释学理论的构建起到了重要的指引作用，确立了中国阐释学的"公共"精神。就"构建中国阐释学"自主知识体系这一学术目标而言，早在 1998 年汤一介先生就在《辩名析理：郭象注〈庄子〉的方法》① 一文中提出"创建中国解释学的理论与方法问题"，并在同年发表《能否创建中国的解释学》一文，并有《再论创建中国的解释学问题》②《三论创建中国解释学问题》③《关于僧肇注〈道德经〉问题——四论创建中国的解释学问题》④ 等系列文章，号召中国学人努力建立、完善本土的阐释学理论体系。可见，"构建中国阐释学"对于当代中国的人文社会科学研究，具有重要的理论意义和广阔的学术前景。中国不仅具有漫长的传统阐释学研究史，丰富的阐释实践，并且在古代各种经典阐释文本中，已然初步形成了具有文化特色的阐释方法。然而，如何转化传统阐释学理论资源，如何应对西方系统化、理论化的阐释学理论的冲击，都需要当代中国学人的智慧与创新，否则难以完成。然而，经过二十余年的研究，中文学界大体还是承续西方阐释学理论在"照着说""接着说"。阐释学研究仍是以翻译、介绍西方阐释学理论家的思想为主，加以比较中西方阐释学思想当中的相通之处，在西方阐释学理论与中国经典阐释传统之间游走。"构建中国阐释学"的努力，也往往是将中国古代的经典阐释经验纳入西方阐释学的哲学框架之下。沿着这样的学术道路，中国阐释学的研究虽然也具有一定的中国元素、中国色彩，但也

---

① 汤一介：《辩名析理：郭象注〈庄子〉的方法》，《中国社会科学》1998 年第 1 期，第 45~51 页。

② 汤一介：《再论创建中国解释学问题》，《中国社会科学》2000 年第 1 期，第 83~90 页。

③ 汤一介：《三论创建中国解释学问题》，《中国文化研究》2000 年第 2 期，第 16~20 页。

④ 汤一介：《关于僧肇注〈道德经〉问题——四论创建中国解释学问题》，《学术月刊》2000 年第 7 期，第 22~25 页。

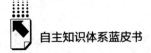

难免会借助中国材料来挪用、套用外来理论，来确证西方阐释学哲思之正确。这类研究所完成的，其实是西方阐释学理论的"中国化"，缺乏创新之处，难以完成构建中国阐释学理论的学术任务。

而公共阐释的提出，从一开始就以"创新"为目的，致力于"创造性转化"。唯有创新，才能真正激活中国传统的阐释学资源，打破西方理论话语的禁锢，以中国本土的文化观念为中心，重新划定阐释学理论的核心问题域。在公共阐释的理论视域下，"公共"即中国阐释学的理论要害。而想要通达"公共"，就要从公共空间、公共前提、公共理性、阐释自觉等方面揭示阐释活动的内在规律，进而开辟阐释学研究的新问题、新方法，在新的学术场域中发掘中国文化的阐释学智慧，在民族语言的土壤上构建真正意义上的中国阐释学。以"公共"为旨要，当代中国阐释学理论的构建就具有了方向性的目标，阐释的伦理、阐释的价值、阐释的方法，都能够从公共阐释的理论研究中汲取营养，从而能够更为有效地指导社会文化现象的阐释与对话，在关键问题上达成共识。

此外，在任何文化语境当中，阐释实践都是以语言为载体的活动。阐释的方法、目标、路径、标准等，也必然与阐释者所操用的民族语言密切相关，而民族语言决定了民族心理与思维方式，也直接影响了不同民族的阐释方式。如果阐释学不是以一种民族语言为基础，或是不能以民族语言为基础而有所发明和建构，其学科意义必然有极大局限，且不可避免地会衰落下去。因此，必须要有效发掘中国阐释学的传统资源，使之完成现代性的理论转化，从而推进当代中国阐释学的理论建设。因此，从传统文字学、训诂学的维度进入，研究当代阐释学的理论问题，就极具意义。而《"阐""诠"辨——阐释的公共性讨论之一》《"理""性"辨》《"解""释"辨》《"通""达"辨》与《"衍""生"辨》《"公""共"辨》《"识""见"辨》等系列文章，开辟了从中国传统文字学、训诂学展开阐释学理论研究的学术路径，从本土的语言土壤当中汲取营养，提出本土的阐释学概念，进而构建本土的阐释学理论和哲学，在稳步推进的过程中完成"构建中国阐释学"的学术目标。也就是说，公共阐释开辟了以中国本土语言语义、阐释学资源为抓手，拓展中国阐释学理论范畴与本土概念的研究进路。

公共阐释不仅打开了理论思辨的广阔空间，还拓展了阐释学理论研究的知识领域，建立了本土阐释学概念范畴的核心框架。以公共阐释这一自主知识体系为基础，不同的学术领域、学术路径、学术方法，都能够与之对话，从中汲取思想营养，在学科的交叉中拓展其知识生产的阐释学维度，衍生学术新知。

（三）国际比较与优势

依据学术交流和文献调研情况，至今未发现与强制阐释（Imposed Interpretation）和公共阐释（Public Interpretation）类似的概念。张江教授提出本土的原创概念，是要倡导对于文本本身意义的重视，而非过度依赖外部理论框架或阐释者的个人想法，避免将主观意图强加于文本之上，从而保持对文本的尊重和忠实。尤其是公共阐释的提出，为阐释的开放性与有限性划定了合理的边界，同时也为人文社科研究者提供了一种自我检验的标准，提醒研究主体应具有自觉的阐释意识，凝聚公共的阐释精神，并在共识中接近真理。

作为政治哲学的核心问题，古今中外有关"公共性"的讨论并不鲜见，然而把公共理性的概念引入阐释学领域，并明确提出公共阐释这一建构性主张的，实为首创。公共阐释主张，"阐释是公共的"，并将"公共"视为当代中国阐释学理论研究的基本立足点。在《公共阐释论纲》一文中，张江教授即以"人类理性的公共性"为出发点，将公共阐释界定为可公度的有效阐释，并通过"理性""澄明性""公度性""建构性""超越性""反思性"来界定该概念的理论特征。而后《公共阐释论》一文进一步补充和完善了公共阐释的理论框架，从公共空间和公共理性的角度，全面论证了公共阐释的生成条件和根本依据，并开掘了"阐释自觉"这一全新的理论命题。公共阐释概念的持续推进和深化，呈现了这一本土学术概念的深刻的思辨性与旺盛的生命力。

虽然没有与公共阐释相似的阐释学概念，但与之相近的一些理论主张值得重视。比如斯坦利·费什的"阐释群体",即主张文本的意义并不固定,是由阐释文本的"阐释群体"(共享共同阅读规范和解读策略的群体)所决定。而受到不同文化和社会背景的影响,不同群体对同一文本也会产生不同阐释。费什的主张虽然考虑到了阐释的社会性,但其本质上还是一种群体的视角主义,其"阐释群体"的观点虽然能够说明个别的阐释现象,但他过分强调了阐释的相对性,否定了作者意图,也取消了公共群体内部的差异性,群体之间也无法通过对话来达成共识,因此具有较大的理论局限。而公共阐释不仅包容群体内部的差异性,更倡导通过对话来达成共识,并且形成超越性的阐释,推进公共阐释向真理靠拢。

哈贝马斯的"公共领域"也值得关注。在哈贝马斯看来,市民社会构成了一个独立于国家和市场之外的社会空间,公众在该空间中通过理性讨论形成共识和公共意见。其理论内核是一种源自启蒙运动的民主社会理论,较为理想化,它的实现需要同时满足"位于权力之外""全民参与""理性讨论"和"公共利益"这四个条件,在现实社会中难以达成,也因此具有较大的局限性。而公共阐释这一阐释学概念同样注重理性、注重对话,与哈贝马斯的"公共领域"不乏相通之处。但公共阐释的理论构建聚焦于阐释学这一问题领域,并强调"公共空间""公共理性""公共前提"等多重维度的基础性作用,系统地论证了公共阐释的生成过程,并提出了"阐释自觉"这一关切主体意识的学术概念。也就是说,公共阐释具有阐释理论的完备性。在理论与实践的关系层面,公共阐释以实践为基础,倡导凝聚共识通达"可公度的有效阐释",更加符合现实中阐释实践的需要。从理论的包容性来看,公共阐释理论鼓励多元视角的参与,强调在公共讨论中包容不同背景、文化和观点,通过对话来达成超越性的共识。这比哈贝马斯立足18世纪的启蒙经验的"公共领域"理论,更能适应多元的现代社会。

伽达默尔的哲学阐释学理论主要集中于个体与文本之间的理解,虽然也强调"对话",但却是将对话视作达成理解的一个持续过程,即"视域融合",而这种对话过程也与"事情本身"、与"阐释学的真理"相联系。与之不同的是,在公共阐释的理论建构中,对话、交流是阐释的基本属性,通过对话，就是要迈进公共空间中达成广泛的共识，并在共识的扬弃中不断提升阐释的效果。"公共阐释"的真理是在公共空间中通过持续的阐释实践来不断达成的，而非虚无缥缈的理论概念。此外，伽达默尔的哲学阐释学强调历史传统对于阐释活动的重要影响，而公共阐释则致力于超越传统，在公共讨论中实现理性、有效的阐释，以促进社会共识和正义。所以，较之伽达默尔的理论，公共阐释显然更加扎根现实实践，更具积极的建构意义，能够更加有效地指导人文社会科学的学术研究和发展。

更加值得重视的是，公共阐释不仅在标定阐释学问题域的意义上构建了自主知识体系，更从传统训诂学等中国本土阐释学的独特方法入手，深入挖掘中华传统文化所蕴藏的丰富阐释学思想资源，使之融入新时代中国学术自主知识体系的有机组成部分之中，并结合时代精神和生活实践对其加以提炼和升华，实现现代转化，推动形成更加科学、更可持续、更具世界意义和历史意义的阐释学理论，从而成为我们把握当代生活、凝练时代主题的有效工具。并在方法论的基础上推进本体论的建构，提出"阐衍学""训诂阐释学"等新的提法，既为训诂开拓出一个广阔的阐释前景，又为阐释筑牢了可靠的中国根基。这样的研究路径，显然对当代中国的学术发展具有启发性的意义。

四 研究展望

在公共阐释的基础上，推进中国阐释学理论体系的完善，是当前中国学术研究所面临的重大问题。其中的关键，就是要解决如何将传统的文化资源现代化、当代化，来为解决当下的现实问题发挥积极作用的难题。想要达成这一学术目标，就必须立足中国传统、中国实践、中国经验，在学术的交流与合作当中吸收、借鉴西方理论成果，推动形成更加科学、更可持续、更具世界意义和历史意义的阐释学理论。而这，也是我们这一代中国学者必须要承担的学术责任。

立足中国传统，首先需要在方法层面起步和上手，注重弘扬中国古代训诂学的历史经验，促成经典训诂方法的现代革新。不仅激活传统训诂学对于汉语言文字的分析能力、解释能力和覆盖能力，同时也使其能够解释当代学术领域所面临的种种难题。而这就需要将"训诂"与"阐释"的功能结合起来：以训诂作为起点和方法，以真理性、可靠性和融贯性为准则，遵循从训诂到阐释，再从阐释回到训诂的反复循环、螺旋上升的路径，最终达到扎实基础和创造新知识的理想阐释；并期望通过长期的实践和理论整合，建立起具有鲜明学科特色并广泛应用的"训诂阐释学"。作为学科的"训诂阐释学"，能够充分结合训诂学与阐释学各自的优势，互为根基，互为支撑，互为动力，为阐释学的发展奠定可靠的中国基础，为训诂学的生长开辟广大的现实空间。这一学术研究方向的设计与规划，在《"训诂阐释学"构想》和《训诂与阐释：阐释学体系建构讨论》中有较为丰富的讨论。

同时需要强调的是，中国悠久的阐释经验传统本就具有显著的实践品质，公共阐释也提倡实践优先于理论。因此，中国阐释学建构应秉承传统的实践智慧，以阐释学的方法论为着力的侧重点。由方法论入手，一方面有益于中国传统阐释的当代转化，其可靠性、可行性明显；另一方面，方法论阐释学具有更直接的实践性和普遍有效的实用性，具有明显的超学科性质，能够为多学科研究提供范式基础，乃至可能引发范式革命。回顾历史，我们可以发现，任何学科的进步都依赖于实际应用。无论多么抽象的哲学思考，如果不能上升为系统的科学思维方式，或者找到解决问题的重要方法，都无法成立和发展。所谓阐释学，无论是作为本体论还是方法论，如果不能被各学科广泛应用，最终必然会被打入冷宫。因此在中国阐释学建构上，我们主张本体论与方法论并重，方法论优先。

在此基础上，需要进一步实现本体论的超越。而达成这一目标，必须要以中国本土的阐释实践为立足点，"让阐释学说汉语"。也就是说，要从汉语的概念、范畴、命题和范式出发，基于汉语本源字义，重新审视有关阐释学的基本概念和命题，探讨隐藏在汉字及汉语思维方式背后的阐释学意蕴。比如，"阐""诠""解""释""理""性""通""达""衍""生""公""共""识""见"等术语不仅具有阐释学方法论的意义，而且是构建当代中国阐释学的关键。这些基本概念之间有明确的意义关联性，概念之间相互解释、相互支撑，形成互文互证的关系。当然，这不是要简单地借用古代术语来替代西方概念，也不是把西方阐释学当作纯粹的理论形态，而是结合时代精神和生活实践，恢复阐释学本身作为思想之源的根本追求，建构与时代精神相契合的新的阐释方式。沿着这一学术路径，才能进一步深化中国阐释学的概念体系与范畴，探索和构建学科化、系统化的中国阐释学。

公共阐释对于交流、互动的强调，开拓了阐释学的广泛问题域。其中，"公共空间""公共理性"等概念都广泛涉及了政治哲学、社会学、心理学、历史学、认知科学等领域。因此，进一步的理论探索与深入研究，就必须要具有跨学科的理论素养。此外特别需要注意的是，在阐释学史、阐释学理论的研究之外，当今其他学科（如文学、历史学、心理学、语言学、传播学、社会学、人工智能等）的实践和进步，也对阐释和阐释学的构建产生了深远的影响，甚至彻底颠覆了我们对阐释及阐释学的基本认知。譬如，人工智能和大数据改变了我们与客观世界建立联系的方式，基于算法、模型的人机协作将成为未来我们阐释活动的重要实践方式。那么，我们要如何在本体论、方法论层面去理解和把握这一变革，如何在未来的阐释活动中进行伦理和价值的考量，这些都会是新的阐释理论的发展源泉。

当然，我们也需要认真学习和借鉴西方阐释学的成果，但不能简单地沿用西方的理论和观点，必须保持独立思考。特别是，当代中国阐释学不应被视为西方阐释学的中国篇章或中国学派，而应当发展出具有独特中国风格和气派的全新理论体系。这不仅意味着对西方成果的吸收和转化，更重要的是要立足于中国文化的深厚传统，从中挖掘出新的思想资源，构建出具有中国特色的当代阐释学理论，为全球学术界贡献独特的中国智慧。这种新的阐释学不仅是对中国文化的自我理解和阐释，也将对世界文化交流和理解提供新的视角和方法。

最终，我们要构建系统完备的中国阐释学。这里的"中国阐释学"具有两重内涵，其一，是作为一门学问的中国阐释学。它是实践和经验的积累与增长，这种实践和增长没有系统的总结，但被学术共同体默认并被传统所接纳。我们所认知的中国古代的阐释实践，就是以零散的经验呈现，没有体制性的规定。它以散漫、实用的方式，或者可以称为实践理性的展开过程与成果，汇聚成阐释的经验和学问。其传承方式是通过教化，让人在实践中体验和感悟，没有条条框框的规定和约束。其二，是作为一门学科的中国阐释学。在此意义上，阐释学作为一个独立的知识体系，与哲学、语言学、心理学等紧密相关但有所区别。它对理解和阐释具有普遍的指导和应用价值。所有的学术研究无一例外地依赖于阐释，因此阐释学具有一般的本体论和方法论意义，这使得它在所有学科中独树一帜并高于其他学科。"系统而完备"是中国阐释学发展的目标。这里的"系统"指的是整体性，这是阐释学的基本特征。其构成要素通过科学的结构及相互衍生形成一个整体，整体大于各要素之和，能够解决独立要素无法解决的问题。各要素的专业方向为整体服务，整体在自身的发展中不断深化和丰富各要素。而"完备性"指的是，作为一个形式系统，阐释学的概念、命题、规则和定理是自洽且协同演进的，能够相互引申和证明，没有逻辑矛盾和漏洞。

总而言之，进一步推进中国阐释学理论的发展，应以公共阐释为基础，并立足于当代中国的政治、经济和文化实践，从传统阐释学资源中汲取精华并予以改造，从本体论到方法论，构建我们自己的概念、范畴和命题，直至形成一个完备的体系。在学科体系和话语体系的建设过程中，必须继承和发扬中国文化传统，同时结合当代中国的实际实践。为了实现这一目标，需要依靠多学科的交叉融合，并注重实际应用，通过在实践中的有效应用来推动阐释学理论的发展和完善。只有这样，才能使中国阐释学在全球学术界占据重要地位，并为解决当代社会问题提供独特的理论视角和方法论支持。我们相信，通过中国学者的共同努力，系统而完备的当代中国阐释学体系必将成功构建，并有望在全球学术舞台上发出中国阐释学的声音，引领阐释学理论的发展，为国际同仁提供思想的启迪。

公共阐释概念提出者简介：张江，哲学博士，中国社会科学院大学教授，《中国文学批评》主编，曾任中国社会科学院副院长、中国社会科学杂志社总编辑等。主要研究领域为阐释学和文艺理论，致力于当代形态的中国阐释学构建和阐释学学科建设。"强制阐释论""公共阐释论"等在我国理论界产生重要影响，并受到国际学界关注。代表性专著有《作者能不能死》等，在《中国社会科学》《哲学研究》《文艺研究》《文学评论》《学术月刊》等学术期刊发表专业论文数十篇。

附录：公共阐释相关研究成果清单

一、论著清单（以"公共阐释"为论著关键词或出现于论著标题中为准）

（一）个人论文 24 篇

1. 强制阐释

[1] 张江：《强制阐释论》，《文艺争鸣》2014 年第 12 期，第 7～20 页。（被引 37，下载 2442）

[2] 张江：《强制阐释论》，《文学评论》2014 年第 6 期，第 5～18 页。（被引 559，下载 10219）

[3] 张江：《前置结论与前置立场》，《北京师范大学学报》（社会科学版）2015 年第 4 期，第 70～73 页。（被引 11，下载 873）

[4] 张江：《强制阐释的主观预设问题》，《学术研究》2015 年第 4 期，第 124～127 页。（被引 31，下载 1835）

[5] 张江：《关于"强制阐释"的概念解说——致朱立元、王宁、周宪先生》，《文艺研究》2015 年第 1 期，第 45～48 页。（被引 51，下载 2922）

[6] 张江、Li Cunna：《强制阐释的独断论特征（英文）》，Social Sciences in China，2016 年第 3 期，第 132～147 页。（被引 1，下载 417）

[7] 张江：《强制阐释的独断论特征》，《文艺研究》2016 年第 8 期，第 5～13 页。（被引 27，下载 1778）

[8] 张江：《关于"强制阐释论"的对话》，《南方文坛》2016 年第 1 期，第 51～57 页。（被引 16，下载 1107）

[9] 张江、伊拉莎白·梅内迪、马丽娜·伯恩蒂、凯撒·贾科巴齐：《文本的角色——关于强制阐释的对话》，《文艺研究》2017 年第 6 期，第 75~81 页。（被引 20，下载 1132）

[10] 张江：《关于公共阐释若干问题的再讨论（之一）》，《求是学刊》2019 年第 1 期，第 131~134 页。（被引 7，下载 842）

[11] 张江：《再论强制阐释》，《中国社会科学》2021 年第 2 期，第 4~23 页。（被引 82，下载 3849）

2. 公共阐释

[1] 张江：《公共阐释论纲》，《学术研究》2017 年第 6 期，第 1~5 页。（被引 307，下载 3381）

[2] 张江、约翰·汤普森：《公共阐释还是社会阐释——张江与约翰·汤普森的对话》，《学术研究》2017 年第 11 期，第 9~16 页。（被引 38，下载 1174）

[3] 张江、迈克·费瑟斯通：《作为一种公共行为的阐释——张江与迈克·费瑟斯通的对话》，《学术研究》2017 年第 11 期，第 1~9 页。（被引 21，下载 1041）

[4] 张江：《"阐""诠"辨——阐释的公共性讨论之一》，《哲学研究》2017 年第 12 期，第 12~25 页。（被引 99，下载 2755）

[5] 张江、哈贝马斯：《关于公共阐释的对话》，《学术月刊》2018 年第 5 期，第 5~13 页。（被引 43，下载 1394）

[6] 张江、陈勋武、丁子江等：《阐释的世界视野："公共阐释论"的对谈》，《社会科学战线》2018 年第 6 期，第 154~164 页。（被引 16，下载 1106）

[7] 张江：《"理""性"辨》，《中国社会科学》2018 年第 9 期，第 176~203 页。（被引 23，下载 2377）

[8] 张江、黄德远：《"阐""诠"辨——阐释的公共性讨论之一（英文）》，Social Sciences in China，2018 年第 4 期，第 5~36 页。（被引 0，下载 404）

［9］张江：《关于公共阐释若干问题的再讨论（之一）》，《求是学刊》2019 年第 1 期，第 131~134 页。（被引 7，下载 842）

［10］张江：《论阐释的有限与无限——从 π 到正态分布的说明》，《探索与争鸣》2019 年第 10 期，第 22~29 页。（被引 77，下载 1398）

［11］张江：《公共阐释论》，《中国社会科学》2022 年第 11 期，第 4~26 页。（被引 11，下载 1131）

［12］张江：《百家争鸣：公共阐释的历史见证》，《江海学刊》2023 年第 1 期，第 53~61 页。（被引 1，下载 475）

［13］张江：《公共阐释论》，《社会科学文摘》2023 年第 4 期，第 20~23 页。（被引 1，下载 202）

（二）个人专著 3 部

［1］张江：《阐释的张力：强制阐释论的"对话"》，中国社会科学出版社，2017。

［2］张江：《作者能不能死：当代西方文论考辨》，中国社会科学出版社，2017。

［3］张江：《当代西方文论批判研究》，中国社会科学出版社，2017。

二、学界相关研究示例

［1］谷鹏飞：《"公共阐释"论》，《西北大学学报》（哲学社会科学版）2018 年第 1 期，第 139~148 页。

［2］袁宝龙：《文明演进视野下早期中国公共阐释话语体系的崩溃与重构》，《西北大学学报》（哲学社会科学版）2020 年第 4 期，第 40~49 页。

［3］金惠敏、陈晓彤：《公共阐释及其感知生成——一个现象学—阐释学的增补》，《学习与探索》2021 年第 7 期，第 143~151 页。

［4］李岳：《从阐释冲突到公共阐释：阐释自证的理论视野》，《中国文学批评》2022 年第 4 期，第 147~154 页。

［5］朱军：《走向"阐诠学"：公共阐释视野下的本体诠释》，《中国文学批评》2023 年第 3 期，第 44~52 页。

［6］ 王成军、王瑞媛：《哲学诠释与公共阐释的理论异同》，《中国社会科学评价》2022 年第 3 期，第 91~98 页。

［7］ 李昕桐：《"公共阐释"的合法性和可能性基础——马克思"现实的公共阐释"思想》，《社会科学辑刊》2023 年第 5 期，第 5~10 页。

［8］ 韩振江：《公共阐释的哲学本体论问题》，《广州大学学报》（社会科学版）2023 年第 1 期，第 16~22 页。

［9］ 孙士聪：《历史、当代与经验："公共阐释论"的方法论视域》，《广州大学学报》（社会科学版）2023 年第 1 期，第 23~28 页。

［10］ 窦可阳：《先秦易学的"公共阐释"——兼论从春秋"士易学"到"儒门易"的演变》，《吉林大学社会科学学报》2023 年第 1 期，第 159~168 页。

三、转载清单（转载论文以"公共阐释"为论文关键词或出现于论文标题中为准）

［1］ 张江：《理论中心论——从没有文学的"文学理论"说起》，《文艺理论》（人大复印报刊资料），2017。

［2］ 张江：《评"人人都是他自己的历史学家"——兼论相对主义的历史阐释》，《历史学》（人大复印报刊资料），2017。

［3］ 张江：《再论强制阐释》，《文艺理论》（人大复印报刊资料），2021。

［4］ 张江：《强制阐释论》，《文艺理论》（人大复印报刊资料），2015。

［5］ 张江：《强制阐释的独断论特征》，《文艺理论》（人大复印报刊资料），2016。

［6］ 张江：《强制阐释论》，《新华文摘》，2014。

［7］ 张江：《理论中心论——从没有文学的"文学理论"说起》，《新华文摘》，2016。

［8］ 张江：《评"人人都是他自己的历史学家"》，《新华文摘》，2017。

［9］ 张江：《再论强制阐释》，《新华文摘》，2021。

［10］张江：《强制阐释论》，《中国社会科学文摘》，2015。

［11］张江：《评"人人都是他自己的历史学家"》，《中国社会科学文摘》，2017。

［12］张江：《强制阐释的独断论特征》，《高等学校文科学术文摘》，2016。

［13］张江、哈贝马斯：《关于公共阐释的对话》，《文艺理论》（人大复印报刊资料），2018。

［14］张江、张政文：《当代文学思潮前沿问题探讨"公共阐释论"相关理论问题辨析（笔谈）》，《文艺理论》（人大复印报刊资料），2019。

［15］张江：《公共阐释论纲》，《新华文摘》，2017。

［16］张江等：《"公共阐释论"相关理论问题辨析笔谈（五篇）》，《新华文摘》，2019。

［17］张江：《关于公共阐释若干问题的再讨论（之一）》，《新华文摘》，2019。

［18］张江：《公共阐释论》，《新华文摘》，2023。

［19］张江：《公共阐释论》，《中国社会科学文摘》，2022。

［20］张江：《公共阐释论纲》，《高等学校文科学术文摘》，2017。

［21］张江：《公共阐释论》，《社会科学文摘》，2023。

四、相关项目课题清单

2018 年，国家社会科学基金重大项目"新时代中国特色文艺理论基本问题研究"（项目编号：18VXK007）。

五、相关获奖

［1］2019 年，《强制阐释论》（《文学评论》2014 年第 6 期）获得第十届中国社会科学院优秀科研成果奖（论文类）三等奖。

［2］2021 年，《再论强制阐释》（《中国社会科学》2021 年第 2 期）获评《中国社会科学》2021 年度好文章。

B.11
走向世界：作为原创概念的别现代

王建疆[*]

摘　要：　别现代是对一种似是而非有待区别的时代特征的概括，具有时间空间化、发展四阶段、随机选择、跨行越界和跨越式停顿等特征。别现代主义则是对别现代属性的深度识别、价值判断和理论主张，从而与别现代之间形成自反式哲学结构。别现代的"别"来自甲骨文，但突破了"语言的牢笼"和正别之辨而成为一个涵盖性术语，已经生发出27个范畴和命题以及方法论系列，成为中国自主知识体系。该体系回答了现实社会属性和有无中国自主知识体系的问题，也回答了生命的权利问题和自由解放问题，以及深伪与深别的问题。在概念的首创性和理论的彻底性以及应用性方面具有独到之处，因而产生了跨界跨行的国际影响。别现代的背后是一段刻骨铭心的故事，其理论有望形成当代中国别学。

关键词：　别现代　别现代性　别现代主义　自主知识体系　中国别学

别现代（Bie-modern）概念由笔者于2014年首次提出。别现代是对一种在时间空间化状态中似是而非的时代特性的概括，而别现代主义则是对这种似是而非的时代特性或别现代性的价值判断与理论主张。

---

* 王建疆，上海师范大学教授、美学与美育研究所所长，研究方向为哲学和美学原理。

一　概念阐述

（一）概念的内涵

别现代是一个关于社会形态和社会发展阶段的哲学术语，指现代、前现代、后现代杂糅的时间空间化了的似是而非有待识别的时代。别现代作为原创的标识性概念，首发于 2014 年 12 月《探索与争鸣》上的《别现代：主义的诉求与建构》[①]。

别现代一词已在全球以不同的语言流传，英语的表述为 Bie-modern，其基本定义为 A Doubtful Modernity/A Pseudo Modernity，亦即一种似是而非的现代。Bie-modern 即别现代，显然是一个中英文合成词，Bie 是汉字"别"的拼音形式，Modern 则是英语单词拼写形式。如此翻译别现代的本意是为了凸显别现代之"别"的中国性，但别现代主义理论却是借助语言但又突破"语言的牢笼"的关于社会形态的理论。

与别现代紧密相关的是别现代性（Bie-modernity）和别现代主义（Bie-modernism）。

别现代性指别现代社会形态中现代、前现代、后现代的杂糅性；多重价值选择性即或择优集善或择劣趋恶或二者并行不悖、和谐共谋；发展方向的随机性即社会发展的方向取决于一个集团甚至个人所形成的主导性力量，因而发展方向往往随着主观意志和个人禀赋而具有随机模式；跨越式停顿性，即在现有轨道上高速发展的过程中突然停顿，实现革命性转型，这在当代民族国家包括社会主义国家的现代化转型中颇为多见。

别现代主义是对这种似是而非的时代特性或别现代性的价值判断与理论主张，包括对别现代的反思与对别现代弊端的批判，形成了一个类似于老子"反者道之动"和后现代之于现代的自反式哲学结构。别现代的时间空间化状态即时代的共时态经过和谐共谋、对立冲突、和谐共谋与对立冲突交织、

---

① 王建疆：《别现代：主义的诉求与建构》，《探索与争鸣》2014 年第 12 期，第 72~77 页。

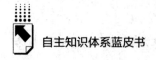

自我更新和自我超越的四个历史时期，最终突破时间空间化的杂糅状态，转换为历时态，进入世界历史。

（二）解决的难题

1. 回答中国之问

哲学的使命不仅在于认识世界，而且还要改造世界。别现代和别现代主义概念的提出对于以下世界的、中国的、跨越时代的、社会生活的、文学艺术的、学术研究的难题都有触及并在不同程度上做出了自己的回答。

第一，中国的现代性与西方的现代性有何关系？笔者的《别现代主义之别：艺术和审美中的现代性与审美现代性》一文指出，中国从别现代进入现代，实现现代化，是历史的必然。用西方审美现代性批判现代性和批判现代化理论作为中国人文社会科学研究的理论根据，不符合中国要实现现代化的历史要求。在文学、艺术中提倡别现代主义的反思批判精神，就是要在文学和艺术领域具足现代性，推动现代化。因此，在中国提出文学、艺术和审美中的现代性命题以改造和代替西方的审美现代性概念，就是在遵循现代性的普遍原则基础上的"中国式"的最好体现。

第二，中国哲学和美学在世界哲学中如何定位？与20世纪90年代开始的"中国哲学还是哲学在中国""中国美学还是美学在中国"的诘问相联系的是"中国哲学和美学有无必要有无可能领先世界"的问题。笔者与阿列西·艾尔雅维茨、恩斯特·曾科、罗克·本茨等就此问题展开讨论。这几位西方学者认为，随着别现代主义的出现，世界哲学格局将会发生变化，这就是突破中国没有哲学说和哲学三帝国说，而出现中国占据一边的"世界哲学四边形"，并在中国形成"世界哲学时刻"。

第三，中国的文化产业和艺术如何命名？如何确认中国当代文化产业和当代艺术创作的独创性及其知识产权，这是中国走向世界产生国际影响的必要环节。随着别现代主义国际艺术巡展、别现代主义艺术家的创作、别现代意象派诗歌创作团体的出现、《别现代：作品与评论》《别现代与别现代主义艺术》的发行，别现代主义以其实际行动回答了这一问题。美国中国别现代研究中心 CCBMS 主任、艺术史家基顿·韦恩教授认为，别现代一词不仅为思想创造提供了广大空间，而且为中国的文化产业和艺术从西方现代、后现代的一贯性命名中获得别现代的冠名权。

2. 回答世界之问

如何看待人类生命的等级之别？这是全人类一直面对的不平等问题，也是革命和战争的起因，关系到人类文明的整体全面提升。王建疆教授于 2017 年提出、2018 年正式发表的别现代主义生命股权（Life Equity/Life Stocks）/生命资本（Life Capital）[①] 理论认为，人类文明建基于每个人生来就有钱的自然法权的基础上。这种生命股权并非来自资本投入和对遗产的继承，相反，它是生来就有的先天财富。这种天生财富体现在免费的教育、医疗、养老、住房和最低生活保障上，来自每个个体从国民经济总收入中的分红和分利。先天财富是自然法权，与后天财富获得无关。因此，在保证每个国民先天财富落实的基础上，鼓励后天财富积累及其通过缴税对国民经济总收入的补给，进而对生命股权的扶持和滋养。生命股权的法理依据在于人生而平等，这种平等首先来自生而有钱。表面上看是启蒙时代人权理论的延续，但它却把先天财富的不劳而获从西方古典政治经济学的道德谴责中解放出来，变为人的自然法权（王建疆《生命股权与城市焦虑症对策》）。另外，生命股权与当下西方学者和政要热议的"全民基本收入"的不同在于，除了在生存保障上的一致目的外，生命股权理论是通过借用"股权"概念，将全民基本收入法理化了，从而避免了政治选举中为了争取选票而产生的对于这种自然法权的投机主义的主观取舍，使得国民从根本上避免了因贫穷带来的困境和精神挫伤，成为建立在绝对公平正义基础上的共享主义。在目前人工智能技术迭代发展，全人类就业危机之际，生命股权的实现有助于消除人类整体焦虑，避免因绝对贫穷引发的骚乱甚至战争。

[①] Wang, Jianjiang, "Is it Possible for China to Go Ahead of the World in Philosophy and Aesthetics? Response to Aleš Erjavec's, Ernest Ženko's, and Rok Ben čin's Comments on Zhuyi and Bie-Modern Theories," *Filozofski Vestinik*, 39 (3), (2018).

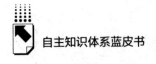

3. 回答人民之问

"我的孩子何时才能到达起跑线?""人有病天知否?""我的养老谁负责?""我的家在哪里?"这些都是人民群众迫切需要解决的问题。随着高智能机器人的诞生,那种传统的基于道德评判的"不劳而获"将失去意义,人的生存比以往任何时候都显得更加重要,而且无比重要。

别现代主义生命股权理论就是因应人类焦虑感、苦难感而在马克思主义哲学、马斯洛人本主义需求理论、马克思生命升华观点基础上提出的生存哲学和生存策略。这种生存策略包括免费教育、免费医疗、免费养老、免费住房和免费最低生活保障。在 2022 年上海召开的"别现代主义生命股权理论研讨会"上,来自全国各地的法学专家共同认为,生命股权在法律的应然层面已无懈可击,但需要通过人大立法使这个应然变为实然。

生命股权理论对于基于道德评判的传统伦理学的现代化、对于法学上人的自然法权中先天财富的计量化、对于经济学中 GDP 分红分利的占比趋大化,对于审美学中有关"生"的学说如"生命美学""生活美学""生态美学""生生美学""身体美学"的归根化都具有第一理论根据的属性和特点,将会在文化计算中实现人文社会科学的整体性突破。

总之,生命股权理论就是回答人民之问的学说,是解决世界难题的理论,也是中国人文社会科学研究整体性进步的一个突破点。

4. 回答时代之问

中国有无自主知识体系?如何建构中国自主知识体系?这是一个起始于清末民初的伴随着西学东渐和中体西用之辨而跨越了三个世纪的时代之问,关联着中华文化复兴和国家软实力提升。

著名学者郑永年一直认为,中国没有形成自主知识体系,从而影响到中国的现代化建设。知识体系的建构离不开原创的、具有涵盖性的标识性概念以及这类概念的逻辑展演。

查阅 WOS 数据库,主题词"Identification Concept"(标识性概念)的结果如下:2009~2022 年,发表中文文章最多,每年 1000 篇以上。涉及学科大多为社会科学,极少有哲学和人文学科。

但这么多的标识性概念却无一例是构成自主知识体系的。由此引出以下问题：

①什么样的标识性概念才能生发出自主知识体系？

②建构自主知识体系这一在中国古代和现代西方都不存在的问题为什么会成为我们的问题？而且是一个至今未能很好解决的问题？

与此紧密相关的是：

①为什么并无标识性概念意识和自主知识体系建构意识的中国古代却创造了独立自主的知识体系？

②中国近代以来自主知识体系的缺失是由谁造成的？来自西方的学科体系钳制还是自身存在不足？抑或二者兼而有之？

这一系列问题，凝聚为别现代主义研究的焦点，这就是概念如何生发出体系的问题。只有把这个焦点问题解决了，才有可能带动整体问题的解决。

对这一问题的思考起始于 2012 年王建疆教授在《探索与争鸣》上发表的两篇文章：《中国美学：主义的喧嚣与缺位——百年中国美学批判》[①] 和《中国美学：主义的缺位与重建——与王洪岳教授商榷》[②]。文章从反思 20 世纪 50 年代美学大讨论到对中国美学出路的探讨，分析了西方的主义在中国跑马圈地，而中国学界紧紧围绕"唯物主义"与"唯心主义"之争这一曾被恩格斯认为只有在讨论物质第一性还是意识第一性时才有意义，否则没有意义的问题而显得原创的有意义的主义贫乏，正是因为中国美学界缺乏自己原创的主义，在借用西方的概念讨论本国的问题时，很容易被西方范式所同化，因此，借道西方的主义创构自己的主义就势在必行。

进而论之，中国哲学和美学之所以缺乏主义，就既在于客观政治环境使然，又在于学者们思想认识不清，创新意愿不强，甚至闻"主义"而逃。厘清这些问题后，笔者于 2014 年中俄高层文化论坛上宣读了别现代概念，

---

① 王建疆：《中国美学：主义的喧嚣与缺位——百年中国美学批判》，《探索与争鸣》2012 年第 2 期，第 22~26 页。

② 王建疆：《中国美学：主义的缺位与重建——与王洪岳教授商榷》，《探索与争鸣》2012 年第 7 期，第 25~30 页。

引起热烈响应。接着发表了《别现代：主义的诉求与建构》一文，宣告别现代主义诞生。虽然在别现代主义国际化方面美国和欧盟的大学捷足先登，率先建立了自主性别现代研究机构 CCBMS/CBMS 研究别现代，但也证明以"主义"为核心和标志的中国哲学社会科学创新是可行的。

别现代主义诞生后，笔者又通过一系列论文在与国内外著名哲学家和美学家的论战中强化、细化、深化了别现代主义以"主义"为标志的中国自主知识体系建构意识、建构理想、建构策略、建构方法、建构路径。《思想欠发达时代的学术策略——以美学为例》①《别现代：美学之外与后现代之后——对一种国际美学潮流的反动》②《哲学、美学、人文学科四边形与别现代主义——回应阿列西·艾尔雅维茨教授》③《别现代：跨越式停顿与跨越式发展及文化艺术创新——兼回应王洪岳教授》④《别现代：国际学术对话中的哲学与美学》⑤《别现代：主义的问题与问题的主义——对夏中义先生及其学案派倾向的批评》⑥《别现代：主义与本体——兼回应国内的别现代问题讨论》⑦《中国的哲学和美学没有必要领先世界吗——回应阿列西·艾尔雅维茨等》⑧《别现代之"别"》⑨《别现代：如何面对西方哲学和美学

---

① 王建疆：《思想欠发达时代的学术策略——以美学为例》，《中国社会科学评价》2015 年第 4 期，第 93~103 页。

② 王建疆：《别现代：美学之外与后现代之后——对一种国际美学潮流的反动》，《上海师范大学学报》（哲学社会科学版）2015 年第 1 期，第 5~14 页。

③ 王建疆：《哲学、美学、人文学科四边形与别现代主义——回应阿列西·艾尔雅维茨教授》，《探索与争鸣》2016 年第 9 期，第 80~86 页。

④ 王建疆：《别现代：跨越式停顿与跨越式发展及文化艺术创新——兼回应王洪岳教授》，《甘肃社会科学》2017 年第 6 期，第 8~14 页。

⑤ 王建疆：《别现代：国际学术对话中的哲学与美学》，《西北师大学报》（社会科学版）2017 年第 5 期，第 15~22 页。

⑥ 王建疆：《别现代：主义的问题与问题的主义——对夏中义先生及其学案派倾向的批评》，《上海师范大学学报》（哲学社会科学版）2017 年第 1 期，第 44~51 页。

⑦ 王建疆：《别现代：主义与本体——兼回应国内的别现代问题讨论》，《西北师大学报》（社会科学版）2018 年第 5 期，第 53~61 页。

⑧ 王建疆：《中国的哲学和美学没有必要领先世界吗——回应阿列西·艾尔雅维茨等》，《探索与争鸣》2018 年第 5 期，第 73~79 页。

⑨ 王建疆：《别现代之"别"》，《江西社会科学》2019 年第 6 期，第 82~90 页。

的四道坎》① 以及在国外著名期刊上发表的系列论文②③④⑤。

国际学者围绕主义和别现代展开讨论的部分成果在笔者、阿列西·艾尔雅维茨等著的《别现代：话语创新与国际学术对话》（*Bie-modern*：*Discourse Innovation & International Academic Dialgue*）中也得到了较为集中的表现。

国际美协前主席，著名哲学家、美学家艾尔雅维茨曾撰文 10 篇与笔者讨论别现代主义，从而扩大了中国式主义或中国自主知识体系的国际影响。

因此，从笔者的研究经历看，抓住时代之问，不断破解各道难题，最终形成了别现代主义范畴系统、方法论系统、应用系统，并产生了在国际上被西方建立机构研究、西方学者积极传播的罕见现象，形成了中国自主学术体系、学科体系和话语体系。虽然，仅个人的这一点点突破，对于整个中国自主知识体系建构而言也还是沧海一粟，别现代主义在中国自主知识体系中充其量也就是一个小小样本或一个成功的示例而已。但我们锁定典型示例的目的就在于，通过别现代主义的"一字之学"将整个中国自主知识体系建构落到了实处。

（三）别现代主义中国自主知识体系

学术体系形成的标志在于有原创的概念，由此概念生发出来的概念群和相关范畴群，其视角和方法具有独特性和有效性，通过传播产生了影响。

---

① 王建疆：《别现代：如何面对西方哲学和美学的四道坎》，《贵州社会科学》2019 年第 2 期，第 42~48 页。

② Wang, Jianjiang, "The Bustle and the Absence of Zhuyi: The Example of Chinese Aesthetics," *Filozofski Vestnik*, 37（1），（2016）：157~178.

③ Wang, Jianjiang, "Is it Possible for China to Go Ahead of the World in Philosophy and Aesthetics? Response to Aleš Erjavec's, Ernest Ženko's, and Rok Ben čin's Comments on Zhuyi and Bie-Modern Theories," *Filozofski Vestinik*, 39（3），（2018）.

④ Wang, Jianjiang, "Quadrilateral" in Philosophy and Bie-modernism（Comments on Aleš Erjavec's "Zhuyi: From Absence to Bustle? Some Comments on Wang Jianjiang's Article 'The Bustle and the Absence of Zhuyi' "），Art+Media, 2017.

⑤ Wang, Jianjiang, "Where is Bie-Modern Going? Responding to Professors who Study Bie-modern Theories," *Asian Journal of International Affairs*, 2021.

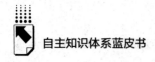

1.别现代主义的方法论

别现代主义以现实为依据，从别现代社会现状和历史发展阶段来考察当代中国社会、文化、艺术和审美学，从而形成了自己的不同于西方的别现代主义理论。

别现代主义在对社会形态和历史发展阶段的考察中形成了自己的哲学思维方式，这就是有别于的求异性思维、跨越式停顿思维、切割思维。

第一，有别于的思维方式与求异性思维方式。不仅在学生培养上推行求异和新见，以符合学位论文答辩中的"创新点"刚需，而且在思想建设上提出中西马我，以我的原创为主的治学方针，最大程度地发挥研究者和创造主体的主观能动性，达到创造的最佳状态，形成独立的知识产权和原创性的哲学理论和审美学理论。

第二，跨越式停顿的思维方式。跨越式停顿与跨越式发展相对，是指在高度、高速的发展中突然主动停下来，而非被动刹车。跨越式停顿属于涵盖性哲学，可以从老子的功成名遂身隐、禅宗的顿悟成佛、儒家的急流勇退中发现这种人生智慧；可以从技术的研发、储存、应用、更新中得到启示；也可以从苏联等国家的解体中找到根据；还可以从具有后发优势的欠发达国家意识到自己享受别人的红利总有尽头，从而杜绝山寨、发奋创新中得到支持；更容易从文学和艺术流派的诞生中获得认可。跨越式停顿源自对佛家"成住坏空"的极限的彻悟和对发展空间有限性的认识，不会沿着一条道走到黑，而是在中途及时地停下来自我反思、自我更新、突然转向、改弦易辙，实现革命性的突变。跨越式停顿理论被广泛地应用在了社会发展转型上、文化的进步与蜕变上、文学和艺术的传承创新上，并产生了切割理论。

第三，切割理论。切割理论是从跨越式停顿的思维方式中生发出来的一种新的理论，是在文明进化、艺术创新、科技进步的普遍认同模式中，即传承—创新模式和借鉴—创新模式中楔入切割的环节或要素，从而形成传承—切割—创新和借鉴—切割—创新的新模式。理由是传承与创新之间没有必然的逻辑关系，这就如工业文明并非对于农业文明的传承才创新的，艺术流派也不是对前人流派的继承的产物，而是继承后又加以切割的独立创造。同理，科技方面的创新亦非只要借鉴国外的先进技术就能实现的，相反，是对所借鉴的成果进行切割之后才形成自己独立的知识产权的。

2. 别现代主义的范畴和命题

包括别现代、别现代性、别现代主义、时间空间化、发展四阶段、和谐共谋、跨越式停顿、传承—切割—创新、借鉴—切割—创新、中西马我结构、主义的问题与问题的主义、后现代之后回望说、待有、待别、无别、英雄空间理论、囧剧、消费日本、生命股权、命本体、第一理论根据、人类文明的整体提升、别现代主义文化计算、深别、自调节审美、内审美、修养审美、意境生成、敦煌艺术再生、别现代审美形态论、生命股权美感论。

别现代主义的数十个哲学和审美学范畴及其命题之间有着紧密的内在逻辑关联。从内在逻辑上看，以有别于的思维方式为指南贯穿整个体系；以时间空间化之别于西方而寻找社会形态基础；以社会形态之待别作为区别真伪现代的第一根据，并将这种待别发展成为横跨人文与科学的人机交互深别；以主义的待有为出发点寻求主义的建立，在主义的问题与问题的主义之间确立自己的别现代主义；以生命股权为幸福感和美感的来源，在人类文明整体提升中建构人类"各美其美"、异彩纷呈的审美共同体；以发展四阶段与文学和艺术以及审美形态之间的关系为坐标，揭示别现代时期的审美特征，并进而实现具有普适性的审美学理论的整体突破；以从后现代之后回望别现代为策略，在中西马我中以我的创造为主导，以跨越式停顿和切割为方法，在与西方审美现代性理论的论辩中，在与深伪现象和后真相的深别中，建立真正原创性的哲学和审美学理论；秉持自调节审美和由自调节审美升华的别现代主义自我反思和自我超越精神，落实别现代主义建立真正的现代性社会，实现现代化的目标。

总之，别现代主义范畴具有哲学与审美学一体化和涵盖性的特点，形成了一个严密的逻辑体系。这里的一体化和涵盖性，就体现在作为"一字之学"的别现代主义之"别"上。

3. 一字之学，一以贯之

笔者自 2014 年首次发表《别现代：主义的诉求与建构》以来，在中国

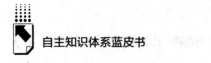

自主知识体系建构上有三次递进。

第一，创构了以"主义"为标志、以本土为特色的别现代主义这一中国自主知识体系。该理论包括以别现代、别现代主义、别现代性、时间空间化、发展四阶段论为代表的社会形态论；以跨越式停顿、切割为代表的发展论；以"待有""待别""有别于"为代表的方法论；以囧剧、消费日本、英雄空间为代表的审美形态论；以自调节审美、修养审美、内审美、意境生成等为代表的审美学理论；以敦煌艺术再生为代表的艺术学理论，它们共同构成了别现代主义1.0。

第二，于2018年建构了生命股权理论，包括命本体、生命股权美感论等，成为别现代主义2.0。

第三，于2021年建构了别现代主义文化计算理论、深别理论，人类文明整体提升论等，成为别现代主义3.0。

别现代主义理论体系以"主义的问题和问题的主义"为导向，以"后现代之后回望"为视野，以"中西马我"为结构，在马克思主义指导下实现笔者的原创，在与西方的"主义"论战中不断地更新、壮大，在中国自主知识体系建构过程中呈现明显的学术递进态势。别现代主义主动融入中国自主知识体系建构之中，体现了别现代主义的必然进路和历史归宿（见图1）。

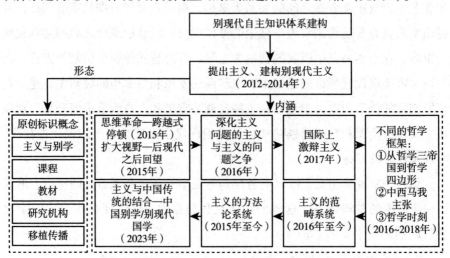

图1 别现代主义中国自主知识体系建构路径

资料来源：笔者绘制。

别现代主义理论在这三次递进中，逐渐摆脱了"别"的汉语多义和歧义的干扰，日趋学理化、规范化。汉语中的"别"至少有七种意思，如不要、告别、区别、特殊、别样、另外、别扭等。经常出现同一句话具有相反意思的情况。如"别在一起"既为结合，又为分手；"别到底"既为一别到底，又为停在半空中，从而形成"家族相似"的模糊性，以至谷歌等英文翻译都把别现代翻译为 Don't Be Modern，与别现代主义通向现代化、实现现代化的主旨正好背离。也有将别现代主义理论置于"正义之辨"，试图以正统与从属的词义对立界定别现代主义理论①。但是，别现代主义理论摈弃了从语言词汇界定概念的弊端，采用确定内涵与外延的学术术语界定法，将别现代界定为似是而非有待识别的时代，从而不仅揭示了别现代时间空间化的本质，而且指出了其有待识别的属性，由此建立了研究对象别现代与对别现代的属性识别、价值判断、理论主张辩证统一的自反式哲学结构，再辅以别现代性定义，使别现代概念成为完完全全标准意义上的学术术语，避免了由词汇歧义导致的家族相似性和模糊性，为别现代主义学术研究和艺术流派创建奠定了基础。

二　研究综述

（一）概念的形成与发展

别现代并非简单的哲学思辨和逻辑推理的结果，而是关联着原创的生活经历、理想诉求、概念提炼，因而其创作过程具有故事性。

"文革"期间，只有 8 岁的笔者在一个原始森林中的小牧场同小姨、小姨父生活过半年。那里野兽很多，有小伙伴兄弟二人砍柴火被毒蛇咬死，一位小姐姐大白天在场部被野狼叼走，笔者也有两次死里逃生。唯一感到壮胆

---

① 孙国东：《"别现代"与"正现代"——中国现代性的历史、实践与理论逻辑论纲》，《中央社会主义学院学报》2024 年第 6 期，第 5~19 页。

和愉快的是小姨家的天花板和墙壁上贴满了《人民日报》，几乎副版上都有越南人民军战士、女民兵们活捉美国别动队的报道，当时处于"停课闹革命"阶段，搞不懂什么是别动队，以为美帝纸老虎不敢动就等着被活捉。后来读佛典"教外别传"句，与儿时别动队之别相联系，产生理解混乱，但也刻骨铭心。2000 年有了打造另一个世界的理论的想法，发表了《审美的另一世界探秘——对"内审美"新概念的再思考》① 一文。2010 年后，这个打造另一个世界理论的想法变成了与西方美学中 36 个主义"对标"的冲动，连续发表了数篇有关美学上的主义的文章，引起争鸣。但这时的主义尚属抽象，没有冠名，直到 2014 年春天，别现代、别现代主义才冒出来，可能是别动队之别和教外别传之别被激活的结果吧。

别现代主义作为中国本土原创的哲学、审美学理论，自提出伊始，就得到了国内外学界的广泛关注，尤其是欧美学界，经过了从质疑到争论，再到深入研讨的过程，在这一过程中，其中的问题研究也不断得以深化，理论本身也逐渐成熟。

1. 西方学者研究别现代主义

就目前而言，西方哲学界和艺术界对别现代主义理论的研究主要集中在以下几个方面，而且其中的主要部分已被笔者和阿列西·艾尔雅维茨合著的《别现代：话语创新与国际学术对话》② 一书收录。

从世界哲学的高度对别现代主义（Zhuyi）概念进行研究。阿列西·艾尔雅维茨曾发表过 10 余篇文章与笔者讨论中国的主义（Zhuyi）与西方的主义（Ism）之间的异同，并为两个欧洲著名杂志开设的别现代理论专栏写了卷首语和编者按，推动了别现代主义理论在西方的研究③。

对别现代主义理论来源和现实意义的研究。斯洛文尼亚别现代研究中心

---

① 王建疆：《审美的另一世界探秘——对"内审美"新概念的再思考》，《复印报刊资料》（美学）2004 年第 7 期，第 7~12 页。

② 王建疆、〔斯洛文尼亚〕阿列西·艾尔雅维茨等：《别现代：话语创新与国际学术对话》，中国社会科学出版社，2018。

③ 第一个专栏为 Art & Media, column："Chinese Zhuyi and Western Isms"，2017 年 7 月；第二个专栏为 Filozofski vestnik, column："Bie-modernity"，2018 年 1 月。

CBMS 主任恩斯特·曾科教授详细考证过别现代主义理论的来源以及别现代主义理论的适用问题，认为别现代主义理论属于中国学者原创，但更适合中国的国情并解决中国的问题。

对别现代主义时间空间化理论的研究。恩斯特·曾科、克里·韦恩在将别现代主义的时间空间化理论与西方空间理论进行比较研究中，得出时间空间化理论在哲学思想传播和艺术流派创新方面的不限于中国的全球性意义。

对中国有无必要和有无可能在哲学和人文学科包括审美学领域领先世界的问题的研究，包括对西方传统的"声言二分"问题的研究。阿列西·艾尔雅维茨在提出别现代主义哲学作为世界哲学四边形之一边的论断后，又从声言二分理论质疑中国哲学和人文学科包括审美学有无必要像当代中国艺术一样领先世界的问题。罗克·本茨在研究别现代主义理论对世界哲学和人文学科的可能影响时，提出了由别现代主义带来的"世界哲学时刻"的问题，将别现代主义研究国际化。

对别现代主义艺术独立身份的研究。美国的中国别现代研究中心 CCBMS 主任基顿·韦恩教授从别现代时期相似艺术的不同意义出发，肯定了别现代主义艺术的独特价值、身份地位以及为中国当代文化产业和艺术作品冠名的功能。但基顿·韦恩从对现代化带来的艺术异化现象的考量开始，对别现代主义艺术将要面对的商业化倾向提出警示。

对别现代主义艺术的比较研究。玛格丽特·理查森将别现代主义艺术作品和别现代主义艺术主张与印度、日本等国的现代艺术和现代艺术主张进行比较研究，阐述了别现代主义艺术不同于中西方交会中的"折中主义艺术"的地方。

对别现代主义的学科归属和文化类别进行研究。朱迪·奥顿从文化心理认同的角度研究别现代主义理论的文化意义和学科归属。

在对中西方社会思潮的比较中研究别现代主义思潮的特殊性及其世界意义。衣内雅·边沁列举了欧洲三位著名的社会学家的理论与别现代主义理论进行比较研究，在对阴郁颓废与积极进取的对比中，阐明别现代主义的时代意义。

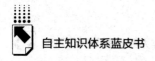

对别现代主义跨越式停顿概念的研究。大卫·布鲁贝克专事别现代主义跨越式停顿在中国古代艺术和当代艺术中的表现，并力图说明中国自古以来就有一种别文化①。

从以上研究内容可以看出，虽然西方学者的研究目前基本上只属于对1.0版的别现代主义理论的研究，尚未涉及别现代主义的2.0版，但是，西方学者对别现代主义理论研究的一个特别值得注意的地方在于，西方学者已将别现代主义理论与全球哲学大师和艺术大师的理论进行比较研究。阿列西·艾尔雅维茨和恩斯特·曾科将笔者的别现代主义理论中的"主义""待有""中西马我"等与雅克·朗西埃的平等哲学进行比较研究，又将福柯的异托邦与笔者的时间空间化理论进行比较研究②③④；罗克·本茨将别现代主义与阿兰·巴迪乌的哲学时刻理论进行比较研究；恩斯特·曾科还将别现代主义的时间空间化与德里达的幽灵学理论进行比较研究；基顿·韦恩将别现代主义艺术与安迪·沃霍尔等艺术家的作品进行比较研究；衣内雅·边沁将别现代主义与欧洲的社会学理论进行比较研究。至于西方学者将别现代主义理论与其他西方理论家和艺术家进行比较研究的则更多。还有将别现代主义艺术理论与印度的"折中"艺术理论进行比较研究的，在别现代主义理论研究国际化的同时，将别现代主义理论推向了国际历史舞台的前端。

2. 国内学者研究别现代主义

周韧、关煜、史红、李隽、徐薇、胡本雄、张逸等用别现代主义理论研究别现代时期的艺术，包括建筑、电影、架上艺术、装置艺术、舞蹈艺术等。

---

① 〔美〕大卫·布鲁贝克、徐薇：《别现代的停顿：尘埃，水墨，启蒙时代和跨越式生存》，《贵州社会科学》2021年第8期。

② 阿列西·艾尔亚维茨、徐薇：《主义从喧嚣到缺位？——与王建疆教授商榷》，《探索与争鸣》2016年第9期，第3页。

③ 阿列西·艾尔亚维茨、徐薇：《琐事与真相：对王建疆"主义的缺位"命题的进一步讨论》，《探索与争鸣》2018年第5期。

④ Ernest Ženko, On Heterotopia: Michel Foucault's Conception of Space in the Context of Bie-Modern Theory, See the collection of th 6th Bie-modern International Conference, edited by Keaton Wynn& Jianjiang Wang, 2020.

王圣、余凡等研究别现代理论方法。庄志民等用别现代主义理论研究旅游学和上海市旅游方案。康勇、杨增莉、庄焕明、张少委等用别现代主义理论研究文学和文学理论。徐大威、王维玉、杨增莉等用别现代主义理论研究英雄和英雄空间。夏中义、吴炫、刘锋杰、徐大威等研究别现代主义的主义的问题和问题的主义命题。王洪岳、查常平、张建锋等研究别现代主义理论中的主义及理论根据问题。陈伯海用别现代主义理论研究文明形态。于光荣、孙国东用别现代主义理论研究知识产权保护和政治法学问题。简圣宇、彭哲等研究生命股权这一横跨法学和经济学之间的理论。王晓华、郭亚雄、简圣宇、谢金良、赵诗华、崔露什等研究别现代主义哲学。张玉能、王洪岳、张弓、邵金峰等研究别现代主义审美学。肖明华、康勇等研究别现代主义文艺理论。肖明华、李隽、林佳锋等研究别现代主义文化批评。孙瑞雪、冀秀美等研究别现代主义修辞学和写作学。彭恺、陈海光、齐子峰、刘明星、胡杰明、简圣宇、常珺等研究别现代主义人工智能和元宇宙理论。胡杰明、吴文治等研究别现代主义设计学。

从 2020 年开始，各行各业研究别现代的理论文章就越发多了起来，其研究者也难以及时统计齐全。目前有关别现代研究的中文和外文文章总计已超过 230 篇。

3. 国内外总体研究现状比较及国际学派雏形

国内研究跟进较快，如别现代主义生命股权研究、别现代主义文明论研究、别现代主义人工智能研究等，部分进入对别现代主义理论 2.0 版和 3.0 版的研究。

国外目前尚在别现代主义理论的 1.0 版中研究。但国外哲学家、艺术史家和心理学家的加盟，其研究深度远超国内，并在研究别现代主义理论的同时建构自己的理论。

总之，别现代主义理论创构和理论研究正在全球范围内同步有序展开，涉及面广，视角新、方法新、观点新，有广度、有深度、有力度、有气度，形成了原创与研究之间的互动。一方面，理论创构给研究带来源头活水；另一方面研究也对原创进行补充、校对、应用和发展。二者合流，初显别现代

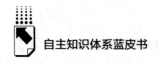

主义国际学派雏形。

4. 别现代主义国际学术讨论的焦点及其效应

围绕别现代主义理论，国内外哲学界、艺术理论界、美学界、文学理论界展开了热烈而持久的讨论。

首先，是对主义的讨论。即什么是主义？中国和西方的主义有何不同？如何解决主义的问题和问题的主义。

其次，别现代主义是"声音"（Voice）还是语言（Language）？能否带动中国哲学和审美学的发展并领先世界？

再次，别现代主义的时间空间化是否在西方古老哲学的当代应用和西方艺术的杂糅中同样存在？福柯的异托邦和德里达的幽灵学与别现代时间空间化之间有何联系？

最后，如何区别别现代主义艺术和后现代主义艺术？这是一个在中国学者那里很难区分的问题，却在西方学者和西方艺术家眼里泾渭分明、无需分辨的现象。

5. 讨论的结果

别现代主义与哲学四边形的诞生。国际美学协会前主席阿列西·艾尔雅维茨就别现代主义内涵的重要相关问题经过与笔者的反复讨论，确认中国将突破理查德·舒斯特曼哲学三帝国（德国哲学、法国哲学、英美哲学）模式，而成为世界哲学四边形（欧洲、美国、中国、俄罗斯）之一边，这个四边形正是由于中国的"主义"，包括别现代主义的产生而形成的[①]。

别现代主义与世界哲学时刻的形成。美学家、哲学家罗克·本茨在《论哲学的"时刻"、解放美学及贾樟柯电影中的"别现代"》一文中指出：法国当代哲学家阿兰·巴迪乌的"哲学时刻"非常接近别现代主义的发展。他还结合雅克·朗西埃的"解放及其审美维度的概念"，借助别

---

① Aleš Erjavec, "Zhuyi: From Absence to Bustle? Some Comments on Jianjiang Wang's Article 'The Bustle or the Absence of Zhuyi'," *Art+Media Studies*, (13), (2017).

现代概念对贾樟柯的电影进行了解读，他认为："哲学时刻需要一个共同的方案，它将从其完全不同的，甚至通常是截然相反的现实中追溯性地分辨出来。"①

"中国哲学和美学有无必要领先世界"这一提问，源自艾尔雅维茨"中国美学有必要像中国艺术那样领先世界吗?"的诘问，也是别现代主义在欧美学界被讨论而形成的对艾尔雅维茨的倒逼。艾尔雅维茨曾用亚里士多德的"声音"与"语言"之分来审视别现代主义。这种声言二分是欧洲中心主义的出发点。亚里士多德在其《政治学》中讲到，人与动物的共同之处在于面对威胁时都会发出恐惧、警告之声，唯有人会用逻辑组织的语言表达和申诉。但是，别现代主义理论是根植于中国特定社会和文化背景的本土原创哲学、审美学，目前形成了20多个次级理论范畴并自成一体，这是中国输出理论话语的典型性实践，通过创造理论，创新话语，以输出的姿态，进入国际思想市场并参与国际学术对话，从而发出的不仅是中国思想的声音，而且是一种体系化的哲学和审美学理论语言。因而，艾尔雅维茨不得不重新思考中国哲学有无必要、有无可能领先世界的问题，最终发出了"审美学上的另一个拿破仑行进在自己的路上"②的感慨和赞叹。

别在西方——美国和欧盟分别建立了别现代研究机构。美国第39任总统吉米·卡特的母校，佐治亚州西南州立大学于2017年自主成立了中国别现代研究中心（CCBMS）。相隔两年，欧盟成员国斯洛文尼亚普利莫斯卡大学的别现代研究中心（CBMS）正式成立。意大利建立了别现代主义网站③。目前以别现代主义理论为主题的国际学术会议和国际艺术巡展已经举行7次，有关别现代主义理论研究的汉语论文208篇、外语论文50篇、出版学术著作5部，分别在欧洲和国内重要期刊及会议论

① 〔斯洛文尼亚〕罗克·本茨、李隽：《论"哲学时刻"、解放美学和贾樟柯电影中的"别现代"》，《贵州社会科学》2019年第2期，第55~59页。

② 〔斯洛文尼亚〕阿列西·艾尔雅维茨：《写在别现代新书发布之前》，载王建疆、〔美〕基顿·韦恩主编《跨越时空的创造：别现代理论探索与艺术实践国际学术研讨会论文集》，中国社会科学出版社，2018。

③ www.biemodernism.org.

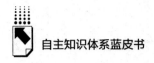

文集以汉语、英语、意大利语、斯洛文尼亚语等多种文字发表或出版。

综上，别现代主义秉持有别于的思维方式，在甲骨文、易经别卦、禅宗别传的基础上深入考察当前的社会形态和审美形态以及二者之间的关系，从而创建了别现代主义哲学和审美学体系，引起西方学界和艺术界关注，建立机构加以研究，实现了本土原创性理论走向世界、影响世界的目标。别现代主义哲学和审美学创建和传播的过程，也就是从说别到别说，再到新的别说，直至别在西方的过程，是在践行有别于的思维方式的过程中彰显中国原创思想和原创理论以及别样文化和中国别学的过程。

（二）学界评价与学术影响

1. 理论魅力

阿列西·艾尔雅维茨《再评王建疆的"别现代主义"》[①]，与王建疆就别现代主义进行再讨论。他说，尽管我们一时无法理解别现代出现的背景，但是总觉得这个理论的出现使眼前的大地发生晃动，似乎有什么刺激了他本人大脑神经中的痛点，这个别现代就像《爱丽丝漫游仙境》里的兔子洞，通过这个兔子洞，我们窥见了另外一个世界。这段话可以被看作是别现代主义的理论魅力的表征，这种理论魅力的来源就在于中国的社会现实，它足以令远在西方的学者窥见一种源于东方的社会形态的真相，使他们震惊与佩服。

2. 学术公器

别现代主义理论在 2014 年底上海交通大学举办的中俄高层文化论坛上就受到中外学者的惊呼和赞许，以至主办会议的中央编译局表示要将别现代主义理论推向全球。别现代主义理论在国内外引起争鸣，尽管说法不一，但绝大多数论者都在自觉或不自觉地将别现代主义理论作为时代坐标

---

① 阿列西·艾尔雅维茨、徐薇：《再评王建疆的"别现代主义"》，《湖南社会科学》2017 年第 5 期，第 150~154 页。

来研究各自的专业问题。于是，别现代主义理论就被有的学者称为"学术公器"①。

3. 助力于形成世界哲学四边形和世界哲学时刻

别现代主义理论在全球引起了热烈的讨论。阿列西·艾尔雅维茨撰写了10篇文章与笔者讨论别现代主义理论。艾尔雅维茨赋予了别现代主义打破西方由德、法、英美构成的"哲学三帝国"，形成中国也参与其中的"哲学四边形"新格局的典型案例的地位。斯洛文尼亚哲学家恩斯特·曾科认为，别现代主义理论是来自中国又适合解决中国问题的原创性理论，与西方无师承关系，但别现代主义是中西方文化交流和对话的"桥梁"②。美国艺术史家基顿·韦恩等认为，别现代一词为中国的文化和艺术从西方的现代和后现代概念中夺回了"命名权"③；朱迪·奥顿·格里斯特认为，别现代理论带来了一种新的心理认知模式和文化类型④；玛格丽特·理查森认为，别现代理论并不是所谓的东方折中主义，而是具有批判性的主义⑤。对于别现代主义理论的最高评价则如哲学家罗克·本茨所说，阿兰·巴迪乌的"世界哲学时刻"非常接近别现代主义理论的现状。人类的哲学时刻迄今在别现代主义理论之前只有三次，第一次是巴门尼德到亚里士多德的古希腊哲学时刻，第二次是德国古典哲学时刻，第三次是当代法国哲学家蜂拥而至的时刻。别现代主义理论也被西方学者用来与德里达、福柯、巴迪乌、朗西埃等西方哲学家的学说进行比较研究，与欧洲的民粹主义理论进行比较研究，凸显了别现代主义理论的思想空间和学术价值。

---

① 罗小凤：《"现代性"作为一种古典诗传统——论 21 世纪新诗对古典诗传统的新发现》，《文学评论》2022 年第 3 期，第 149～158 页。

② Ernest Ženko, "Lesson in Equality: Some Remarks on the Development of Chinese Aesthetics," *Art +Media Studies*, (13), (2017).

③ 〔美〕基顿·韦恩、石超：《从后现代到别现代》，《上海文化（文化研究）》2017 年第 8 期，第 57～64 页。

④ 〔美〕朱迪·奥顿·格里斯特、周晓可：《从认知心理和文化类型看别现代理论》，《贵州社会科学》2020 年第 10 期，第 9～14 页。

⑤ 〔美〕玛格丽特·理查森、陆蕾平：《折衷主义：对中国现当代艺术中"别现代"境遇的回应》，《中国美学》2022 年第 1 期，第 207～219 页。

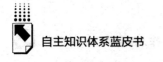

自主知识体系蓝皮书

4. 建立了中国式主义

欧洲的哲学家恩斯特·曾科（Ernest Ženko），在为周韧教授和关煜博士所著的《别现代：艺术与哲思》一书撰写的序言中回顾了他自己与其老师阿列西·艾尔雅维茨讨论的过程。他认为笔者与阿列西的多次讨论主要是围绕笔者 2016 年在欧洲著名哲学杂志《哲学通讯》发表的关于"主义"问题的文章，主要内容即讨论中国缺乏"主义"以及如何建构"主义"的问题，别现代在其中仅仅作为"主义"的一个例子用一句话来表述。但正是这一"主义"引起了包括阿列西·艾尔雅维茨、恩斯特·曾科、基顿·韦恩、罗可·本茨、戴维·布鲁贝克、衣内雅·边沁、朱迪·奥顿及玛格丽特·理查森等在国内外学术刊物上发表文章加以讨论。这些研讨范围很广，已经形成了如欧洲《艺术与媒体》（Art+Media Studies）开设的专栏"China and West：Zhuyi and Ism"（"中国与西方：汉语的主义与英语的主义"）和 Biemodrnity（别现代或译别现代性）所示的中西方哲学之间的对话。但这个中西方对话都是由别现代主义之"主义"所引发的。

5. 跨界与出圈

别现代、别现代主义已成为 LOGO 和注册商标，意大利建有别现代主义学术网站 www. biemodernism. org，中国国内建有别现代公众号，有 30 位知名艺术家在进行别现代主义艺术创作（笔者策划录制《别现代与别现代主义艺术》，Bilibili 等门户网站，微信群：别现代艺术家），有近 30 位诗人从事"别现代意象诗"创作（微信群：dhhrt，别现代诗歌讨论群）。《人民日报·有品质的新闻》曾以《思想：我们如何在"别现代"中穿行》进行专门报道，说明其学术思想的穿透力。

总部设在美国的国际中国哲学（ISCP）大会于 2022 年为别现代主义哲学专设两个分场，研讨别现代主义哲学。总部设在荷兰的国际人机交互大会（HCII）连续 3 年设立别现代主义文化计算分会场，专门研讨别现代主义文化计算。

笔者也因其别现代主义理论的原创性而被美国佐治亚州西南州立大学中国别现代研究中心聘为荣誉主任兼学术顾问。

390

三　原创性分析

（一）原创性阐释

1. 概念本身的独特性

（1）提供了时空坐标之别

有别于中西方已有的关于社会形态的概念中前现代、现代、后现代的划分，认为西方社会发展是断代式的，属于历时态，从前现代到现代再到后现代直至后后现代，阶段分明，而中国和广大的第三世界欠发达国家的社会形态和发展阶段是现代、前现代、后现代的杂糅，是时间的空间化或共时态。原因在于，西方现代和后现代的植入与前现代传统在空间上的遭遇所形成的不同时代的交集并置所导致的第三世界欠发达国家在通往现代化的道路上不得不在本民族文化与西方文化之间既斗争又协调的模式，因此，别现代是人类社会通往现代化过程中所必经的历史发展阶段。别现代就是一个时空坐标。

（2）展示了从后现代之后回望别现代的超维之别

别现代主义认为别现代国家虽然尚未进入现代社会，尚在通往现代化的道路上，但有可能像三体小说一样从后现代之后回望今天的别现代，从而形成跨越空间超越时代的大视野。这种大视野是在思想境界达到一定高度后的逆向反观或超维俯瞰，从而跨越了时代藩篱，突破了发展上的亦步亦趋、按部就班，在错时错位的跨越中吸收现代、后现代和后后现代的积极因素，避免西方在发展过程中曾出现过的弊端，做到择优集善，健康发展。因此，别现代之于其他时空理论之别不是单向之别和单极之别，而是多维之别，超维之别，彻底之别。这种"别"意味着后发国家赶超发达国家的思维方式和现实路径。

（3）带来了话语共享的术语之别

别现代一词在 2014 年上海师范大学主办的上海市美学学会年会上由笔者提出，当即引来数位青年博士热情关注，积极讨论。无独有偶，笔者于同年底在上海交通大学参加中央编译局与俄罗斯文化部联合主办的高层文化论坛上宣读了当代中国审美中的别现代现象一文，引起俄罗斯专家们起立竖起大拇指并长久鼓掌，也引得某些学友忍俊不禁。主持大会的中央编译局秘书长杨金海博士在大会总结中说，我们这次大会最重要的收获就是获得了一个词，名叫别现代，中央编译局愿意助推别现代向国外传播。笔者也因此术语而获得"别老师""别建疆"的昵称；"别来了"成为同行老友们聚会时一语双关的欢迎词。其概念创新、过目不忘、耳熟能详、入脑入心的特点可见一斑。至于别现代主义的被跨行跨界研究，就更是话语共享的见证。

2. 将此概念作为研究对象展开研究的独特性

（1）聚焦于对象的属性与特点之别，确立本质属性决定特点的原则

针对时下以特点代替本质属性的研究模式，直击其掩人耳目、似是而非的要害。在与国内来自西方的"新现代""另现代""混现代""复杂现代""别样现代化"的讨论中，强调本质属性对于特点的决定性，而非相反；反对用特点代替本质属性，形成伪学。别现代主义以其对社会形态及其内在结构的洞察而提出了对于似是而非的社会现象进行识别的主张，这种识别包括对于本质属性和特点的识别，但首先是对本质属性的识别。其根据就在于"皮之不存毛将焉附"。首先确认"是不是""是什么"，然后才有"怎么样""有何特点"。这也是在鉴定、评估、识别真伪时必须遵循的原则。遵循这一原则，既可避免无视他人特点，用一己之模式代替、覆盖他人模式的西方文化上的霸权主义，又可矫正将自己置身于与普遍法则对立的另类主义。

（2）建基于第一理论根据之上的一字之学

所谓第一理论根据，是指理论研究的最初的根据，也是最终的根据，是根据的根据，贯穿在理论研究的全过程中。就如基督教人的原罪说是基督教哲学的第一根据一样，别现代主义理论中的"别"是鸿蒙初启、人猿揖别、世界存在的第一根据，是哲学认识论的第一根据，也就是别现代主义的最初根据和最终根据。别现代理论就是一字之学，是"别"的学说。一字之学，道在其中，一以贯之，既可避免近代以来学科细化带来的整体观的缺失，又可使理论扎根于地下，而非蔓延爬行。

　　第一根据就是思想起始并始终离不开的理论基础或根本理由。这种根据是逻辑的也可以是非逻辑的。犹太教、基督教哲学的第一根据在于原罪说，即原欲导致人的堕落，而人的堕落只有等待神主的拯救。从此，一系列救赎的说教流行于世，成为人们的精神统治。虽然这个被长期普遍接受的根据是无从进行逻辑推论的，就如上帝一样无从见证，但它却是坚不可摧的信仰。别现代主义的别的令人信服的地方就在于，无别就无有，有别创世纪。靠别开天辟地，靠别区分主客，靠别区分人我。当然，思想原创的第一根据并非绝对真理，也必然会有时代的局限。人性原罪说现在看来只是而且也只能是信仰的一部分，作为信仰无法进行论理深究也不需要深究，这就如上帝本身是不需要证明的一样。但是，无论如何，理论要成为理论就得有这种第一根据，否则就不可能有原创，更遑论作用于现实、影响世界。因此，只要存在，就离不开有别。别是原创之母，别是天地之始，别是人文肇启。因此，第一理论根据不仅是理论原创的核心要素，而且也是研究对象中的核心要素。别现代主义的兴起就是"别"的生根、发芽、开花、结果。

　　（3）在中西马我结构和三大体系中用别现代概念生发范畴和命题

　　中西马我结构指中国哲学、西方哲学、马克思主义哲学和笔者的原创。笔者在与西方著名哲学家、美学家阿列西·艾尔雅维茨的十余次讨论中，提出了中西马我以笔者的创造为主的命题，并在中西马的不同视域中生发出新的概念、新的范畴和新的命题。如中国传统文化视野下的中国别学就是以老子的"为学日益，为道日损，损之又损，以至于无为，无为而无不为也""反者道之动"，庄子的"无待""无别"，禅宗的"教外别传"为主体而形成的；西学视域中的别现代主义审美学是针对德语中的 Ästhetik、英语中的 Aesthetics 和西方学者对汉语"美学"的 Beautology[1] 的界定而提出的，英译为 Bie-modernist Aestheticology[2]；马克思主义"吃饭哲学"视野中的别现代主义生命股权论，就是将人的自然法权落实到"每个公民生来就带有钱"

---

①　〔德〕卜松山：《中国美学与康德》，《国外社会科学》1996 年第 3 期，第 43~47 页。
②　王建疆：《别现代主义审美学》，中国社会科学出版社，2023。

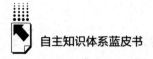

的法理基础上的理论创新。

三大体系指学科体系、学术体系、话语体系。别现代概念在学科上属于哲学学科，但又在文艺学、美学、艺术学、社会学、教育学、心理学、法学、经济学、旅游学、设计学、文化批评、人机交互方面使用，成为跨学科概念，而且出现了《别现代主义审美学》同名专著、同名本科和研究生课程、教材。在学术体系上，别现代一词生发出 27 个范畴和方法论系列，构成了别现代主义学术体系。在话语体系上，别现代一词不仅在本学科，而且跨学科；不仅在本行，而且跨行，如艺术创作、诗歌创作、人工智能建模等；不仅在中国，而且在全球不同语言不同国度传播；已成为官方和民间用语。

由此可见，别现代概念犹如核子，以其为研究对象就会发现其核裂变特征；别现代概念犹如坐标，以其为对象就会发现，无论你赞成它还是反对它，都离不开它对你的理论基础的规制；别现代概念犹如度量衡，在新与旧之间、正与邪之间、统与别之间，成为标准和参考，成为创新的思想武装。

（二）学术意义

第一，彰显第一理论根据的价值。别现代主义理论是在与西方各种各样的现代性理论和中国国内的几种基于西方学说的现代性理论的辨析中发展起来的。但别现代理论并不纠缠于与某一个现代性理论展开辩论，而是通过强调属性决定特点和寻找第一理论根据来完成自己的理论建构的。

首先，别现代主义理论在论辩中特别强调对于本质属性的确立，避免以特色和特点替代属性的做法。在本质属性上而非特色和特点上对西方的"审美现代性"以及中国国内的来自西方的现代性理论展开批评，强调了属性决定特点的原则，指出：别现代的"这种似是而非跟这些欠发达的第三世界国家通向现代化，但是还没有实现现代化的现状是密切相关和基本一致的。这种似是而非的现状恰好否定了一些中国学者所说的中国是新的现代性、混合的现代性、另类的现代性、复杂的现代性、别样的现代性等。理由很简单，连现代性都不具足，又遑论新的现代性、混合的现代性、另类的现代性、复杂的现代性、别样的现代性？这些'新的''混合的''另类的''复杂的''别样的'是在现代性具足之后或者现代化实现之后才有的事，而非现状如此。正所谓'皮之不存毛将焉附'"。也就是属性第一，特点第二，属性决定特点，而非相反①。

其次，笔者的别现代主义理论将其整个理论建基于"第一理论根据"之上。所谓第一理论根据，是指那些虽然只以假设和论断的形式出现，但能够成为根据之根据、理论之理论、主义之主义的理论，是理论的根，也是主义的根，是理论的生发处和理论的增长点。别现代主义理论从"开天辟地""鸿蒙初启""人猿揖别"的高度赋予别现代的"别"以本体论哲学的意义，从对庄子哲学中"无待"（《逍遥游》）"无别"（《齐物论》）的改造中提出"待有""待别""有别于"等范畴〔王建疆《从"待""别"到"无待""无别"再到"待有"和"待别"——别现代主义与老庄哲学的"反者之动"》，2023 年国际中国哲学大会（ISCP）论文〕，又通过提出"时间的空间化""后现代之后回望别现代""命本体""生命股权"等展示了第一理论根据的存在。第一理论根据的存在表明，有了第一理论根据，其理论意义都将积淀至最深处，即使在不断地被追问或怀疑中，仍然发酵出理论的醇厚，其影响力依然存在。事实上，以上别现代主义的几个范畴在已经翻译和尚未被翻译的西方别现代主义研究文献中，就不断地被西方学者将其与西马、德里达、福柯、朗西埃、阿兰·巴迪乌等人的理论进行比较研究，就说明这些别现代主义理论范畴的第一理论根据说的价值所在。

第二，理论创新源于现实，回答时代亟需解决的问题。别现代主义理论的特色，首先在于对现实社会的概括，也就是前面所讲的它不是从西方现代性理论中发展而来的，而是根据中国的现状，也就是现代、前现代、后现代杂糅的形态概括总结的一种理论。这种理论显然有别于西方线性发展的历史

---

① 王建疆：《别现代主义之别：艺术和审美中的现代性与审美现代性》，《西部文艺研究》2022 年第 1 期，第 39~48 页。

和社会形态，是时间的空间化哲学。这种哲学因其发展四阶段的划分和预设，成为能够走出时间空间化，进入新时代的理论。西方学者之所以围绕别现代主义理论展开中西方哲学比较研究，中国学者之所以将别现代主义理论作为研究的视角和出发点，甚至将其作为理论坐标，根本原因就在于别现代主义理论是研究现实社会问题，回答时代亟需的学说，因而不仅具有理论价值，而且具有现实意义。

第三，建构次级核心范畴群，使理论具有丰富的内容和发展的空间。别现代主义理论已经建构了20多个范畴和命题，包括别现代、别现代性、别现代主义、后现代之后回望别现代、时间的空间化、和谐共谋、发展四阶段、跨越式停顿、切割、待有、待别、主义的问题与问题的主义、中西马我主张、别现代主义审美学、艺术和审美中的现代性、别现代审美形态、英雄空间、消费日本、第一理论根据、文化计算深别、命本体、生命股权、人类文明的整体提升以及自调节审美、内审美、修养审美、意境生成、敦煌艺术再生、囧剧等范畴。次级和次次级核心范畴群的建立，不仅使得该理论血肉丰满，而且有了深入、延续、扩展的广大空间，从而形成了别现代主义理论的第二大特色。

第四，不同于形而上学的涵盖性。一般的形而上学指涉"道""理""法"等，别现代主义理论的涵盖性在于它的概念虽然是就某一个具体现象而言，但具有横跨各类学科的普遍有效性。因此，别现代主义是一种具有涵盖性特征的哲学理论。这也是别现代主义理论的第三大特色。

总之，别现代主义理论是一个建立在理论第一根据之上的、以本质属性决定特点的特色鲜明的原创性理论。

（三）现实意义

别现代主义哲学的创立过程是从美学研究开始进入哲学研究的，因此，学者们对别现代主义的讨论刚开始是在美学与哲学研究的框架中进行的。但是，别现代主义的相关研究并没有局限于美学、哲学论域的一亩三分地，而是广泛扩展至国内外的文艺学、艺术学、法学、经济学、旅游学、设计学、文化批评学、计算机应用学，直至文学和艺术创作实践等各个方面、各个层次，并在涵盖性中具有实用性。别现代主义理论的一些范畴如跨越式停顿、生命股权、文化计算深别、自调节审美等，都分别具有通向解决现实中的发展问题、个人财富问题、识别真假问题以及审美经验生成问题的方法和路径，也可以从中提炼解决具体问题的方案。如别现代主义生命股权理论就可以为消灭绝对贫穷、确立私产的合法性、根绝巨大规模贪腐提供行之有效的可实施方案；别现代主义文化计算就可以破译世界文学名著和流行歌曲的流量密码；别现代为文化产业和艺术产品冠名就可以直接产生知识产权、推动文学和艺术创作，形成流派；自调节审美原理同时也是一些可以操作的技术，海明威、马尔克斯等人的文学创作就是自我控制意识—无意识相互转化的显例。正是这种应用性，使得别现代这一注册商标成为方法和工具，具有广泛性。

（四）国际比较与优势

依据学术交流和文献调研，至今未发现与别现代概念（含主要特征点）相类似的概念。

别现代主义理论始于阐释中国的社会形态，但该理论并不仅就中国而言，相反，而是被国内外学者用于研究一种具有全球普遍性的不同民族国家的相同的社会结构或社会形态，因而日趋国际化、全球化。这一点我们可以从美国和欧洲自主建立的别现代研究机构的不同命名中看得更清楚。2017年美国前总统吉米·卡特的母校，美国佐治亚西南州立大学自主成立的"中国别现代研究中心"CCBMS（The Center for Chinese Bie-modern Studies），就视别现代为中国特有的现象。而 2019 年欧盟成员国斯洛文尼亚自主成立的"别现代研究中心"CBMS（The Center for Bie-modern Studies）则去掉了"中国"二字。问其原因，其中心负责人回答说，别现代是全球普遍现象，并不专属于中国。而且越来越多的欧美学者将别现代的一些范畴与西方的哲学和文化概念进行对比研究，从而进一步扩展了别现代一词的适用范围。

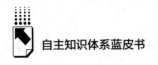

四　研究展望

（一）下一步的研究方向、主要内容、大体趋势

别现代主义作为涵盖性理论，涉及多个领域，在思想创新、话语创新、方法创新、范畴创新方面走在了前列，形成了由 20 多个范畴和命题组成的理论体系，引起国内外学术界、艺术界的关注和研究。美国和欧盟的大学先后自主成立了研究机构加以研究。自发性的研究则更多。目前已形成理论创始人继续创构理论、国内外研究者积极跟进的局面。理论创构与理论研究之间紧密相连的现状说明别现代主义理论的吸引力和巨大的研究价值。

目前国际上对别现代主义理论的研究主要集中在 1.0 版，也就是生命股权理论产生之前的别现代主义哲学和艺术方面，将别现代主义的"主义"与西马、朗西埃的解放美学和巴迪乌的哲学时刻理论进行比较研究，将别现代主义的时间空间化理论与福柯的异托邦理论、德里达的幽灵学理论进行比较研究，具有深化别现代主义理论和普及别现代主义理论的效用。同时，西方学者也在研究别现代主义理论的同时生发出一些新的理论，如阿列西·艾尔雅维茨的"哲学四边形"等。

目前国内对别现代主义理论的研究涉及范围较广，也对生命股权理论之后的 3.0 版有所跟进，尤其是别现代主义文化计算和深别理论得到计算机专家的支持和参与研究，为别现代主义理论的应用和升级提供了新的路径。

总的来看，别现代主义理论是在国内、国外的学术界互动中深入发展的，而且来自不同的专业，法学专家、经济学专家、旅游学专家、美学专家、哲学家、艺术家、艺术理论家、语言学专家、社会学专家、心理学专家、教育学专家、计算机专家等都纷纷加入了别现代主义理论的讨论，蔚为大观，形成了一种别现代学"热"现象。未来别现代主义的发展将可能集中在以下几个方面。

1. 对"主义"的研究

别现代主义理论是在笔者关于"主义的缺位"的长期思考中逐步形成的。别现代主义理论引起西方哲学家、美学家、艺术家讨论研究的关键所在也就是阿列西·艾尔雅维茨与我讨论的核心观点，即"主义"。

正如恩斯特·曾科所说，别现代主义的"主义"的提出，具有与法兰克福学派同样的历史使命感和历史担当，是改变一个国家哲学现状的一种主张。如是，别现代主义理论在生发世界哲学的同时，还将继续作为一个学术热点，并有可能成为哲学的制高点。

2. 时间空间化理论研究

在别现代主义理论的未来发展中，"时间空间化"理论将是一个持续的理论增长点。"时间的空间化"理论是别现代主义理论的哲学基础，正是因为对"时间空间化"概念的认识，使得西方学者震惊于中国学者原创的哲学创造，并且认识到这种中国的空间理论与西方的空间理论的不同。"时间空间化"理论是一个开放的体系，是别现代主义社会形态理论和历史发展理论的基石。因此，目前西方的一些哲学家，包括阿列西·艾尔雅维茨[1]、恩斯特·曾科[2]、凯里·韦恩[3]纷纷对其进行研究，并以此为入口将别现代主义与福柯的异托邦理论、德里达的幽灵学理论、朗西埃的解放美学理论相联系，进行比较研究，提升了别现代主义理论的国际地位。目前，时间空间化理论在西方学者尚未发表的别现代主义研究论文中还有更多关注，正在形成一个理论焦点。但西方学者将时间空间化这一社会形态理论移植到西方文化领域，得出古希腊思想、基督教原教旨思想的延续也是时间的空间化的结论，则与笔者的时间空间化理论的现实出发点相悖，似乎更适合于笔者的后

---

[1] 〔斯洛文尼亚〕阿列西·艾尔雅维茨、徐薇：《琐事与真理——对王建疆"主义的缺位"命题的进一步讨论》，《探索与争鸣》2018 年第 5 期，第 68~72 页。

[2] Ernest Ženko, "On Heterotopia: Michel Foucault's Coception of Space in the Context of Bie-modern Thoery", in Keaton Wynn and Jianjiang Wang, eds., *Bie-modernism: Current Challenges and the Future*, 2020.

[3] Kerry Wynn, "Pseudo-modernity and Western reality," in Keaton Wynn and Jianjiang Wang, *Bie-modernism: Current Challenges and the Future*, 2020.

现代之后回望理论中的有关先知和超验的说法。无奈,这大概就是本土哲学国际化、全球化的必然结果之一吧。笔者所能做的,也只能是先观望后讨论,但有望形成理论焦点。

3. 后现代之后回望说研究

随着"后现代之后"学说的出现,以及现代和后现代之间的争论不休,人们正在思考后现代之后的问题,而别现代主义提出要在身处别现代的同时,从后现代之后回望别现代,也就是以一种跨越的方式,创造一种世界观,从空间和时间的全维和超维反观、反思我们今天的社会,从而找到一种新的既有真正的现代性又是新的发展模式的哲学。这个理论可能将会引起更多的关注,尤其是对社会发展的关注,同时也会随着科幻小说、未来穿越的盛行或者是"元宇宙"概念的兴起以及对它们的研究,或将使这个问题成为一个哲学的和审美学的以及文艺创作的关注点。

4. 生命股权或生命资本理论研究

生命股权是每个人天生的可以被量化在 GDP 中的分红权和分利权,体现在不劳而获的免费教育、免费医疗、免费养老和最低生活保障方面。生命股权不同于财富股权,不可以交易,也不能继承和被继承,与命同在,与死俱往。一个国家的总统与流浪汉拥有的财富可能不同,但拥有的生命股权一样。财富股权可以交易、可以不平等,也不等值,但财富股权的交易不能影响到每个生命体对于生命股权的所有;反之亦然,生命股权不能进行投资和交易,但并不挤占个体后天的财富股权。生命股权涵盖了每一个生命主体的权利,无论贫富还是由贫到富,或者由富到贫。

生命股权的实质是每个个体在国民经济总收入中的个人平均收入占比,一般来说发达国家将国民经济总收入用于国民个人的占比高达 70% 以上,而欠发达国家则很低,有的甚至仅仅 20% 左右。国民收入占据了 GDP 当中的绝大部分,社会的幸福指数就必然高,呈正相关;相反,如果国家掌握了 GDP 中的绝大部分分配占比,而国民收入占比极小,那么,它所带来的后果之一就是国富民穷,贪污腐败盛行(这是因为有着超级巨大的"公家"财富可贪可占),社会的幸福指数必然低,也呈正相关。

生命股权与西方的生命权不同，生命权认为生命权是神圣不可侵犯的，是自然赋予的。生命股权虽然也承认生命权的神圣不可侵犯性，但是更关注生命权不可侵犯性下的生活权利、生命质量和技术保障，是分红分利可以量化的权利。生命权只关心生命存在，但是不关心可以量化的生命权利存在。生命权是一种法理依据，而非物质保障，但是，生命权的保障必须通过生命股权才能落实。现代社会如无生命股权保障，神圣的生命会因缺乏物质保障而丧失，也就是不必通过被他人伤害，失去物质保障者就会自行灭亡，从而使得神圣的生命权成了空中楼阁。生命股权也不同于洛克的财产权，这是因为他说的财产权是后天所有，而非生来所有。按照生命股权理论，一个人即使是没有后天财产，但也有天生的股份，这种股份伴随他到老，到死，成为他不劳而获的生命保障，与现实社会中每个个体差别巨大的私有财产无关。生命股权也不同于西方近年兴起的"全民基本收入"，更加注重全民基本收入的法理依据，而非选举时的权宜之计。

在伦理学和美学上，生命股权是人类幸福感和美感的前提和基础，而它的缺失则是人类不幸、不公、焦虑、痛苦的根源。当人的生命股权得到落实就会无忧无虑地生活，避免不必要的竞争，自由选择或不选择职业，并在生活和工作中得到快乐。相反，如果没有生命股权的保障，每个人都在为生存而奋斗，甚至为了活命不惜恶性竞争，巨大的生活压力和内卷将把每个个体的身体摧残，将每个个体的精神扭曲，再加上没有免费医疗、免费教育、免费养老、最低生活保障等物质保障，生活中的焦虑和痛苦只会与日俱增。因此，兑现人的生命股权就不仅是克服人类焦虑和痛苦的最佳对策，而且也是人类获得尊严感、幸福感、美感的物质保障和前提条件。舍此将不仅没有尊严感和幸福感，而且其美感也将无从谈起。当一个人陷入为五斗米折腰的痛苦中时，精神文明建设对他来说就毫无意义。因此，生命股权理论有可能在对生命的权利、价值、特性、本质方面做进一步的深究，推进当代中国哲学、法学、经济学、伦理学和审美学的话语创新、学术创新、学科创新。

生命股权理论不仅关系到人的生存权，而且关系到了法学领域的自然法权、经济学领域的财富分配原则、伦理学领域的道德问题及幸福感问题、美学领域的美感生成、哲学上的人的问题，因而将会在深化改革和未来社会的变革中，尤其在人类的权利和幸福、安全以及对社会焦虑的破解中成为被关注的理论焦点。

5. 深别理论研究

即针对深伪技术而提出的深别理论。笔者与计算机教授搭档一起研究中国古典小说《西游记》中的真假美猴王之辨，发现它是一个非常典型的深别案例。真假美猴王连观世音菩萨都区分不了，其原因就在于作为假美猴王的六耳猕猴，其出生不在三界和五行之中，因而很难被五行之中和三界之内的人所识别。只有跳出三界外不在五行中的正法眼藏才能发现假美猴王的原始档案，使它现出原形。同样，伪现代只有被置于真正的原初的现代性面前方能露馅。表面上看，深别只是在计算机和人机交互领域中展开的工程技术设计，但实际上这是把别现代主义理论应用到了最前沿的科技，使科技插上了哲学的翅膀，同时也使别现代主义的发展获得了计算机的学科支持，从而可以在文理工学科的交叉中凸显别现代主义理论的广阔应用前景。

6. 审美中的现代性研究

审美中的现代性来自别现代主义对西方审美现代性理论的改造。西方的审美现代性理论来自对西方现代性，尤其是工具理性的反思和批判。西方思想家们想借道恢复人的感性的、审美的现代性来取代或者校正启蒙现代性或资本主义现代性带来的种种弊端，但是这个理论在中国的应用过程中却出现错位以及由错位而引起的混乱。之所以存在理论的错位，就在于中国当前的社会形态是别现代，尚处在前现代、现代、后现代交织的状态中，中国目前的任务是实现现代化，而现代性是对现代化的本质规定，按照本质属性规定特点的原理，不能抛弃、批判现代性，相反是要具足现代性以实现真正的现代化。如果按照西方所做的以审美现代性对理性现代性、工具现代性进行摒弃和批判，在中国可能会造成某种误解，似乎现代性、现代化都是需要被根除的。如此就与我们的时代使命和国家的发展方向相违背。另外，中国当代的一些文学作品存在两种截然不同的形象。一种是在文学和艺术中的现代性表现。例如在莫言对于封建社会的一种隐喻式的批判，阎连科、贾平凹对当代社会中前现代因素的揭露中，我们可以看到文学作品中具有强烈的启蒙现代性。还有一种与之相反的形象，就是在张艺谋的《英雄》和源自二月河小说里对封建帝王将相的歌颂，都是英雄观的颠倒，可以被认为是对审美现代性的一种误用，实际上导致了对前现代因素的认同和回归，造成了不良的影响。因此当我们审视西方的"审美现代性"时，应将其改造为"审美中的现代性"，也就是在文学和艺术作品中提倡一种反思的、批判的、清算前现代的、告别前现代的、具足启蒙性或批判性的现代性，再次举起五四时期鲁迅等人反对封建伦理、批判封建社会的革命的现代性旗帜，然后在文学和艺术中充分体现这种现代性，发扬这种现代性，启发深受前现代意识蒙蔽的人们。事实上，随着改革开放和恢复传统文化，有些思想界的混乱也是触目惊心的。例如，在全国各地的庙宇中的围墙上，都贴满了《二十四孝图》这种封建糟粕，甚至有些带有反人类的性质；"埋儿奉母"歌颂"孝子"在食物紧缺时，为了让自己的母亲吃饱，将自己的儿子活埋，等等。《二十四孝图》这样畸形的反人类文化现在借着文化的复兴而堂而皇之地以文学和艺术的形式进入宣传领域是一个值得警惕的现象。因此，大力提倡在文学和艺术中描写现代性、伸张现代性，而不是盲目地使用审美现代性批判启蒙现代性，才能借道文学和艺术开示启蒙、解放思想，在精神上走向现代化。随着在现代性理论上的正本清源，回归正位，审美中的现代性理念将会深入人心，并在美学理论和文艺理论中引起讨论，并逐步形成一个新的理论热点。

（二）将开辟新的研究领域或学科

1. 中国别学研究

别学或中国别学、别现代国学，是笔者于2023年提出的一个概念。主要依托老庄哲学和禅宗哲学，揭示创造的秘密，研究富有原创性的学术流派。

"别"字丰富的意义和内涵以及灵活多变的使用方式，逐渐形成了别具中华文化特色的"别"说。这种"别"说首先体现在《易经》中。《易经》从最初的八卦推演到六十四卦，也被后来学者称作别卦或类卦。别卦或类卦的出现，不仅体现着中华先哲对世界万物的认识在不断加深的过程，也表现出他们在认识世界的过程中对方法论意义上的思维革新——从混沌朦胧的整体认识到分类区别的具体认识的转变。

在丰厚的中国文化典籍中，"别"字除了"开天辟地""人猿揖别"这些具有本体性和方法论的哲学意义外，还被广泛使用，逐渐形成了中国文化"别具一格""别出心裁"的"别"的学说，遍布在各个领域。堪舆学或地理学上，有《尚书·禹贡》："禹别九州。"此"别"是分开、设置之意。军事上，《史记·项羽本纪》："项梁前使项羽别攻襄城，襄城坚守不下。"中的"别"用作副词和代词，意思是分别、分头。在学术中，如《庄子·杂篇·天下》中的"别墨"，是指墨子学派中的另一类，既可作代词，又可作名词。《后汉书·儒林传》："斯文未陵，亦各有承。途分流别，专门并兴。"与挚虞《文章流别论》中的"流别"都是名词，意为类别。在诗歌中，王维的《终南别业》之"别"为事工事利之外的修养；李白《送友人》的"此地一为别，孤蓬万里征"之"别"为分别、分开之意；杜甫的"三别"则为生离死别。在诗论中，严羽《沧浪诗话·诗辨》："夫诗有别材，非关书也；诗有别趣，非关理也。"其中的"别"是形容词，有特殊、格外之意。在佛教典籍《五灯会元》中，"不立文字，教外别传"之"别"是另外之意。我们从古籍中拎出一些相关语句，并非为了从语义学上来呈现"别"之多义，而是通过"别"的不同用法和意义来展示中国文化传统中隐含的"别"文化思维和不断涌现的"别"的学说。

传统中国的别说起始于老子的"反者道之动"，即认为事物的发展要依靠来自反面的动力，也就是反动。反动就是合道。这在他的"有无相生，难易相成，长短相形，高下相倾"中得到自证，又在他的"知其雄，守其雌""知其白，守其黑""知其荣，守其辱"中得到体现。老子认为"玄德深矣，远矣，与物反矣！反乃至大顺"。因此，"天下之至柔，驰骋天下之至坚"，大道似水，"江海所以能为百谷王者，以其善下之，故能为百谷王"。老子的大道之理就藏于相反和反动之中，堪称中国别说或别学之祖。中国的战国时代堪称别学的第一个高峰。

中国的别说或别学在唐代达到了第二个高峰，这就是由惠能创立的南禅的出现，标志着佛教的中国化。惠能禅以"不立文字，教外别传"的顿悟之法度化众生，其后法脉传承不惜以呵佛骂祖、当头棒喝等激烈手段激活慧根，以反常合道的方式弘扬佛法，深契文人士大夫心灵境界，以禅喻诗之风大兴，造就了唐诗宋词的数百年辉煌。

因此，相对于"独尊儒术"的中国历史，道家、佛禅更具有别说和别学的性质和特点。但这种别说和别学更具有智慧的启迪性、反向的深刻性和个我的自由性，其思想精华仍不失为今日创新进步的灵感之源和动力之源，西方学界对中国别学的兴趣也与日俱增。

2. 别现代主义文化计算数字化实证研究

在科学高度发展的今天，人文学科的依靠价值判断和逻辑推理的治学方法愈来愈显得落伍，其主要原因在于，缺乏实证分析和数据支持，许多道理虽然堂而皇之，但因得不到证实而无法构成有效的知识，更遑论自主知识体系。别现代概念产生伊始就与占比分析法联系在一起。通过对现代性占比的分析，可以判断当下的社会形态属性和发展方向。就如黄金与合金的区别就在于金子占比能否达到 18k，即 75%。达到者为金子，达不到者为合金。3.0 版的别现代主义将文化计算运用到社会计算、文学和艺术计算上，形成了别现代主义文化计算（Bie-modernist Cultural Computing）从而能够从现代性占比分析对象的属性状态和发展趋势。伴随人工智能大数据计算，别现代主义将不仅是哲学思想，而且也会成为研究工具和研究方法。

2009 年的时候，《学术月刊》杂志编审张曦采访笔者并写了一篇《温故知新 走向世界——王建疆教授访谈》的专访文章，里面介绍了笔者在学术方面已有的早期成果，同时问到笔者未来的发展。笔者说，我的温故是为了知新，是为了走向世界，我有一种强烈的使命感，就是要创造理论，走向世界，我希望在 70 岁之前能够有所成就，走向世界，到时候还希望张曦访问我。

但是从别现代主义理论的发展和它的传播来看，这一进程大大地加快了。2017年，美国佐治亚州西南州立大学成立了中国别现代研究中心 CCBMS，这个中心是他们自主成立的，知识产权属于他们自己，跟中国政府、学校以及笔者本人没有关系。2019 年欧盟成员国斯洛文尼亚的普利莫斯卡大学也自主成立了别现代研究中心 CBMS。这两个研究中心的成立，一方面说明别现代主义理论引起了西方学界的高度关注，这个理论的研究价值被充分认可；另一方面也说明别现代主义如有的西方学者所评价的，它是一个地方性的学说，不是来自西方，但是它具有普遍性，它所揭示的现象和阐述的真理，以及改造世界的价值倾向也是西方目前存在的和需要的。也就是说，别现代主义天然地具有了地方性和国际性的双重属性，因而能够很快地在世界范围内传播、发展。而且就目前而言，它发展的势头很好，不仅欧美国家建立了别现代研究中心，甚至在有的第三世界国家如尼泊尔等也在热议别现代理论，并邀请笔者出任加德满都法学院《亚洲事务》杂志的学术顾问等，这些都说明别现代主义理论方兴未艾，研究和拓展空间巨大，前景光明。

别现代概念提出者简介：王建疆，博士，别现代主义理论创始人，上海师范大学人文学院教授、博士生导师，美学与美育研究所所长，美国"中国别现代研究中心"名誉主任兼学术顾问，中华美学学会、中国文艺理论学会、国际人机交互大会理事。著有《自调节审美学》《修养 境界 审美》《澹然无极》《自然的空灵》《反弹琵琶》和《别现代》系列专著 4 部。美国和欧盟的大学自主建立了别现代研究中心研究他的理论。

附录：别现代相关研究成果清单

一、论著清单（以"别现代"为论著关键词或出现于论著标题中为准）

（一）个人论文 51 篇

[1] 王建疆：《别现代：主义的诉求与建构》，《探索与争鸣》2014 年第 12 期，第 72~77 页。

［2］王建疆：《"别现代"：话语创新的背后》，《上海文化》2015 年第 12 期，第 5~9 页。

［3］王建疆：《别现代：跨越式停顿》，《探索与争鸣》2015 年第 12 期，第 9~14 页。

［4］王建疆：《思想欠发达时代的学术策略——以美学为例》，《中国社会科学评价》2015 年第 4 期，第 93~103 页。

［5］王建疆：《别现代：美学之外与后现代之后——对一种国际美学潮流的反动》，《上海师范大学学报》（哲学社会科学版）2015 年第 1 期，第 5~14 页。

［6］王建疆：《主义与形态张力中的世界美学多样性》，《贵州社会科学》2016 年第 11 期，第 4~19 页。

［7］王建疆：《别现代：时间的空间化与美学的功能》，《当代文坛》2016 年第 6 期，第 4~8 页。

［8］王建疆：《哲学、美学、人文学科四边形与别现代主义——回应阿列西·艾尔雅维茨教授》，《探索与争鸣》2016 年第 9 期，第 80~86 页。

［9］王建疆：《理论新见》，《南方文坛》2016 年第 5 期，第 39 页。

［10］王建疆：《别现代时期"囧"的审美形态生成》，《南方文坛》2016 年第 5 期，第 40~45 页。

［11］王建疆：《别现代：人生论美学的学科边界与内在根据》，《文艺理论研究》2016 年第 1 期，第 164~172 页。

［12］王建疆：《别现代：跨越式停顿与跨越式发展及文化艺术创新——兼回应王洪岳教授》，《甘肃社会科学》2017 年第 6 期，第 8~14 页。

［13］王建疆：《别现代：别在哪里?》，《湖南社会科学》2017 年第 5 期，第 140~149 页。

［14］王建疆：《别现代：国际学术对话中的哲学与美学》，《西北师大学报》（社会科学版）2017 年第 5 期，第 15~22 页。

[15] 王建疆：《"消费日本"与英雄空间的解构》，《中国文学批评》2017 年第 2 期，第 39~47 页。

[16] 王建疆：《别现代：主义的问题与问题的主义——对夏中义先生及其学案派倾向的批评》，《上海师范大学学报》（哲学社会科学版）2017 年第 1 期，第 44~51 页。

[17] 王建疆：《从自调节审美论到别现代主义美学——我的学术跋涉之路》，《美与时代（下）》2018 年第 12 期，第 5~15 页。

[18] 王建疆：《别现代：维度与坐标——兼以纹枰论道》，《上海师范大学学报》（哲学社会科学版）2018 年第 5 期，第 183~191 页。

[19] 王建疆：《别现代：主义与本体——兼回应国内的别现代问题讨论》，《西北师大学报》（社会科学版）2018 年第 5 期，第 53~61 页。

[20] 王建疆：《中国的哲学和美学没有必要领先世界吗——回应阿列西·艾尔雅维茨等》，《探索与争鸣》2018 年第 5 期，第 73~79 页。

[21] 王建疆：《别现代的空间遭遇与时代跨越》，《中国政法大学学报》2018 年第 3 期，第 32~46 页。

[22] 王建疆：《别现代：研究中国问题的切口》，《贵州社会科学》2018 年第 4 期，第 5~11 页。

[23] 王建疆：《主持人语：立足本土走向世界》，《贵州社会科学》2018 年第 4 期，第 4 页。

[24] 王建疆：《纪念与比照——五四运动 100 周年断想》，《上海文化》2019 年第 6 期，第 15~21 页。

[25] 王建疆：《别现代之"别"》，《江西社会科学》2019 年第 6 期，第 82~90 页。

[26] 王建疆：《别现代：如何面对西方哲学和美学的四道坎》，《贵州社会科学》2019 年第 2 期，第 42~48 页。

[27] 王建疆：《别现代：从社会形态到审美形态》，《甘肃社会科学》2019 年第 1 期，第 16~22 页。

［28］王建疆：《别现代：生命股权与城市焦虑症对策》，《京师文化评论》2019年第5期，第91~96页。

［29］王建疆：《国际思想市场与理论创新竞争——讨论中的别现代主义理论》，《江西社会科学》2020年第10期，第88~97页。

［30］王建疆：《从〈易经〉看中西类别思维的特点和功能》，《美学与艺术评论》2020年第2期，第30~33页。

［31］王建疆：《"别"在西方》，《贵州社会科学》2020年第10期，第4页。

［32］王建疆：《别现代往哪里别？——兼回应谢金良先生》，《内蒙古社会科学》2020年第1期，第118~124页。

［33］王建疆：《平等教育哲学的中西方对话》，《贵州社会科学》2021年第2期，第14~19页。

［34］张少委、王建疆：《乡村善治的文学愿景：别现代主义美学视域中的农村政治叙事——以中原地区当代著名作家作品为对象》，《湖北大学学报》（哲学社会科学版）2021年第1期，第76~84页。

［35］王建疆：《美学家的行为艺术与哲学思考——评〈金衣人历险记〉》，《美育学刊》2021年第1期，第7页。

［36］王建疆：《数数的系统质理论及其哲学启示》，《美与时代（下）》2022年第10期，第5~14页。

［37］王建疆：《别现代主义之别：艺术和审美中的现代性与审美现代性》，《西部文艺研究》2022年第1期，第39~48页。

［38］王建疆：《别现代主义哲学和美学的产生与发展》，《河北师范大学学报》（哲学社会科学版）2022年第3期，第1~14页。

［39］王建疆、彭哲：《理论的原创与理论的第一根据》，《江西师范大学学报》（哲学社会科学版）2023年第1期，第54~62页。

［40］王建疆：《别现代主义：从说别到别说再到别在西方》，《甘肃社会科学》2023年第4期，第63~74页。

［41］王建疆：《别现代主义审美学的来龙去脉》，《贵州民族大学学报》2023 年第 5 期，第 2~8 页。

［42］Wang, Jianjiang, "The Bustle and the Absence of Zhuyi：The Example of Chinese Aesthetics," *Filozofski Vestnik*, 37 (1), (2016)：157-178.

［43］Wang, Jianjiang, "Is it Possible for China to Go Ahead of the World in Philosophy and Aesthetics? Response to Aleš Erjavec's, Ernest Ženko's, and RokBen čin's Comments on Zhuyi and Bie-Modern Theories," *Filozofski Vestinik*, 39 (3), (2018).

［43］Wang, Jianjiang, "Is it Possible for China to Go Ahead of the World in Philosophy and Aesthetics? Response to Aleš Erjavec's, Ernest Ženko's, and RokBen čin's Comments on Zhuyi and Bie-Modern Theories," *Filozofski Vestinik*, 39 (3), (2018).

［44］Wang, Jianjiang, "'Quadrilateral' in Philosophy and Bie-modernism," *Art+Media*, 13, (2017).

［45］Wang, Jianjiang, "The Bustle and the Absence of Zhuyi：The Example of Chinese Aesthetics," *Art+Media*, 13, (2017).

［46］Wang, Jianjiang, "Where is Bie-Modern Going? Responding to Professors who study Bie-modern Theories," *Asian Journal of International Affairs*, (1), (2021)：55-65.

［47］Wang, Jianjiang, "Bie-modernism and cultural computing," *International Conference on Human-Computer Interaction*, (2021)：474-478.

［48］Qi, Zifeng, Chen, Haiguang, Liu, Mingxing, Wang, JianJiang, "Bie-Modernism with Cultural Calculations in Multiple Dimensions," *International Conference on Human-Computer Interaction*, (2022)：120-136.

［49］Wang, Jianjiang, "A Cultural Computing of the Share of Modernity in World Literary Masterpieces by Bie-Modernism," *International Conference on Human-Computer Interaction*, (2023)：603-617.

［50］王建疆：《别现代主义哲学和审美学的范畴原创与思维革命》，《河北师范大学学报》2024 年第 5 期，第 33～41 页。

［51］王建疆：《别现代主义审美学与中国自主知识体系建构》，《贵州社会科学》2024 年第 12 期，第 77～83 页。

（二）个人专著 4 部

［1］王建疆：《别现代：空间遭遇与时代跨越》，中国社会科学出版社，2017。

［2］王建疆、〔斯洛文尼亚〕阿列西·艾尔雅维茨等：《别现代：话语创新与国际学术对话》，中国社会科学出版社，2018。

［3］王建疆、〔美〕基顿·韦恩主编：《别现代：作品与评论》，中国社会科学出版社，2018。

［4］王建疆：《别现代主义审美学》，中国社会科学出版社，2023。

二、学界相关研究示例

［1］阿列西·艾尔雅维茨：《主义：从缺位到喧嚣？——与王建疆教授商榷》，《探索与争鸣》2016 年第 9 期，第 75～80 页。

［2］基顿·韦恩：《别现代时期相似艺术的不同意义》，《西北师大学报》2017 年第 5 期，第 29～36 页。

［3］恩斯特·曾科：《平等带来的启示——评王建疆的别现代主义及中国美学的发展》《西北师大学报》2017 年第 5 期，第 23～28 页。

［4］肖明华：《别现代：有文化自觉与文化自信的中国理论》，《贵州社会科学》2018 年第 4 期，第 12～17 页。

［5］罗克·本茨：《论"哲学时刻"、解放美学和贾樟柯电影中的"别现代"》，《贵州社会科学》2019 年第 2 期，第 55～59 页。

［6］张玉能、张弓：《别现代主义美学的启发和反思》，《江西社会科学》2020 年第 10 期，第 98～105 页。

[7] 陈伯海：《"别现代"与文明调协》，《上海文化》2021年第2期，第24~29页。

[8] 简圣宇：《"别现代"视域：对"现代性"问题的再审视》，《贵州社会科学》2022年第7期，第45~51页。

[9] 孙月：《别现代主义、定性计算感与后人类音乐》，《音乐艺术（上海音乐学院学报）》2024年第4期，第51~61页。

[10] 孙国东：《"别现代"与"正现代"——中国现代性的历史、实践与理论逻辑论纲》，《中央社会主义学院学报》2024年第6期，第5~19页。

三、转载清单（转载论文以"别现代"为论文关键词或出现于论文标题中为准）

[1] 王建疆：《别现代：主义的诉求与建构》，《社会科学总论》（人大复印报刊资料），2015。

[2] 王建疆：《别现代：跨越式停顿》，《哲学原理》（人大复印报刊资料），2016。

[3] 王建疆：《哲学、美学、人文学科四边形与别现代主义——回应阿列西·艾尔雅维茨教授》，《美学》（人大复印报刊资料），2017。

[4] 王建疆：《别现代：国际学术对话中的哲学与美学》，《美学》（人大复印报刊资料），2017。

[5] 王建疆：《别现代之"别"》，《文艺理论》（人大复印报刊资料），2019。

[6] 王建疆：《别现代主义哲学和美学的产生与发展》，《美学》（人大复印报刊资料），2022。

[7] 王建疆：《别现代：人生论美学的学科边界与内在根据》，《文艺理论》（人大复印报刊资料），2016。

[8] 王建疆：《别现代：人生论美学的学科边界与内在根据》，《高等学校文科学术文摘》，2016。

［9］王建疆：《别现代：如何面对西方哲学和美学的四道坎》，《高等学校文科学术文摘》，2019。

［10］王建疆：《别现代之"别"》，《高等学校文科学术文摘》，2019。

［11］王建疆：《国际思想市场与理论创新竞争——讨论中的别现代主义理论》，《高等学校文科学术文摘》，2020。

［12］王建疆：《讨论中的别现代主义理论》，《高等学校文科学术文摘》，2021。

［13］王建疆：《别现代主义的未来发展》，《高等学校文科学术文摘》，2022。

［14］王建疆：《哲学、美学、人文学科四边形与别现代主义——对阿列西·艾尔雅维茨〈评论〉的评论》，《社会科学文摘》，2016。

［15］王建疆：《别现代：国际学术对话中的哲学与美学》，《新华文摘》，2018。

［16］王建疆：《别现代：别在哪里?》，《新华文摘》，2018。

四、相关课题项目清单

［1］2004 年，国家社科基金西部项目《从人与自然关系的嬗变看意境型诗歌的生成和流变》（项目编号：04XZW002）。

［2］2008 年，国家社科基金西部项目《全球化背景下的敦煌艺术研究》（项目编号：08XZW004）。

［3］2010 年，教育部一般项目《内审美理论研究》（项目编号：10YJA751076）。

［4］2011 年，国家社科基金西部项目《中国审美形态研究》（项目编号：11xzw001）。

［5］2012 年，中国外专局《敦煌艺术的产业化问题研究》（项目编号：外专培字 20120001）。

［6］2015 年，国家社科基金一般项目《后现代语境中的英雄空间解构与建构问题研究》（项目编号：15BZW025）。

五、相关获奖

[1] 2005 年，《全球化背景下的敦煌文化、艺术和美学》获得第五届中国文联文艺评论奖理论文章二等奖。

[2] 2007 年，《自然的玄化、情化、空灵化与中国诗歌意境的生成》获得甘肃省第十届社会科学优秀成果一等奖。

[3] 2009 年，《澹然无极——老庄人生境界的审美生成》获得甘肃省第十一届社会科学优秀成果一等奖。

[4] 2011 年，《我们需要一个什么样的审美》获得甘肃省第十二届社会科学优秀成果一等奖。

[5] 2022 年，《审美学教程》获得上海市首届高等教育精品教材奖。

Abstract

The Third Plenum of the 20th Central Committee of the Communist Party of China pointed out the need to "implement innovation projects in philosophy and social sciences, and build an autonomous knowledge system for Chinese philosophy and social sciences". In order to promote the construction process of the autonomous knowledge system of Chinese philosophy and social sciences, the project team of Renmin University of China systematically combed and deeply analyzed the development of the original academic concepts of Chinese philosophy and social sciences through literature review, reprinted paper analysis, peer review, case study, keyword analysis and other methods, based on the papers reprinted by Renmin University of China's Selected Materials between 1995 and 2022. The whole book consists of one overall report and ten sub reports.

On the basis of clarifying the connotation of original academic concepts, the overall report innovatively proposes that the judgment of original academic concepts should focus on five characteristics: new terms, new connotations, new conclusions, new advantages, and new expansions. On this basis, originality-oriented academic concept evaluation criteria and methods are proposed, and 10 representative examples of original academic concepts in Chinese philosophy and social sciences are selected, including anti-gradient, theory of harmony and integration, ruin-causing knowledge, tianxia system, imperial agro-mercantile society, reconsideration of science and technology, public aesthetics of arts, transsystemic society, public hermeneutics, and bie modern (arranged in chronological order of concept introduction). In the selection process, we found that there are problems with the lack of knowledge indexing in current philosophical and social science papers in China, inconsistent expression of academic concepts with the same semantics, the need to strengthen the ability to extract innovative ideas into new concepts, the use of "western style" or even English naming for concepts, and a significant shortage of original academic concepts in social sciences compared to humanities. In addition, the original academic concept examples selected this time have obvious interdisciplinary characteristics and most of them focus on the fields of literature, history, and philosophy. Most of the concepts have undergone years of accumulation, and all the initial journals of the concept examples are Chinese journals. The 10 sub reports respectively explain the connotation characteristics, research review, original contributions, research prospects, etc. of 10 original academic concept examples, presenting to readers the development patterns, original characteristics, significances and values of Chinese original academic concepts in a concrete way. The aim is to provide theoretical support and practical reference for promoting the construction of an autonomous knowledge system for Chinese philosophy and social sciences.

Keywords: Original innovation; Original academic concept; China's autonomous knowledge system; Philosophy and social sciences; Academic evaluation

Contents

I General Report

B.1 Analysis Report on Original Academic Concepts in
Chinese Philosophy and Social Sciences (2024)

*Research Group of Original Academic Concepts of
Information Center for Social Sciences*, *RUC* / 001

Abstract: Based on clarifying the connotation of original academic concepts, this report proposes five characteristics for judging and identifying the originality of academic theories, namely new terminology, new connotation, new conclusion, new advantage, and new expansion. On this basis, original oriented academic concept evaluation criteria and methods are proposed, and 10 representative examples of original academic concepts in Chinese philosophy and social sciences are selected, including anti‑gradient, theory of harmony and integration, ruin-causing knowledge, tianxia system, imperial agro-mercantile society, reconsideration of science and technology, public aesthetics of arts, transsystemic society, public hermeneutics, and bie modern (arranged in chronological order of concept introduction). During the selection process, it was found that the original academic concept examples selected this time have obvious interdisciplinary characteristics and focus on the fields of literature, history, and philosophy. Most of the concepts have undergone years of accumulation, and all the initial journals of the concept examples are Chinese journals. At the same time, it has been found

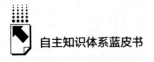
that there are problems in the current philosophical and social sciences in China, such as a lack of knowledge indexing in academic papers, inconsistent expression of academic concepts with the same semantics, the need to strengthen the ability to extract innovative ideas into new concepts, the use of "western style" or even English naming for concepts, and a significant shortage of original academic concepts in social sciences compared to humanities. These issues require further attention and more concern from the academic community.

Keywords: Originality innovation; Original academic concepts; Academic evaluation; Philosophy and social sciences with Chinese characteristics; Autonomous knowledge system

II Sub-Reports

B.2 Western Development: The Past and Present of the Anti-gradient Theory

Guo Fansheng / 050

Abstract: Anti-gradient theory is a category opposite to gradient theory. Anti-gradient theory acknowledges the existence of gradients, but believes that the order of regional economic development and technology introduction cannot be completely promoted according to the gradient they are in. Low gradient areas can directly introduce and develop new technologies and industries based on their own advantages, without passively waiting for technology transfer from high gradient areas, thus achieving leapfrog development in low gradient areas. The originality of the anti-gradient theory lies in its role as an important branch of regional economic theory. It is an economic theory proposed to address the issue of regional economic imbalance by correcting the shortcomings of the gradient theory and summarizing the practices of some underdeveloped countries and regions in achieving anti-gradient and leapfrog development. As a theory for underdeveloped regions to achieve leapfrog development and narrow the gap with developed countries or regions, the anti-gradient theory has been successful in many countries or regions, and will play a greater theoretical guiding role in regional coordinated development and the construction of "the Belt and Road".

Keywords: Anti-gradient; Leapfrog development; Technological transfer; Regional economic theory

B. 3 The Development Process and Future Prospects of the Theory of Harmony and Integration

Hu Zhaodong, Zhang Wenxu / 078

Abstract: The theory of harmony and integration is a philosophical theoretical form proposed and established by Professor Zhang Liwen, a renowned contemporary Chinese philosopher. It is an exploration of the overall harmony, coordination, and orderliness of nature, society, interpersonal relationships, mind, and civilization. The brewing and proposal of the theory of harmony and integration began in the late 1980s and has continued to develop, expand, and improve since then. The theory of harmony and integration is a macro system cultural structure, which is manifested as a "three realms and six layers" harmony spatial structure and an "eight dimensions and four pairs" harmony temporal structure, and is valued based on the five meanings and five principles of harmony. In terms of problem awareness, the theory of harmony and integration focuses on the path of harmony and strives to transform traditional wisdom into modern solutions, comprehensively addressing and resolving the five major conflicts and crises facing humanity. In terms of original features, the theory of harmony and integration emphasizes the combination of theory and application, and has made unique innovations in three dimensions: core topics, interpretive texts, and humanistic contexts, aiming to overcome the crisis of Chinese philosophy, transcend the issue of "legitimacy", and construct China's own philosophy. The proposal of the theory of harmony and integration has great academic and practical

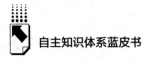
significance, with great academic influence and high academic evaluation. The future prospects of the theory of harmony and integration are extremely broad, exploring "tradition", observing "era", moving towards "world", realizing "application", returning to "life", and conducting "interpretation", which constitute the possible directions for future research of the theory of harmony and integration. Guided by this, there will be more valuable achievements in the research of the theory of harmony and integration, and this theory will also have a greater impact.

Keywords: Harmony and integration; Theory of harmony and integration; Way of harmony and integration; Five principles; Harmony and integration interpretation

B. 4 The Backlash of Science and Technology and Human Security:

A Study on the Growth of Ruin-causing Knowledge

Liu Yidong / 112

Abstract: Ruin-causing knowledge refers to the core principles, core technologies, and other core knowledge that can be used to manufacture various products or solutions that can lead to catastrophic disasters, such as nuclear fission knowledge, chain reaction knowledge, and DNA recombination technology. Ruin-causing knowledge is not distinguished by the quality of knowledge, but by whether its application (military, misuse, abuse) generates tremendous destructive power. Liu Yidong proposed the concept of ruin-causing knowledge and conducted research on major scientific and technological risks with it as the main research object, aiming to solve multiple academic problems. One is to transform the long-standing daily view that "technological development will lead to catastrophic disasters, and even destroy humanity" into an academic problem that can be studied, providing affirmative arguments and conclusions, and for the first time revealing the fundamental flaws and unsustainable nature of the mainstream western technological development model from the perspective of technological risk governance. As conclusive evidence, the growth and diffusion of ruin-causing knowledge will inevitably lead to technological backlash, and based on this, reveal the conditional relationship of sustainable technological development. Two is to Replace the "double-edged sword model" with the ruin-causing knowledge model breaks through the academic deadlock between technology optimists and pessimists who hold different views. Based on the endogenous ruin-causing knowledge, the rationality of the technology system can be judged, and whether the ruin-causing knowledge is generated and whether its growth is controlled can be classified into three types: priority development, cautious development, and prohibition of development. Three is that we have taken the lead in researching major technological risks as a specialized field, and have initially formed a relatively complete research system for the governance of major technological risks, including theories, cases, policies, technology associations, and project reviews.

Keywords: Ruin-causing knowledge; Profitable innovation; Technology backlash; Major technological risks; Technology security

B.5 All Under Heaven: A Review of Zhao Tingyang's Tianxia System

Hu Haizhong / 158

Abstract: The Tianxia system is one of the most iconic concepts in contemporary China, which is an anti imperialist world political system aimed at transcending western national/state thinking and analyzing problems with the world as the unit of thinking. The Tianxia system is a transformation and creation of the traditional triple connotation of Tianxia (geographical meaning of "all land under heaven", popular sentiment, and an ideal or utopia of one world, one family). The future of the world points towards three dimensions: political world, moral world, and knowledge world. The principles of the political world include internalization of the world, rational relationships, and Confucian

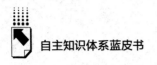
improvement. The moral world refers to the universality and transmission of ethics and political systems among multiple subjects, as well as the popular sentiment. The world of knowledge emphasizes the equal flow of ideas constructed by different knowledge systems, in order to generate cross civilization and cross subjectivity.

Keywords: Tianxia system; World political theory; Chinese philosophy; Civilization; Relational rationality

B.6 Imperial Agro-mercantile Society: A New Concept to Comprehend Ming Qing China

Liang Manrong, Li Yuan, Xie Jindong and Li Jia / 195

Abstract: The theory of imperial agro-mercantile society advocates that China during the Ming and Qing dynasties not only did not stagnate, but also became involved in the global changes of the time and underwent complex transformations in various aspects. Overall, it should be referred to as an imperial agro-mercantile society. This is an important social form in human history, characterized by the coexistence of agriculture and commerce as the foundation of the social economy, and this economic foundation forms a symbiotic pattern with the imperial state system. In the mid−19th century, Ming and Qing China had a direct collision with western powers in such a national condition. Therefore, examining China's historical evolution from the perspective of the concept of imperial agro-mercantile society can deepen our understanding of China's national conditions and help distinguish the gains and losses of many popular theories in the international academic community about the evolution of Ming and Qing China and modern China. This theory was officially proposed in 2007 and has sparked a series of related discussions in the academic community, which will continue to expand and deepen.

Keywords: Imperial agro-mercantile society; Ming Qing China; Social structure; Historical trends; Historical perspective

B. 7 Theory of Reconsideration of Science and Technology:

The Integration and Development of

Technology and Philosophy

Liu Dachun / 228

Abstract: After the struggle between defense and criticism, an important new orientation has emerged in the development of philosophy of science, namely reconsideration of science and technology. Judgment is not a compromise, but the integration of opposing viewpoints, it is a balancing act. Marx attached great importance to the analysis of technology, which contained profound content and adopted a unique perspective. Marx did not simply face technologies, but examined them from the perspective of historical practice, sometimes appreciating and sometimes criticizing them. Marx used this to strike at the essence of technologies and provided an important benchmark for the theory of reconsideration of science and technology. The theory of reconsideration of science and technology will not only break through traditional limitations, but also greatly change the basic form of scientific and technological theory, leading to a diverse and open philosophy of science and technology. The theory of reconsideration of science and technology holds that science, religion, literature, and art are all brilliant flowers in human culture. They promote each other, not oppose or exclude each other. Currently, there is a trend of dialogue and integration between them. The theory of reconsideration of science and technology focuses on the exchange and complementarity between different cultural forms, advocating for an emerging technological culture that attempts to achieve the harmony of seeking truth, goodness, beauty, and holiness through the interaction between science and ethics, science and art, science and faith, that is, the interaction between science and humanities.

Keywords: Reconsideration of science and technology; Philosophy of science and technology; Technological culture; Diversified openness

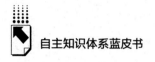

B.8　The Public Aesthetics of Arts in the Age of Demassification

Wang Yichuan / 264

Abstract: Public aesthetics of arts refers to the public quality and subject literacy of art that can be appreciated by the public. The essence of the problem lies in how to establish a mechanism for harmonious public relations between different individuals and groups within the community through an infectious artistic symbol system. The goal of this concept is to help the public achieve cultural identity and construct a harmonious society where citizens coexist equally in the art appreciation that is both credible and doubtful. It belongs to a public appreciation driving force that arises and operates at the intersection of concepts such as art media, art public domain, art recognition and public credibility, art appreciation and public quality, art public freedom, and Chinese art public heart. The systematic research and publication of this concept began in 2009 and has had an impact in the academic community. In recent years, new original concepts such as "trans-culturology" "psychorealism" and "cultural and emotional influence" have also been developed.

Keywords: Artistic publicness; Public aesthetics of arts; Art public domain; Chinese artistic public heart; Meimei yihe

B.9　Transsystemic Society: A Review on the Related Concepts

Wang Hui and Research Group of Original Academic

Coucepts of Information Center for Social Science, RUC / 306

Abstract: Transsystemic society emphasizes the coexistence and interaction of different cultures, ethnic groups, and regions. This coexistence is not simply coexistence, but an interconnected social form formed through communication and dissemination. Unlike the traditional concept of "pluralistic unity", transsystemic society weakens the "meta" nature of systems, highlights the dynamic nature of inter system movements, and emphasizes that systems are interpenetrating. The foundation of a transsystemic society lies in the interconnectedness of the everyday world, which integrates the elements of various systems into constantly changing associations, but does not deny the autonomy and agency of these elements. Transsystemic society relies on a creative practice and political culture that can re-embed production and consumption processes into networks of cultural, social, political, and natural relationships.

Keywords: Transsystemic society; Political culture; Community

B. 10   Critique and Construction: Theoretical Approaches of

Public Hermeneutics

Li Yue / 340

Abstract: Based on a deep reflection on contemporary hermeneutics theory, combined with China's interpretive tradition and critical practice, professor Zhang Jiang proposes the original academic concept of public hermeneutics with an interdisciplinary perspective. Public hermeneutics aims to activate dialogue and communication in interpretation activities and enhance the level of hermeneutics through the construction of public spaces, guidance of public rationality, and strengthening of hermeneutics consciousness. Public hermeneutics responds to the academic difficulties pointed out by mandatory hermeneutics, and uses "public" as the theoretical fulcrum to solve the problems of excessive hermeneutics and subjective speculation in academic production, promoting the development of contemporary hermeneutics theory. Compared with international research, public hermeneutics not only sets reasonable boundaries for the openness and limitations of hermeneutics at the theoretical level, but also opens up new research paths for the construction of China's academic autonomous knowledge system from the perspective of writing and exegesis. After the proposal of public hermeneutics, it has attracted widespread attention and discussion in the academic community both domestically and internationally. On this basis, it is necessary to pay attention to

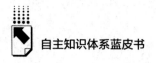

interdisciplinary theoretical integration and deeply integrate it with local practices to construct the theoretical system of Chinese hermeneutics.

Keywords: Public hermeneutics; Public rationality; Public space; Mandatory hermeneutics; Chinese hermeneutics

B.11 Going Global: Bie-modern as an Original Concept

Wang Jianjiang / 370

Abstract: Bie-modern is a summary of a seemingly indistinguishable characteristic of the times, characterized by spatialization, four stages of development, random selection, crossing boundaries, and abrupt pauses. Bie-modernism is the value judgment and theoretical proposition of bie-modernity, thus forming a reflexive philosophical structure with bie-modern. The modern term "bie" comes from oracle bone inscriptions, but it has broken through the "linguistic cage" and become a comprehensive term, giving rise to 27 categories, propositions, and methodological series, becoming China's autonomous knowledge system. This system answers questions about the nature of the real society and whether there is a China's autonomous knowledge system, as well as questions about the right to life, freedom and liberation, and the relationship between deep pseudo and deep bie. It has unique advantages in the originality of concepts, thoroughness of theories, and applicability, thus generating cross-border and cross industry international influence. Behind bie-modern era lies an unforgettable story, and its theories have the potential to form contemporary Chinese bie school.

Keywords: Bie-modern; Bie-modernity; Bie-modernism; Autonomous knowledge system; Chinese bie school

426

社会科学文献出版社

皮 书

智库成果出版与传播平台

❖ 皮书定义 ❖

皮书是对中国与世界发展状况和热点问题进行年度监测，以专业的角度、专家的视野和实证研究方法，针对某一领域或区域现状与发展态势展开分析和预测，具备前沿性、原创性、实证性、连续性、时效性等特点的公开出版物，由一系列权威研究报告组成。

❖ 皮书作者 ❖

皮书系列报告作者以国内外一流研究机构、知名高校等重点智库的研究人员为主，多为相关领域一流专家学者，他们的观点代表了当下学界对中国与世界的现实和未来最高水平的解读与分析。

❖ 皮书荣誉 ❖

皮书作为中国社会科学院基础理论研究与应用对策研究融合发展的代表性成果，不仅是哲学社会科学工作者服务中国特色社会主义现代化建设的重要成果，更是助力中国特色新型智库建设、构建中国特色哲学社会科学"三大体系"的重要平台。皮书系列先后被列入"十二五""十三五""十四五"时期国家重点出版物出版专项规划项目；自2013年起，重点皮书被列入中国社会科学院国家哲学社会科学创新工程项目。

法律声明